233개 패턴으로 나도 자막 없이 일드 본다!

일드 일본어회화

우승희 지음

일드 일본어회화 핵심패턴 233
233 Essential Patterns for Conversation in Japanese Drama

초판 발행 · 2018년 8월 30일
초판 4쇄 발행 · 2023년 12월 30일

지은이 · 우승희
발행인 · 이종원
발행처 · (주)도서출판 길벗
브랜드 · 길벗이지톡
출판사 등록일 · 1990년 12월 24일
주소 · 서울시 마포구 월드컵로 10길 56(서교동)
대표전화 · 02)332-0931 | **팩스** · 02)323-0586
홈페이지 · www.gilbut.co.kr | **이메일** · eztok@gilbut.co.kr

기획 및 책임편집 · 오윤희(tahiti01@gilbut.co.kr) | **디자인** · 황애라 | **제작** · 이준호, 손일순, 이진혁
마케팅 · 이수미, 장봉석, 최소영 | **영업관리** · 김명자, 심선숙 | **독자지원** · 윤정아

편집진행 및 교정 · 강미정 | **전산편집** · 강미정 | **오디오녹음** · 와이알미디어
CTP 출력 · 인쇄 · 예림인쇄 | **제본** · 예림바인딩

ISBN 979-11-5924-188-8 03730
(길벗 도서번호 300866)

정가 16,000원

독자의 1초를 아껴주는 정성 길벗출판사
(주)도서출판 길벗 | IT교육서, IT단행본, 경제경영서, 어학&실용서, 인문교양서, 자녀교육서 www.gilbut.co.kr
길벗스쿨 | 국어학습, 수학학습, 어린이교양, 주니어 어학학습, 학습단행본 www.gilbutschool.co.kr

일드, 무조건 기본은 알아야 들린다!

가끔 "'일드'로 일본어를 공부하려면 어떻게 해야 하나요?"라는 질문을 받습니다. 그럼 전 "무조건 기본은 알아야 들린다!"고 대답해요. 언어란 귀가 뚫려야 말이 나오기 때문에 청취가 우선되어야 하는 건 당연하겠지요. 하지만 무턱대고 듣기만 한다고 귀가 뻥 뚫리진 않습니다. 많은 학습자들이 듣기 실력 향상을 위해 이동 중이나 다른 것을 하면서 음원을 틀어놓는 경우가 있습니다. 일본어를 최대한 많이 노출시키는 것은 좋은 학습 자세지만, 흘려듣기 방식은 청해 실력을 향상시키는 데 별로 도움이 되지 않습니다. '일드'로 공부하는 것도 마찬가지입니다. '일드'를 확실하게 알아듣고 내 것을 만들기 위해서는 필히 '학습'이 동반돼야 합니다. 자주 나오는 패턴과 기본 단어, 문법 등 기본적인 학습이 함께 동반되지 않으면 수박 겉핥기와 다름없다는 것을 꼭 기억해 주세요.

회화체 학습에 필요한 모든 패턴을 담았다!

'패턴'이란, 말을 하거나 글을 쓸 때 규칙적으로 나타나는 표현 덩어리를 말합니다. 이 책에서는 '일드'에 자주 나오는 패턴 233개를 추려서 뜻과 쓰임새를 꼼꼼하게 정리했으며, 종조사, 축약형까지 포함하여 주로 회화에서 많이 쓰는 패턴 위주로 실었습니다. 일본어의 기본 형태를 알고 있어도 실제 회화에서는 줄여 쓰거나 발음이 변형되는 경우가 많아서 '일드'를 알아듣기 어려운데요. 그렇기 때문에 이 책에서는 회화체를 확실히 공부할 수 있도록 규칙을 패턴으로 정리해 넣었습니다. 패턴 한 개만 익혀 두어도 여러 드라마와 다양한 상황에서 알아들을 수 있으니, 일드의 내용을 이해하기가 훨씬 수월하겠죠! 여태까지 자막을 보느라 배우의 표정과 연기를 놓쳤다면 이제 233개의 핵심패턴 학습을 통해 '일드'를 보는 새로운 재미를 느끼게 될 것입니다.

《일드 일본어회화 핵심패턴 233》이 여러분의 '일드' 학습을 더욱 즐겁고 알찬 시간으로 채워 드리기를 희망합니다. 파이팅!

2018년 8월

우승희

이 책의 구성

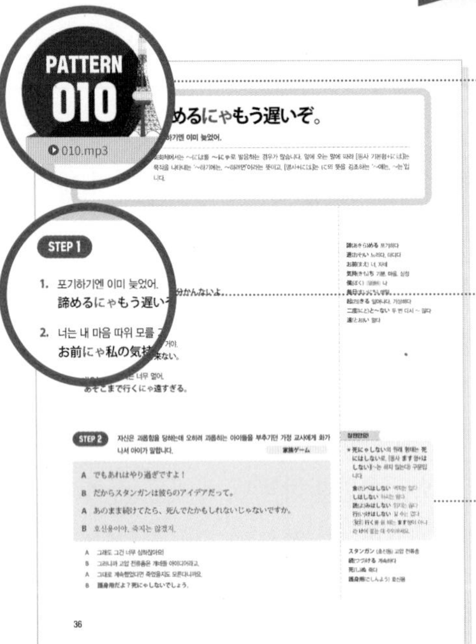

● **PATTERN**

'일드'에 가장 많이 나오는 회화체 표현만 엄선하여 233개 패턴으로 간추렸습니다. 먼저 패턴 대표 문장을 통해 뜻과 용법을 알기 쉽게 정리하였습니다. MP3 파일을 들으면서 학습해 보세요.

● **STEP 1**

패턴을 활용한 기본 문장입니다. 각 패턴을 충분히 익힐 수 있도록 단문의 회화체를 다양한 상황과 예시로 제시했습니다.

● **잠깐만요!**

예시 표현과 관련된 추가 설명과 더 나아가 알아두면 좋은 팁, 일본 문화 관련 이야기를 정리했습니다. 기본 어휘 실력을 키울 수 있도록 관련 어휘들도 다양하게 모았습니다.

● **주요 단어**

각 STEP에 나오는 문장의 주요 단어는 사전을 찾지 않고도 바로바로 읽기와 뜻을 알 수 있도록 자세히 정리했습니다.

● **STEP 2**

회화가 이뤄지는 간단한 상황 설명과 드라마 속 대화를 넣었습니다. 회화 속에서 각 패턴이 어떻게 쓰이는지 확인할 수 있습니다. 이 책의 콘셉트와 난이도에 맞추기 위해 실제 드라마 속 대화를 약간 변형, 수정하여 수록했습니다.

{ 축약형 & 회화체-1 }

빨리 먹으면 배탈 나잖아

실수를 해서 후회하는 뉘앙스를 나타내는 표현으로 우리는 ～てしまう(～해버리다)라고만 배웠는데요. 막상 드라마에서는 ～ちゃう·じゃう로 발음한답니다. 모양과 발음이 전혀 달라서 미리 알아 두지 않으면 못 알아듣겠네요. 이처럼 Unit 01～03에서는 현지 일본인들이 쓰는 축약형, 회화체의 모든 것을 알려 드릴게요.

● 특별 서비스 : 저자 음성 강의

문장체에서 변형이 많은 회화체를 좀 더 잘 이해할 수 있도록 저자 '우센세'의 직강 음성 강의와 네이티브 음성의 MP3를 QR코드로 넣었습니다. 각 UNIT의 QR코드를 찍어 언제 어디서든지 스마트폰으로 강의를 들으면서 학습하세요.

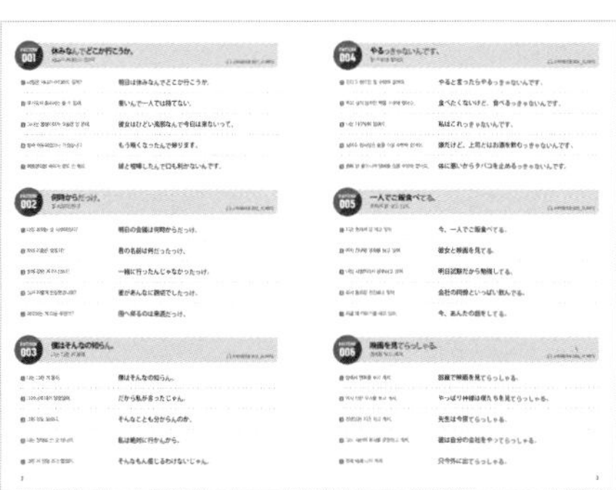

● 특별부록 : 훈련용 소책자

언제 어디서나 들고 다니면서 학습할 수 있도록 STEP 1의 기본 5문장을 모았습니다. 〈소책자 듣기용 mp3〉 파일을 들으면서 공부하세요. 일본어 부분을 가리고 우리말 해석을 보며 패턴을 적용해 문장을 만들어 봅니다. 우리말만 보고도 일본어가 바로 튀어나올 때까지 반복해서 연습하세요!

mp3 활용법

용도에 맞게 골라 들을 수 있도록 3가지 버전의 mp3 파일을 제공합니다.
길벗이지톡 홈페이지(www.eztok.co.kr)에서 무료로 다운로드 받으세요.

■ 일본어만 듣기용 mp3

책을 보면서 듣는 파일입니다. 〈STEP 1〉은 2번, 〈STEP 2〉는 1번 읽었습니다. 한 문장이 끝날 때마다 따라 읽으며 학습하세요.

■ 짬짬이 듣기용 mp3

책 없이 공부할 수 있게 구성했습니다. 〈STEP 1〉은 우리말 해석 1번, 일본어 2번씩 읽고, 〈STEP 2〉는 일본어만 1번 읽었습니다.

■ 소책자 듣기용 mp3

〈STEP 1〉의 예문을 우리말 해석 1번, 일본어 2번으로 구성했습니다. 틈틈이 반복해서 듣다 보면 핵심 패턴이 저절로 기억됩니다.

이 책은 일본어 문법 기본 학습을 마친 학습자가 일본 드라마를 보거나 일상 회화를 나누고 싶은 초・중급자를 대상으로 합니다. 드라마에서 회화체로 변형된 패턴을 실제 대화에서 자연스럽게 사용하고 싶다면 이렇게 활용해 보세요.

1 단계 : 어떤 패턴을 배울지 확인해 보세요.

목차를 살펴보며 각 Part에서 어떤 표현을 배울지 확인하세요. 처음부터 순서대로 공부할 필요는 없습니다. 자신에게 필요한 상황부터 먼저 공부하세요. 이미 알고 있는 표현은 간단히 복습한 뒤, 새로 익힐 패턴을 중심으로 오디오를 들으며 최대한 원어민과 비슷하게 발음하며 연습하세요. 단어 기초가 약한 분들은 단어까지 꼼꼼히 암기하세요.

2 단계 : 책을 보면서 큰 소리로 따라 하세요.

귀에 익숙해질 때까지 오디오를 먼저 들으세요. 어느 정도 귀에 익숙해지면 책을 보고 표현을 확인하며 큰 소리로 따라 해 보세요. 훨씬 더 빠르게 이해될 겁니다. 책과 함께 공부할 때는 〈일본어만 듣기용 mp3〉를 들으며 한 문장씩 따라 해 보고, 교재 없이 공부할 때는 〈짬짬이 듣기용 mp3〉를 들으며 언제 어디서든 학습하세요.

3 단계 : 훈련용 소책자로 반복하세요.

훈련용 소책자와 〈소책자 듣기용 mp3〉를 이용해 시간이 날 때마다 틈틈이 복습하세요. 우리말만 보고도 일본어 표현을 말할 수 있도록 반복 훈련하세요.

4 단계 : 나만의 문장을 만들어 보세요.

학습이 모두 끝나면 다시 처음으로 돌아와 각 패턴의 한두 단어만 바꿔 나만의 문장을 만들어 보세요. 나만의 표현을 만들어 연습해 두면 실제 상황에서 막힘없이 유창하게 말할 수 있습니다.

목 차

PART 01 일드 회화의 기본

PART 03 일드 상황별 패턴

우센세의 시선으로 본 일본 드라마의 특징, 한국 드라마와의 차이점,
일드 초보자들이 궁금해 할 만한 내용을 선별해서 정리했습니다.

1 • 일드는 주 1회가 기본!

일본 드라마는 분기별로 주 1회, 편당 40~50분, 9~13회 정도에서 끝납니다. 분기별이란 1년을 4분기(1~3월, 4~6월, 7~9월, 10~12월)로 나눠서 드라마를 방영한다는 의미입니다. 이에 비해 우리나라 드라마는 분기 구분 없이 방영되고 있으며 거의 주 2회 방영을 하죠. 그런데다가 미니시리즈라고 해도 20회를 넘어갑니다. 이처럼 기본적으로 편수가 많아요. 그로 인해 제작 환경이 상당히 열악하고 빡빡해서 소위 쪽대본까지 나오는 경우도 있습니다. 반면 일본은 주 1회라 시간이 넉넉하고 여유 있는 편입니다. 그래서 간혹 일본 배우가 한국 드라마에 출연했을 때 고충을 말하는 경우도 종종 있습니다. 하지만 일본 드라마라고 모두 짧은 것은 아니에요. NHK의 대하 드라마는 1년에 걸쳐 방송되는 경우도 있습니다. 또한 우리나라에서도 리메이크한 『하얀 거탑』과 『리갈하이』와 같이 시리즈로 방영되는 드라마도 있죠.

2 • 드라마 소재가 다양하다!

우리나라 드라마는 현실에서 일어나기 어려운 신데렐라 같은 동화 이야기가 많습니다. 재벌남과 평범한 여자의 사랑 이야기처럼 로맨스를 포함한 내용이 흔하죠. 하지만 '일드'에는 러브라인이 그다지 없는 편입니다. 물론 로맨스 드라마에는 당연히 등장하겠지만, 의학, 학교, 경찰 등 전문 분야를 다루는 '일드'에서는 러브라인이 거의 안 나와요. 일본인들이 가장 좋아하는 드라마 장르는 추리물, 수사물이라고 해요. 이처럼 일본 드라마는 장르와 내용이 정말 다양한 소재들로 구성되어 있습니다.

이 책에 소개한 드라마 6편 중에서 『それでも、生きてゆく』(그래도 살아간다)는 살인자의 가족과 피해자 가족의 삶을 그린 내용입니다. 『Mother』는 선생님이 학대받는 제자를 유괴하며 펼쳐지는 다이나믹한 내용이죠. 이렇게 다양한 소재가 다뤄지는 이유 중 하나는 드라마의 대부분이 만화나 소설을 원작으로 하는 경우가 많기 때문입니다. 드라마의 오리지널 각본보다는 원작이 있는 경우가 70퍼센트나 된다고 해요.

3 • 일본 드라마는 너무 오글거린다?

'일드'는 만화나 소설을 원작으로 하는 드라마가 많다 보니, 아무런 정보 없이 처음 '일드'를 접하면 거부감이 들 수도 있습니다. 저도 처음에는 판타지나 학원물 등 만화를 원작으로 하는 드라마를 봤을 때 현실과 동떨어진 만화 같은 장면들 때문에 익숙하지 않아서 외면한 적이 많았어요. 게다가 마지막에는 교훈을 주는 내용이 꼭 빠지지 않죠. 하지만 '일드'를 이해하고 그들의 삶을 이해하기 위해서는 그들의 생활 방식과 사고방식을 그대로 이해할 필요가 있습니다.

제가 일본 TV를 보다가 가장 충격적이었던 것은 자신보다 나이가 많은 남자나 여성의 머리를 아무렇지 않게 때리고 서로 웃는 장면이었습니다. 우리나라에서는 있을 수 없는 일이죠. 또는 시아버지와 며느리가 함께 담배를 피우며 대화하는 장면들도 있으며, '양키'라고 불리는 불량 청소년들의 활약(?)도 대단합니다. 성문화도 엄청 개방적인 부분도 간혹 있습니다. 이러한 것들이 생소하고 우리와 달라서, 잘못됐다고 생각해서 받아들이지 않는다면 '일드'를 이해하긴 힘들 거예요. 그들은 실제로 그런 옷을 입고 그런 생활을 하고 그런 스타일을 좋아합니다. 다양한 장르를 보면 볼수록 일본인의 문화와 사고 방식, 생활 습관, 사랑 방식까지 고스란히 전해져 온답니다. 익숙해진 것들에 길들여진 마음의 문을 열고 새로운 세상을 경험하기 위해선 일본 드라마 세계 만한 게 없겠죠?

4 • 드라마 중간에 광고가?

개인적으로 가장 놀라웠던 차이는 공영 방송에서도 드라마 중간에 광고가 나오는 것입니다. (최근에는 우리나라 드라마도 중간 광고를 넣는 방식으로 바뀌긴 했지만요.) 또 '일드'는 바로 본내용부터 조금 보여준 다음에서야 드라마의 타이틀과 오프닝을 하거나, 오프닝을 한 뒤 시작 분분 내용을 조금 보여주고 타이틀이 나오는 경우도 있습니다. 또한 내용이 계속 이어지는 구성보다는 편당 에피소드로 구성된 드라마가 많아요.

5 • 일본 배우들은 연기를 못한다?

일본은 아이돌, 가수 등이 연기하는 경우가 매우 흔하고 연기를 못해도 우리나라처럼 비판을 크게 받지 않는 것 같습니다. 또 모델이 되면 연기는 필수라고 받아들여질 정도예요. 간혹 우리나라 사람이 보기에 '연기를 못한다'고 느껴지는 경우가 있는데, 이는 우리나라와 다른 연기 방식과 카메라의 영상 방식, 장르와 소재의 차이 등이 우리에게는 익숙하지 않은 방식이다 보니 연기가 어색하게 느껴지는 것 아닐까 합니다. 하지만 그 중에서는 감탄할 정도로 연기가 훌륭한 연기파 배우도 많답니다.

6 • 일본 드라마의 제목엔 '~여자(들)'이 많다?

우리나라와 달리 일본은 의외로 여자들이 주인공인 드라마가 많습니다. 지금까지 본 드라마 중에 '~여자(들)'이란 제목이 있었는지 한번 생각해 보세요. 『家売る女』(집을 파는 여자, 2016), 『クレオパトラな女たち』(클레오파트라인 여자, 2012), 『黒い十人の女』(검은 10인의 여자, 2002 · 2016), 『100万円の女たち』(100만엔의 여자들, 2017), 『結婚に一番近くて遠い女』(결혼에 가장 가깝고도 먼 여자, 2015) 등이 있고 이 밖에도 많습니다.

《일드 일본어회화 핵심패턴 233》에 등장하는 '일드' 6편을 소개합니다!

家族ゲーム 가족게임 (2013)

고교 수험생이 있는 한 가정에 이색적이고 파격적인 청년이 가정 교사로 오면서 일어나는 소동과 가족 간 문제를 코믹하게 그린 드라마

それでも、生きてゆく 그래도 살아간다 (2011)

살인자의 가족과 살해자의 가족, 상처가 많은 두 가족이 슬픔을 극복하고 희망을 잃지 않는 가족 이야기를 그린 드라마

リッチマン、プアウーマン 리치맨 푸어우먼 (2012)

안면인식장애로 사랑하는 여자의 얼굴을 못 알아보는 안하무인 천재 사업가와 알파고 기억력을 지닌 취준생의 로맨스를 그린 드라마

リーガル・ハイ2 리갈하이 2 (2013)

조금 괴팍하지만 소송에서 한 번도 진 적이 없는 민완 변호사 고미카도 겐스케와 성실하고 정의감이 강한 신참 변호사 마유즈미 마치코가 펼치는 코믹한 변호사 드라마

Mother 마더 (2010)

학대 받는 소녀를 납치하고 그 소녀의 어머니가 되기로 한 여자 이야기를 다룬 드라마
(우리나라에서도 2018년에 동일 제목으로 리메이크)

明日、ママがいない 내일, 엄마가 없어 (2014)

부모에게 버림 받고 아동 보호 시설에서 살아가는 아이들의 성장기를 다룬 드라마

일드 회화의 기본

일본어 학습을 할 때 학교나 학원에서 배우는 분도 있고, 서점에서 교재를 구입해 혼자서 공부하는 분도 있을 텐데요. 하지만 막상 '일드'를 보거나 일본 사람과 대화할 때, 자신이 학습한 일본어와 뭔가 다른 생소한 느낌이 든 적은 없나요? 맞아요! 그것은 우리가 배우는 일본어는 기초 문법에 충실하고 좀 더 정중한 말을 위주로 배우기 때문인데요. 다른 언어와 마찬가지로 일본어에도 실제 일상에서 대화할 때 사용하는 '회화체'라는 또 다른 세계가 있어요. 이 부분을 알고 나서 '일드'를 보거나 '대화'를 하면 일본어를 더 잘 알아듣고 재미있게 말할 수 있겠죠. 지금부터 여러분에게 일본어 회화체의 모든 것을 알려 드릴게요. 그럼~ 이제부터 함께 재미있게 공부해 봐요.

{ 축약형 & 회화체 - 1 }

빨리 먹으면 배탈 나잖아

실수를 해서 후회하는 뉘앙스를 나타내는 표현으로 우리는 ～てしまう(～해버리다)라고만 배웠는데요. 막상 드라마에서는 ～ちゃう·じゃう로 발음한답니다. 모양과 발음이 전혀 달라서 미리 알아 두지 않으면 못 알아듣겠네요. 이처럼 Unit 01～03에서는 현지 일본인들이 쓰는 축약형, 회화체의 모든 것을 알려 드릴게요.

| 패턴미리보기 |

PATTERN 001 休みなんでどこか行こうか。

PATTERN 002 何時からだっけ。

PATTERN 003 僕はそんなの知らん。

PATTERN 004 やるっきゃないんです。

PATTERN 005 一人でご飯食べてる。

PATTERN 006 映画を見てらっしゃる。

PATTERN 007 お茶でも飲んでく？

PATTERN 008 食える時に食っといて。

PATTERN 009 早く食べると腹壊しちゃうでしょ。

休みなんでどこか行こうか。

쉬니까 어디라도 갈까?

자연스러운 원인, 계기, 이유를 나타내는 ので(~이니까, ~여서)를 회화체에서는 **~んで**로 바꿔 말하는 경우가 많습니다. [동사 · い형용사의 보통체+んで] [명사, な형용사 어간+なんで] 형태로 씁니다.

STEP 1

1. 내일은 쉬니까 어디라도 갈까?
   明日は休みなんでどこか行こうか。
2. 무거워서 혼자서는 들 수 없어.
   重いんで一人では持てない。
3. 그녀는 몸살이어서 오늘은 안 온대.
   彼女はひどい風邪なんで今日は来ないって。
4. 벌써 어두워졌으니 가겠습니다.
   もう暗くなったんで帰ります。
5. 여동생이랑 싸워서 말도 안 해요.
   妹と喧嘩したんで口も利かないんです。

잠깐만요!

★ '감기'는 **風邪**(かぜ), '독감'은 **インフルエンザ**라고 하고, 감기가 많이 걸리는 '환절기'는 **季節**(きせつ)**の変**(か)**わり目**(め)라고 합니다.

風邪(かぜ) 감기
重(おも)**い** 무겁다
持(も)**つ** 들다, 가지다
休(やす)**み** 휴일, 휴가, 방학
暗(くら)**い** 어둡다
妹(いもうと) 여동생
喧嘩(けんか) 싸움
口(くち)**を利**(き)**く** 말하다

STEP 2

변호사는 피고인 여자를 무죄로 만들기 위해 증인 심문을 합니다.

リーガル・ハイ 2

A 間違いなく被告人だと言い切れますか。

B 間違いなく、彼女です。

A そのときに一度会っただけなんですよね？
断言できる根拠が分かりません。

B 제 타입이었기 때문에 잘 기억하고 있습니다.

A 틀림없이 피고인이라고 단언할 수 있습니까?
B 틀림없이 그녀입니다.
A 그때 한 번 봤을 뿐이지 않습니까? 단언할 수 있는 근거를 모르겠군요.
B **タイプだったんで、よく覚えてるんです。**

間違(まちが)**い** 틀림, 잘못됨
被告人(ひこくにん) 피고인
言(い)**い切**(き)**る** 단언하다
断言(だんげん) 단언
根拠(こんきょ) 근거
覚(おぼ)**える** 기억하다

何時からだっけ。

몇 시부터였지?

잊었던 일을 어떤 순간에 생각해 내려고 할 때 **~たっけ · だっけ**(~였나, ~던가)를 씁니다. 동사는 ~たっけ · ましたっけ, い형용사는 ~かったっけ 등의 형태로 쓸 수 있습니다. 또한 명사 · な형용사는 ~だっけ · だったっけ · でしたっけ 형태로 사용합니다.

STEP 1

1. 내일 회의는 몇 시부터였지?
   明日の会議は何時からだっけ。
2. 자네 이름은 뭐였지?
   君の名前は何だったっけ。
3. 함께 갔던 거 아니었나?
   一緒に行ったんじゃなかったっけ。
4. 그가 저렇게 친절했었나요?
   彼があんなに親切でしたっけ。
5. 귀국하는 게 다음 주던가?
   国へ帰るのは来週だっけ。

잠깐만요!

★ **~たっけ・だっけ**는 다양한 시제에 활용할 수 있습니다.

あの人(ひと)**、田中**(たなか)**さんだっけ。**
저 사람, 다나카 씨던가?
あの人、田中さんだったっけ。
저 사람, 다나카 씨였던가?
あの人、田中さんでしたっけ。
저 사람, 다나카 씨였던가요?

会議(かいぎ) 회의
君(きみ) 너, 자네
名前(なまえ) 이름
一緒(いっしょ) 함께
親切(しんせつ) 친절
国(くに) 나라, 국가, 국토
来週(らいしゅう) 다음 주

STEP 2

운전에 서툰 여자가 운전 중인데, 남자가 옆에서 계속 말을 걸며 장난을 칩니다.

リッチマン、プアウーマン

A 俺さ、一般教育の時あの先生でハマっちゃってさ。
B だから話しかけないでください！
A 뭐라고 말했었지? 그 선생의 말버릇. 뭐였지? 뭐지 뭐지.
B えーと、あのう…学会はバカばっか！でしたっけ？

A 나 일반 교양 과목 중에 그 선생님한테 빠졌거든.
B 그런데 말 좀 걸지 마세요!
A **何ていったっけ？あいつの口癖。なんだっけ？ほら、ほら。**
B 그러니까 그 … '학회는 바보 천치'였던가요?

一般(いっぱん) 일반
教育(きょういく) 교육
話(はな)**しかける** 말을 걸다
口癖(くちぐせ) 입버릇, 말버릇
学会(がっかい) 학회

▶ 003.mp3

僕はそんなの知らん。

나는 그런 거 몰라.

조동사 ぬ는 ない와 같은 뜻으로, 회화체에서는 **ん**으로 줄여서 발음하는 경우가 많습니다. 知(し)らない→知らぬ→知らん은 모두 같은 뜻입니다.

STEP 1

1. 나는 그런 거 몰라.
   僕はそんなの知らん。
2. 그러니까 내가 말했잖아.
   だから私が言ったじゃん。
3. 그런 것도 모르냐.
   そんなことも分からんのか。
4. 나는 절대로 안 갈 테니까.
   私は絶対に行かんから。
5. 그런 거 믿을 리가 없잖아.
   そんなもん信じるわけないじゃん。

STEP 2

새로운 프로젝트에 막대한 비용이 예상되자, 사장과 부사장 사이에 의견 충돌이 있습니다. リッチマン、プアウーマン

A 国が作るのを待ってたら僕らは不当に搾取されるんだぞ！ろくに年金ももらえずに。

B お前は年金必要ないだろ。

A パーソナルファイルは必要だ。

B 맘에 안 든다고 해서, 제대로 된 기업은 그런 위험 부담이 큰 사업에는 손을 대지 않아.

A 국가가 만드는 걸 기다리고 있다간 우리는 부당하게 착취당할 거야. 제대로 연금도 못 받고.
B 너는 연금 필요 없잖아.
A 퍼스널파일은 필요해.
B **いやだからって、まともな企業はそんなハイリスクな事業には手を出さんよ。**

잠깐만요!

★ 조동사 ~ない → ~ん의 활용

知(し)らない → **知らん** 몰라
~じゃない → **~じゃん** ~잖아
分(わ)からない → **分からん** 몰라
行(い)かない → **行かん** 안 가

僕(ぼく) 남성어 나
知(し)**る** 알다, 인식하다
言(い)**う** 말하다
分(わ)**かる** 알다, 이해하다
絶対(ぜったい) 절대
行(い)**く** 가다
信(しん)**じる** 믿다

잠깐만요!

★ 手(て)의 관용구

手に余(あま)**る**
힘에 겹다, 벅차다
手が離(はな)**せない**
손을 뗄 수 없다
手に汗(あせ)**を握**(にぎ)**る**
손에 땀을 쥐다
手に手を取(と)**って**
손에 손을 잡고
手に乗(の)**る** 남의 꾀에 속다

国(くに) 나라, 국가
作(つく)**る** 만들다
不当(ふとう) 부당
搾取(さくしゅ) 착취
年金(ねんきん) 연금
必要(ひつよう) 필요
企業(きぎょう) 기업
事業(じぎょう) 사업
手(て)**を出**(だ)**す** 손을 대다

004.mp3

やるっきゃないんです。

할 수밖에 없어요.

~しかない(~밖에 없다)는 회화체에서 발음을 강조해서 **~っきゃない**로 쓰기도 합니다.

STEP 1

1. 한다고 했으면 할 수밖에 없어요.
   やると言ったらやるっきゃないんです。
2. 먹고 싶지 않지만 먹을 수밖에 없어요.
   食べたくないけど、食べるっきゃないんです。
3. 나는 이것밖에 없어요.
   私はこれっきゃないんです。
4. 싫어도 상사랑은 술을 마실 수밖에 없어요.
   嫌だけど、上司とはお酒を飲むっきゃないんです。
5. 몸에 안 좋으니까 담배를 끊을 수밖에 없어요.
   体に悪いからタバコを止めるっきゃないんです。

잠깐만요!

★ '직장 내 괴롭힘' 관련 어휘

セクハラ
성희롱. **セクシュアル ハラスメント**(sexual harassment)의 줄임말
パワーハラ(power+harassment)
직장 상사의 괴롭힘
スメハラ(smell+harassment)
(직장에서 담배 냄새, 땀 냄새, 구취 등으로 인한) 냄새 괴롭힘

言(い)う 말하다
食(た)べる 먹다
嫌(いや) 싫음
上司(じょうし) 상사
体(からだ)に悪(わる)い 몸에 안 좋다
止(や)める 그만두다, 끊다

STEP 2

친부모에게 학대를 당하는 아이를 데리고 무작정 멀리 도망친 여자는 앞으로 어떻게 해야 할지 막막해하면서 말합니다. **Mother**

A だからと言って、私がしたことが許されるとは思っていません。
B 法律とか規則じゃ守れないものだってあるの。あなたはそれを。
A でも何も出来ないんです。단지 도망치는 것밖에 없어요.
B 学校へ行かせてあげましょう。

A 그렇다고 해서 제가 한 짓이 용서받을 거라고는 생각하지 않아요.
B 법률이나 규칙으로는 지킬 수 없는 것도 있지. 너는 그걸 안 거야.
A 하지만 아무것도 할 수 없어요. **ただ逃げるっきゃないんです。**
B 학교에 보내 주자.

許(ゆる)す 용서하다
規則(きそく) 규칙
守(まも)る 지키다
出来(でき)る 할 수 있다
逃(に)げる 도망가다

005.mp3

一人でご飯食べてる。

혼자서 밥 먹고 있어.

동사의 상태, 진행형을 나타내는 ～ている · でいる(~하고 있다)의 경우, 회화체에서는 거의 い를 생략하고 **～てる · でる**로 발음할 때가 많습니다.

STEP 1

1. 지금 혼자서 밥 먹고 있어.
   今、一人でご飯食べてる。
2. 여자 친구랑 영화를 보고 있어.
   彼女と映画を見てる。
3. 내일 시험이라서 공부하고 있어.
   明日試験だから勉強してる。
4. 회사 동료랑 한잔하고 있어.
   会社の同僚といっぱい飲んでる。
5. 지금 네 이야기를 하고 있어.
   今、あんたの話をしてる。

잠깐만요!

★ **～ている**의 줄임말 형태

～ていて → **～てて**
~하고 있고, 하고 있어
～ていない → **～てない**
~하고 있지 않다
～ていなかった → **～てなかった**
~하고 있지 않았다
～ていた → **～てた**
~하고 있었다
～ていません → **～てません**
~하고 있지 않습니다

一人(ひとり)**で** 혼자서
食(た)**べる** 먹다
彼女(かのじょ) 여자 친구, 그녀
映画(えいが) 영화
会社(かいしゃ) 회사
同僚(どうりょう) 동료
話(はなし) 이야기

STEP 2

여자가 사장의 프레젠테이션에 대해서 힘을 더하는 말을 하자, 사장은 쑥스러운 듯 괜한 소리를 합니다. **リッチマン、プアウーマン**

A 私、社長のプレゼン見て、すごくいいなって思いました。きっとみんな分かってくれます。

B 迷惑だ。

A え？

B 지금 몇 시인 줄 알아?

社長(しゃちょう) 사장
思(おも)**う** 생각하다
迷惑(めいわく) 폐, 귀찮음, 성가심
何時(なんじ) 몇 시

A 저는 사장님 프레젠테이션을 보고 엄청 좋다고 생각했어요. 분명 다들 알아줄 거예요.
B 민폐잖아.
A 네?
B **今何時だと思ってる？**

映画を見てらっしゃる。

영화를 보고 계셔.

~てらっしゃる는 **~ていらっしゃる**(~하고 계시다)의 회화체 줄임말입니다. 회화체에서는 이와 같이 동사 て형 뒤에 い가 올 경우 자주 줄여 씁니다.

STEP 1

1. 방에서 영화를 보고 계셔.
   部屋で映画を見てらっしゃる。
2. 역시 신은 우리를 보고 계셔.
   やっぱり神様は僕たちを見てらっしゃる。
3. 선생님은 지금 자고 계셔.
   先生は今寝てらっしゃる。
4. 그는 자신의 회사를 운영하고 계셔.
   彼は自分の会社をやってらっしゃる。
5. 현재 밖에 나가 계셔.
   只今外に出てらっしゃる。

잠깐만요!

★ **いらっしゃる**는 특수 존경어로 **行く**(가다), **来る**(오다), **いる**(있다)의 높임말입니다.

★ **かみ**의 동음이의어

神(かみ) 신, 신령
紙(かみ) 종이
髪(かみ) 머리카락

部屋(へや) 방
映画(えいが) 영화
神様(かみさま) 신
自分(じぶん) 자기 자신
会社(かいしゃ) 회사
只今(ただいま) 지금, 현재
外(そと) 밖
出(で)**る** 나가다, 나오다

STEP 2

남자는 자꾸 찾아오는 여자를 밀어내려 합니다.

それでも、生きてゆく

A 僕といて恥ずかしくないんすか。

B 何でですか。

A いや…ホントに…もういいんで。

B 가족을 위해서 열심히 노력하고 계시니까.
私、そういう人の力になりたいんです。

A 나랑 있어서 부끄럽지 않아요?
B 왜요?
A 아니 … 정말로 … 이젠 괜찮으니까.
B **家族のために一生懸命頑張ってらっしゃるから。** 저는 그런 사람에게 힘이 되고 싶어요.

恥(は)**ずかしい** 부끄럽다
家族(かぞく) 가족
一生懸命(いっしょうけんめい) 열심히
頑張(がんば)**る** 노력하다, 애쓰다
力(ちから) 힘

お茶でも飲んでく?

차라도 마시고 갈래?

~ていく・でいく는 '~하고 가다, ~해 가다'라는 뜻이며, 회화체에서는 い를 생략하고 **~てく・でく**로 발음하는 경우가 많습니다.

STEP 1

1. 한가하면 차라도 마시고 갈래?
   暇ならお茶でも飲んでく?
2. 이 가게 옷 멋있는데 보고 갈래?
   この店の服かっこいいから見てく?
3. 여기에서 점심 먹고 갈래?
   ここで昼ごはん食べてく?
4. 지나는 길이니깐 할머니 댁에 들렀다가 갈래?
   通り道なんでおばあさんのとこに寄ってく?
5. 슈퍼에서 수박이라도 사서 갈래?
   スーパーですいかでも買ってく?

잠깐만요!

★ **~ていく**의 줄임말 형태

- **~ていこう → ~てこう**
  ~하고 가자
  ここでちょっと休(やす)んでこう。 여기서 좀 쉬고 가자.
- **~ていって → ~てって**
  ~하고 가
  私(わたし)も連(つ)れてって。
  나도 데려가.
- **~ていった → ~てった**
  ~하고 갔다
  これを着(き)てったほうがいいよ。 이걸 입고 가는 편이 좋아.

暇(ひま) 한가로운 모양
お茶(ちゃ) 차
店(みせ) 가게, 상점
服(ふく) 옷
昼(ひる)**ごはん** 점심밥
通(とお)**り道**(みち) 지나는 길
寄(よ)**る** 들르다

STEP 2

원장은 만18세가 되면 고아원을 나가야 한다면서 여자아이에게 양부모를 소개하지만, 아이는 눈수술을 해주지 않을까봐 걱정합니다. **明日、ママがいない**

A お金が…。
B 金だと?お前年はいくつだ?내년 봄에는 나가는 거잖아?
A 目の手術のためなんです。眼帯の下の…。
B チッ。仕方ないだろう!

A 돈이 ….
B 돈이라고? 너 나이가 몇이야? **来年の春には出てくんだろう?**
A 눈 수술 때문에요. 안대 속에 있는 ….
B 아이고, 방법이 없잖아!

お金(かね) 돈
お前(まえ) 남성어 너
年(とし) 나이, 연령
来年(らいねん) 내년
春(はる) 봄
目(め) 눈
手術(しゅじゅつ) 수술
眼帯(がんたい) 안대
仕方(しかた)**ない** 달리 방법이 없다

PATTERN 008

食える時に食っといて。

먹을 수 있을 때 먹어 둬.

008.mp3

회화체에서는 ～ておく(～해 두다)를 빠르게 발음할 때 ～とく로 합니다. 또한 상대에게 ～ておいて(～해 둬)라고 가벼운 명령으로 말할 때도 **～といて**를 사용합니다.

STEP 1

1. 먹을 수 있을 때 먹어 둬.
   食える時に食っといて。
2. 마실 거 다 떨어졌으니까 사 둬.
   飲み物なくなったんだから、買っといて。
3. 자료는 책상 위에 올려 둬.
   資料は机の上に置いといて。
4. 외출하기 전에 방 청소를 해 둬.
   出かける前に部屋の掃除しといて。
5. 잘 수 있을 때 자 둬.
   寝れる時に寝といて。

잠깐만요!

★ **部屋**(へや)의 여러 가지 물건

布団(ふとん) 이불
枕(まくら) 베개
目覚(めざ)**まし時計**(とけい) 자명종
ベッド 침대
箪笥(たんす) 장롱

食(く)う 남성어 먹다
飲(の)**み物**(もの) 마실 것
買(か)**う** 사다
資料(しりょう) 자료
机(つくえ) 책상
置(お)**く** 두다, 놓다
出(で)**かける** 외출하다
部屋(へや) 방
掃除(そうじ) 청소

STEP 2

큰딸이 연락도 안 되고 행방불명이 되자 엄마는 걱정스러운 마음에 둘째딸에게 묻습니다.

Mother

A どうして帰ってこないんだと思う？

B 何か隠し事でもあるんじゃない？

A 隠し事？

B もう心配しすぎ！언니도 어른이니까 내버려둬.

A 왜 돌아오지 않는다고 생각해?
B 뭔가 숨기는 거라도 있는 것 아냐?
A 숨기는 거?
B 너무 지나치게 걱정하는 거 아냐? **お姉ちゃんも大人なんだから、ほっといて。**

帰(かえ)**る** 귀가하다
思(おも)**う** 생각하다
隠(かく)**し事**(ごと) 숨기는 일, 비밀
心配(しんぱい) 걱정, 근심, 염려
大人(おとな) 성인, 어른
ほる 내버려두다

▶ 009.mp3

早く食べると腹壊しちゃうでしょ?

빨리 먹으면 배탈 나잖아?

～ちゃう의 원래 형태는 ～てしまう(～해 버리다, ～하고 말다)입니다. 말하는 사람의 분하거나 곤란한 상황 등을 나타내는 표현으로, 회화체에서는 てしまう → ちゃう, でしまう → じゃう 형태로 쓰입니다.

STEP 1

1. 빨리 먹으면 배탈 나잖아?
早く食べると腹壊しちゃうでしょ?

2. 그거 개한테 먹이면 죽어 버리잖아?
それ、犬に食わせたら死んじゃうでしょ?

3. 메모하지 않으면 잊어버리잖아?
メモ取らないと忘れちゃうでしょ?

4. 그렇게 하면 옷이 젖어 버리잖아?
そうしたら服が濡れちゃうでしょ?

5. 지금 먹지 않으면 동생이 먹어 버리잖아?
今食べないと妹に食べられちゃうでしょ?

잠깐만요!

★ **腹**(はら)의 관용구

腹を立(た)**てる** 화를 내다
腹を割(わ)**る** 본심을 털어놓다
腹を下(くだ)**す** 설사하다
腹を壊(こわ)**す** 배탈 나다

早(はや)**く** 빨리
犬(いぬ) 개
食(く)**わせる** 먹이다
死(し)**ぬ** 죽다
忘(わす)**れる** 잊다
濡(ぬ)**れる** 젖다
妹(いもうと) 여동생

STEP 2

아이는 학대하는 친엄마를 피해서 선생님과 함께 몰래 도망쳤지만, 혹시 경찰에 들킬까봐 불안해하면서 선생님을 기다리고 있습니다. **Mother**

A お店の前で待っててくれたら良かったのに。
B 아이가 혼자 있으면, 경찰 아저씨가 말을 걸 수도 있잖아요.
A あ…そっか。そうね。行こうか。
B うん！行こう。

A 가게 앞에서 기다렸으면 좋았을 텐데.
B **子供が一人でいたら、お巡りさんに話しかけられちゃうでしょ?**
A 아 … 그런가. 그러네. 그럼 갈까?
B 네! 가요.

待(ま)**つ** 기다리다
子供(こども) 아이
お巡(まわ)**りさん** 경찰 아저씨
話(はな)**しかける** 말을 걸다

Unit 02

음성 강의 & 예문 듣기

{ 축약형 & 회화체 – 2 }

나도 일본에 가고 싶어

일본어에는 수많은 축약형과 회화체가 있지만, 막상 회화에 자주 쓰이는 것들은 한정되어 있어요. 그 중에서도 자주 사용되고 '일드'에 많이 나오는 것을 압축하여 '꼭 알아 두어야 할 것'만 선별해 봤어요. 잘 알아듣기 위해서는 문장체 못지않게 회화체도 중요한 거 아시죠? 그럼~ 함께 알아보아요!

| 패턴미리보기 |

PATTERN 010 諦めるにゃもう遅いぞ。
PATTERN 011 この部屋で食事をしちゃいけない。
PATTERN 012 私が貸したげる。
PATTERN 013 私が奢ったる。
PATTERN 014 お金がなきゃご飯を買えない。
PATTERN 015 これからいくら頑張ったって無駄よ。
PATTERN 016 私だって日本に行きたいよ。
PATTERN 017 こりゃ何年ぶりかね。
PATTERN 018 私がどうすりゃいいんだよ。
PATTERN 019 私も行きたかない。
PATTERN 020 あ、これうめぇ！
PATTERN 021 そんなのまったく興味がねえ。
PATTERN 022 これからどうすんの？
PATTERN 023 先に入んなさい。
PATTERN 024 どこ見てんですか。

▶ 010.mp3

諦めるにゃもう遅いぞ。

포기하기엔 이미 늦었어.

회화체에서는 ~には를 **~にゃ**로 발음하는 경우가 많습니다. 앞에 오는 말에 따라 [동사 기본형+には]는 목적을 나타내는 '~하기에는, ~하려면'이라는 뜻이고, [명사+には]는 に의 뜻을 강조하는 '~에는, ~는'입니다.

STEP 1

1. 포기하기엔 이미 늦었어.
   諦めるにゃもう遅いぞ。
2. 너는 내 마음 따위 모를 거야.
   お前にゃ私の気持ちなんか分かんないよ。
3. 나는 매일 6시에는 일어나.
   僕は毎日６時にゃ起きる。
4. 여기엔 이제 두 번 다시 안 올 거야.
   ここにゃもう二度と来ない。
5. 거기까지 가기에는 너무 멀어.
   あそこまで行くにゃ遠すぎる。

諦(あきら)める 포기하다
遅(おそ)い 느리다, 더디다
お前(まえ) 너, 자네
気持(きも)ち 기분, 마음, 심정
僕(ぼく) 남성어 나
毎日(まいにち) 매일
起(お)きる 일어나다, 기상하다
二度(にど)と~ない 두 번 다시 ~ 않다
遠(とお)い 멀다

STEP 2

자신은 괴롭힘을 당하는데 오히려 괴롭히는 아이들을 부추기던 가정 교사에게 화가 나서 아이가 말합니다.

家族ゲーム

A でもあれはやり過ぎですよ！
B だからスタンガンは彼らのアイデアだって。
A あのまま続けてたら、死んでたかもしれないじゃないですか。
B 호신용이야. 죽지는 않겠지.

A 그래도 그건 너무 심하잖아요!
B 그러니까 고압 전류총은 걔네들 아이디어라고.
A 그대로 계속했었다면 죽었을지도 모른다니까요.
B **護身用だよ？死にゃしないでしょう。**

잠깐만요!

★ **死にゃしない**의 원래 형태는 **死にはしない**로, [동사 **ます**형+**は しない**](~는 하지 않는다) 구문입니다.

食(た)べはしない 먹지는 않다
しはしない 하지는 않다
読(よ)みはしない 읽지는 않다
行(い)けはしない 갈 수는 없다
참고 **行く**를 쓸 때는 **ます**형이 아니라 **け**에 붙는 데 주의하세요.

スタンガン (호신용) 고압 전류총
続(つづ)ける 계속하다
死(し)ぬ 죽다
護身用(ごしんよう) 호신용

011.mp3

この部屋で食事をしちゃいけない。

이 방에서 식사를 하면 안 돼.

~ちゃいけない는 ~てはいけない의 회화체로, 동사 て형에 붙어 금지의 뜻을 나타냅니다. 회화체에서 ~ては → ~ちゃ, ~では → じゃ 형태로 바뀌어 쓰입니다.

STEP 1

1. 이 방에서 식사를 하면 안 돼.
   この部屋で食事をしちゃいけない。
2. 미성년자는 술을 마시면 안 돼.
   未成年者は酒を飲んじゃいけない。
3. 어두운 곳에서 책을 읽으면 안 돼.
   暗いところで本を読んじゃいけない。
4. 중요한 약속이라서 늦으면 안 돼.
   大事な約束なんで遅れちゃいけない。
5. 그 과자는 유통기한이 지나서 먹으면 안 돼.
   そのお菓子は賞味期限切れだから食べちゃいけない。

잠깐만요!

★ **賞味期限**은 '가장 맛있게 먹을 수 있는 기간'이라는 뜻으로 '유통기한'과 같은 말입니다. 문장 5에서 **切(き)れる**는 '(기간이) 지나다'라는 뜻으로 쓰였습니다.

(참고) **製造年月日**(せいぞうねんがっぴ) 제조일자

食事(しょくじ) 식사
未成年者(みせいねんしゃ) 미성년자
暗(くら)**い** 어둡다
大事(だいじ) 중요함, 소중함
約束(やくそく) 약속
遅(おく)**れる** 늦다
お菓子(かし) 과자
賞味期限(しょうみきげん)**切**(ぎ)**れ** 유통기한 지남

STEP 2

여자는 자신의 딸의 존재를 어머니가 알아채자 집을 나가려고 합니다.

Mother

A 이 집에 폐를 끼쳐서는 안 돼요.

B 私は迷惑がどうとか、そんな話してるんじゃないの！

A 戸籍を外してこの家を出ます。

B あなたを守るための話をしてるんだよ。

A **この家に、迷惑掛けちゃいけない。**
B 나는 폐를 끼친다든가 그런 이야기를 하고 있는 게 아니야!
A 호적을 파서 이 집을 나갈게요.
B 너를 지키기 위한 이야기를 하고 있는 거야.

迷惑(めいわく)**を掛**(か)**ける** 폐를 끼치다
戸籍(こせき) 호적
外(はず)**す** 빼다, 제외하다
守(まも)**る** 지키다

012.mp3

私が貸したげる。

내가 빌려줄게.

~てあげる(~해 주다)에서 ~てあ~ 부분을 회화체에서는 빠르게 발음하여 **~たげる**로 발음하는 경우가 있습니다. ~てあげる → ~たげる, ~であげる → ~だげる 형태로 바뀝니다.

STEP 1

1. 그건 내가 빌려줄게.
   それは私が貸したげる。
2. 나중에 사줄게.
   後で買ったげる。
3. 일이 끝나고 나서 놀아 줄게.
   仕事終わってから遊んだげる。
4. 내 남자 친구 사진 보여 줄게.
   私の彼氏の写真見せたげる。
5. 내일부터 아이에게 책을 읽어 줄게.
   明日から子供に本を読んだげる。

貸(か)**す** 빌려주다
後(あと)**で** 나중에
終(お)**わる** 끝나다
遊(あそ)**ぶ** 놀다
彼氏(かれし) 남자 친구
写真(しゃしん) 사진
見(み)**せる** 보여 주다
明日(あした) 내일

STEP 2

고아원에 새로 들어온 아이가 여자아이를 잘 따르자, 원장은 여자아이에게 그 아이의 유치원에 같이 가라고 말합니다. **明日、ママがいない**

A 何で幼稚園の挨拶に私も行かなきゃならないわけ？
B このチビがどうしてもとな。
A 遅刻しちゃうんだけど。
B 학교에는 내가 데려다줄게.

A 왜 유치원에 인사하러 나도 가야 하는데?
B 이 꼬맹이가 고집을 부리잖아.
A 지각하는데.
B **学校には俺が送ったげる。**

잠깐만요!

★ '마마보이'는 **マザコン**으로, 일본 조어 **マザーコンプレックス**(mother+complex)의 준말입니다. '파파걸'은 **ファザコン**이고, **ファーザーコンプレックス**(father+complex)의 준말입니다.

幼稚園(ようちえん) 유치원
挨拶(あいさつ) 인사
ちび 꼬마, 키가 작음
遅刻(ちこく) 지각
学校(がっこう) 학교
送(おく)**る** 데려다주다, 배웅하다

私が奢ったる。

내가 사줄게.

~てやる(~해주다)를 빠르게 발음하면 **~たる**로 들립니다. 주로 손아래나 동물을 위한 행위를 할 때 씁니다. 또한 말하는 사람이 화난 감정을 표현할 때 용도로 사용하기도 합니다.

STEP 1

1. 이번에는 내가 사줄게.
   今度は私が奢ったる。
2. 나중에 개 산책 시켜 줄게.
   後で犬に散歩させたる。
3. 이제는 진절머리 나. 이 회사 그만둬 준다.
   もううんざりなんだ。この会社辞めたる。
4. 생일 선물 사줄게.
   誕生日のプレゼント買ったる。
5. 다음 주 이사, 도와줄게.
   来週の引っ越し、手伝ったる。

잠깐만요!

★ '선물' 관련 어휘

お土産(みやげ) 기념품, 특산물
手土産(てみやげ) 인사치레로 가져가는 간단한 선물
贈(おく)**り物**(もの)**・プレゼント** 선물

今度(こんど) 이번, 금번
奢(おご)**る** 한턱내다, 쏘다
散歩(さんぽ) 산책
辞(や)**める** 그만두다
誕生日(たんじょうび) 생일
来週(らいしゅう) 다음 주
引(ひ)**っ越**(こ)**し** 이사
手伝(てつだ)**う** 돕다, 도와주다

STEP 2

여동생은 오빠가 사준 아이스크림을 그만 떨어뜨리고 말았습니다.

それでも、生きてゆく

A 새것으로 사줄게.
B ごめんなさい。
A お兄ちゃん、働いてるし。貯金もしてるからさ。
B 貯金って?

A **新しいの買ったる。**
B 미안해.
A 오빠는 일을 하고 있고, 저금도 하고 있으니까.
B 저금이라니?

新(あたら)**しい** 새롭다, 새것이다
働(はたら)**く** 일하다
貯金(ちょきん) 저금

▶ 014.mp3

お金がなきゃご飯を買えない。

돈이 없으면 밥을 살 수 없다.

'~하지 않으면, ~ 없으면'이라는 뜻으로 쓰는 ~なければ는 회화체에서 **~なきゃ**로 줄여서 말합니다.

STEP 1

1. 돈이 없으면 밥을 살 수 없다.
   お金がなきゃご飯を買えない。
2. 아플 때는 많이 먹지 않으면 낫지 않아.
   病気の時は、たくさん食べなきゃ治らないよ。
3. 지금 가지 않으면 전철 시간에 늦을지도 몰라.
   今、行かなきゃ電車に間に合わないかも。
4. 이 책, 빨리 반납하지 않으면 반납일이 지나고 말 거야.
   この本、早く返さなきゃ返却日過ぎてしまいますから。
5. 열심히 연습하지 않으면 늘지 않아.
   頑張って練習しなきゃ上達しない。

잠깐만요!

★ **~けば・ければ**는 **~きゃ**, **~げば**는 **~ぎゃ**로 쓸 수 있습니다.

行(い)けば → 行きゃ 가면
急(いそ)げば → 急ぎゃ 서두르면
飲(の)みたければ → 飲みたきゃ 마시고 싶으면

お金(かね) 돈
病気(びょうき) 병, 질환
治(なお)**る** 회복되다, 낫다
間(ま)**に合**(あ)**う** 시간에 늦지 않게 대다
返(かえ)**す** 반납하다
返却日(へんきゃくび) 반납일
過(す)**ぎる** (때가) 지나다
頑張(がんば)**る** 끝까지 노력하다
練習(れんしゅう) 연습
上達(じょうたつ) 숙달

STEP 2

선생님이 죽은 오리에게 편지를 써보라고 하지만, 아이는 쓰고 싶지 않다고 말합니다.

Mother

A あと10分しかないけど。
B 음~. 그러니까 이거요, 쓰지 않으면 안 되는 건가요?
A どうして？書けない理由があるの？
B あひるは手紙読めないからよ。

A 이제 10분밖에 없는데.
B **うーん、えっとこれ、書かなきゃダメ？**
A 왜? 쓸 수 없는 이유라도 있니?
B 오리는 편지를 읽을 수 없으니까요.

書(か)**く** 쓰다
理由(りゆう) 이유
手紙(てがみ) 편지
読(よ)**む** 읽다

これからいくら頑張ったって無駄よ。

이제부터 아무리 애써도 쓸모없어.

いくら～たって(아무리 ~해도)에서 ~たって는 ~ても(~해도)와 같은 뜻입니다. 회화체에서 ~ても→~たって, ~でも→~だって 형태로 바꾸어 쓸 수 있습니다.

STEP 1

1. 이제부터 아무리 애써도 쓸모없어.
   これからいくら頑張ったって無駄よ。
2. 무알코올이니까 아무리 마셔도 괜찮아요.
   ノンアルコールなんでいくら飲んだって大丈夫ですよ。
3. 아무리 맛있어도 너무 먹잖아.
   いくらおいしくたって食べすぎだろう。
4. 아무리 부자라도 모두 행복한 것은 아니다.
   いくらお金持ちだって、みんな幸せなわけではない。
5. 그가 아무리 성실해도 나는 왠지 모르게 마음에 들지 않아.
   彼がいくらまじめだって私はなんとなく気に入らない。

頑張(がんば)る 노력하다
無駄(むだ) 쓸데없음
大丈夫(だいじょうぶ) 괜찮음
幸(しあわ)せ 행복
お金持(かねも)ち 부자
気(き)に入(い)る 맘에 들다

STEP 2

마왕(고아원 원장)의 부인이 마왕을 떠나려고 하면서, 아이에게 편지를 전달해 달라고 부탁합니다. **明日、ママがいない**

A これを、あの人に渡してほしいの。

B 안 돼요! 맞다. 아무리 멀리 가도 전직 형사니까 바로 찾아낼 거예요.

A あの人とは…話をしたわ。初めて出会った、思い出の喫茶店で。

B それで？

A 이거, 그 사람에게 전해 줬으면 해.
B **ダメです！…そうだ。いくら遠くに行ったって、元刑事だし、すぐ見つけちゃいますから。**
A 그 사람과는 … 이야기했어. 처음 만났던 추억의 찻집에서.
B 그래서요?

잠깐만요!

★ 일본의 범죄, 화재 신고 번호
警察 신고 번호는 110番으로, 번호도 읽는 방법도 우리말과 달라요. **ひゃくとおばん**이라고 읽어야 합니다. 또한 **火事**(화재)나 **救急**(구급)인 경우는 우리나라와 같은 119番입니다. 읽을 때는 **ひゃくじゅうきゅうばん**이라고 하세요.

渡(わた)す 건네다
遠(とお)い 멀다
元(もと) 이전, 원래
刑事(けいじ) 형사
見(み)つける 발견하다, 찾다
出会(であ)う 만나다
思(おも)い出(で) 추억
喫茶店(きっさてん) 찻집

016.mp3

私だって日本に行きたいよ。

나도 일본에 가고 싶어.

조사 ~も(~도)는 회화체에서 **~だって**로 쓸 수 있는데, 이 경우 문장을 더욱 강조하는 느낌을 줍니다.

STEP 1

1. 나도 일본에 가고 싶어.
   私だって日本に行きたいよ。
2. 너도 모르잖아.
   お前だって知らないじゃない？
3. 선생님이라도 모르는 것은 많이 있어.
   先生だって知らないことはたくさんあるよ。
4. 공부도 앞으로 더 노력하겠습니다.
   勉強だってこれからもっと頑張ります。
5. 이것도 네 것 아니야?
   これだってあんたの物じゃない？

お前(まえ) 너
知(し)**る** 알다
勉強(べんきょう) 공부
頑張(がんば)**る** 노력하다

잠깐만요!

★ 회화체에서 **あんたさ**와 같이 끝에 붙는 **~さ**는 '~말이야, ~야'라는 뜻으로 쓰입니다. 주로 말을 시작할 때 쓰며, 남녀 모두 쓸 수 있는 말로 친한 사이에 가볍게 쓰는 말입니다. 윗사람에게는 사용하면 실례가 될 수 있으니 주의하세요.

お前さ 너 말이야
あのさ 있잖아

STEP 2

엄마와 여동생이 언니의 문제로 다투고 있습니다.

Mother

A 姉ちゃんは、ほっとけなかったんだよ。

B 警察か児童相談所に任せればいいことでしょ？

A 그렇지만 부모 곁으로 되돌려 보내서, 학대가 악화되어 버리는 경우도 있잖아?

B あんたさ、姉が正しいと思ってるんだ。

A 언니는 그냥 둘 수 없었던 거야.
B 경찰이나 아동상담소에 맡기면 되는 문제 아니니?
A **でも親元に帰して、虐待が悪化しちゃうことだってあるでしょ？**
B 너 말이야, 언니가 옳다고 생각하고 있구나.

ほっとく 내버려 두다
警察(けいさつ) 경찰
児童(じどう) 아동
相談所(そうだんじょ) 상담소
任(まか)**せる** 맡기다
親元(おやもと) 부모 곁
帰(かえ)**す** 돌려보내다, 돌아가게 하다
虐待(ぎゃくたい) 학대
悪化(あっか) 악화
正(ただ)**しい** 바르다, 옳다

PATTERN 017

017.mp3

こりゃ何年ぶりかね。

이게 몇 년 만인가.

[これ · それ · あれ+조사 は]를 회화체에서는 これは → **こりゃ**(이것은), それは → **そりゃ**(그것은), あれは → **ありゃ**(저것은)와 같이 자주 줄여서 씁니다.

STEP 1

1. 이 사람아, 이게 몇 년 만인가.
   やあ君、こりゃ何年ぶりかね。
2. 이건 정말 볼꼴이야.
   こりゃ本当に見ちゃいられない。
3. 이거 야단났군.
   こりゃ困ったな。
4. 이거 큰일이야.
   こりゃ大変だよ。
5. 이거 꼼짝없이 당했네.
   こりゃどうしようもなくやられたな。

~ぶり (시간의 경과) ~만에
本当(ほんとう)**に** 정말로
困(こま)**る** 난처해지다, 곤란하다
大変(たいへん) 대단함, 중대함

STEP 2

만화를 보고 있는 여자에게 남자가 무시하듯이 말합니다.

リーガル・ハイ 2

A 뭐야, 이거는. 下らない。

B 少年時代から天才といわれた主人公が、成功を収めて金に溺れ、やがて挫折していくさまが実に痛快に描かれた傑作ですよ。

A 君はチェリーボーイの相手をしていろ。

B イノセントボーイです。

A 何だこりゃ。시시해.
B 소년 시절부터 천재라고 불리던 주인공이 성공을 거두고 돈에 현혹되어 결국은 좌절하는 모습이 실로 통쾌하게 그려진 걸작이에요.
A 너는 체리보이 상대나 하고 있어.
B 이노센트보이예요.

잠깐만요!

★ **チェリーボーイ**(cherry boy)는 '성관계가 한 번도 없는 남자'를 뜻합니다.

★ **イノセントボーイ**에서 **イノセント**(innocent)는 '순진한, 순결한, 청순한'이라는 뜻으로, **イノセントボーイ**는 '순결한 남자'를 뜻합니다.

下(くだ)**らない** 시시하다, 하찮다
少年時代(しょうねんじだい) 소년 시절
天才(てんさい) 천재
主人公(しゅじんこう) 주인공
成功(せいこう) 성공
収(おさ)**める** (결과를) 얻다, 거두다
溺(おぼ)**れる** 빠지다, 열중하다
挫折(ざせつ) 좌절
実(じつ)**に** 실로
痛快(つうかい) 통쾌
描(えが)**く** 그리다, 묘사하다
傑作(けっさく) 걸작

私がどうすりゃいいんだよ。

내가 어떻게 하면 좋겠어?

동사 조건형의 ~れば(~하면)를 회화체에서는 **~りゃ**로 바꾸어 발음하기도 합니다.

STEP 1

1. 내가 어떻게 하면 좋겠어?
   私がどうすりゃいいんだよ。
2. 할 수 있으면 혼자서 해 봐.
   できりゃ一人でやってみなさい。
3. 보면 알잖아.
   見りゃ分かるでしょう。
4. 먹고 싶으면 먹으면 되잖아.
   食べたきゃ、食べりゃいいじゃん。
5. 니가 가면 나도 갈게.
   お前が行けりゃ私も行くよ。

잠깐만요!

★ 동사 이외의 어휘에서도 **~れば**를 **~りゃ**로 바꿔 말하기도 해요.

- **~ければ → ~けりゃ**
  安ければ → 安けりゃ 싸다면
  安(やす)けりゃ、買(か)います。 싸다면 사겠습니다.
- **~なければ → ~なけりゃ**
  行かなければ → 行かなけりゃ 가지 않으면
  あなたが行(い)かなけりゃ、私(わたし)も行きません。 당신이 가지 않으면 저도 가지 않겠습니다.

分(わ)かる 알다, 이해하다
食(た)べる 먹다
お前(まえ) 너, 자네

STEP 2 형은 가정 교사가 수상하다며 쫓아내자고 하는데, 이미 가정 교사와 정이 든 동생은 반대를 합니다.

家族ゲーム

A 先生が、俺を救ってくれたんだよ。そんな人が、人殺しなんてするわけないよ！

B 그럼 저 사람이 살인을 했다는 말은 어떻게 설명하면 되냐!

A あれは俺を脅すための嘘だよ。

B そんなわけないだろ！

A 선생님이 날 구해 줬단 말이야. 그런 사람이 살인 같은 거 할 리가 없어.
B **だったらあいつの人殺し発言はどう説明すりゃいいんだよ！**
A 그건 날 겁주려고 했던 거짓말이야.
B 그럴 리가 없잖아!

잠깐만요!

★ **そんなわけないだろ！**는 줄여서 **んなわけないだろ！**라고도 합니다. **そんな→んな**와 같이 회화체에서는 앞 글자를 생략해서 발음하는 경우가 있어요.

ふざけるな → ざけるな 까불지 마
いらっしゃい → らっしゃい 어서 오세요
いやだ → やだ 싫어

救(すく)う 구하다, 도와주다
人殺(ひとごろ)し 살인, 살인자
発言(はつげん) 발언
説明(せつめい) 설명
脅(おど)す 놀라게 하다, 협박하다
嘘(うそ) 거짓말

019.mp3

私も行きたかない。

나도 가고 싶진 않아.

회화체에서는 ～くは의 발음을 빨리 하면 소리가 줄어서 か로 발음하는 경우가 많습니다. [**동사 ます형+たくはない → たかない**](~하고 싶지는 않다), [**い형용사 어간+くはない → かない**](~하지는 않는다) 형태로 씁니다.

STEP 1

1. 실은 나도 가고 싶진 않아.
実は私も行きたかない。

2. 이 이상 살찌고 싶진 않아.
これ以上、太りたかない。

3. 그녀가 만든 요리는 맛있진 않아.
彼女の手料理はおいしかない。

4. 나는 별로 춥진 않아.
私はあまり寒かない。

5. 그를 두 번 다시 만나고 싶진 않아.
彼に二度と会いたかない。

잠깐만요!

★ **～かない**의 원래 형태

会(あ)**いた**かない
→**会いた**くはない
行(い)**きた**かない
→**行きた**くはない
太(ふと)**りた**かない
→**太りた**くはない
おいしかない
→**おいし**くはない
寒(さむ)かない
→**寒**くはない

実(じつ)**は** 실은
以上(いじょう) 이상
太(ふと)**る** 살찌다
手料理(てりょうり) 손수 만든 가정요리
寒(さむ)**い** 춥다
会(あ)**う** 만나다

STEP 2

아이들에게 심한 괴롭힘을 당하던 아이는 가정 교사에게 억울한 듯 호소합니다.

家族ゲーム

A 先生の言うとおりだよ。俺が死ぬまでおわんないんだよ！

B 死ぬのが怖いか。

A 怖い。死にたくない！아직 죽고 싶지는 않아요!

B それでいい。死を意識して、初めて生きている実感が湧く。

A 선생님이 말한 대로예요. 내가 죽을 때까지 끝나지 않을 거예요.
B 죽는 게 무섭니?
A 무서워요. 죽고 싶지 않아요 ! **まだ死にたかない！**
B 그걸로 됐어. 죽음을 의식하니 처음으로 살아 있는 실감이 나는 거야.

先生(せんせい) 선생님
言(い)**う** 말하다
死(し)**ぬ** 죽다
怖(こわ)**い** 무섭다
意識(いしき) 의식
生(い)**きる** 살다, 생존하다
実感(じっかん) 실감
湧(わ)**く** 솟다, 생겨나다

▶ 020.mp3

あ、これうめぇ!

와, 이거 맛있다!

일부 い형용사 표현 중에 [어미 **あ단+い** → ai → ee]로 바꿔 쓰는 경우가 있는데, 남성이 터프하거나 거친 느낌으로 표현할 때 사용합니다.

STEP 1

1. 와, 이거 맛있다!
   あ、これうめぇ！
2. 귀신의 집 같은 거나 무서워하고 약하네.
   お化け屋敷なんか怖がるなんてよえぇ。
3. 벌써 귀에 못이 박힐 정도야. 시끄러워!
   もう耳にたこができるくらいだよ。うるせぇ！
4. 만지지 마! 위험해.
   触るな！あぶねぇ。
5. 이 케이크 엄청 크다!
   このケーキ、でけぇ！

잠깐만요!

★ い형용사의 강조 용법(남성어)

- 어간 **あ**단+어미 **い**
  ai → ee

うまい	→ うめぇ
弱(よわ)い	→ よえぇ
うるさい	→ うるせぇ
危(あぶ)ない	→ あぶねぇ
でかい	→ でけぇ

- 어간 **お**단+어미 **い**
  oi → ee

凄(すご)い	→ すげぇ
酷(ひど)い	→ ひでぇ
遅(おそ)い	→ おせぇ

お化(ば)け屋敷(やしき) 귀신의 집
怖(こわ)がる 무서워하다
耳(みみ)にたこができる 귀에 못이 박히다
触(さわ)る 만지다

STEP 2

왕따를 당해 학교에 오지 않는 아이에게 거짓 메신저를 보내 학교에 오게 한 아이들이 또 자기들끼리 키득거리고 있습니다. 　**家族ゲーム**

A どんなコメントだよ。見る見る！

B あ、見る？もう一度、俺を信じてくれないか。촌스러워!

A 信じてまた裏切られてんの！

B なるわけねえじゃん！하하하 ~ 배 아파!

A 어떤 멘트야. 볼래 볼래!
B 아, 볼래? 한 번 더 나를 믿어주지 않겠어? **だっせぇ！**
A 믿고 또 배신 당한 거야!
B 그렇게 될 리가 없잖아! **ハハハ～腹いてぇ！**

잠깐만요!

★ い형용사의 강조 용법(남성어)

- 어간 **あ**단+어미 **い**
  ai → ee

ださい	→ だっせぇ
いたい	→ いてぇ

見(み)る 보다
信(しん)じる 믿다
裏切(うらぎ)る 배신하다
腹(はら) 배, 복부

021.mp3

そんなのまったく興味がねえ。

그런 거 전혀 흥미 없어.

부정의 ~ない를 회화체에서는 **~ねえ**로 말하는 걸 자주 들을 수 있습니다. 남성어로서 좀 거칠게 표현하거나 터프하게 말하는 느낌입니다.

STEP 1

1. 그런 거 전혀 흥미 없어.
   そんなのまったく興味がねえ。
2. 더 이상 할 말이 없어.
   もう言うことはねえ。
3. 나도 몰라.
   俺も知らねえ。
4. 오늘 하루 동안 아무것도 안 먹었어.
   今日、一日中何にも食ってねえ。
5. 지금은 가족 따위 만나고 싶지 않아.
   今は家族なんか会いたくねえ。

잠깐만요!

★ **まったく**의 용법

- (부정어와 함께 쓰여) 전혀
  お酒(さけ)をまったく飲(の)まない人(ひと)
  술을 전혀 못 마시는 사람
- 완전히, 아주, 전적으로
  辺(あた)りはまったく暗(くら)くなった。 주위는 완전히 어두워졌다.
- 정말로, 참으로
  まったく困(こま)ったことだ。
  정말 곤란한 일이다.

興味(きょうみ) 흥미
言(い)**う** 말하다
俺(おれ) 남성어 나
知(し)**る** 알다
一日中(いちにちじゅう) 하루 종일
食(く)**う** 먹다
会(あ)**う** 만나다

STEP 2

남자는 주방에 여자 요리사가 있는 것을 못마땅하게 생각해서 괜히 시비를 겁니다.

リッチマン、プアウーマン

A ごめん。やり直すから。

B 여자란 어쩔 수가 없지.

A 次は落とさないわよ！

B 俺らだったら油ん中、手突いたって食材ぶちまけるような真似しねえけどな！

A 미안해요. 다시 할게요.
B **女じゃしょうがねえ。**
A 다음에는 떨어뜨리지 않을 겁니다!
B 나라면 기름 안에 손을 넣어도 식재료를 떨어뜨리는 일은 안 할 텐데 말이야.

やり直(なお)**す** 다시 하다
落(お)**とす** 떨어뜨리다
油(あぶら) 기름
手(て)**を突**(つ)**く** 손을 찔러 넣다
食材(しょくざい) 요리 재료, 식재
ぶちまける 쏟아 버리다
真似(まね) 동작, 행동, 흉내

これからどうすんの?

이제부터 어떻게 할 거야?

~る로 끝나는 말이 문장 끝에 올 때, ~ん으로 소리가 바뀌어서 쓰이는 경우가 많습니다. 여기에 の를 붙여 **~んの**라고 하면 이유를 묻는 뉘앙스가 됩니다.

STEP 1

1. 이제부터 어떻게 할 거야?
   これからどうすんの?
2. 여기에서 혼자서 뭐 하고 있어?
   ここで一人で何やってんの?
3. 싫어. 그런 사람으로 생각되는 거야?
   いやだな。そんな人に思われんの?
4. 감기인데 차가운 음료 마시는 거야?
   ひどい風邪なのに冷たい飲み物飲んでんの?
5. 이런 시간에 뭐하고 있어?
   こんな時間に何してんの?

잠깐만요!

★ 병원 진료 과목

眼科(がんか) 안과
外科(げか) 외과
産婦人科(さんふじんか)・**婦人科**(ふじんか) 산부인과
歯科(しか) 치과
耳鼻咽喉科(じびいんこうか)・**耳鼻科**(じびか) 이비인후과
小児科(しょうにか) 소아과
内科(ないか) 내과
皮膚科(ひふか) 피부과
(참고) '치과'에서 **歯**를 **は**로 읽지 않도록 주의하며, '치과 의사'를 말할 때는 **歯医者**(はいしゃ)라고 합니다.

思(おも)**う** 생각하다
ひどい風邪(かぜ) 심한 감기
冷(つめ)**たい** 차갑다
飲(の)**み物**(もの) 음료

STEP 2

우연히 아이의 피아노 소리를 듣고 다가온 여자가 아이에게 연주를 들려 달라고 합니다. **明日、ママがいない**

A あっ!給食のおばさんだ。
B まぁ、何でもいいから、間近で聴かせてくれる?
A ギャラは?
B 너 급식 아줌마한테 돈 받을 거야?

A 어! 급식 아줌마네.
B 그래, 뭐든지 좋으니까 가까이에서 들려줄래?
A 연주비는(요)?
B **お前、給食のおばさんから金取んのかよ。**

給食(きゅうしょく) 급식
間近(まぢか) 가까움, 임박함
聴(き)**く** 듣다

023.mp3

先に入んなさい。

먼저 들어가라.

入(はい)る의 활용형인 入りなさい를 入んなさい로 하는 것처럼, る로 끝나는 동사의 경우에 어미 り를 ん으로 바꿔 발음하는 경우가 많습니다. 이처럼 회화체 발음은 입으로 발음하기 편한 대로 종종 바뀌기도 합니다.

STEP 1

1. 먼저 들어가라.
   先に入んなさい。
2. 어서 빨리 들어와라.
   どうぞ。早く上がんなさい。
3. 마지막까지 포기하지 말고 뛰어라.
   最後まで諦めないで走んなさい。
4. 끝났으면 얼른 돌아가라.
   終わったらさっさと帰んなさい。
5. 저 선생님처럼 훌륭한 사람이 되렴.
   あの先生みたいに立派な人になんなさい。

잠깐만요!

★ 일본도 '주 5일 근무제'를 하는 기업이 많은데요. 우리말 그대로 **週5日制**라고 하지 않고, **週休2日制**(しゅうきゅうふつかせい)라고 합니다. 다만, 학교에서는 **学校週5日制**(がっこうしゅういつかせい)라고 합니다.

先(さき)**に** 먼저
上(あ)**がる** (방에) 들어가다, 들어오다
最後(さいご) 최후, 마지막
諦(あきら)**める** 포기하다
終(お)**わる** 끝나다
立派(りっぱ) 훌륭함

STEP 2

지금까지 등교 거부를 하던 아이는 가정 교사에게 "내가 학교에 가면 선생님은 관두는 게 확실하냐?"고 묻습니다. 家族ゲーム

A 거기, 빨리 앉아.
B 本当に一週間学校行ったら辞めてくれるんですね？
A しつこいな～。辞めるって言ってるでしょ。けど、できなかったらペナルティーだよ。
B は？

A **おい、早く座んなさい。**
B 정말로 일주일 동안 학교에 가면 그만두는 거죠?
A 집요하네. 그만둔다고 말하잖아. 그렇지만 못하면 벌칙이 있어.
B 네?

座(すわ)**る** 앉다
一週間(いっしゅうかん) 일주일
学校(がっこう) 학교
辞(や)**める** 그만두다

どこ見てんですか。

어딜 보고 있는 겁니까?

'~하는 것, ~하고 있는 것'는 뜻을 나타내는 [동사 기본형+の]는 회화체에서는 ~るの→**~ん**, ~いるの→**~ん** 형태로 바꾸어 말하는 경우가 있습니다.

STEP 1

1. 어딜 보고 있는 겁니까?
   どこ見てんですか。

2. 여기서 뭐 하는 겁니까?
   ここで何すんですか。

3. 자신이 한 짓을 지금 어떻게 생각하고 있는 겁니까?
   自分がしたことを、今どう思ってんですか。

4. 진심으로 그 범인을 찾고 있는 겁니까?
   本気でその犯人を捜してんですか。

5. 이걸 전부 혼자서 먹을 수 있는 겁니까?
   これ全部一人で食べられんですか。

잠깐만요!

★ '~하는 것, ~하고 있는 것'의 회화체 형태

- ~るの → ~るん → ~ん
  何するのですか。
  何するんですか。
  何すんですか。
  뭐 하고 있는 겁니까?
- ~いるの → ~るん → ~ん
  何を言っているのですか。
  何を言ってるんですか。
  何を言ってんですか。
  무슨 말을 하고 있는 겁니까?

自分(じぶん) 자기 자신
思(おも)**う** 생각하다
本気(ほんき) 진심
犯人(はんにん) 범인
捜(さが)**す**
찾다(안 보이게 된 것을 찾는 경우)
全部(ぜんぶ) 전부

STEP 2

자신의 동생을 죽인 범인에게 복수하려고 찾아다니는 남자는, 범인의 여동생에게 범인이 있는 곳을 묻습니다. **それでも、生きてゆく**

A 그가 있는 곳을 알고 있는 겁니까?
B 知らないです。今、たまたま口ごもっちゃったけど、ホントです。
A 何で今まで捜さなかったんですか。あんな人殺し！
B うちの家族誰も兄のことは分からないです。

A **彼の居場所知ってんですか。**
B 몰라요. 지금 잠깐 말을 머뭇거리긴 했지만, 정말이에요.
A 왜 지금까지 찾지 않았습니까? 그런 살인자를!
B 우리 가족 아무도 오빠에 대해서 몰라요.

居場所(いばしょ) 있는 곳, 거처
たまたま 마침, 우연히
口(くち)**ごもる**
말을 머뭇거리다, 말을 우물거리다
人殺(ひとごろ)**し** 살인자, 살인
家族(かぞく) 가족
兄(あに) 형, 오빠

음성 강의 & 예문 듣기

{ 축약형 & 회화체 - 3 }

실망했다고나 할까

～って는 문장 중간에 있을 때와 문장 끝에 있을 때 뜻에 차이가 있어요. 문장 중간에 있을 때는 ～は(～은), ～と(～라고), ～という(～라는), ～といって(～라고 해서), ～というのは(～라는 것은), ～というのが(～라는 것이) 등 다양한 뜻을 나타내고, 문장 끝에 올 때는 '전문'의 의미로 '～래, ～래요'를 나타내는데, 문장 끝 억양을 올려 말할 경우 '반문'이 되어 '～라니?, ～래요?'의 뜻으로도 쓰이니 주의하세요.

| 패턴미리보기 |

- PATTERN 025 あんな人みたいにはなんない。
- PATTERN 026 ちょっと、これうまっ！
- PATTERN 027 一人でできるもんならやってみなさいよ。
- PATTERN 028 早く食べろっつったんだろ？
- PATTERN 029 また見やがってるんだ。
- PATTERN 030 失望、したっていうか。
- PATTERN 031 自分のことは自分でしな。
- PATTERN 032 彼は今日会社に来ないんだって。
- PATTERN 033 先に帰るってのは失礼かな。
- PATTERN 034 で、どうだった？
- PATTERN 035 だってお金ないんだもん。

あんな人みたいにはなんない。

저런 사람처럼은 안 될 거야.

1그룹 동사 중에 る로 끝나는 동사의 부정형 ～らない를 **～んない**로 쓰는 경우입니다. 자주 쓰는 것으로 分(わ)からない → 分かんない(모른다), 知(し)らない → 知んない(모른다)가 있습니다.

STEP 1

1. 나는 절대 저런 사람처럼은 안 될 거야.
   私は絶対、あんな人みたいにはなんない。
2. 이렇게 큰 것은 안 들어가.
   こんな大きいのは入んない。
3. 인간은 간단히 변하지 않아.
   人間って簡単には変わんない。
4. 이 문제는 전혀 모르겠어.
   この問題は全然分かんない。
5. 교실에서는 뛰는 거 아니야.
   教室では走んない。

잠깐만요!

★ 동사 **ます**형이 명사로 쓰이는 어휘

走(はし)る → **走り**
걷다 걷기
遊(あそ)ぶ → **遊び**
놀다 놀이
考(かんが)える → **考え**
생각하다 생각
歩(ある)く → **歩き**
걷다 걷기

絶対(ぜったい) 절대
大(おお)**きい** 크다
入(はい)**る** 들어가다, 들어오다
人間(にんげん) 인간, 사람
簡単(かんたん) 간단함
変(か)**わる** 변하다
問題(もんだい) 문제
全然(ぜんぜん) 전혀
教室(きょうしつ) 교실
走(はし)**る** 달리다

STEP 2

여러 문제로 가정이 파탄에 이르자 지금까지 곁에서 지켜봐 온 가정 교사가 가장인 남자와 이야기하고 있습니다. **家族ゲーム**

A そうだよ。뭐가 뭔지 도무지 모르겠어요.
B それが正解なんですよ！
A どういうこと？
B お父さん。あなたが家族を顧みなかったせいでここまでいろんなことが悪化したんですよ。

A 맞아요. **何がなんだかさっぱり分かんない。**
B 그게 정답인 거예요!
A 무슨 말이죠?
B 아버님, 당신이 가족을 돌보지 않았기 때문에 이렇게까지 여러 가지가 악화된 거예요.

さっぱり 도무지, 전혀, 완전히
正解(せいかい) 정답
家族(かぞく) 가족
顧(かえり)**みる** 염두에 두다, 돌보다
悪化(あっか) 악화

026.mp3

ちょっと、これうまっ!

야, 이거 맛있어!

회화체에서는 문장 끝에 오는 い형용사에서 うまい→**うまっ**과 같이 어미 い를 빼고 발음해서, 더욱 의미를 강조하는 뉘앙스로 사용합니다.

STEP 1

1. 야, 이거 맛있어!
   ちょっと、これうまっ!

2. 아, 깜빡했네. 큰일 났다!
   あ、忘れてた。やばっ!

3. 아 더워! 땀난다. 몸이 끈적끈적해.
   暑っ!汗かくね。体がべたべたする。

4. 맛있는데 좀 맵다!
   おいしいけど、ちょっと辛っ!

5. 아 춥다! 한겨울 같네.
   寒っ!真冬みたいね。

잠깐만요!

★ **辛**(から)**い**는 맛을 나타내는 표현으로 '맵다'와 '짜다' 두 가지 의미로 쓰이며 **点数**(てんすう)**が辛い**라고 하면 '점수가 짜다'는 뜻입니다.

うまい 맛있다
忘(わす)**れる** 잊다, 깜빡하다
やばい 큰일이다, 위험하다
暑(あつ)**い** 덥다
汗(あせ)**をかく** 땀을 흘리다
体(からだ) 몸
真冬(まふゆ) 한겨울

STEP 2

새로운 양부모와 즐거운 시간을 보내고 돌아온 친구에게 아이는 살짝 질투하듯 말합니다.

明日、ママがいない

A すっごく楽しかった。

B 태세전환 엄청 빨라! あんなに嫌がってたのに。

A 最初は緊張してどうしようかと思ったけど2人ともすっごくいい人でね。

B 何それ。ホントは私が行くはずの家だったのに。

A 엄청 즐거웠어.
B **変わり身早っ!** 그렇게 싫어했으면서.
A 처음엔 긴장해서 어떻게 해야 하나 했는데 두 분 다 엄청 좋은 분이셔.
B 뭐야. 원래는 내가 갔어야 하는 집인데.

楽(たの)**しい** 즐겁다, 재미있다
変(かわ)**り身**(み) (정세의 변화에 따라) 자기에게 유리하도록 처신을 달리하는 일
嫌(いや)**がる** 싫어하다
最初(さいしょ) 최초, 처음
緊張(きんちょう) 긴장
思(おも)**う** 생각하다
家(いえ) 집

一人でできるもんならやってみなさいよ。

혼자서 할 수 있다면 해 보세요.

～もんなら～てみなさいよ(～할 수 있다면 ～해 보세요)는 상대가 실현되기 어려운 일을 하려고 할 때 조금 차갑게 말하는 말투입니다. ～もんなら는 ～ものなら의 회화체이며 앞에는 동사의 가능형이 옵니다.

STEP 1

1. 혼자서 할 수 있다면 해 보세요.
   一人でできるもんなら**やっ**てみなさいよ。
2. 전부 먹을 수 있다면 먹어 보세요.
   全部食べれるもんなら**食べ**てみなさいよ。
3. 그에게 말할 수 있다면 말해 보세요.
   彼に言えるもんなら**言っ**てみなさいよ。
4. 올 수 있다면 와 보세요.
   来られるもんなら**来**てみなさいよ。
5. 도망갈 수 있다면 도망가 보세요.
   逃げられるもんなら**逃げ**てみなさいよ。

一人(ひとり)で 혼자서
全部(ぜんぶ) 전부
言(い)う 말하다
逃(に)げる 도망가다

STEP 2

상대 변호사가 치사한 수법으로 자신의 대리인을 공격하자 여자는 화가 났습니다.

リーガル・ハイ 2

A 何の話だ？

B 私の訴訟相手の代理人を根こそぎかっさらってることですよ！

A 私は真面目に仕事をしてるだけだ。

B 앞으로도 그렇게 할 수 있다면 해 보세요!

A 무슨 이야기야?
B 제 소송 상대인 대리인을 밑바닥까지 훑고 있는 거 말이에요!
A 나는 착실하게 내 일을 하고 있는 것뿐이야.
B **これからもそんなにやれるもんならやってみなさいよ！**

잠깐만요!

★ **人(ひと)**를 음독으로 읽을 때, **じん**과 **にん**이 헷갈리는 경우가 종종 있습니다. **にん**으로 발음하는 경우를 알아 두세요.

管理人(かんりにん) 관리인
怪我人(けがにん) 부상자
貧乏人(びんぼうにん) 가난한 사람

訴訟(そしょう) 소송
相手(あいて) 상대
代理人(だいりにん) 대리인
根(ね)こそぎ 온통, 몽땅, 송두리째
かっさらう 훑다
真面目(まじめ) 성실함, 착실함

028.mp3

早く食べろっつったんだろ?

빨리 먹으라고 말했잖아.

회화체에서는 ~という(~라고 하는, ~라고 하다)가 **~っつう**로 바뀌어 발음되는 경우가 많습니다. 형태에 따라서 ~といった→~っつった, ~といって→~っつって, ~というか→~っつうか로 쓰입니다.

STEP 1

1. 빨리 먹으라고 말했잖아.
   早く食べろっつったんだろ?
2. 지금 뭐라고 했어?
   今なんっつった?
3. 그럼, 알고 있는 사람에게 묻는 건 어때?
   じゃ、知ってる人に聞くっつうのはどう?
4. 앉아 있으라고 말하잖아!
   座ってろっつってんだよ!
5. 아무래도 성가시달까.
   どうにも世話が焼けるっつうか。

잠깐만요!

★~っていう・とゆう→っちゅう 형태로 바꾸어 발음하기도 해요.

男(おとこ)が家庭(かてい)を持(も)つっちゅうことはすべて背負(せお)って責任(せきにん)を持(も)つっちゅうことじゃ。
남자가 가정을 가진다는 것은 모두 등에 업고 책임을 진다는 것이지.

早(はや)い 빠르다
知(し)る 알다, 인식하다
聞(き)く 묻다, 듣다
座(すわ)る 앉다
世話(せわ)が焼(や)ける 돌보기 성가시다, 힘들다

STEP 2

가정 교사는 왕따 당하는 제자에게 그 아이들에게 맞서는 방법을 알려주려고 하는데, 제자는 좀 과격한 것 아니냐고 말합니다. 家族ゲーム

A できるまでやるからな。やってみろ。
B どうしてこんなことしなきゃいけないんだよ!
A 하라고 했지! イジメは続くぞ。お前が死ぬまでな。
B だいたい、あんたが来なければこんな思いしなくて済んだんだよ!

A 될 때까지 할 거야. 해 봐.
B 왜 이런 짓을 해야 하는 거예요!
A **やれっつってんだよ!** 왕따는 계속되는 거야. 네가 죽을 때까지.
B 애당초 선생님이 오지 않았다면 이런 경험하지 않아도 되는 거잖아요!

続(つづ)く 이어지다, 계속되다
お前(まえ) 너, 자네
死(し)ぬ 죽다
来(く)る 오다
済(す)む 끝나다, 완료되다

また見やがってるんだ。

또 보고 자빠졌네.

[동사 **ます형+やがる**]는 상대를 비난하거나 경멸하는 뜻으로 쓰는 속된 표현으로, 굳이 해석하자면 '~하고 자빠졌다, ~하고 난리다, ~하고 지랄이야'라는 의미입니다. 다소 과격한 남성어로, 여성들은 거의 사용하지 않습니다.

STEP 1

1. 또 보고 자빠졌네.
   また見やがってるんだ。
2. 뭐하고 자빠졌냐.
   何をしやがってるんだ。
3. 내 걸 왜 마시고 지랄이야.
   僕のやつ、何で飲みやがってるんだ。
4. 이런 상황인데 잘도 처먹고 있네.
   こんな状況なのによくも食いやがってるんだ。
5. 사람을 바보 취급하고 난리야.
   人のことバカにしやがってるんだ。

見(み)る 보다
僕(ぼく) 남성어 나
飲(の)む 마시다
人(ひと) 사람, 남, 타인
馬鹿(ばか)にする 업신여기다, 깔보다

STEP 2

아이가 새 양부모를 거부하자 고아원 원장이 화를 냅니다.

明日、ママがいない

A なぜ今日行かなかったかと聞いてるんだよ！
B 私…お金が、必要なんです。だから…。
A ふざけるな！雨露しのげる家がある。学費も出してくれる。
그런데도 이놈 저놈 모두 다 분에 넘치는 소리만 지껄이고 자빠졌네.
B あのお家は…私の夢を叶えてくれません。

A 왜 오늘 가지 않았냐고 묻고 있잖아!
B 저는 … 돈이 필요하단 말이에요. 그래서 ….
A 까불지 마! 비와 이슬을 막을 수 있는 집이 있어. 학비도 내 줘.
なのにどいつもこいつも贅沢ぬかしやがってるんだ。
B 그 집은 … 제 꿈을 이뤄 주지 못해요.

잠깐만요!

★ **出(だ)す**의 '(값을) 치르다, 지불하다' 이외의 용법

- (안에서 밖으로) 꺼내다, 내놓다
  タバコを出して吸(す)う。
  담배를 꺼내 피우다.
- (앞으로) 내밀다
  舌(した)をぺろっと出す。
  혀를 날름 내밀다.
- (딴 곳으로) 보내다
  子供(こども)をお使(つか)いに出す。
  아이를 심부름 보내다.

必要(ひつよう) 필요
ふざける 놀리다, 장난치다
雨露(あめつゆ) 우로, 비와 이슬
凌(しの)ぐ 막아서 견디다
学費(がくひ) 학비
出(だ)す (값을) 치르다, 지불하다
贅沢(ぜいたく) 사치, 분에 넘침
吐(ぬ)かす 입을 놀리다, 지껄이다
夢(ゆめ) 꿈
叶(かな)える 이루어 주다, 들어주다

030.mp3

失望、したっていうか。

실망했다고나 할까.

~っていうか를 회화체에서는 ~てか · てっか · つか · つうか · ってゆうか 등으로 바꾸어 발음하기도 합니다. '~이랄까, ~라고나 할까'로 해석하면 되는데, 문장 시작 부분에 올 때는 별 뜻 없이 말의 화제를 꺼내는 말로 '그러니까'로 해석하면 됩니다.

STEP 1

1. 실망했다고나 할까.
   失望、したっていうか。
2. 지지하고 싶다고나 할까. 곁에 있고 싶어요.
   支えたいっていうか。そばにいたいんです。
3. 이 소설을 읽고 나서 팬이 되었다고나 할까.
   この小説を読んでからファンになったっていうか。
4. 역시 일류기업은 다르다고 할까.
   さすが一流企業は違うなぁっていうか。
5. 그러니까 여기에 계속 있을 거야. 그러니까 기다리지 마.
   っていうかここにずっといる。だから待たないで。

잠깐만요!

★ 우리말을 자연스런 일본어로 바꿔 보아요.

- 냄새가 나다
  匂(におい)がする
- 바람소리가 나다
  風(かぜ)の音(おと)がする
- 아들의 목소리가 나다
  息子(むすこ)の声(こえ)がする
- 단맛이 나다
  甘(あま)い味(あじ)がする

(참고) 냄새, 향기, 맛, 소리 등과 같이 감각기관으로 느끼는 현상을 말할 때 **~がする**로 표현합니다.

失望(しつぼう) 실망
支(ささ)**える** 받치다, 떠받치다
小説(しょうせつ) 소설
一流(いちりゅう) 일류
企業(きぎょう) 기업
違(ちが)**う** 다르다, 상이하다
待(ま)**つ** 기다리다

STEP 2

작은 오해로 도둑으로 몰려 경찰서에 잡혀간 여자가 연락할 곳이 없어서 회사에 연락을 했습니다. リッチマン、プアウーマン

A すいません。朝比奈さんの名前を出したんですけど。

B 朝比奈は今いない。그러니까 보통 아무도 없지. 夜中の1時だからな！

A すいません。日向さんはいたんですね！

B 試作の最中なんだ。使い勝手を試してて、大事なとこだったんだ。

A 죄송해요. 아사히나 씨 이름을 말했는데….
B 아사히나는 지금은 없어. **っていうか普通誰もいない。** 새벽 1시니까!
A 죄송해요! 휴가 씨는 계셨네요!
B 한창 시험 제작 중이었어. 사용 상태를 시험하던 중요한 때였지.

名前(なまえ) 이름
普通(ふつう) 보통
夜中(よなか) 한밤중, 야중, 밤중
試作(しさく) 시험 제작(품)
試(ため)**す** 시험하여 보다
使(つか)**い勝手**(がって) 사용하기 편리한 정도
大事(だいじ) 소중함, 중요함

031.mp3

自分のことは自分でしな。

자기 일은 스스로 해라.

종조사 **~な**는 ~なさい(~해라, ~해야 해)의 줄임말입니다. [동사 ます형+なさい]는 정중어가 아니므로 절대 윗사람에게는 쓰면 안 되는 데 주의하세요. 주로 부모나 윗사람이 아랫사람에게 가벼운 명령을 할 때 사용됩니다.

STEP 1

1. 자기 일은 스스로 해라.
   自分のことは自分でしな。

2. 좋을 대로 해.
   お好きなようにしな。

3. 무슨 일이 생기거든 숨기지 말고 엄마에게 말하렴.
   何かあったら隠さないで母に話しな。

4. 채소도 잘 먹어야 해.
   野菜もちゃんと食べな。

5. 벌써 12시야. 얼른 자야지.
   もう12時だよ。早く寝な。

잠깐만요!

★ **野菜**(やさい)의 복합어

野菜畑(やさいばたけ) 야채 밭
野菜炒(やさいいた)**め** 야채볶음
野菜(やさい)**サラダ** 야채 샐러드
生野菜(なまやさい) 생야채

自分(じぶん) 자기 자신
好(す)**き** 좋아함
隠(かく)**す** 숨기다
話(はな)**す** 이야기하다
野菜(やさい) 채소, 야채
早(はや)**く** 일찍, 빨리
寝(ね)**る** 자다

STEP 2

여자의 엄마가 아이를 안은 채로 건네주는데, 한 번도 제대로 안아본 적 없는 여자는 순간 당황합니다.

Mother

A 재워 줘라. 何よ。初めて抱っこしたみたいな顔して。

B 最近、重くなったから。

A あれ？この傷どうしたの？

B 何でもない。大丈夫。

A **寝かせてあげな。** 뭐야. 처음 안아 본 것 같은 얼굴을 하고.
B 요즘에 무거워져서.
A 어머? 이 상처는 뭐니?
B 아무것도 아니야. 괜찮아요.

寝(ね)**かす** 재우다
初(はじ)**めて** 처음으로
抱(だ)**っこ** 안음, 안김
顔(かお) 얼굴
最近(さいきん) 최근
重(おも)**い** 무겁다
傷(きず) 상처, 흉터

PATTERN
032

032.mp3

彼は今日会社に来ないんだって。

그는 오늘 회사에 안 온대.

~って는 전언의 뜻으로 쓰는 ~そうだ의 회화체로, 자신이 직접 들었거나 아는 사실을 상대에게 전할 때 사용하는 표현입니다. [동사 · い형용사의 보통체+って] [명사, な형용사 어간+だって] 형태로 씁니다.

STEP 1

1. 그는 오늘 회사에 안 온대.
   彼は今日会社に来ないんだって。
2. 하야시 씨는 결국 여자 친구랑 헤어졌대.
   林さんは結局彼女と別れたって。
3. 오늘 도쿄에서 지진이 났대.
   今日東京で地震があったって。
4. 다나카 씨, 지난달에 결혼했대.
   田中さん、先月結婚したって。
5. 그녀는 매일 일본어 공부를 한대.
   彼女は毎日日本語の勉強をするって。

잠깐만요!

★ 毎(まい)~가 붙는 어휘

毎月(まいつき) 매달
毎年(まいとし) 매년
毎晩(まいばん) 매일 밤
毎朝(まいあさ) 매일 아침
毎回(まいかい) 매회

会社(かいしゃ) 회사
結局(けっきょく) 결국
別(わか)れる 헤어지다
地震(じしん) 지진
先月(せんげつ) 지난달
結婚(けっこん) 결혼
毎日(まいにち) 매일
日本語(にほんご) 일본어
勉強(べんきょう) 공부

STEP 2

남자가 준비한 프로젝트가 혹평을 받자 친구는 위로하려 하고, 남자는 그의 말을 듣고 싶어 하지 않습니다. リッチマン、プアウーマン

A 新しいことをやろうとすれば、必ず失敗する。必ず非難される。

B お前が言うな！偉そうに。

A 私が言った話じゃない。그렇지만 창작은 거기서부터 시작되는 거래.

B これからだ！

A 새로운 것을 만들려고 하면 반드시 실패해. 꼭 비난을 받지.
B 너는 말하지 마! 잘난 척하기는.
A 내가 한 말이 아니야. **でも物作りはそこから始まるって。**
B 이제부터 시작이야!

新(あたら)しい 새롭다
必(かなら)ず 반드시
失敗(しっぱい) 실패
非難(ひなん) 비난
物作(ものつく・ものづく)り 창작, 제조
始(はじ)まる 시작되다

▶ 033.mp3

先に帰るってのは失礼かな。

먼저 집에 돌아간다는 것은 실례가 되려나?

명사와 동사, 형용사에 모두 붙여 쓸 수 있는 **～って**는 ～と(～라고), ～という(～라는), ～といって(～라고 해서), ～というのは(～라는 것은), ～というのが(～라는 것이) 등의 뜻이 있습니다.

STEP 1

1. 먼저 집에 돌아간다는 것은 실례가 되려나?
   先に帰るってのは失礼かな。
2. 결혼이라는 것은 인생에 있어서 매우 중요한 것이다.
   結婚ってのは人生にとってすごく大事なことだ。
3. 시험에 한 번 떨어졌다고 해서 포기하지 마.
   試験に一回落ちたからって諦めないで。
4. 그게 새빨간 거짓말이라고 들통나면 어쩔 생각이야?
   それが真っ赤な嘘だってばれたらどうするつもり？
5. 도서관에 간다고 하고 나갔어요.
   図書館に行くって出掛けましたよ。

잠깐만요!

★ 일부 명사, **い**형용사, **な**형용사의 앞에 **ま** 또는 **まっ**을 붙이면 더욱 강조하는 뜻이 됩니다.

真(ま)**っ赤**(か) 새빨감
真(ま)**っ白**(しろ) 새하얌
真(ま)**っ黒**(くろ) 새까맘
真(ま)**っ青**(さお) 새파람
真(ま)**っ暗**(くら) 아주 깜깜함
真(ま)**っ先**(さき) 제일 먼저
真(ま)**っ正面**(しょうめん) 정확히 정면

結婚(けっこん) 결혼
人生(じんせい) 인생
大事(だいじ) 소중함
試験(しけん) 시험
落(お)**ちる** 떨어지다
諦(あきら)**める** 포기하다
嘘(うそ) 거짓말
ばれる 들통나다, 발각되다
図書館(としょかん) 도서관
出掛(でか)**ける** 나가다, 외출하다

STEP 2

고아원에 살고 있는 두 아이가 자신을 버린 엄마에 대해 말하고 있습니다.

明日、ママがいない

A 여자는 항상 겉보기에 그럴 듯한 것에 신경 쓰곤 하는 거잖아.
ママもそうだったし。

B 蒸発したママ？

A そう。パパの会社が倒産したら、あっという間に私とパパを見捨てて出て行ったママ。

B 돈 떨어지면 정도 떨어진다는 건가?

A **女っていつになっても見栄えが気になるもんよね。** 엄마도 그랬고 ～.
B 사라져버린 엄마?
A 맞아. 아빠 회사가 도산하니까 바로 나랑 아빠를 버리고 나가버린 엄마!
B **金の切れ目が縁の切れ目ってやつ？**

見栄(みば)**え** 좋게 보임, 겉보기에 좋아 보임
気(き)**になる** 마음에 걸리다
蒸発(じょうはつ) 증발
倒産(とうさん) 도산
あっという間(ま) 순식간
見捨(みす)**てる** 버리다, 내버려 둔 채 돌보지 않다

034.mp3

で、どうだった?

그래서 어땠는데?

접속사 それで(그래서)를 줄여서 **で**로도 쓰기도 합니다. 앞말에 이어서 이야기를 전개할 때, 또 화제를 바꾸거나 다음 말을 재촉하는 경우에 사용합니다.

STEP 1

1. 그래서 어땠는데?
   で、どうだった?
2. 그래서 애타게 기다리고 있는 거군요.
   で、首を長くして待ってるんですね。
3. 그래서 그는 못 온 거야.
   で、彼は来られなかったんだ。
4. 그래서 앞으로 어떻게 할 생각이야?
   で、これからどうするつもり?
5. 그래서 뒤돌아봤더니 없어졌어.
   で、振り返ったらいなくなったんだよ。

잠깐만요!

★ **首**(くび)의 용법
- 고개, 모가지
  首を垂(た)れる。
  고개를 떨구다.
- 옷의 목 부분
  シャツの首が汚(よご)れる。
  셔츠의 목이 더럽혀지다.
- 면직, 해고
  首になる 해고 당하다
  首を長(なが)くする。
  애타게 기다리다.

彼(かれ) 그, 그 사람, 그 남자
来(く)**る** 오다
振(ふ)**り返**(かえ)**る** 뒤돌아보다

STEP 2

자신의 오빠를 쫓고 있는 남자에게 여자는 오빠를 만난 이야기를 합니다.

それでも、生きてゆく

A 私ゴリラ好きなんですよ。

B はい?

A お兄ちゃん、それ覚えててくれたから、動物園に連れてってくれたんです。

B 그래서?

A 저 고릴라를 좋아하거든요.
B 네?
A 오빠가 그걸 기억해 줘서 동물원에 데려가 줬어요.
B で?

好(す)**き** 좋아함
お兄(にい)**ちゃん** 오빠, 형
覚(おぼ)**える** 외우다, 기억하다
動物園(どうぶつえん) 동물원
連(つ)**れる** 데려가다, 동반하다

035.mp3

だってお金ないんだもん。

하지만 돈이 없는걸 뭐.

だって는 でも(그래도)와 같은 뜻입니다. 상대의 말을 그대로 받아들이지 않을 때 쓰는 접속사입니다. '그래도, 그렇지만, 하지만, 그런데, 왜냐면' 등으로 해석할 수 있습니다.

STEP 1

1. 하지만 돈이 없는걸 뭐.
   だってお金ないんだもん。
2. 그렇지만 당신이 그렇게 말했잖아.
   だってあんたがそう言ったじゃない。
3. 하지만 졸려서 공부를 할 수가 없어.
   だって眠くて勉強なんかできないよ。
4. 왜냐면 파업으로 전철이 오지 않는걸요.
   だってストライキで電車がこないんですもの。
5. 그렇지만 전부터 갖고 싶었단 말이야.
   だって前から欲しかったんだよ。

お金(かね) 돈
言(い)**う** 말하다
眠(ねむ)**い** 졸리다
勉強(べんきょう) 공부
電車(でんしゃ) 전철
欲(ほ)**しい** 갖고 싶다, 원하다

STEP 2

친구가 어린 파치까지 데리고 자신을 만나러 찾아오자, 포스트는 놀라서 말합니다.

明日、ママがいない

A 何してんだよ。

B 그게 그러니까 파치가 포스트를 보고 싶다고 하니까 전철 갈아타고 왔어.

A だからってわざわざこんな所まで。

B コガモに居づらいのよ。魔王がいらいらしてさ、パチすっかりおびえちゃって。

A 무슨 일이야!
B **だってパチがポストに会いたいって言うから、電車乗り継いで。**
A 그렇다고 해도 일부러 이런 곳까지.
B 고가모(고아원 이름)에 있기 힘들어. 마왕(원장의 별명)이 열 받아서, 파치가 완전 겁먹었어.

잠깐만요!

★ '일드'에 자주 나오는 의성어 · 의태어

ぴかぴか 번쩍번쩍
ぶつぶつ 중얼중얼, 투덜투덜
まごまご 우물쭈물
にこにこ 싱글벙글
うろうろ 허둥지둥, 어슬렁어슬렁

乗(の)**り継**(つ)**ぐ** 갈아타고 목적지로 가다
わざわざ 일부러
居(い)**る** (사람 · 동물이) 있다
魔王(まおう) 마왕
いらいら 안절부절, 조바심
すっかり 완전히, 매우, 아주
脅(おび)**える** 무서워서 벌벌 떨다

{ 종조사 }

오늘은 정말로 덥네요

문장 끝에 붙는 종조사 중에 대표적인 것으로 よ · ね가 있는데요. ～よ는 우리말 '～요'와 발음이 비슷해서인지 말끝마다 ～ですよ라고 하는 경우를 보곤 해요. 그런데 ～よ는 '상대방이 모르는 것을 알려줄 때' 또는 '나의 주장을 강조할 때' 사용하는 표현이기 때문에, 말끝마다 붙이면 너무 강하게 의견 주장을 펼치는 인상을 주게 되어 불쾌감을 줄 수가 있겠지요. 이런 차이점을 알고 사용하면 한층 업그레이드된 일본어를 구사할 수 있어요.

| 패턴미리보기 |

PATTERN 036 今日は本当に暑いですね。

PATTERN 037 この店のケーキはおいしいですよ。

PATTERN 038 九九２の段までは言えるの。

PATTERN 039 うまくいったぞ。

PATTERN 040 どうなっても知らないぜ。

PATTERN 041 そんな事、当たり前さ。

PATTERN 042 英語よくやるわ。

PATTERN 043 本当に来るのかしら。

PATTERN 044 私は知らないんだもん。

PATTERN 045 明日からやり直すとか。

PATTERN 046 お父さんはどんな方なんだい？

PATTERN 047 さあ、来たまえ。

PATTERN 048 部屋の電気、確か消したよね。

PATTERN 049 ほら、君もやればできるじゃん。

PATTERN 050 早く行こうってば。

PATTERN 051 お茶でも飲もうかな。

036.mp3

今日は本当に暑いですね。

오늘은 정말로 덥네요.

종조사 **~ね**(~네, ~하던데, ~지요)는 상대의 동의를 구하거나 확인, 또는 권유의 뜻으로 쓰는 가벼운 명령입니다.

STEP 1

1. 오늘은 정말로 덥네요.
   今日は本当に暑いですね。
2. 내일 회의는 10시부터지요?
   明日の会議は10時からですね。
3. 이 영화는 진짜 재밌었지.
   この映画はすごくおもしろかったね。
4. 여동생은 대학생이죠?
   妹さんは大学生ですね。
5. 저쪽에 도착하면 연락해.
   向こうへ着いたら、連絡してね。

잠깐만요!

★ 일본에서는 연말에 연하장을 보내듯이 여름에도 지인들에게 안부인사 겸 엽서나 카드를 보냅니다. 이때 따로 내용을 쓰는 건 아니고, 정해진 인사문구가 들어 있는 엽서를 보내는 정도입니다. **暑中**(しょちゅう)**お見舞**(みま)**い申**(もう)**し上**(あ)**げます。**(복중에 문안 인사 드립니다.)라는 글귀를 보내어 유난히도 더운 일본의 여름에 건강을 기원하는 풍습입니다.

暑(あつ)**い** 덥다
会議(かいぎ) 회의
映画(えいが) 영화
面白(おもしろ)**い** 재미있다
妹(いもうと) 여동생
大学生(だいがくせい) 대학생

STEP 2

항상 까칠한 남자가 방송에서 고분고분한 태도를 보이자 친구가 놀리듯 말합니다.

リッチマン、プアウーマン

A 지금까지의 너하고는 인상이 꽤 다르던데.
B むやみに嫌われるのは納得行かないからな。
A どうした？しおらしいな。
B 本来、悪い人間じゃないんだ。そうだろ？

A **今までのお前とだいぶ印象が違ったね。**
B 무턱대고 미움 받는 건 납득이 가지 않으니까.
A 웬일이야? 기특하네.
B 본래 나쁜 사람은 아니거든. 그렇잖아?

印象(いんしょう) 인상
違(ちが)**う** 다르다, 상이하다
むやみ 함부로 함, 마구 함
嫌(きら)**う** 싫어하다
納得(なっとく) 납득
しおらしい 기특하다, 온순하다
本来(ほんらい) 본래
悪(わる)**い** 나쁘다
人間(にんげん) 인간

▶ 037.mp3

この店のケーキはおいしいですよ。

이 가게 케이크는 맛있어요.

종조사 **~よ**는 상대가 모르는 것을 알려줄 때, 자신의 주장을 강하게 말할 때, 또는 명령이나 의뢰를 나타내는 문장에도 사용됩니다.

STEP 1

1. 이 가게 케이크는 맛있어요.
   この店のケーキはおいしいですよ。
2. 조심해서 운전해.
   気をつけて運転してよ。
3. 시간은 확실히 지킵시다.
   時間はきっちり守りましょうよ。
4. 저기요, 표를 떨어뜨리셨어요.
   もしもし、切符を落とされましたよ。
5. 아니요, 회의는 9시 반부터예요.
   いいえ、会議は９時半からですよ。

잠깐만요!

★ 종조사 **~よ**는 우리말 '~요'와 발음이 같지만 우리말처럼 정중한 말투는 아닙니다. 자주 사용하면 상대에게는 강한 말투로 느껴질 수 있으니 주의하세요.

★ 気(き)의 관용구
気는 기운, 생기, 호흡, 정신, 성질, 기질, 기력, 생각, 의지, 마음, 기분, 흥미 등 여러 가지 뜻을 가지고 있습니다.

気が長(なが)い
참을성이 있다
気が短(みじか)い
성미가 급하다
気が強(つよ)い
기가 세다
気が小(ちい)さい
소심하다
気が変(か)わる
마음이 변하다
気を落(お)とす
낙담하다, 실망하다

気(き)をつける 조심하다
運転(うんてん) 운전
時間(じかん) 시간
守(まも)る 지키다
切符(きっぷ) 표
落(お)とす 떨어뜨리다
会議(かいぎ) 회의

STEP 2

복역을 하고 매스컴에 등장한 천재 작가에게 아나운서가 묻고 있습니다.

リーガル・ハイ 2

A あれ、ちょっと痩せられました？
B 아 ~, 여러분에게도 추천해요. 刑務所ダイエット。
A さて、鮎川さん。今後のご予定は？
B 新しいことをね、ゼロから始めます。

A 어 ~, 살이 좀 빠지신 건가요?
B **ああ、皆さんにもお勧めですよ。** 형무소 다이어트!
A 자, 유카와 씨! 앞으로의 예정은 (어떻게 되세요)?
B 새로운 것을, 제로부터 시작하겠습니다.

痩(や)せる 마르다, 살이 빠지다
お勧(すす)め 권고, 권유
刑務所(けいむしょ) 형무소
今後(こんご) 금후, 이후
予定(よてい) 예정
新(あたら)しい 새롭다, 새것이다
始(はじ)める 시작하다

九九2の段までは言えるの。

구구단 2단까지는 말할 수 있어.

문장 끝에 쓰는 종조사 **~の**는 우리말로 따로 해석되지 않지만, 단정의 뜻이나 부드러운 의문문에 붙여 씁니다. 나이에 상관없이 주로 여자들이 많이 사용합니다.

STEP 1

1. 구구단 2단까지는 말할 수 있어.
   九九２の段までは言えるの。
2. 응석 부리는 것은 부끄러운 일이 아니야.
   甘える事は恥ずかしいことじゃないの。
3. 먹어봐. 이거 내가 만들어 본 거야.
   食べて。これ私が作ってみたの。
4. 학교에 가는 것은 공부 때문만이 아니야.
   学校行くのは、お勉強だけじゃないの。
5. 원하는 것을 손에 넣기 위한 방법을 생각하는 거야.
   欲しいものを手に入れる方法を考えるの。

九九(くく) 구구단
甘(あま)**える** 응석부리다
恥(は)**ずかしい** 부끄럽다
作(つく)**る** 만들다
勉強(べんきょう) 공부
欲(ほ)**しい** 원하다, 갖고 싶다
手(て)**に入**(い)**れる** 손에 넣다
方法(ほうほう) 방법

STEP 2

딸을 데리고 본가에 들어와 살게 된 여자가 엄마에게 미안한 듯이 말합니다.

Mother

A すみません。部屋が見つかるまで、お世話になります。

B 見つかるまでって、あなたずっと住むんじゃないの？

A 迷惑掛けちゃうし、ずっとってわけには。

B 何なの？迷惑って！ 엄마에게 응석 부려도 돼.

A 죄송해요. 방이 구해질 때까지 신세질게요.
B 구해질 때까지라니 너 계속 사는 거 아니야?
A 민폐가 되니까 계속 있기는 ….
B 뭐야 도대체! 민폐라니! **お母さんに甘えていいの。**

잠깐만요!

★ 의문문에서 종조사 **の**를 쓰면 문장이 조금 부드러운 느낌을 줍니다.

何(なに)**があったの？**
무슨 일 있는 거야?
あれ？どうしたの？
어? 왜 그래?
どうして学校(がっこう)**行**(い)**ってないの？**
왜 학교에 가지 않고 있니?

部屋(へや) 방
お世話(せわ)**になる** 신세를 지다
見(み)**つかる** 발견하다, 찾다
住(す)**む** 살다, 거주하다
迷惑(めいわく)**を掛**(か)**ける** 민폐를 끼치다

039.mp3

うまくいったぞ。

잘됐구나.

종조사 **～ぞ**는 (혼잣말로) 스스로에게 다짐하거나 판단을 내릴 때, 또는 대등한 사람이나 손아랫사람에게 자기 생각을 강하게 주장할 때 쓰는 표현입니다. 주로 남자가 쓰는 말투입니다.

STEP 1

1. 잘됐구나.
   うまくいったぞ。
2. 오늘은 지지 않을 테야.
   今日は負けないぞ。
3. 이번에야말로 할 테야.
   今度こそやるぞ。
4. 열심히 공부해야 한단 말이야.
   しっかり勉強するんだぞ。
5. 야, 벌써 시간 다됐어.
   おい、もう時間だぞ。

うまくいく 잘되다
負(ま)ける 지다, 패배하다
今度(こんど) 이번, 금번, 이다음
勉強(べんきょう) 공부
しっかり 견실한 모양, 착실히
時間(じかん) 시간

STEP 2

두 창업자가 창업을 막 시작했을 무렵에 직원들과 함께 벽에 쓴 자신들의 열정과 다짐을 보면서 이야기합니다. リッチマン、プアウーマン

A 悪いけど、ほとんどの人間を覚えてない。

B 気にするな。ほとんどの奴が、結局お前についていけなくてもういないし。

A ふっ。어쩐지 원망의 벽으로 보이기 시작했어.

B ああ。でもこの壁は、俺たちの魂だ。

A 미안하지만 거의 모든 사람을 기억하지 못해.
B 신경 쓰지 마. 대부분의 사람이 결국 너를 따라가지 못해서 이젠 없잖아.
A 헉. **なんか、恨みの壁に見えてきたぞ。**
B 아아. 그래도 이 벽은 우리의 영혼과 마찬가지야.

잠깐만요!

★ **奴(やつ)**는 사람을 가리킬 때는 '녀석'이라는 뜻으로 낮추어 이르는 말, 또는 친근하게 말할 때 쓰고, 사물이나 다른 것을 가리킬 때는 **こと・もの**의 뜻입니다.

かわいいやつ 귀여운 녀석
大(おお)きいやつをくれ。
큰 것을 줘.

悪(わる)い 나쁘다
人間(にんげん) 인간, 사람
覚(おぼ)える 외우다, 기억하다
気(き)にする 마음에 두다, 걱정하다
奴(やつ) 녀석
結局(けっきょく) 결국
恨(うら)み 원망, 원한
壁(かべ) 벽
見(み)える 보이다
魂(たましい) 혼, 정신, 영혼

040.mp3

どうなっても知らないぜ。

어떻게 되든 난 몰라.

종조사 ~ぜ는 문장 끝에 붙어 친한 사이나 손아랫사람에게 스스럼없이 말하거나 가볍게 스스로 다짐을 하거나 주의를 환기시키는 표현입니다. 주로 남성이 사용하는 거친 표현이니 여성은 쓰지 않는 게 좋습니다.

STEP 1

1. 앞으로 어떻게 되든 (난) 몰라.
   これからどうなっても知らないぜ。
2. 내가 먼저 해볼 테다.
   僕が先にやって見るぜ。
3. 자, 모두 같이 가자.
   さあ、みんなで行こうぜ。
4. 우리 집에서 함께 먹자.
   僕んちで一緒に食べようぜ。
5. 정신 차려 하세.
   しっかりやろうぜ。

잠깐만요!

★ '~의 집'이라는 뜻의 **~のうち**는 회화체 줄임말로 **~んち**로 쓰기도 합니다.

君(きみ)**のうち** → **君んち**
友達(ともだち)**のうち** → **友達んち**
彼氏(かれし)**のうち** → **彼氏んち**

知(し)**る** 알다
僕(ぼく) 남성어 나
一緒(いっしょ) 함께함, 같이함
食(た)**べる** 먹다
しっかり 확실한 모양, 똑똑히

STEP 2

심한 따돌림을 당하던 아이는 비로소 친구를 사귀었는데, 새로 사귄 친구는 왕따 시켰던 아이에게 되갚아 주자고 말합니다. 家族ゲーム

A あ、夏休み終わったらさ、あいつのことはぶんねえ？
B え？クラス全員で無視すんの？でも…。
A お前、悔しくねえのかよ。散々いじめられてさ。
B 그래 ~! 되갚아 주겠어.

A 아, 여름 방학 끝나면 그 녀석 왕따 시킬래?
B 뭐? 반 전체가 무시하자고? 그래도 ….
A 너 억울하지도 않냐. 엄청 왕따 당했잖아.
B **お～！やり返してやろうぜ。**

잠깐만요!

★ **~はぶんねえ**의 문장체는 **~はぶらない**입니다. 회화체에서는 **~らない**가 **~んねえ**로 바뀌어 남성어의 뉘앙스를 나타냅니다.

夏休(なつやす)**み** 여름 방학
終(お)**わる** 끝나다
はぶる 속어 왕따 시키다
全員(ぜんいん) 전원
無視(むし) 무시
悔(くや)**しい** 억울하다
散々(さんざん) 호되게, 심하게
やり返(かえ)**す** 반박하다

そんな事、当たり前さ。

그런 일은 보통이지.

종조사 **~さ**는 자기주장이나 판단을 확인하면서 다짐하는 뜻을 나타내거나 가볍게 단언하는 느낌을 나타내는 말로, 주로 남성이 씁니다. 해석은 주로 '~이지, ~말이야, ~야' 등으로 합니다.

STEP 1

1. 그런 일은 보통이지.
   そんな事、当たり前さ。
2. 나도 안단 말이야.
   僕だって分かるさ。
3. 이것이 사나이라는 거야.
   これが男というものさ。
4. 그걸로 됐어.
   それでいいさ。
5. 걱정할 건 없어.
   心配する事はないさ。

当(あ)たり前(まえ) 당연함, 마땅함
分(わ)かる 알다, 이해하다
男(おとこ) 사나이, 남자
心配(しんぱい) 걱정, 근심, 염려
事(こと) 사건, 현상, 일

STEP 2

아버지는 아들이 자신을 괴롭히는 애들에게 당당하게 맞섰다는 소식을 듣고 가정 교사에게 말합니다. 家族ゲーム

A うちの息子が、いじめっ子を撃退したんだって？
B ええ。まだはじめの一歩に過ぎませんけど。
A いいんだよ。그 한 걸음이 큰 진보인 거죠.
B ご相談というのは？

A 우리 아들이 괴롭히는 애에게 맞서 싸웠다면서요?
B 네. 아직 첫걸음에 불과하지만요.
A 됐어요. **その一歩が大きな進歩なんだからさ。**
B 상담하신다는 것은요?

잠깐만요!

★ **喧嘩(けんか)** 관련 어휘와 관용구
- **口喧嘩(くちげんか)** 말싸움
- **痴話喧嘩(ちわげんか)** 남녀 간의 사랑싸움
- **喧嘩腰(けんかごし)** 싸우려는 기세
- **喧嘩(けんか)を売(う)る** 싸움을 걸다
- **喧嘩(けんか)を買(か)う** 싸움을 받아들이다

息子(むすこ) 아들
撃退(げきたい) 격퇴
一歩(いっぽ) 일보, 한 걸음
~に過(す)ぎない ~에 불과하다
進歩(しんぽ) 진보
相談(そうだん) 상담

英語よくやるわ。

영어 잘하네.

종조사 **~わ**는 주로 여성이 쓰는 말로, 특히 나이든 여성이 많이 사용합니다. 뜻은 상황에 따라 놀람 · 영탄 · 감동을 나타내거나 가벼운 주장이나 결의를 나타내며, 또한 '~어요'와 같은 여성스럽고 부드러운 느낌입니다.

STEP 1

1. 저 남자도 영어 잘하네.
   あの男も英語よくやるわ。
2. 최근에 정말 호된 꼴을 당했네.
   最近、さんざんな目にあったわ。
3. 걱정하지 마. 꼭 병 나을 거야.
   心配しないで。きっと治りますわ。
4. 이쪽이 좋다고 생각해요.
   この方がいいと思うわ。
5. 정말 즐거웠어요.
   本当に楽しかったわ。

잠깐만요!

★ **目(め)にあう**는 '~을 당하다, ~꼴을 당하다'란 뜻으로, 주로 안 좋은 상황에 사용되기 때문에 부정적인 い형용사와 함께 쓰입니다.

恥(は)ずかしい目にあう。
창피한 꼴을 당하다.
つらい目にあう。
괴로운 일을 당하다.
怖(こわ)い目にあう。
무서운 일을 당하다.
ひどい目にあう。
심한 일을 당하다.
こんな目にあうとは。
이런 꼴을 당하다니.

英語(えいご) 영어
最近(さいきん) 최근
散々(さんざん) 형편없음
目(め)**にあう** ~ 꼴을 당하다
心配(しんぱい) 근심, 걱정
治(なお)**る** 병이 치유되다, 낫다
楽(たの)**しい** 즐겁다

STEP 2

병에 걸린 여자는 새를 기르지는 못하고, 매일 이 가게에 새를 구경하러 옵니다.

Mother

A そんなに毎日見にくるなら飼ってあげてよ。
B この子たち何歳ぐらいまで生きるのかしら。
A 우리 아이들은 장수할 거야.
B そう、長生きなんだ。じゃ、また来るね。

A 그렇게 매일 보러 올 거면 길러 봐.
B 이 아이들은 몇 살 정도까지 살려나.
A **うちの子は、長生きするわ。**
B 그렇군, 장수하는구나. 그럼 또 올게.

飼(か)**う** (동물을) 기르다, 사육하다
何歳(なんさい) 몇 살
生(い)**きる** 살다
長生(ながい)**き** 장수
来(く)**る** 오다

043.mp3

本当に来るのかしら。

정말로 오려나.

종조사 **~かしら**는 '~하려나, ~할까, ~할지 모르겠네'와 같은 뉘앙스입니다. 기본적으로 여자들이 사용하는 표현이고, 젊은 사람보다는 나이든 여자가 많이 사용하는 표현입니다. 또한 ~かしら에 상응하는 남자 말투로 ~かな가 있는데, 이것은 여자들도 많이 씁니다.

STEP 1

1. 그 사람은 정말로 오려나.
   あの人は本当に来るのかしら。
2. 지금쯤 역에 도착했을까?
   今頃、駅に着いたかしら。
3. 이렇게 행복해도 되려나.
   こんなに幸せでいいのかしら。
4. 이렇게 많이 받아도 되려나.
   こんなにたくさんいただいてもいいかしら。
5. 그 사람 지금쯤 어떻게 하고 있으려나.
   あの人、今ごろどうしているのかしら。

잠깐만요!

★ 일본어의 지시대명사는 **こ・そ・あ・ど**(이 · 그 · 저 · 어느)가 기본입니다. 다만, **あの人**(ひと)에서 **あの**는 '저'가 아닌 '그'로 해석해야 하는 경우가 있습니다. '두 사람이 공통적으로 아는 것' 또는 '기억 속의 대상을 가리킬 때'는 **あの**를 쓰세요.

あの人(ひと)覚(おぼ)えてる?
그 사람 기억나?

今頃(いまごろ) 지금쯤, 이맘때
着(つ)**く** 도착하다
幸(しあわ)**せ** 행복

STEP 2

피해자 가족인 여자는 우연히 만난 여자가 가해자 가족인줄 모르고 이름을 묻습니다.

それでも、生きてゆく

A 이름을 물어도 될까?

B 名前。上の名前ですか。

A あ、出来れば両方。

B …坂東さくです。

A **お名前聞いてもいいかしら?**
B 이름이요~. 성이요?
A 응, 가능하면 모두.
B … 반도사쿠입니다.

잠깐만요!

★ 우리나라에서는 이름을 말할 때 당연히 성과 이름까지 모두 말하지만, 일본은 기본적으로 성만 말합니다. **名前**(なまえ)는 '성+이름'을 나타내는데, **上**(うえ)**の名前**(なまえ)는 **名字**(みょうじ)라는 '성'을 나타내고 **下**(した)**の名前**(なまえ)는 성을 뺀 '이름'을 나타냅니다.

名前(なまえ) 이름
両方(りょうほう) 양쪽, 양방

私は知らないんだもん。

나는 모른단 말이야.

~もん(~걸, ~말이야)은 여성이나 아이들이 애교 섞인 변명이나 이유를 말할 때 주로 씁니다. ~もの의 변한말입니다. 불만 또는 원망 등을 귀여운 느낌의 애교 섞인 뉘앙스로 표현한 것입니다. 원래 형태인 ~もの가 회화체에서는 ~もん으로 활용되며 해석은 '~걸, ~말이야'로 하면 자연스럽습니다.

STEP 1

1. 나는 모른단 말이야.
   私は知らないんだもん。

2. 맥주는 이미 다 마셨는걸.
   ビールはもう飲んじゃったもん。

3. 나에게 다음 같은 건 없어. 이번이 마지막이었단 말이야.
   私に次なんかないよ。今度が最後だったもん。

4. 그렇지만 이제 고등학생인걸.
   だってもう高校生だもん。

5. 나도 있는 힘껏 노력하고 있단 말야.
   私だって精一杯頑張ってるもん。

잠깐만요!

★ 일본의 학생이나 젊은이가 자주 가는 곳

ネットカフェ 피시방
マンガ喫茶(きっさ) 만화방
ゲームセンター 게임센터
ボーリング場(じょう) 볼링장
カラオケ 노래방

知(し)**る** 알다, 인식하다, 분간하다
次(つぎ) 다음, 버금
今度(こんど) 이번, 금번
最後(さいご) 최후, 마지막
高校生(こうこうせい) 고등학생
精一杯(せいいっぱい) 힘껏, 한껏
頑張(がんば)**る** 끝까지 노력하다

STEP 2

자신을 입양 보내려는 고아원 원장에게 아이는 친부모가 올 거라며 계속 거부합니다.

明日、ママがいない

A だって、パパとママが迎えに来るんだし！
B いつまでそんな寝言を言ってんだ！
A 지금은 가난해서 무리지만, 열심히 일해서 돈이 모이면 나를 데리러 와줄 거란 말이에요.
B いい加減、現実を見ろ。

A 하지만 아빠랑 엄마가 데리러 올 거예요!
B 언제까지 그런 잠꼬대를 하고 있을 거야!
A **今は貧乏だから無理だけど、一生懸命働いてお金がたまったら私を迎えに来てくれるんだもん。**
B 적당히 해, 현실을 보라고.

迎(むか)**える** (사람 · 때를) 맞다, 마중하다
寝言(ねごと)**を言**(い)**う** 잠꼬대를 하다
貧乏(びんぼう) 빈핍, 가난, 빈궁
無理(むり) 무리
一生懸命(いっしょうけんめい) 열심히
働(はたら)**く** 일하다
貯(た)**まる** (돈이) 모이다

明日からやり直すとか。

내일부터 다시 시작한다던가.

045.mp3

~とか는 자신의 의견을 직설적으로 말하지 않고 넌지시 돌려서 말하고 싶을 때 주로 씁니다.

STEP 1

1. 그러면 내일부터 다시 시작한다던가.
   だったら明日からやり直すとか。
2. 설마 말하는 건 아니겠지. 못 간다던가.
   まさか言うんじゃないよね。行けないとか。
3. 우선 정하기 전에 선생님에게 묻는다던가.
   取りあえず、決める前に先生に聞くとか。
4. 날씨도 좋고 어딘가 가자. 꽃구경이라던가.
   天気もいいし、どっか行こうよ。花見とか。
5. 점심 맛있는 거 먹고 싶네. 초밥이라던가.
   昼ごはんおいしいもん食べたいね。寿司とか。

잠깐만요!

★ 봄이 되면 꽃구경도 하지만, 불청객으로 '꽃가루 알레르기'도 찾아옵니다. 매년 4~5월을 정점으로 기승을 부려요.

花粉症(かふんしょう)
꽃가루 알레르기, 화분증

明日(あした) 내일
やり直(なお)**す** (처음부터) 다시 하다
取(と)**りあえず** ①우선, 먼저 ②부랴부랴, 급히
決(き)**める** 결정하다
天気(てんき) 날씨
花見(はなみ) 꽃구경
寿司(すし) 초밥

STEP 2 갑자기 해고했던 직원을 안타깝게 생각한 여자가 그 직원을 다시 고용하는 게 어떠냐고 남자에게 말합니다. リッチマン、プアウーマン

A 本当ですか。그럼, 저기, 다시 한 번 고용해 주던가.
B それはない。
A え？どうして？
B 人が、あたふたしてんのを見てるのって、面白いんだよ。

A 정말이에요? **じゃあ、あの、もう一度雇ってあげたりとか。**
B 그건 안 돼.
A 네? 왜요?
B 사람이 허둥대고 있는 걸 보는 건 재미있잖아.

本当(ほんとう) 사실, 진실, 정말
雇(やと)**う** 고용하다
見(み)**る** 보다
面白(おもしろ)**い** 재미있다

PATTERN 046

046.mp3

お父さんはどんな方なんだい?

아버지는 어떤 분인가?

종조사 **~だい**(~이냐, ~이니, ~ 인가)와 ~かい는 같은 용법으로, 주로 중년 이상의 나이든 남자가 많이 씁니다. 친밀감을 가지고 물을 때나 상대에게 강하게 채근하는 뜻을 나타냅니다.

STEP 1

1. 자네 아버지는 어떤 분인가?
   君のお父さんはどんな方なんだい?
2. 제법 걸었는데 다리는 어떤가?
   結構歩いたんだけど、足はどうだい?
3. 이제 됐는가?
   もういいかい?
4. 도와주지 않겠는가?
   手伝ってくれないかい?
5. 그렇게 아픈가?
   そんなに痛いかい?

잠깐만요!

★ 흔히 말하는 '아재개그'와 같은 뜻으로 **おやじギャグ**가 있습니다. 주로 40대 이상의 남성들이 하는 썰렁하고 재미없는 **駄洒落**(だじゃれ)(시시한 농담)를 가리켜서 하는 말입니다. 단순한 말장난 형식이 많습니다.

このイクラいくら?
이 연어알은 얼마야?
布団(ふとん)がふっ飛(と)んだ。
이불이 날아갔다.

君(きみ) 너, 자네
お父(とう)**さん** 아버지
結構(けっこう) 꽤, 제법, 상당히
歩(ある)**く** 걷다
手伝(てつだ)**う** 도와주다
痛(いた)**い** 아프다

STEP 2

아빠가 데리러 오기만을 기다리던 아이는 길을 가다가 갑자기 쓰러졌는데, 다른 사람을 아빠라고 착각합니다. **明日、ママがいない**

A パパ!どうして?私はこんなにもパパの迎えを待っているのに。
B パパ?僕は君のパパじゃないよ。
A そんな…。
B 무슨 일이니? 迷子になっちゃったのかな?

A 아빠! 어째서? 나는 이렇게도 아빠가 데리러 오길 기다리고 있는데.
B 아빠? 난 네 아빠가 아니야.
A 그럴 리가 ….
B **どうしたんだい?** 길을 잃어버린 거니?

迎(むか)**え** 맞이함, 마중 감
待(ま)**つ** 기다리다
僕(ぼく) 남성어 나
迷子(まいご) 미아

047.mp3

さあ、来たまえ。

그럼, 오게.

[**동사 ます형+たまえ**](~하게)는 주로 남성이 동년배 또는 손아랫사람에게 좀 부드럽고 가볍게 명령하는 말투로, 옛날 느낌도 납니다.

STEP 1

1. 그럼, 오게.
   さあ、来たまえ。

2. 이 책, 읽어 보게.
   この本、読みたまえ。

3. 먼저 가보게.
   先に行きたまえ。

4. 괜찮으니까 안심하게.
   大丈夫だから安心したまえ。

5. 거기 ~. 좀 돕게.
   おーい。手伝いたまえ。

잠깐만요!

★ **先**를 **さき**로 읽으면 명사로서 여러 가지 뜻이 있지만, **さっき**라고 읽는 경우는 '아까, 조금 전'(명사, 부사)의 뜻이므로 구분해서 쓰세요.

- **先**(さき) 앞, 선두
  一番(いちばん)**さきを走**(はし)**る。**
  가장 선두를 달리다.
- **先**(さっき) 아까, 조금 전
  さっきはごめんなさい。
  아까는 미안했어요.

来(く)**る** 오다
本(ほん) 책
読(よ)**む** 읽다
先(さき)**に** 먼저
行(い)**く** 가다
大丈夫(だいじょうぶ) 괜찮음
安心(あんしん) 안심
手伝(てつだ)**う** 도와주다, 거들다

STEP 2

지난번 재판 때 돌발 행동을 해서 변호인을 당황하게 만든 의뢰인에게 남자는 화가 난 상태입니다.

リーガル・ハイ 2

A で？最高裁の公判で私は何をすればいいの？

B 君に出番はない。입 다물고 감옥에나 있게.

A ハァ。つまんないの。

B 被告人質問が行われることはまずないんだ。

A 그래서? 대법원 공판에서 난 뭘 하면 되지?
B 자네가 나올 순서는 없어. **黙ってろう屋にいたまえ。**
A 아 ~. 재미없어.
B 피고인 질문이 진행될 일은 일단 없어.

最高裁(さいこうさい) 대법원
公判(こうはん) 공판
出番(でばん) 나갈 차례, 든번
黙(だま)**る** 입을 다물다, 침묵하다
牢屋(ろうや) 감옥
つまらない 시시하다, 하찮다
被告人(ひこくにん) 피고인
質問(しつもん) 질문
行(おこな)**う** 행하다, 실시하다

部屋の電気、確か消したよね。

방 전기, 확실히 껐죠?

～よね는 이미 상대도 알고 있을 거라고 생각하는 것에 대해 동의를 구하거나 확인하려고 하는 ～ね와 비슷하게 쓰지만 뉘앙스에 약간의 차이가 있습니다.

STEP 1

1. 방 전기, 아까 확실히 껐죠?
   部屋の電気、さっき確か消したよね。
2. 회의는 3시부터였지요?
   会議は３時からでしたよね。
3. 저 두 사람, 잘 어울리지?
   あの二人、お似合いだよね。
4. 오늘은 어제보다 덥죠?
   今日は昨日より暑いですよね。
5. 이 가게는 금연이지?
   この店は禁煙だよね。

잠깐만요!

★ 종조사 **～ね**와 **～よね**는 기본적인 의미는 같이 쓰이지만 뉘앙스에 차이가 있습니다. **～よね**는 **～ね**에 비해 화자가 자신의 말에 확신이 서지 않는다는 뜻을 포함하여 나타낼 때 씁니다. 따라서 분명하고 다른 의견이 나올 수 있는 상황에 **～よね**는 부적절합니다.

今日は暑いですね。（x よね）
오늘은 덥네요.
あれ、かぎがない。私、さっきここに置いたよね。（x ね）
어, 열쇠가 없어. 나 아까 여기에 뒀지?

電気(でんき) 전기
確(たし)**か** 확실함, 틀림없음
消(け)**す** 끄다, 지우다
会議(かいぎ) 회의
似合(にあ)**い** 어울림, 걸맞음
暑(あつ)**い** 덥다
禁煙(きんえん) 금연

STEP 2

남자가 여자에게 무서운 기억에 대해서 묻고 있습니다.

それでも、生きてゆく

A 지난번에 말했었지요?
B はい？
A あなたも殺されそうになったことがあるって。あれ本当なんですか。
B どうして聞くんですか。

A **この間、言ってましたよね。**
B 네?
A 당신도 살해당할 뻔했던 적이 있다고. 그거 사실인가요?
B 왜 묻는 거예요?

この間(あいだ) 지난번, 요전
殺(ころ)**す** 죽이다
聞(き)**く** 묻다, 듣다

049.mp3

ほら、君もやればできるじゃん。

그것 봐, 너도 하면 되잖아.

~じゃん(~잖아)은 ~じゃない의 회화체로 자신의 의견을 강조할 때 사용합니다. [동사 · い형용사의 보통체+じゃん] [명사, な형용사 어간+じゃん] 형태로 씁니다.

STEP 1

1. 그것 봐, 너도 하면 되잖아.
   ほら、君もやればできるじゃん。
2. 게임하고 있는데 말을 걸어서 집중할 수 없잖아.
   ゲームしてるのに話しかけるから集中できないじゃん。
3. 신입인데 계약을 따 오다니 잘해냈네.
   新人なのに契約を取ってきたなんてうまくいったじゃん。
4. 좋아하는 사람에게 고백하다니 해냈네.
   好きな人にこくったってやったじゃん。
5. 그런 비싼 것을 사다니 부모님이 힘들잖아.
   そんな高いのを買うなんて親が大変じゃん。

STEP 2

큰딸 나오가 학교 선생을 그만두고 연락도 되지 않자 엄마는 걱정되어 둘째딸에게 말합니다.

Mother

A おとといね、奈緒が東京行きの列車に乗っているのを見た人がいるのよ。

B 그럼, 벌써 도착하고도 남았잖아. 友達の家にでも寄ってるんじゃない?

A 奈緒の友達?

B いないか。うちしか行く当てないよね。

A　엊그제 말이야, 나오가 도쿄행 열차를 타고 있는 것을 본 사람이 있어.
B　**じゃあ、もうとっくに着いてる頃じゃん。** 친구네 집에라도 들른 거 아냐?
A　나오의 친구?
B　없으려나. 우리 집밖에 갈 데가 없겠네.

잠깐만요!

★ **話(はな)しかける**(말을 걸다)와 같이 '일드'에 자주 나오는 복합동사를 알아 두세요.

落(お)ち着(つ)く
안정되다, 진정되다
思(おも)い出(だ)す
생각해내다, 생각나다
着替(きが)える
옷을 갈아입다
売(う)り切(き)れる
다 팔리다, 매진되다
繰(く)り返(かえ)す
되풀이하다, 반복하다
出来上(できあ)がる
다 되다, 완성되다
話(はな)し合(あ)う
서로 이야기하다, 논의하다

君(きみ) 너, 자네
話(はな)**しかける** 말을 걸다
集中(しゅうちゅう) 집중
新人(しんじん) 신인, 신입
契約(けいやく)**を取**(と)**る** 계약을 성사시키다, 따다
好(す)**き** 좋아함
こくる 고백하다
やった 됐다, 해냈다
高(たか)**い** 비싸다
親(おや) 부모
大変(たいへん) 힘듦

一昨日(おととい) 엊그제
列車(れっしゃ) 열차
着(つ)**く** 도착하다
寄(よ)**る** 들르다
友達(ともだち) 친구
当(あ)**て** 목표, 목적

早く行こうってば。

빨리 가자니까.

종조사 **～ってば**(~라니까 그러네)는 자기의 마음을 이해해 주지 않는 안타까움을 담아 상대에게 호소하거나 계속해서 재촉하는 뜻을 나타냅니다. 남녀노소 누구나 사용합니다.

STEP 1

1. 빨리 가자니까.
   早く行こうってば。
2. 진짜 아프다니까.
   マジ、痛いってば。
3. 조용히 하라니까.
   静かにしろってば。
4. 싫다니까.
   いやだってば。
5. 이제 알았다니까. (왜 자꾸 그래.)
   もう分かってるってば。

잠깐만요!

★ 우리말 표현을 가장 자연스러운 일본어로 바꿔 보아요.

- 간단히(쉽게) 말하면
  早(はや)い話(はなし)が
- 과속하다
  スピードを出(だ)しすぎる
- 귀신이 곡할 노릇(일)
  摩訶不思議(まかふしぎ)なこと

早(はや)く 빨리
痛(いた)い 아프다
静(しず)か 조용함, 고요함
分(わ)かる 알다, 이해하다

STEP 2

고아원에서 엄마가 오기만을 기다리던 아이는 자신이 버림받았다는 걸 알게 됐지만 겉으로는 괜찮은 척합니다. **明日、ママがいない**

A 離して。離して！이거 놓으라니깐! 急に何なの？
B 失恋したらしいじゃん。
A ママが幸せなら、私はそれでいい。
B いつまで。いつまでママに片思いしてる。

A 이거 놔. 이거 놔! **ねぇ、離してってば。** 갑자기 뭐야?
B 실연당한 것 같잖아.
A 엄마가 행복하면 난 그걸로 됐어.
B 언제까지. 언제까지 엄마를 짝사랑할 거야?

離(はな)す 놓다, 떼다
失恋(しつれん) 실연
幸(しあわ)せ 행복
片想(かたおも)い 짝사랑

お茶でも飲もうかな。

차라도 마실까.

종조사 **~かな**는 가벼운 영탄을 담아 의문을 나타낼 때나 자기 자신에게 묻는 기분을 나타낼 때, ~ない의 꼴로 쓰여 소망을 나타내는 뜻으로 쓰입니다.

STEP 1

1. 차라도 마실까.
   お茶でも飲もうかな。
2. 그런 일도 있었던가.
   そんなこともあったのかな。
3. 빨리 오지 않으려나.
   早く来ないかな。
4. 내일도 비가 내리려나.
   明日も雨が降るかな。
5. 남자 친구랑 무슨 일이 있었나.
   彼氏と何かあったのかな。

잠깐만요!

★ **~かな**는 문장 1·4에서는 자신의 기분, 2·5는 영탄 의문문, 3은 희망을 나타냅니다.

お茶(ちゃ) 차
飲(の)**む** 마시다
早(はや)**く** 빨리
来(く)**る** 오다
明日(あした) 내일
雨(あめ)**が降**(ふ)**る** 비가 내리다
彼氏(かれし) 남자 친구

STEP 2

남자는 비디오테이프를 보면서 자신의 여동생이 살해됐던 때를 떠올리며 말합니다.

それでも、生きてゆく

A 15년 연체하면 얼마가 될까.
B あ、このビデオですか。
A あれ借りてた時、妹が殺されたんです。
B 何で妹さんは殺されたんですか。

A **15年延滞したら幾らになんのかな。**
B 아, 이 비디오인가요?
A 그거 빌렸을 때 여동생이 살해됐어요.
B 왜 여동생은 살해됐나요?

잠깐만요!

★ 가타카나 표기를 하는 **電気製品**(でんきせいひん)

カーナビ 내비게이션
デジカメ 디지털카메라
ドライヤー 헤어드라이어
モニター 모니터
ラジオ 라디오

延滞(えんたい) 연체
幾(いく)**ら** 얼마
借(か)**りる** 빌리다
妹(いもうと) 여동생
殺(ころ)**す** 죽이다, 살해하다

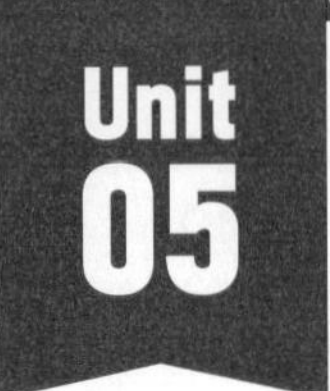

음성 강의 & 예문 듣기

{ 파생어 & 부사 }

가난 같은 건 신경 쓰지 않아

なんか, なんて, など와 같은 부조사들은 언뜻 비슷하게 들려서 그 의미를 혼동하는 경우가 있어요. なんか는 '~라는 둥, ~라느니' 또는 '~따위, ~같은 것'이라는 뜻으로 쓰이고, なんて는 '~라니, ~라고, ~라는 것은' 등으로 다양하게 쓰여요. 또한 など는 '등, 따위'를 나타내요. 회화체에 자주 사용되는 이 세 가지 부조사는 꼭 기억하세요.

| 패턴미리보기 |

052.mp3

小説はめったに読みませんから。

소설은 거의 읽지 않으니까요.

부사 **めったに**는 부정의 ない와 함께 사용하는데 '거의(좀처럼) ~하지 않다'는 뜻을 나타냅니다. '특별한 경우를 제외하고 거의 그런 일이 없다'는 뉘앙스를 가지고 있습니다.

STEP 1

1. 소설은 거의 읽지 않으니까요.
   小説はめったに読みませんから。
2. 그녀는 거의 웃지 않으니까요.
   彼女はめったに笑いませんから。
3. 이런 건 어디서도 거의 볼 수 없으니까요.
   こんなのどこでもめったに見られませんから。
4. 너무 바빠서 거의 휴식을 취할 수 없으니까요.
   忙しすぎてめったに休みが取れませんから。
5. 그가 울다니. 희한하네. 그는 좀처럼 울지 않거든요.
   彼が泣くなんて。珍しいね。彼はめったに泣きませんから。

잠깐만요!

★ **取(と)る**의 용법

- 손에 가지다, 집다, 들다, 잡다
  手(て)にとって見(み)る。
  손에 들고 보다.
- 취하다
  栄養(えいよう)をとる。
  영양을 취하다.
- (동물을) 잡다, (열매를) 따다
  魚(さかな)をとる。 물고기를 잡다.
  りんごをとる。 사과를 따다.
- 받다
  使用料(しようりょう)をとる。
  사용료를 받다.
- 예약하다, 잡아 두다
  予約(よやく)をとる。 예약을 잡다.

小説(しょうせつ) 소설
笑(わら)う 웃다
忙(いそが)しい 바쁘다
休(やす)みを取(と)る 휴식을 취하다
泣(な)く 울다
珍(めずら)しい 희한하다, 신기하다

STEP 2

재판에 불리해져서 다급해진 남자가 예전부터 알던 상대편 변호사의 측근과 몰래 거래를 합니다. 　リーガル・ハイ2

A 礼を言うよ。
B 선생님이 저에게 부탁이라니 거의 없는 일이니까요.
A 君ほど信用できない相手を頼りたくはなかったがね。少ないがこれ…。
B 要りませんわ。これは貸しにします。

A 고마워.
B **先生が私を頼るなんてめったにあることじゃありませんから。**
A 너처럼 신뢰할 수 없는 상대를 의지하고 싶진 않았지만 말이야. 많진 않지만 이거 ….
B 필요 없어요. 이건 빚지신 걸로 할게요.

例(れい)を言(い)う 감사의 인사를 하다
頼(たよ)る 의지하다
信用(しんよう) 신용
相手(あいて) 상대
少(すく)ない 적다
要(い)る 필요하다
貸(か)す 빌려주다, 조력하다

053.mp3

例の女だよ。

그 여자야.

例(れい)の는 '상대와 자신이 서로 알고 있는 것, 지나간 일'에 대해 생략하여 말할 때 '그 ~, 예의 ~'의 뜻으로 쓰는 말입니다. 드라마나 일상 회화에서 자주 쓰이는 표현입니다.

STEP 1

1. 그 여자야. 저 애.
   例の**女だよ。あの子。**
2. 그 이야기인데요, 어떻게 안 될까요?
   例の**話なんですが、どうにかなりませんか。**
3. 그 가게, 엄청 사람들 줄서 있대.
   例の**店、すごく人並んでるらしいよ。**
4. 그 장소에서 만납시다.
   例の**場所で会いましょうね。**
5. 그 커플 어떻게 됐어?
   例の**カップル、どうなったの？**

女(おんな) 여자
話(はなし) 이야기, 대화, 화제
店(みせ) 가게, 상점, 점포
並(なら)**ぶ** 줄을 서다, 늘어서다
場所(ばしょ) 장소
会(あ)**う** 만나다

STEP 2

동료와 이야기하는 중에 아내로부터 전화가 와서 가정 교사에 대한 불만을 늘어놓았습니다. 남자는 전화를 끊고 동료에게 이야기합니다. 家族ゲーム

A 待たしてすまんな。
B 그 가정 교사 얘기인가?
A ああ。やり過ぎてるみたいでな。
B だったら首切りゃいいじゃないか。

A 기다리게 해서 미안하네.
B **例の家庭教師か。**
A 아 ~. 너무 심하게 하는 것 같다고 해서 말이야.
B 그러면 자르면 되잖아?

잠깐만요!

★ **家庭教師**를 줄여서 **かて教**(きょう)라고도 합니다.

★ **フリーター**는 '아르바이트만 해서 생계를 이어가는 사람'을 뜻하며 **ニート**는 '백수'를 뜻하는데, Not in Education, Employment or Training의 약자입니다.

待(ま)**つ** 기다리다
すまない 미안하다
家庭教師(かていきょうし) 가정 교사
首(くび)**を切**(き)**る** 해고하다

054.mp3

夜ごとにどこに行くの？

밤마다 어딜 가는 거야?

[명사+ごとに]는 '~마다, 매번'의 뜻으로, 규칙적으로 반복되거나 진행되는 경우에 씁니다.

STEP 1

1. 밤마다 어딜 가는 거야?
   夜ごとにどこに行くの？
2. 집세는 매월 내고 있어.
   家賃は月ごとに払ってる。
3. 집집마다 국기를 내걸고 있어.
   家ごとに国旗をかかげてるよ。
4. 날마다 추위가 심해진다.
   日ごとに寒さがひどくなる。
5. 버스는 5분마다 도착해.
   バスは５分ごとに着く。

잠깐만요!

★ **掲(かか)げる**의 용법

- (높이) 달다, 내걸다
  看板(かんばん)を掲げる。
  간판을 내걸다.
- (신문, 잡지 등에) 싣다, 게재하다
  地震(じしん)の記事(きじ)を掲げる。 지진 기사를 싣다.
- 걷어 올리다, 추어올리다
  すそを掲げる。
  옷자락을 걷어 올리다.
- 내세우다
  見出(みだ)しに掲げる。
  표제어로 내세우다.

夜(よ) 밤
家賃(やちん) 집세
払(はら)**う** 지불하다
国旗(こっき) 국기
寒(さむ)**さ** 추위
着(つ)**く** 도착하다

STEP 2

고아원 원장은 아이들의 마음은 헤아리지 않고 서둘러서 입양 보내려고만 하자, 여자 아이는 불평을 합니다. **明日、ママがいない**

A あの…。パチはまだ、本当のママを待っているんじゃ。

B あんな女を、ママと呼べるか。…だろ？

A 私たちの気持ちなんかよく知らないくせに。

B チッ。今週末が初日だ。당분간 주말마다 다니면서 상황을 볼 거야. 準備しとけ。

A 저…. 파치는 아직 친엄마를 기다리고 있는 거 아닌가요.
B 그런 여자를 엄마라고 부를 수 있겠어? 안 그래?
A 우리들의 마음 같은 거 알지도 못하면서.
B 치! 이번 주말이 첫날이다. **しばらくは週末ごとに通って様子を見る。** 준비해 둬.

待(ま)**つ** 기다리다
呼(よ)**ぶ** 부르다
気持(きも)**ち** 기분, 감정, 심정
知(し)**る** 알다, 인식하다, 기억하다
今週末(こんしゅうまつ) 이번 주말
初日(しょにち) 첫날
通(かよ)**う** 다니다, 오가다, 왕래하다
様子(ようす) 상태나 상황, 형편
準備(じゅんび) 준비

▶ 055.mp3

貧乏なんて気にしない。

가난 같은 건 신경 쓰지 않아.

부사 **なんて**는 드라마나 일상 대화에서 매우 자주 나오는 말로, '~따위'의 뜻을 나타내는데 문장 중간 또는 끝에 씁니다. 해석은 '~은, ~라니, ~라는 것은, ~따위, ~같은 것(=なんか)' 등으로 할 수 있습니다. 문장 끝에 쓰면 의외나 놀람, 비판의 뜻을 나타냅니다.

STEP 1

1. 가난 같은 거 신경 쓰지 않아.
   貧乏なんて気にしない。
2. 이제 와서 할 수 없다니 말도 안 돼.
   今更できないなんてあり得ない。
3. 성적 같은 건 아무래도 좋다.
   成績なんてどうでもいい。
4. 벌써 봄이라니.
   もう春だなんて。
5. 저 사람이 말하는 것은 분명 거짓말이야.
   あの人の言うことなんて絶対うそだ。

貧乏(びんぼう) 가난, 빈궁
気(き)**にする** 걱정하다, 마음에 두다
今更(いまさら) 새삼, 새삼스레
あり得(え)**ない** 있을 수 없다
成績(せいせき) 성적
春(はる) 봄
絶対(ぜったい) 절대, 단연코, 결코

STEP 2

엄마 없이 혼자 자식을 키운 아빠에게 딸이 묻습니다.

それでも、生きてゆく

A どうなったら、お母さん喜んでくれる？阪神の選手と結婚するとか。
B アハハ。부모를 행복하게 하는 것은, 간단해.
A 何？
B 親より、長生きすることだよ。결혼 같은 건, 하고 싶은 사람이랑 하면 돼.

A 어떻게 하면 엄마가 기뻐해 줄까? 한신 선수랑 결혼한다든가.
B 하하하. **親を幸せにすることなんて、簡単だよ。**
A 뭔데?
B 부모보다 장수하는 거야. **結婚なんて、したいやつとすればいい。**

잠깐만요!

★ **生**(い)**き～** 어휘

生き別(わか)**れ** 생이별
生き地獄(じごく) 생지옥
生き証人(しょうにん) 산증인
生き魚(ざかな) 싱싱한 생선
生き物(もの) 생물, 동물

喜(よろこ)**ぶ** 기뻐하다
阪神(はんしん)
한신(일본의 프로야구 팀 이름)
選手(せんしゅ) 선수
親(おや) 부모
幸(しあわ)**せ** 행복, 행운
簡単(かんたん) 간단함
長生(ながい)**き** 장수
結婚(けっこん) 결혼

仮に今の電車に間に合ってももう…。

설령 이번 전철에 늦지 않아도 이미 ….

▶ 056.mp3

仮(かり)**に**는 '설령, 만일, 만약' 등의 뜻으로 아직 일어나지 않은 일을 예상할 때 씁니다. ～ても(~해도)와 함께 자주 쓰입니다.

STEP 1

1. 설령 이번 전철에 늦지 않아도 이미 지각이야.
   仮に今の電車に間に合ってももう遅刻だよ。
2. 설령 당신이 부자가 아니어도 그런 거 상관없어.
   仮にあなたがお金持ちじゃなくてもそんなの関係ないよ。
3. 설령 그녀가 본국에 돌아간대도 절대 우리는 헤어지지 않아.
   仮に彼女が国に帰っても絶対私たちは別れはしない。
4. 설령 요리가 맛있어도 이런 곳까지 손님은 오지 않겠지.
   仮に料理が美味しくてもこんな所までお客さんは来ないだろう。
5. 설령 그녀가 동창회에 와도 아무도 환영하지 않을 거예요.
   仮に彼女が同窓会に来ても誰も歓迎しないでしょう。

電車(でんしゃ) 전철
遅刻(ちこく) 지각
関係(かんけい) 관계
国(くに) 나라, 국토
絶対(ぜったい) 절대
別(わか)**れ** 헤어짐, 이별
料理(りょうり) 요리
美味(おい)**しい** 맛있다
所(ところ) 곳, 장소
お客(きゃく) 손님
同窓会(どうそうかい) 동창회
歓迎(かんげい) 환영

STEP 2

극형을 선고 받은 피고인은 순순히 판결을 받아들이려고 하고, 변호사는 뭔가 이상하다고 말합니다.

リーガル・ハイ 2

A 私は判決を受け入れたの。

B あなたの意思じゃないでしょ。

A 全部私の意思よ。

B 死刑が確定しちゃうんですよ！
설령 당신이 범인이라고 해도 극형은 이상해요.

A 나는 판결을 받아들였어.
B 당신의 의지가 아니잖아요.
A 전부 내 의지야.
B 사형이 확정되어 버린다고요! **仮にあなたが犯人だとしても極刑はおかしいです。**

잠깐만요!

★ 범죄 관련 용어

引(ひ)**ったくり** 날치기
スリ 소매치기
万引(まんび)**き** 물건을 사는 척하고 슬쩍 훔침
通(とお)**り魔**(ま)**事件**(じけん) 묻지 마 사건
バラバラ殺人(さつじん) 토막살인
居眠(いねむ)**り運転**(うんてん) 졸음운전

判決(はんけつ) 판결
受(う)**け入**(い)**れる** 받아들이다
意思(いし) 의지
全部(ぜんぶ) 전부
死刑(しけい) 사형
確定(かくてい) 확정
犯人(はんにん) 범인
極刑(きょっけい) 극형

ひょっとして断られでもしたら。

혹시 거절이라도 당하면.

ひょっとして는 부사 표현으로 '혹시, 어쩌면, 만일'이라는 뜻으로 씁니다. 같은 뜻으로 ひょっとすると · ひょっとしたら도 자주 쓰이는 표현입니다. 비슷한 표현으로는 もしも(만약, 만일, 혹시)가 있습니다.

STEP 1

1. 혹시 거절이라도 당하면.
   ひょっとして**断られでもしたら。**
2. 혹시 불이라도 나면 큰일이잖아.
   ひょっとして**火事にでもなったら大変でしょ。**
3. 혹시 그들은 아는 사이인가?
   ひょっとして**彼らは知り合いなのか。**
4. 혹시 올지도 모르니깐 기다리자.
   ひょっとして**来るかもしれないから待とうね。**
5. 혹시 나만 몰랐던 거야?
   ひょっとして**私だけが知らなかったってこと？**

잠깐만요!

★ 회화체에 많이 나오는 부사

いっそ(のこと) 차라리, 도리어
ばっちり 잘됐어!
(참고) 일이 백퍼센트 만족스럽게 됐을 때나 수입이 짭짤할 때 쓰는 표현입니다.
しょっちゅう 항상, 언제나, 노상
若干(じゃっかん) 얼마, 다소
だいたい 애당초, 본래

断(ことわ)る 거절하다
火事(かじ) 화재
大変(たいへん) 힘듦, 고생스러움
彼(かれ)ら 그들, 그 사람들, 저들
知(し)り合(あ)い 서로 앎, 아는 사이
来(く)る 오다
待(ま)つ 기다리다
知(し)る 알다, 인식하다

STEP 2

어릴 적 입양한 딸이 연락이 안 되자, 여자는 친모를 찾아가서 혹시 딸을 만났는지 묻습니다.

Mother

A 奈緒さんにはちょっとも会いに行ったり、ちょっとも見に行ったりしていません。

B ならいいのよ。혹시 그런 거 아닌가 생각한 것뿐이니까.

A そうですか。

B 電話でも言ったようにね、奈緒と、連絡が取れないの。

A 나오 씨에게는 전혀 만나러 가거나 잠시 보러 가거나 하지 않았어요.
B 그렇다면 됐어. **ひょっとしてそっちにって思っただけだから。**
A 그래요?
B 전화로도 말했듯이 나오랑 연락이 닿질 않아.

会(あ)う 만나다
見(み)る 보다
電話(でんわ) 전화
連絡(れんらく)を取(と)る 연락을 취하다

058.mp3

せっかく来てもらったのに…。

모처럼 왔는데 ….

せっかく는 부사로, '모처럼, 애써서'라는 뜻입니다. **～のに**는 앞의 말과 반대 상황이 뒤에 나올 때 '～한데, ～인데도'라는 역접의 뜻을 나타냅니다. [동사 · い형용사의 보통체+のに] [명사, な형용사 어간+なのに] 형태로 씁니다.

STEP 1

1. 모처럼 왔는데 비워서 미안해.
   せっかく**来てもらった**のに**留守して悪いね。**
2. 모처럼 요리했는데 배가 부르다니.
   せっかく**料理した**のに**お腹いっぱいなんて。**
3. 모처럼의 휴일인데 헛되이 쓰게 해서 미안해.
   せっかく**の休日**なのに**無駄にしちゃってごめんね。**
4. 모처럼 사줬는데 잃어버려서 미안해.
   せっかく**買ってくれた**のに**無くしちゃってすまない。**
5. 모처럼 만들어 주셨는데 남겨서 죄송합니다.
   せっかく**作ってくださった**のに**残してすみません。**

잠깐만요!

★ **悪(わる)い**는 대표적인 뜻 '나쁘다' 이외에 다양한 뜻으로 쓰입니다.

- 실례가 되다, 미안하다
  待(ま)たせると悪いから、先(さき)に行(い)ってね。
  기다리게 하면 미안하니까 먼저 가.
- 언짢다, 불길하다
  悪い知(し)らせがある。
  언짢은 소식이 있다.
- 서투르다
  腕(うで)の悪い大工(だいく)だ。
  솜씨가 서툰 목수이다.
- 옳지 않다, 못되다, 바르지 않다
  行儀(ぎょうぎ)の悪い子(こ)
  예절이 바르지 못한 아이
- 잘못이다
  悪いのは君(きみ)のほうだ。
  잘못한 것은 자네 쪽이다.

留守(るす) 부재중, 집을 비움
悪(わる)い 나쁘다, 미안하다
お腹(なか) 배
いっぱい 가득, 가득 참
休日(きゅうじつ) 휴일
無駄(むだ) 쓸모없음, 헛됨
無(な)くす 잃어버리다
すまない 미안하다
残(のこ)す 남기다

痛々(いたいた)しい 애처롭다, 가엽다
練習(れんしゅう) 연습
残念(ざんねん) 아쉬움, 안타까움, 유감

STEP 2

12시부터 시작하기로 한 아들의 생일 파티에 아무도 오지 않자 엄마는 속상해서 가정교사와 대화하고 있습니다. **家族ゲーム**

A 13時6分、誰も来ない。
B 何か痛々しかったですね。
A 一人も来ないって。모처럼 연습했는데.
B あ～残念！

A 1시 6분인데 아무도 안 오는 거예요.
B 왠지 애처로웠겠네요.
A 한 명도 안 오다니요. **せっかく練習したのに。**
B 아 ~ 안타까워요!

ただ、行きたくないだけじゃないですか。

단지 가고 싶지 않은 것뿐이잖아요.

[**ただ+동사 보통체+だけじゃないですか**]는 '단지 ~것뿐이잖아요'라는 뜻으로, 상대의 행동을 강하게 비난할 때 쓰는 표현입니다.

STEP 1

1. 단지 저랑 가고 싶지 않은 것뿐이잖아요.
   ただ、**私と行きたくない**だけじゃないですか。
2. 단지 한 명이 그것에 반대한 것뿐이잖아요.
   ただ、**ひとりがそれに反対した**だけじゃないですか。
3. 단지 대답을 피하고 싶은 것뿐이잖아요.
   ただ、**返事を避けたい**だけじゃないですか。
4. 단지 그것은 자신을 위한 것뿐이잖아요.
   ただ、**それは自分のため**だけじゃないですか。
5. 단지 빨리 집에 가고 싶은 것뿐이잖아요.
   ただ、**早く帰りたい**だけじゃないですか。

잠깐만요!

★ ただ의 용법

- 오직, 그저, 오로지
  ただ無事(ぶじ)を祈(いの)る。
  오직 무사하기를 빌다.
- 겨우, 단지
  ただ一人(ひとり)、それに反対(はんたい)した。
  단 한 사람이 거기에 반대했다.
- 단, 다만, 그러나
  あの店(みせ)はうまい。ただ、値段(ねだん)が高(たか)い。
  저 가게는 맛있다. 단, 값이 비싸다.

反対(はんたい) 반대
返事(へんじ) 대답
避(さ)**ける** 피하다
自分(じぶん) 자기 자신
帰(かえ)**る** 돌아가다, 귀가하다

STEP 2

가정 교사가 아이에게 너무 거칠게 대하자 어머니가 화가 나서 말합니다.

家族ゲーム

A 何してるんですか。
B お母さん！僕は真剣に彼らと向き合ってるんですよ。
A 단지 망가뜨리고 있는 것뿐이잖아요. あなたは、教育者なんかじゃない！
B よく分かってるじゃないですか。その通り。

A 뭐하고 있는 거예요?
B 어머님! 저는 진지하게 아이들과 마주하고 있습니다.
A **ただ、壊してるだけじゃないですか**。당신은 교육자도 아니야!
B 잘 알고 계시잖아요. 그대로입니다.

真剣(しんけん) 진지함
向(む)**き合**(あ)**う** 마주 대하다
壊(こわ)**す** 망가뜨리다, 부수다
教育者(きょういくしゃ) 교육자
分(わ)**かる** 알다, 이해하다

060.mp3

どうせ三日坊主だろう。

어차피 작심삼일이겠지.

どうせ(어차피, 이왕에, 결국)는 스스로 자신을 비웃는 심정을 나타내거나 얕잡아 추측하거나 단정하는 심정을 나타내며, 추측의 ~だろう(~하겠지)와 함께 자주 쓰입니다.

STEP 1

1. 어차피 작심삼일이겠지.
   どうせ**三日坊主**だろう。
2. 어차피 오늘 한가하잖아.
   どうせ**今日、暇**だろう。
3. 어차피 인간은 모두 죽겠지.
   どうせ**人間はみんな死ぬ**だろう。
4. 어차피 우리가 간단히 이기겠지.
   どうせ**うちらが簡単に勝つ**だろう。
5. 이왕에 할 바에는 득이 되는 일을 하겠지.
   どうせ**やるなら得になることをする**だろう。

잠깐만요!

★ 자주 쓰는 사자성어

四字熟語(よじじゅくご) 사자성어
自業自得(じごうじとく)
자업자득
七転八起(しちてんはっき)
칠전팔기
一石二鳥(いっせきにちょう)
일석이조
以心伝心(いしんでんしん)
이심전심
因果応報(いんがおうほう)
인과응보

三日坊主(みっかぼうず) 작심삼일
今日(きょう) 오늘
暇(ひま) 한가함
人間(にんげん) 인간
死(し)**ぬ** 죽다
勝(か)**つ** 이기다
簡単(かんたん) 간단함
得(とく) 득

STEP 2

여자아이가 고아원 원장에게 한 아이가 아직 돌아오지 않았다고 걱정스레 말합니다.

明日、ママがいない

A オツボネ、帰って来ませんでした。
B だから何だ！居場所の見当はついてる。어차피 자기 엄마가 있는 곳이겠지.
A ママがいるんですか。
B 母親でいるより、女でいることのほうが好きな女だ。

A 오쓰보네가 돌아오지 않았어요.
B 그래서 뭐! 있을 만한 곳은 짐작하고 있어. **どうせ母親のとこだろう**。
A 엄마가 있어요?
B 엄마로서의 삶보다 여자로서의 삶 쪽을 좋아하는 여자야.

帰(かえ)**る** 귀가하다
居場所(いばしょ) 있는 곳, 거처
見当(けんとう) 예상, 짐작
母親(ははおや) 엄마
女(おんな) 여자
好(す)**き** 좋아함

일드에 꼭 나오는 필수 패턴

지금까지 '일드'에 나오는 축약형과 부사 등 기본 실력을 다졌으니, 이제부터 본격적으로 '일드'에 꼭 나오는 필수 패턴에 대해서 알아보아요. 우리말과 마찬가지로 일본어도 보조동사를 활용하면 회화가 더 풍요로워지는데요. 예를 들어 동사 て형에 보조동사를 붙여 ～ていく(~해가다), ～てくる(~해오다), ～ておく(~해두다), ～てみる(~해보다), ～てしまう(~해버리다) 등으로 쓸 수 있어요. 이 중에 ～てみる(~해보다)는 '보다'의 見る를 붙여서 '어떤 일을 시도해 보다, 경험해 보다'라는 뜻을 나타내요. 이때 みる는 '눈으로 보다'라는 본래 뜻이 아닌 조동사로 사용됐기 때문에 한자로 쓰지 않는답니다. 우리말과 비슷하죠? 일본에서 쇼핑을 할 때 この服着(ふくき)てみてもいいですか。라고 물어보면 좋겠죠. 또 요리를 대접할 때는 野菜(やさい)カレーを作(つく)ってみました。라고 해보세요. 그럼 이제부터 더욱 다양한 패턴을 함께 공부해 보아요.

{ 경험 · 완료 · 계속 등 다양한 시제 표현 }

저도 지금 막 왔어요

우리는 결혼 여부에 대해 질문을 받으면 "네, 결혼했어요." 또는 "아니요, 결혼 안 했어요."라고 대답하죠. 일본어로는 結婚(けっこん)しました。 또는 結婚しませんでした。라고 하면 어색하다는 사실 아시죠! 結婚しました。는 "과거에 했었어요."라는 뉘앙스라서 듣는 사람은 "이혼했나?"하는 의문을 갖게 돼요. 따라서 현재 결혼한 상태라면 はい、結婚しています。라고 해야 "네. 결혼했습니다."라는 뜻이고, 반대로 결혼하지 않았을 때는 いいえ、結婚していません。이라고 해야 하죠. 이처럼 시제에 따라 뜻이 완전히 달라지기도 한답니다.

| 패턴미리보기 |

PATTERN 061 映画館で寝たことはありません。
PATTERN 062 食べてみましょうか。
PATTERN 063 掃除をしてから出かけます。
PATTERN 064 雨が止んだ後で出かけましょう。
PATTERN 065 私も今来たところです。
PATTERN 066 本を読んでいるところなんだ。
PATTERN 067 危うく衝突するところでした。
PATTERN 068 雨が降ってきましたよ。
PATTERN 069 ぱくぱくと食べていきました。
PATTERN 070 一時間も話し続けているよ。
PATTERN 071 夏休みの間に日本に行ってきた。
PATTERN 072 雨が降らないうちに帰ろう。
PATTERN 073 食べる前に手を洗いなさい。
PATTERN 074 本を読みながらご飯を食べる。

映画館で寝たことはありません。

영화관에서 잔 적은 없어요.

[동사 **た형+たことはありません**](~한 적은 없습니다) 형태는 지나간 일에 대해 부정하는 표현입니다.

STEP 1

1. 영화관에서 잔 적은 없어요.
   映画館で寝たことはありません。
2. 실제로 그를 만나본 적은 없어요.
   実際に彼に会ったことはありません。
3. 이 드라마 한 번도 본 적은 없어요.
   このドラマ一度も見たことはありません。
4. 아빠는 제 앞에서 눈물을 보인 적은 없어요.
   父は私の前で涙を見せたことはありません。
5. 손님에게 불평이 나온 적은 없어요.
   お客さんから苦情が出たことはありません。

잠깐만요!

★ **映画**(えいが) 관련 용어

試写会(ししゃかい) 시사회
興行(こうぎょう) 흥행
女優(じょゆう) 여배우
(참고) 여자 배우는 **俳優**(はいゆう)라고 하지 않습니다.
俳優(はいゆう) 배우
監督(かんとく) 감독

映画館(えいがかん) 영화관
実際(じっさい) 실제
一度(いちど)**も** 한 번도
涙(なみだ) 눈물
見(み)**せる** 보여주다
お客(きゃく)**さん** 손님
苦情(くじょう) 불평, 불만

STEP 2

가게 원래 주인의 남편이 여자에게 가게를 맘대로 처분해도 된다고 말합니다.

Mother

A 내 가게라고 생각한 적은 없어요.

B いやあ、あの店は、家内が亡くなる前に、あんたにあげたものだ。

A 今もすみれさんにお預かりしているものだと思ってます。

B もう大丈夫。好きにしたらいい。

A **自分の店だと思ったことはありません。**
B 아니, 그 가게는 아내가 죽기 전에 당신에게 준 거야.
A 지금도 스미레 씨에게 빌리고 있는 것이라고 생각하고 있어요.
B 이제 괜찮아. 원하는 대로 하면 돼.

自分(じぶん) 자기 자신
家内(かない) 아내, 부인
亡(な)**くなる** 돌아가시다
預(あず)**かる** 맡다, 보관하다
大丈夫(だいじょうぶ) 괜찮음

PATTERN 062

062.mp3

食べてみましょうか。

먹어 볼까요?

[동사 て형+てみる](~해보다) 형태는 잘될지 안 될지, 옳은지 어떤지 모르지만 시도해 보자는 뜻을 나타냅니다.

STEP 1

1. 이 케이크 조금 먹어 볼까요?
   このケーキ、すこし食べてみましょうか。
2. 가는 방법을 잘 모르니까 다른 사람에게 물어볼까요?
   行き方がよく分からないんで人に聞いてみましょうか。
3. 링거를 맞고 상태를 지켜볼까요?
   点滴を打って様子を見てみましょうか。
4. 새로 생긴 레스토랑에 가볼까요?
   新しくできたレストラン、行ってみましょうか。
5. 저 사람과 이야기해 볼까요?
   あの人と話してみましょうか。

잠깐만요!

★ 人(ひと)가 '남, 타인'의 뜻으로 쓰이는 용법

人の物(もの) 남의 물건
人に言(い)**えない苦**(くる)**しみがある。**
남에게 말할 수 없는 괴로움이 있다.
人の思惑(おもわく)**を気**(き)**にする。** 남의 평판에 신경을 쓰다.

行(い)**き方**(かた) 가는 방법
聞(き)**く** 묻다, 듣다
点滴(てんてき)**を打**(う)**つ** 링거를 맞다
様子(ようす) 상태, 상황, 형편
新(あたら)**しい** 새롭다, 새것이다

STEP 2

아이가 왕따 당하는 장면을 목격한 가정 교사는 아이의 아버지에게 말합니다.

家族ゲーム

A あのさ、息子さん、またいじめられてるかもよ。金貸してくれって。ゆすられてんじゃないかな。

B 誰に？

A さあ。確証はないけど。たぶん、そう。

B 본인한테 물어볼까요?

A 저기, 아드님 또 괴롭힘 당하고 있을지도 모르겠습니다. 돈 빌려 달라고 협박당하고 있는 건 아닌지.
B 누구한테요?
A 글쎄요. 확증은 없지만 아마 그런 것 같아요.
B 本人に聞いてみましょうか。

息子(むすこ) 아들
いじめられる 괴롭힘 당하다
貸(か)**す** 빌려주다
強請(ゆす)**る** 협박하여 금품을 빼앗다, 등치다
確証(かくしょう) 확증
本人(ほんにん) 본인

掃除をしてから出かけます。

청소를 하고 나서 나가겠습니다.

[동사 て형+てから] 형태는 '~하고 나서'라고 순서를 명확하게 밝힐 때 씁니다.

STEP 1

1. 우선 방 청소를 하고 나서 나가겠습니다.
   まず部屋の掃除をしてから出かけます。

2. 손을 씻고 나서 밥을 먹으세요.
   手を洗ってからご飯を食べてください。

3. 이 약은 밥을 먹고 나서 드세요.
   この薬はご飯を食べてから飲んでください。

4. 우선 학교 숙제를 하고 나서 놀아라.
   取りあえず学校の宿題をしてから遊びなさい。

5. 다나카 씨가 오고 나서 야마다 씨가 왔습니다.
   田中さんが来てから山田さんが来ました。

잠깐만요!

★ 우리는 '약을 먹다'라고 쓰지만, 일본어는 **たべる**(먹다)가 아니라 **のむ**(마시다) 동사를 써서 **薬を飲む**라고 말한다는 것을 기억하세요.

部屋(へや) 방
掃除(そうじ) 청소
出(で)**かける** 나가다, 외출하다
洗(あら)**う** 씻다
食(た)**べる** 먹다
学校(がっこう) 학교
宿題(しゅくだい) 숙제
遊(あそ)**ぶ** 놀다
来(く)**る** 오다

STEP 2

가정 교사가 집안에 감춰 두었던 몰래카메라를 찾으러 왔습니다.

家族ゲーム

A そんなとこにもあったのか。

B はい。全部で10個くらい。あ、お構いなく。すぐに終わりますんで。

A 君ねえ、警察に通報したっていいんだよ？

B 그런 것은 100만엔 돌려주고 나서 말씀하시겠어요?

A 그런 곳에도 있었던 거야!
B 네. 전부 10개 정도. 아, 신경 쓰지 마세요. 바로 끝날 테니까.
A 너 말이야, 경찰에 신고해도 되는 거지?
B **そういうことは100万円返してから言ってもらえます？**

잠깐만요!

★ **そんなとこ**는 **そんなところ**의 줄임말입니다. 약속 장소를 정할 때 항상 만나는 곳에서 만나자는 뜻으로, **いつものとこで**(항상 만나는 곳에서)도 자주 사용되는 표현입니다.

全部(ぜんぶ) 전부
お構(かま)**い無**(な)**し** 신경을 안 씀
終(お)**わる** 끝나다
警察(けいさつ) 경찰
通報(つうほう) 통보
返(かえ)**す** (빌린 것을) 돌려주다

064.mp3

雨が止んだ後で出かけましょう。

비가 그친 후에 나갑시다.

[**동사 た형+た後**(あと)**で**] 형태는 순서를 나타내는 표현으로 '~한 후에, ~한 다음'으로 해석합니다.

STEP 1

1. 비가 그친 후에 나갑시다.
   雨が止んだ後で出かけましょう。
2. 엄마가 들어온 후에 아빠가 왔어.
   母が帰った後で父が来たよ。
3. 우리 집을 나간 후에 그는 사고를 당했어.
   私の家を出た後で彼は事故にあった。
4. 충분히 준비 운동을 한 다음에 뛰세요.
   十分準備運動をした後で走って下さい。
5. 채용할지 어떨지는 면접을 한 후에 결정합시다.
   採用するかどうかは面接をした後で決めましょう。

잠깐만요!

★ **~てから**(Pattern 063)와 **~た後**(あと)**で**의 비교
거의 비슷한 뜻이지만, '이를 닦고 잠을 자는 것'처럼 당연한 순서로 취급되는 것들에는 **~てから**가 자연스럽습니다. **~た後**(あと)**で**는 앞뒤 관계를 객관적으로 말하는 경향이 있습니다.

○ **歯**(は)**をみがいてから寝**(ね)**なさい。**
× **歯**(は)**をみがいたあとで寝**(ね)**なさい。**

雨(あめ)**が止**(や)**む** 비가 그치다
事故(じこ) 사고
十分(じゅうぶん) 충분함
準備運動(じゅんびうんどう) 준비 운동
走(はし)**る** 달리다, 뛰다
採用(さいよう) 채용
面接(めんせつ) 면접
決(き)**める** 결정하다

STEP 2

남자가 자신의 여동생이 어릴 적에 살해당한 이야기를 아무렇지 않게 하자, 여자는 당황하면서 말합니다. **それでも、生きてゆく**

A 何なんですか。그런 이야기한 후에 밥을 잘도 먹네요!
B あ、すいません。
A 何で、会ったばかりの私に、そういう話するんですか。
B すいません。何か同じような目に遭ったことあるんじゃないかなって。

A 뭐예요? **あんな話とかした後で、よくご飯とか食べられますよね!**
B 아, 죄송해요.
A 왜 만난 지 얼마 되지도 않은 저에게 그런 이야기를 하는 건가요?
B 죄송합니다. 뭔가 비슷한 경험을 한 적인 있는 건 아닌가 해서.

話(はなし) 이야기, 말, 화제
ご飯(はん) 밥
食(た)**べる** 먹다
会(あ)**う** 만나다
同(おな)**じ** 같음, 동일함
~目(め)**に遭**(あ)**う**
~ 경험을 하다, ~ 꼴을 당하다

私も今来たところです。

저도 지금 막 왔어요.

[동사 た형+たところです](막 ~했습니다) 형태는 동작이나 사건 등이 끝난 직후라는 뜻을 나타냅니다.

STEP 1

1. 저도 지금 막 왔어요.
   私も今来たところです。
2. 지난달에 막 귀국했어요.
   先月帰国したところです。
3. 지금 일을 막 끝냈어요.
   今仕事を終えたところです。
4. 식사가 막 끝났어요.
   食事が終わったところです。
5. 사고에 대해 지금 막 들었어요.
   事故のことを今聞いたところです。

先月(せんげつ) 지난달
帰国(きこく) 귀국
終(お)**える** 끝내다
食事(しょくじ) 식사
終(お)**わる** 끝나다
事故(じこ) 사고
聞(き)**く** 듣다, 묻다

STEP 2

엄마는 딸이 아픈 것을 눈치채지 못했는데 이웃 아주머니가 병원에 데려갔다가 돌아왔습니다. Mother

A 아까 병원에서 돌아와서 막 잠들었어요. 大丈夫です。肺炎にはなっていませんから。
B はい、もう少し、様子を見てみます。
A はい。あと、保険証と、母子手帳は今持っていますか。
B 明日にでも、持っていきます。

A　**さっき、病院から帰ってきて寝たところです。** 괜찮아요. 폐렴까지는 아닌 것 같으니까요.
B　네. 조금 더 상태를 지켜볼게요.
A　네. 그리고 보험증이랑 모자보건수첩은 지금 가지고 있나요?
B　내일이라도 가지고 가겠습니다.

잠깐만요!

★ 내과 진료를 받는 증상
アレルギー 알레르기
胃炎(いえん) 위염
インフルエンザ 인플루엔자
風邪(かぜ) 감기
高血圧(こうけつあつ) 고혈압
食(しょく)**あたり** 식중독
頭痛(ずつう) 두통
喘息(ぜんそく) 천식
腹痛(ふくつう) 복통

病院(びょういん) 병원
肺炎(はいえん) 폐렴
様子(ようす) 모습, 상태, 상황
保険証(ほけんしょう) 보험증
母子手帖(ぼしてちょう) 모자보건수첩, 산모수첩

066.mp3

本を読んでいるところなんだ。

책을 읽고 있는 중이야.

[동사 **て형+ているところ**](~하고 있는 중)는 동작이나 작용이 계속되고 있음을 나타내는 표현입니다. **なんだ**는 '~인 것이다'라는 강조의 뜻으로 쓰는 말입니다.

STEP 1

1. 나는 책을 읽고 있는 중이야.
   私は本を読んでいるところなんだ。
2. 회사에 가고 있는 중이야.
   会社に行っているところなんだ。
3. 아빠는 지금 목욕을 하고 있는 중이야.
   父は今お風呂に入っているところなんだ。
4. 지금 점심을 먹고 있는 중이야.
   今、昼ご飯を食べているところなんだ。
5. 세탁기를 수리하고 있는 중이야.
   洗濯機を修理しているところなんだ。

잠깐만요!

★ **~ているところだ**는 **死(し)ぬ**와 같이 변화가 순간적이고 시간 간격이 없는 동사에는 사용할 수 없습니다.

× **ゴキブリが死んでいるところだ。**
○ **ゴキブリが死んでいる。**
바퀴벌레가 죽어 있다.

読(よ)**む** 읽다
父(ちち) 아빠
お風呂(ふろ)**に入**(はい)**る** 목욕을 하다
昼(ひる)**ご飯**(はん) 점심밥
洗濯機(せんたくき) 세탁기
修理(しゅうり) 수리

STEP 2

늘 휴가의 뒤에서 이인자 역할을 하는 남자가 동생으로부터 '넘버 투'라는 말을 듣고 허무해합니다.　**リッチマン、プアウーマン**

A 日向さんも煮詰まってたけど、何かすごい仕事？
B ああ。彼の真の実力をね、世間に見せつける。
나는 그 무대를 준비하고 있는 중이야.
A お兄ちゃんはホントよくできたナンバー２ね。
B はぁ…よくできた、ナンバー２か。

A　휴가 씨도 안 좋아 보이던데, 뭔가 대단한 일이라도 하나봐?
B　응. 그의 진정한 실력을 말이야, 세상에 보란 듯이 보일거야.
俺はそのステージを用意しているところなんだ。
A　오빠는 정말 뛰어난 넘버 투네.
B　헉 ~ 정말 뛰어난 넘버 투라고.

煮詰(につ)**まる** ①(음식이) 바짝 졸아들다 ②(비유적으로) 의견이 좁혀지다
実力(じつりょく) 실력
世間(せけん) 세상, 사회
見(み)**せつける** 보란 듯이 보이다
用意(ようい) 준비, 채비

067.mp3

危うく衝突するところでした。

하마터면 충돌할 뻔했어요.

앞에 危(あや)うく를 동반하여 [**동사 기본형+ところでした**] 형태로 쓰면 '하마터면 ~할 뻔했어요'의 뜻을 나타냅니다.

STEP 1

1. 하마터면 충돌할 뻔했어요.
   危うく**衝突する**ところでした。
2. 하마터면 죽을 뻔했어요.
   危うく**死ぬ**ところでした。
3. 하마터면 들킬 뻔했어요.
   危うく**ばれちゃう**ところでした。
4. 하마터면 기차 출발 시간에 늦을 뻔했어요.
   危うく**汽車の出発時間に遅れる**ところでした。
5. 하마터면 중요한 회의에 늦을 뻔했어요.
   危うく**重要な会議に遅くなる**ところでした。

잠깐만요!

★ 동사 어간만 반복해서 명사로 쓰는 어휘

ばれる 들통나다	→	**ばればれ** 다 들통남
見(み)える 보이다	→	**みえみえ** 훤히 다 보임
もてる 이성에게 인기 있다	→	**もてもて** 엄청 인기 있음

危(あや)うく 하마터면
衝突(しょうとつ) 충돌
死(し)ぬ 죽다
ばれる 들통나다, 발각되다
汽車(きしゃ) 기차
出発(しゅっぱつ) 출발
時間(じかん) 시간
遅(おく)れる 늦다, 지각하다
重要(じゅうよう) 중요함
会議(かいぎ) 회의
遅(おそ)い 늦다, 느리다

STEP 2

가정 교사는 자신의 과거에 대해 말한 사람을 찾아가 불만을 말합니다.

家族ゲーム

A 困りますよ。あんなことされたら。

B 何の話ですか。

A 하마터면 가정 교사 잘릴 뻔했어요.

B 何のことだかさっぱり…。

A 곤란합니다. 그런 행동을 하시면.
B 무슨 이야기예요?
A **危うく家庭教師クビになるところでした。**
B 무슨 말인지 도무지 ….

困(こま)る 곤란하다
家庭教師(かていきょうし) 가정 교사
さっぱり 도무지, 전혀, 완전히

雨が降ってきましたよ。

비가 내리기 시작했어요.

[동사 て형+てきました](~해왔어요) 형태는 '동작이나 착용의 변화', '현재 기준으로 해서 과거에서 지금까지 변화해 온 것', '지각 정보의 도착' 등 용법은 다양하고 일본 특유의 표현입니다. '~해왔어요, ~해왔습니다'로 직역하면 어색한 경우도 있으므로 상황에 맞게 해석하세요.

STEP 1

1. 비가 내리기 시작했어요.
   雨が降ってきましたよ。

2. 그녀는 왠지 최근 상당히 예뻐졌어요.
   彼女はなんか最近結構きれいになってきましたよ。

3. 절에서 종소리가 들려 왔어요.
   お寺から鐘の音が聞こえてきましたよ。

4. 옆집에서 이상한 냄새가 나기 시작했어요.
   隣の家から変なにおいがしてきましたよ。

5. 생일 선물로 와인을 가지고 왔어요.
   誕生日のプレゼントでワインを持ってきましたよ。

잠깐만요!

★ 회화체에서 **~とくる**는 감각이나 감정을 나타냅니다.

ぐッとくる 감동하다
ジーンとくる 찡하다
カッとくる 화가 나다, 열 받다
ピンとくる 직감으로 알아채다

最近(さいきん) 최근
結構(けっこう) 상당히, 꽤
お寺(てら) 절
鐘(かね) 종, 종소리
聞(き)**こえる** 들리다
隣(となり) 옆, 곁, 이웃
変(へん) 보통과 다름, 이상함
誕生日(たんじょうび) 생일

STEP 2

가정 교사가 아버지에게 "아이에게 여자 친구가 생겼다."고 말하는 걸 어머니가 들었습니다.

家族ゲーム

A 今の話、本当ですか。茂之がデートするって。

B 聞こえてたんですか。お母さんも意地悪いな～。

A 今受験生なのにだめでしょう。

B 息子さんをちゃんと見てあげてください。상당히 얼굴이 좋아졌어요.

A 지금 이야기 정말인가요? 시게유키가 데이트한다고.
B 들렸나요? 어머님도 짓궂으시네요.
A 이제 곧 수험생인데 안 돼요.
B 아드님을 제대로 봐 보세요. **結構、いい顔になってきましたよ。**

意地悪(いじわる)**い** 심술궂다
受験生(じゅけんせい) 수험생
息子(むすこ) 아들

069.mp3

ぱくぱくと食べていきました。

덥석덥석 먹었습니다.

[동사 て형+ていきました](~해갔어요) 형태는 시간에 따라 점점 변화해 가거나 공간이나 거리상 변화로 기준점에서 멀어져 가는 것을 나타낼 때 씁니다. '~해갔어요, ~해갔습니다'로 직역하면 어색한 경우도 있으므로 상황에 맞게 해석하세요.

STEP 1

1. 그는 케이크를 덥석덥석 먹었습니다.
   彼はケーキをぱくぱくと食べていきました。
2. 이 마을의 인구는 폭발적으로 늘어갔습니다.
   この町の人口は爆発的に増えていきました。
3. 그녀는 다이어트를 시작하고 나서 예뻐졌습니다.
   彼女はダイエットを始めてからきれいになっていきました。
4. 친구 집에 와인을 사 갔습니다.
   友達の家にワインを買っていきました。
5. 급했기 때문에 역까지 뛰어갔습니다.
   急いでいたんで駅まで走っていきました。

STEP 2

성형 사실을 숨기고 결혼한 여자가 남편에게 이혼 소송을 당했지만, 여자는 이혼을 바라지 않습니다. **リーガル・ハイ 2**

A 그렇지만 그가 좋아졌습니다.
B じゃあ、ご主人との結婚生活はどうでしたか。
A 人生で一番、幸せでした。
B 今もお気持ちは？

A **だけど、彼のことが好きになっていきました。**
B 그럼 남편분과의 결혼 생활은 어땠습니까?
A 인생에서 가장 행복했어요.
B 지금도 그 마음은?

잠깐만요!

★ 일본의 대표적인 **デザート** 종류

プリン 푸딩
鯛焼(たいや)き (일본식) 붕어빵
ワラビ餅(もち) 와라비 모찌(떡의 종류)
大福餅(だいふくもち) 찹쌀떡
どら焼(や)き 도라야키(납작하고 동그랗게 구운 두 개의 빵 사이에 소를 넣은 간식)
あんみつ 안미쓰(삶은 완두콩에 팥을 얹은 후식)
ティラミス・ロールケーキ 티라미수 롤케이크

町(まち) 마을
人口(じんこう) 인구
爆発的(ばくはつてき) 폭발적
増(ふ)える 늘다, 증가하다
始(はじ)める 시작하다
急(いそ)ぐ 서두르다
駅(えき) 역
走(はし)る 뛰다, 달리다

好(す)き 좋아함
ご主人(しゅじん) (남의) 남편
結婚(けっこん) 결혼
生活(せいかつ) 생활
人生(じんせい) 인생
一番(いちばん) 가장, 제일
幸(しあわ)せ 행복, 행운

070.mp3

一時間も話し続けているよ。

한 시간이나 계속 이야기하고 있어.

[동사 ます형+続(つづ)けている]는 어떠한 동작을 계속하고 있을 때 쓰는 표현입니다.

STEP 1

1. 저 사람은 한 시간이나 계속 이야기하고 있어.
あの人は一時間も話し続けているよ。

2. 개는 계속 구멍을 파고 있어.
犬はずっと穴を掘り続けているよ。

3. 전화벨이 계속 울리고 있어.
電話のベルが鳴り続けているよ。

4. 그는 자신을 계속 탓하고 있어.
彼は自分を責め続けているよ。

5. 헤어졌는데 계속 그를 생각하고 있어.
別れたのにずっと彼のことを思い続けているよ。

잠깐만요!

★ 穴(あな)의 용법

- (뚫린) 구멍
靴下(くつした)に穴があく。
양말에 구멍이 나다.
- 빈자리, 공백
チームの穴を埋(う)める。
팀의 빈자리를 채우다.
- (금전적) 결손, 손실, 구멍
家計(かけい)に穴があく。
가계에 구멍이 나다.

話(はな)す 이야기하다
犬(いぬ) 개
穴(あな) 구멍
掘(ほ)る 파다
電話(でんわ) 전화
鳴(な)る 소리가 나다, 울리다
責(せ)める 꾸짖다, 비난하다
別(わか)れる 헤어지다

STEP 2

여자는 살해를 저지른 오빠에게 "뉘우치고 사죄하라."고 말합니다.

それでも、生きてゆく

A 何でお兄ちゃんが反省するんだ？

B 悲しんでる人たちがいるんだよ！15년간 매일매일 계속 슬퍼하고 있어!

A 亜季ちゃんは天国に行ったんだ。

B 悲しくて悲しくて、泣きすぎて涙もでなくなった人たちがいるんだよ!

A 왜 오빠가 반성을 해?
B 슬퍼하는 사람들이 있다고! **15年間毎日毎日悲しみ続けているよ！**
A 아키는 천국에 간 거야.
B 슬프고 슬퍼서 너무 울어서 눈물도 나오지 않는 사람들이 있다고!

反省(はんせい) 반성
悲(かな)しむ 슬퍼하다
毎日(まいにち) 매일
天国(てんごく) 천국
悲(かな)しい 슬프다
泣(な)く 울다
涙(なみだ) 눈물

夏休みの間に日本に行ってきた。

여름 방학 동안에 일본에 다녀왔어.

間(あいだ)**に**(~동안에)는 어느 시점, 그 시간이 끝나기 전에 이루어지는 것을 나타내는 표현입니다.

STEP 1

1. 여름 방학 동안에 일본에 다녀왔어.
   夏休みの間に日本に行ってきた。
2. 어젯밤 자고 있는 동안에 지진이 나서 깜짝 놀랐어.
   昨夜寝てる間に地震があってびっくりした。
3. 알았어. 사흘 동안에 완성할게.
   分かったよ。三日の間に完成するから。
4. 그녀를 기다리고 있는 동안에 해가 저물었다.
   彼女を待ってる間に日が暮れた。
5. 네가 나가 있는 동안에 그녀에게 전화가 왔었어.
   あんたが出かけてる間に彼女から電話があったよ。

잠깐만요!

★ **間**(あいだ)**に**와 **間**(あいだ)의 차이
간단하게 말하면 **間に**는 '1회성', **間**는 '지속성'을 나타냅니다.

- **夏休みの間に**
  '여름 방학 기간 내내'가 아니라 '(기간 중) 어느 날'이라는 뜻입니다.
- **夏休みの間**
  '여름 방학 기간 내내' 이루어지는 것을 나타냅니다.

夏休(なつやす)**み** 여름 방학
日本(にほん) 일본
昨夜(さくや・ゆうべ) 어젯밤
地震(じしん) 지진
完成(かんせい) 완성
日(ひ)**が暮**(く)**れる** 날이 저물다
電話(でんわ) 전화

STEP 2

또다시 범죄를 저질러 경찰에 쫓기다가 십년 만에 집에 돌아온 남자는 태연하게 저녁밥을 달라고 합니다. **それでも、生きてゆく**

A あ…晩ご飯何にしようか。あ、灯里、なにか買ってきてくれる？
B あるもんでいいよ。外出たらその子、裏切るかもしれないし。
A あなたの妹よ。
B 내가 소년원에 들어가 있는 동안에 태어난 애죠?

A 아 … 저녁밥 뭘로 할까? 아, 아카리, 뭔가 사 올래?
B 있는 걸로 됐어요. 밖에 나가면 쟤가 배신할지도 모르고.
A 네 여동생이야.
B **僕が少年院に入れられてる間に生まれた子でしょ？**

晩御飯(ばんごはん) 저녁밥
買(か)**う** 사다
外(そと) 밖, 바깥, 외부
出(で)**る** 나가다, 나오다
裏切(うらぎ)**る** 배신하다
妹(いもうと) 여동생
少年院(しょうねんいん) 소년원
生(う)**まれる** 태어나다

雨が降らないうちに帰ろう。

비가 내리기 전에 돌아가자.

~うちには '~하는 동안에, ~일 때'의 뜻이고, **~ないうちに** 형태로 쓰면 '~하기 전에'라는 뜻을 나타냅니다. 두 가지 모두 뒤에는 다음 행동을 독촉하거나 제안하는 내용이 나옵니다. 자주 쓰는 관용 표현으로는 知(し)らず知らずのうちに(나도 모르게)가 있습니다.

STEP 1

1. 비가 내리기 전에 집에 돌아가자.
   雨が降らないうちに家に帰ろう。
2. 식기 전에 드세요.
   冷めないうちに召し上がってください。
3. 잊기 전에 메모해 둬.
   忘れないうちにメモして置いてね。
4. 어두워지기 전에 갑시다.
   暗くならないうちに帰りましょう。
5. 선생님이 오기 전에 도시락을 먹어 버리자.
   先生が来ないうちにお弁当を食べてしまおう。

잠깐만요!

★ **~うちに**(~하는 동안에)의 용법

手紙(てがみ)を読(よ)んでいるうちに 편지를 읽는 동안에
食事(しょくじ)のうちに 식사를 하는 동안에
若(わか)いうちに 젊을 동안에
両親(りょうしん)が元気(げんき)なうちに 부모님이 건강할 동안에

雨(あめ) 비
降(ふ)る (비 · 눈 등이) 내리다
冷(さ)める 식다
召(め)し上(あ)がる 드시다, 잡수시다
忘(わす)れる 잊어버리다
置(お)く 놓다, 두다
暗(くら)い 어둡다
お弁当(べんとう) 도시락

STEP 2

여자는 친구에게 자신이 좋아하는 남자가 친한 친구한테 배신 당한 이야기를 돌려서 말합니다.

リッチマン、プアウーマン

A でもさ。
B また？今度は何？
A もしね、信頼してる人が、急に自分に対する態度変えたら、つらいよね？
B そうね。그렇지만 그건 아마도 자신도 모르게 상대에게 상처 주는 거야.

A 근데 말이야.
B 또? 이번엔 뭐야?
A 만약에 신뢰하는 사람이 갑자기 자신을 대하는 태도를 바꾸면 괴롭겠지?
B 그렇지. **でもそれは多分、こっちが気づかないうちに、相手を傷付けてんのよ。**

今度(こんど) 이번, 금번
信頼(しんらい) 신뢰
急(きゅう)に 갑자기
態度(たいど) 태도
変(か)える 바꾸다
多分(たぶん) 아마
気(き)づく 눈치채다, 깨닫다
相手(あいて) 상대
傷付(きずつ)ける 상처를 입히다

073.mp3

食べる前に手を洗いなさい。

먹기 전에 손을 씻어라.

[동사 기본형+前(まえ)に]는 '~하기 전에'라는 뜻으로, '~하기 전에 ~하다, ~하기 전에 ~해라'라는 표현에 사용합니다. 주의할 점은 과거의 내용을 말할 때도 기본형에 붙이는 것입니다.

STEP 1

1. 먹기 전에 손을 씻어라.
   食べる前に手を洗いなさい。
2. 그가 방에 돌아오기 전에 그녀는 갔어.
   彼が部屋に戻る前に彼女は帰ったよ。
3. 저 녀석이 오기 전에 딸기를 먹어 버리자.
   あいつが来る前にいちごを食べてしまおう。
4. 어두워지기 전에 들어와라.
   暗くなる前に帰ってきなさい。
5. 자기 전에 이를 닦아야지.
   寝る前に歯を磨かなきゃね。

잠깐만요!

★ **前(まえ)に** 앞에 과거의 내용을 말할 때도 기본형에 붙입니다.

去年(きょねん)日本(にほん)に行(い)く前に日本語(にほんご)の勉強(べんきょう)を少(すこ)ししました。 작년 일본에 가기 전에 일본어 공부를 조금 했습니다.

★ **~ないうちに**(Pattern 072)와 **~まえに**의 비교

子供(こども)が目(め)を覚(さ)まさないうちに洗濯(せんたく)をした。 아이가 잠에서 깨기 전에 빨래를 했다.
子供が目を覚ます前に洗濯をした。 아이가 잠에서 깨기 전에 빨래를 했다.
둘 다 '~하기 전에'라는 뜻이지만, **~ないうちに**를 쓸 경우는 아이가 깨어 있으면 세탁을 할 수 없으니 깨기 전에 하자는 뉘앙스가 있습니다.

手(て)を洗(あら)う 손을 씻다
部屋(へや) 방
戻(もど)る 되돌아가다, 되돌아오다
暗(くら)い 어둡다
歯(は)を磨(みが)く 이를 닦다

STEP 2

친구의 생일 파티에 간 아이는 그 집에 있는 고급 피아노를 보면서 행복했던 옛날을 떠올립니다.

明日、ママがいない

A 何それ。お値が張る感じ～？
B 압류되기 전에 우리 집에 있던 피아노.
A あんたも弾かせていただいたら？
B いい。思い出すから。

A 그거 뭐야. 값이 나가는 느낌인데?
B **差し押さえになる前にうちの家にあったピアノ。**
A 너도 치게 해 달라고 해봐.
B 됐어. 옛날 생각나니깐.

値(ね)が張(は)る 값이 비싸다
感(かん)じ 기분, 분위기
差(さ)し押(おさ)え 압류
弾(ひ)く (악기를) 켜다, 연주하다
思(おも)い出(だ)す 생각나다

PATTERN 074

074.mp3

本を読みながらご飯を食べる。

책을 읽으면서 밥을 먹는다.

[동사 ます형+ながら](~하면서) 형태로 써서 한 번에 두 가지 동작을 동시에 하는 상황을 나타냅니다. 동시에 하긴 하지만 앞에 오는 동작이 주동작이라는 뉘앙스도 있습니다.

STEP 1

1. 나는 항상 책을 읽으면서 밥을 먹는다.
   私はいつも本を読みながらご飯を食べる。
2. 엄마는 다림질을 하면서 TV를 보고 있어.
   母はアイロンをかけながらテレビを見てる。
3. 사전을 찾으면서 영어를 읽는 것은 피곤하네.
   辞書を引きながら英語を読むのは疲れるね。
4. 주말은 맥주를 마시면서 푹 쉬고 싶어.
   週末はビールを飲みながらゆっくり休みたい。
5. 길에서 휴대폰을 하면서 걷는 것은 하면 안 돼.
   道でケータイをしながら歩くのはやめなさい。

잠깐만요!

★ 引(ひ)く의 자동사 용법

- 빠지다
  水(みず)がひく。 물이 빠지다.
- (열 · 부기가) 내리다, 가라앉다
  熱(ねつ)がひく。 열이 내리다.
- 뜸해지다
  客足(きゃくあし)がひく。
  손님의 발길이 뜸해지다.
- 뒤로 물러나다, 물러서다
  敵(てき)が急(きゅう)にひいた。
  적이 갑자기 후퇴하다.
  (참고) **退(ひ)く**로도 씁니다.

アイロンをかける 다림질을 하다
辞書(じしょ)を引(ひ)く 사전을 찾다
疲(つか)れる 피곤하다
週末(しゅうまつ) 주말
ゆっくり 푹, 충분히, 천천히
休(やす)む 쉬다
道(みち) 길
歩(ある)く 걷다

STEP 2

변호사가 어떤 남자가 매번 자신이 지나갈 때마다 창 너머로 윙크를 하면서 추행한다고 주장하는 여자와 이야기하고 있습니다. **リーガル・ハイ 2**

A 불쾌하게 윙크하면서, 제 쪽으로 왔어요.

B 彼はカーテンを閉めようとしただけですよ。

A 確かにあれはウインクです。

B 失礼ですが、男性経験はおありですか。

A **いやらしくウインクしながら、私の方に向かってきたんです。**
B 그는 커튼을 치려고 했을 뿐입니다.
A 틀림없이 그것은 윙크예요.
B 실례되는 말씀입니다만, 남성 경험은 있으신가요?

いやらしい 불쾌하다
向(む)かう 향하다, 그쪽으로 돌리다
閉(し)める 닫다
確(たし)か 확실함, 틀림없음
失礼(しつれい) 실례
男性(だんせい) 남성
経験(けいけん) 경험

{ 변화를 나타내는 표현 }

회의실에서 하게 될 거예요

～ことにする와 ～ことになる가 좀 혼동되는 경우가 있는데요. 둘 다 '상태 변화'를 나타내는 표현이에요. 차이를 살펴보면 ～ことにする는 본인의 의지로 결정을 내리는 것을 말하며 '～하기로 하다, ～할 거예요'라고 해석하는 반면, ～ことになる는 외부의 영향으로 어떠한 일이 결정된 것을 나타내 '～하게 되다'라고 해석하면 자연스러워요. 예를 들어 パリに行(い)くことにしました。와 パリに行くことになりました。양쪽 다 파리를 가는 것이지만, 그 안에는 좀 다른 해석이 가능해요.

| 패턴미리보기 |

PATTERN 075 もうすっかり春になってますね。

PATTERN 076 会議室で行うことになります。

PATTERN 077 水泳ができるようになりたいです。

PATTERN 075

もうすっかり春になってますね。

벌써 완전히 봄이 되었네요.

075.mp3

~になる(~이 되다, ~해지다)에 종조사 ね를 붙여 부드러운 회화체로 쓰이는 표현으로, **~になってますね**(~이 되었다, ~해졌다)는 이전과 달라진 상태의 변화를 나타냅니다.

STEP 1

1. 벌써 완전히 봄이 되었네요.
   もうすっかり春になってますね。
2. 아드님이 훌륭한 의사가 되었네요.
   息子さんが立派な医者になってますね。
3. 방이 깨끗해졌네요.
   部屋がきれいになってますね。
4. 아까보다 가게가 조용해졌네요.
   さっきより店が静かになってますね。
5. 이 마을은 전보다 번화해졌네요.
   この町は前よりにぎやかになってますね。

잠깐만요!

★ 여러 가지 직업의 종류

外交官(がいこうかん) 외교관
軍人(ぐんじん) 군인
公務員(こうむいん) 공무원
コック 요리사
獣医(じゅうい) 수의사
消防士(しょうぼうし) 소방관
通訳者(つうやくしゃ) 통역사
農夫(のうふ) 농부
弁護士(べんごし) 변호사
漁師(りょうし) 어부

春(はる) 봄
息子(むすこ) 아들
立派(りっぱ) 훌륭함, 뛰어남
医者(いしゃ) 의사
部屋(へや) 방
静(しず)**か** 조용함
町(まち) 시가지, 마을
賑(にぎ)**やか** 번화함

STEP 2

사고 당시의 현장에 다시 가 본 두 사람이 변해 버린 모습에 아쉬움을 나타내고 있습니다.

それでも、生きてゆく

A 여기는 이미 공터가 되었네요.
B 事件から結構経ちましたから。
A もう何年もこんな感じみたいっすね。
B もういいんで、帰りましょうか。

A **ここはすでに空き地になってますね。**
B 사건 이후로 상당히 시간이 흘렀으니까요.
A 이미 몇 년이나 이런 상태인 것 같네요.
B 이제 됐으니 돌아가죠.

空(あ)**き地**(ち) 공터, 빈터
事件(じけん) 사건
結構(けっこう) 상당히, 꽤
経(た)**つ** (시간 · 세월이) 경과하다
感(かん)**じ** 느낌, 분위기, 인상

会議室で行うことになります。

회의실에서 하게 될 거예요.

[동사 보통체+ことになります](~하게 됩니다)는 자신의 의지와 상관없이 외부의 상황, 사정 때문에 그렇게 결정되었다는 뜻을 나타냅니다.

STEP 1

1. 회의는 6층 회의실에서 하게 될 거예요.
   会議は６階の会議室で行うことになります。
2. 다음 주에 출장으로 오사카에 가게 될 거예요.
   来週、出張で大阪に行くことになります。
3. 4월부터 일본 회사에서 일하게 될 거예요.
   四月から日本の会社で働くことになります。
4. 다음 달부터 도쿄 본사에 가게 될 거예요.
   来月から東京本社に行くことになります。
5. 앞으로 이 맨션에서 애완동물을 기를 수 없게 될 거예요.
   これからこのマンションでペットを飼えないことになります。

STEP 2

신세를 지고 있던 아주머니가 여자와 아이의 사정을 알게 되자 여자는 아이를 데리고 또 도망치려 합니다.

Mother

A もしこの先、どこかで捕まっても、絶対にあなたのことは言いません。

B 待って。やけになっちゃ駄目。まだ何か出来ることがあるはずよ。

A 이러다가 엄마나 여동생들까지 말려들게 될 거예요.

B 駄目よ。逃げてるだけじゃどこにも行けないの。

A　만약 앞으로 어딘가에서 붙잡혀도 절대 당신에 대해선 말하지 않을게요.
B　기다려. 분별없이 행동하면 안 돼. 아직 뭔가 할 수 있는 게 있을 거야.
A　**このままだと、母や妹たちまで巻き込んでしまうことになります。**
B　안 돼. 도망가기만 하면 어디에도 갈 수 없는 거야.

잠깐만요!

★ **～ことになる**(~하게 되다)의 용법

日本(にほん)**に出張**(しゅっちょう)**することになりました。**
일본으로 출장 가게 됐습니다.

すみません。こちらでタバコは吸(す)**えないことになっています。** 죄송합니다. 여기서는 담배를 피울 수 없게 되어 있습니다.

(참고) 예외적으로 자신의 의지로 결정한 일이어도 다음과 같이 **～ことになる**로 표현하는 경우도 있습니다.

今度(こんど)**、洋子**(ようこ)**さんと結婚**(けっこん)**することになりました。** 이번에 요코 씨와 결혼하게 됐습니다.

行(おこな)**う** 실시하다, 실행하다
会議室(かいぎしつ) 회의실
来週(らいしゅう) 다음 주
出張(しゅっちょう) 출장
四月(しがつ) 4월
働(はたら)**く** 일하다
来月(らいげつ) 다음 달
本社(ほんしゃ) 본사
飼(か)**う** (동물을) 기르다, 사육하다

この先(さき) 금후, 장차, 앞으로
捕(つか)**まる** 체포되다, 붙잡히다
絶対(ぜったい) 절대
やけになる 자포자기하다
駄目(だめ) 해서는 안 됨, 불가함
巻(ま)**き込**(こ)**む** 휘말리다
逃(に)**げる** 도망가다

水泳ができるようになりたいです。

수영을 배우고 싶어요.

[명사+ができるようになりたいです] 형태는 어떠한 행위가 가능하도록 바라는 마음을 나타냅니다. できる(할 수 있다)는 する(하다)의 가능형인데, 다른 동사들도 [동사 가능형+ようになりたいです]로 쓸 수 있습니다.

STEP 1

1. 수영을 배우고 싶어요.
   水泳ができるようになりたいです。
2. 요리를 배우고 싶어요.
   料理ができるようになりたいです。
3. 운전을 배우고 싶어요.
   運転ができるようになりたいです。
4. 공부를 잘하고 싶어요.
   勉強ができるようになりたいです。
5. 일본어를 잘할 수 있게 되고 싶어요.
   日本語ができるようになりたいです。

잠깐만요!

★ **~できる**는 '할 수 있다'는 가능 표현 이외에도 여러 뜻으로 씁니다.

- 생기다, 나다
  日本人(にほんじん)**の友達**(ともだち)**ができる。**
  일본인 친구가 생기다.
- 완성되다, 다 되다
  宿題(しゅくだい)**ができた。**
  숙제가 다 됐다.
- 잘하다, 할 줄 알다
  勉強(べんきょう)**ができる子**(こ)
  공부를 잘하는 아이
- 만들어지다
  木(き)**でできた机**(つくえ)
  나무로 된 책상

水泳(すいえい) 수영
料理(りょうり) 요리
運転(うんてん) 운전
勉強(べんきょう) 공부
日本語(にほんご) 일본어

STEP 2

여자는 사장에게 뭐든 도움이 되는 일을 하고 싶다고 말합니다.

リッチマン、プアウーマン

A だから社長が大変な時、何でも言ってください。

B ハハ。何を急に。

A 일도 아직 너무 많이 부족하고, 더 일을 잘하고 싶어요.

B 意気込みは認めるが、僕のやるべきことに、お前に任せられるものがあるとは思えない。

A 그러니까 사장님이 힘들 때 뭐든 말해 주세요.
B 허허. 왜 갑자기.
A 仕事もまだいっぱいいっぱいだし、もっと仕事ができるようになりたいです。
B 의욕은 알겠지만, 내가 해야 할 업무 중에 너에게 맡길 수 있는 게 있을 것 같지 않아.

社長(しゃちょう) 사장님
大変(たいへん) 힘듦, 고생스러움
急(きゅう) 갑작스러움, 느닷없음
仕事(しごと) 일, 업무
意気込(いきご)**み** 기세, 의욕, 패기
認(みと)**める** 인정하다
任(まか)**せる** 맡기다

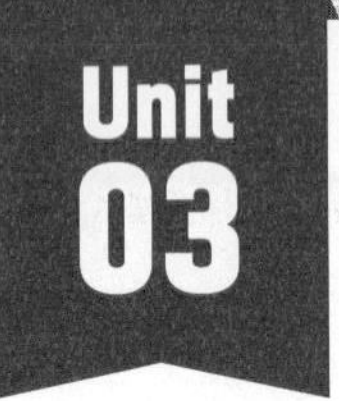

음성 강의 & 예문 듣기

{ 가능을 나타내는 표현 }

3개 국어를 말할 수 있어

가능형 표현은 흔히 '~할 수 있다' 형태로 해석하지만, '일드' 등 회화체에서는 상황에 맞게 좀 더 의역을 하면 자연스러운 경우가 있어요. 첫 번째는 사람 등의 현재 실현하고 있는 능력을 나타내는 경우예요. 一晩(ひとばん)かかってレポートがやっと書(か)けた。에서는 직역하면 "하룻밤 걸려서 보고서를 겨우 쓸 수 있었다."이지만, 결국은 "하룻밤 걸려서 보고서를 겨우 다 썼다."라는 뜻입니다. 두 번째는 동작의 가능성을 나타내는 동시에 말하는 사람이 속성을 판단하는 경우예요. 예를 들면 この酒(さけ)は飲(の)める。를 직역하면 "이 술은 마실 수 있어."지만, 그 말에는 "이 술은 맛있어."라는 평가도 포함되어 있다는 거예요. 일본어는 알면 알수록 재미있는 언어죠!

| 패턴미리보기 |

PATTERN 078 辛い料理が食べれないですか。

PATTERN 079 3か国語を話すことができる。

078.mp3

辛い料理が食べれないですか。

매운 요리를 먹을 수 없나요?

食(た)べる의 가능형 食べられる에 부정형이 붙으면 食べられないですか 형태로 씁니다. 다만, 회화체에서는 ~られないですか에서 ~ら를 빼고 **~れないですか**로 쓰는 경우가 많습니다.

STEP 1

1. 매운 요리를 먹을 수 없나요?
   辛い料理が食べれないですか。
2. 회사가 바빠서 올 수 없나요?
   会社が忙しくて来れないですか。
3. 이 영화는 미성년자는 볼 수 없나요?
   この映画は未成年者は見れないですか。
4. 아침 일찍 일어날 수 없나요?
   朝早く起きれないですか。
5. 이 나무 열매는 먹을 수 없나요?
   この木の実は食べれないですか。

잠깐만요!

★ 동사 1그룹의 가능 부정형

行(い)く → 行けない
飲(の)む → 飲めない
遊(あそ)ぶ → 遊べない
帰(かえ)る → 帰れない
書(か)く → 書けない
会(あ)う → 会えない
乗(の)る → 乗れない

(참고) **する**(하다)의 가능 부정은 **できない**(할 수 없다)입니다.

辛(から)**い** 맵다
料理(りょうり) 요리
会社(かいしゃ) 회사
忙(いそが)**しい** 바쁘다
来(こ)**られる** 올 수 있다
映画(えいが) 영화
未成年者(みせいねんしゃ) 미성년자
見(み)**る** 보다
朝早(あさはや)**く** 아침 일찍
起(お)**きる** 일어나다, 기상하다
木(き)**の実**(み) 나무 열매

STEP 2

남자는 주식으로 돈을 왕창 잃은 여자에게 돈을 더 빌려 보라고 말합니다.

家族ゲーム

A 남편분 회사에서 빌릴 수 없나요?
B 多分無理です。前に不祥事を起してるので。
A だったらご実家に頼るしかないんじゃないですか。
B それも、無理です。

A **ご主人の会社から借りれないですか。**
B 아마 무리일 거예요. 전에 불상사를 일으켜서.
A 그러면 친정에 부탁하는 수밖에 없지 않아요?
B 그것도 무리예요.

ご主人(しゅじん) (남의) 남편
借(か)**りる** 빌리다
多分(たぶん) 아마
無理(むり) 무리
不祥事(ふしょうじ) 불상사
起(おこ)**す** 일으키다
実家(じっか) 본가, 친정
頼(たよ)**る** 믿다, 의지하다

3か国語を話すことができる。

3개 국어를 말할 수 있어.

[동사 기본형+ことができる](~을 할 수 있다)는 '가능'의 뜻을 나타냅니다. 동사 자체를 활용시켜 만드는 가능형과 뜻은 거의 같습니다.

STEP 1

1. 다나카 씨는 3개 국어를 말할 수 있어.
   田中さんは３か国語を話すことができる。

2. 그는 영어로 편지를 쓸 수 있어.
   彼は英語で手紙を書くことができる。

3. 나는 자전거를 탈 수 있어.
   私は自転車に乗ることができる。

4. 스무 살이 되었으니까 앞으로는 술을 마실 수 있어.
   二十歳になったんでこれからはお酒を飲むことができる。

5. 이제는 혼자서 갈 수 있어.
   もう一人で行くことができる。

잠깐만요!

★ 手를 て로 읽는 어휘

手紙(てがみ) 편지
手帳(てちょう) 수첩
手柄(てがら) 공적, 공훈, 공로
手軽(てがる) 간편함, 손쉬움
手頃(てごろ) (자기 능력, 조건에) 걸맞음, 어울림

国語(こくご) 국어
話(はな)**す** 이야기하다
英語(えいご) 영어
手紙(てがみ) 편지
書(か)**く** 쓰다
自転車(じてんしゃ) 자전거
乗(の)**る** 타다
二十歳(はたち) 스무 살, 20세

STEP 2

엄마에게 버림받은 것을 깨달은 아이가 통곡하며 울자 같은 처지의 친구가 강하게 말합니다. **明日、ママがいない**

A ママ～！ヤダよ～！何で？ママ～！
B ザマ～みろ。こんなことなんてしても何ひとつ意味なんてない。
A ひどいよ…。
B 다른 아이들은 자기가 부모를 고를 수 없지만 우리들은 고를 수 있어.
だから幸せなんだよ！

A 엄마! 싫단 말이야! 왜! 엄마~!
B 지금 널 잘 봐. 이런 짓 한다고 해도 아무런 의미가 없어.
A 너무해.
B **他の子は自分で親を選べないけど、私達は選ぶことができる。** 그러니까 행복한 거라고!

様見(ざまみ)**ろ** 꼴좋다, 그것 보라지
意味(いみ) 의미
親(おや) 부모
選(えら)**ぶ** 고르다, 선택하다
幸(しあわ)**せ** 행복

음성 강의 & 예문 듣기

{ 수수 표현 }

거들어 주지 않겠습니까

우리나라 사람이 일본어를 학습하면서 많이 혼동하고 쓰기 어려워하는 말 중에 하나가 ～てもらう 표현이에요. 직역하면 '～해받다'인데, 우리말에는 없는 표현 방식이죠. 이럴 때 우리는 ～くれる를 써서 '～해 주다'로만 사용하기 때문이죠. 하지만 일본은 자신이 주어가 되어 '～해받다'라고 말하는 것이 더 흔하고 일반적인데요. 이 표현이 좀 더 정중하고 겸손한 느낌을 줍니다. 예를 들어, 山田(やまだ)さんが仕事(しごと)を手伝(てつだ)ってくれました。(다나카 씨가 일을 도와주었습니다.)와 같이 우리는 직접적인 표현을 쓰기 때문에 이러한 표현에 익숙하지만, 일본어 표현에서는 같은 의미로 私は田中さんに仕事を手伝ってもらいました。가 더 흔히 쓰이고 정중한 표현이에요. 여러분도 일본인처럼 쓰는 연습을 해보세요!

| 패턴미리보기 |

PATTERN 080 **早く返事し**てあげなきゃ。

PATTERN 081 **空港に着いたら連絡し**てくんない？

PATTERN 082 **取り替え**ていただけませんか。

PATTERN 083 **座らせ**てもらいましたよ。

PATTERN 084 **手を貸し**てくれませんか。

080.mp3

早く返事してあげなきゃ。

빨리 대답해 줘야 해.

～てあげなきゃ는 ～てあげなきゃならない(～하지 않으면 안 된다, ～해줘야 한다)의 뒷부분을 생략한 표현입니다. ～てあげる는 내가 남에게 해줄 때 쓰는 표현이지만, 인심을 쓰는 듯한 뉘앙스가 있으니 윗사람이나 친하지 않은 사람에게는 쓰지 않는 게 좋습니다.

STEP 1

1. 빨리 그녀에게 대답해 줘야 해.
   早く彼女に返事してあげなきゃ。
2. 아이를 칭찬해 줘야지.
   子供を誉めてあげなきゃ。
3. 그에게 밸런타인데이에 초콜릿을 사줘야지.
   彼にバレンタインデーにチョコを買ってあげなきゃ。
4. 남동생의 숙제를 봐줘야지.
   弟の宿題を見てあげなきゃ。
5. 이 책을 빌려줘야지.
   この本を貸してあげなきゃ。

返事(へんじ) 대답, 답장
誉(ほ)**める** 칭찬하다
弟(おとうと) 남동생
宿題(しゅくだい) 숙제
貸(か)**す** 빌려주다

STEP 2

여자와 아이는 아이를 학대하는 친엄마를 피해 도망치는 생활에 점점 익숙해지고 있습니다. Mother

A うん。あれから３日経ってるし、北海道で起きた事故なんて、東京じゃ関心ないのね。
B 良かったね！
A 아, 잠옷! 사 줘야지.
B いいよ。七五三みたいだし。

A 응. 그로부터 3일이나 지났고 홋카이도에서 일어난 사고에 도쿄에서는 관심 없는 거지.
B 다행이다!
A **あ、パジャマ。買ってあげなきゃ。**
B 좋다 ~. 시치고산 같아서 ~.

잠깐만요!

★ **七五三**(しちごさん)은 3 · 5 · 7세가 되는 아이들의 건강한 성장을 축하하기 위해 신사나 절을 참배하는 행사로 매년 11월 15일에 합니다. 에도시대에 3세가 되는 여자아이가 처음으로 머리를 따는 **髪置**(かみお)**き**, 5세의 남자아이가 처음으로 **袴**(はかま)를 입는 **袴着**(はかまぎ), 7세의 여자아이가 처음으로 어른 복장을 하는 **帯解**(おびと)**き** 등의 행사에서 유래했다고 전해집니다.

経(た)**つ** 경과하다
北海道(ほっかいどう) (지명) 홋카이도
事故(じこ) 사고
関心(かんしん) 관심

081.mp3

空港に着いたら連絡してくんない？

공항에 도착하면 연락해 줄래?

~たら~てくれない(~하면 ~해 줄래)는 친한 사이에 앞에 조건을 붙이면서 가벼운 부탁을 할 때 쓰는 표현으로, ~てくれない는 회화체에서 흔히 ~てくんない 형태로 씁니다.

STEP 1

1. 공항에 도착하면 나에게 연락해 줄래?
   空港に着いたら私に連絡してくんない？
2. 일이 끝나면 그녀를 한번 만나 줄래?
   仕事が終わったら彼女に一度会ってくんない？
3. 지금 시간이 있으면 내 이야기를 들어줄래?
   今、時間があったら私の話を聞いてくんない？
4. 집에 도착하면 바로 전화해 줄래?
   家に着いたらすぐ電話してくんない？
5. 서류가 도착하면 먼저 체크해 줄래?
   書類が届いたら先にチェックしてくんない？

空港(くうこう) 공항
着(つ)**く** 도착하다
連絡(れんらく) 연락
仕事(しごと) 일
終(お)**わる** 끝나다
一度(いちど) 한 번
電話(でんわ) 전화
書類(しょるい) 서류
届(とど)**く** 달하다, 도착하다
先(さき)**に** 먼저

STEP 2

남자는 늘 곁에서 자신을 지지해 주는 여자에게 감사의 표현을 합니다.

リッチマン、プアウーマン

A 다음 주에 지방에서 돌아오면 인도와의 계약에 동행해 줄래?
B もちろん。
A 君がいて本当に助かるよ。
B そんな水臭いこと言わないでよ。

A **来週、地方から戻ったらインドとの契約に付き合ってくんない？**
B 물론이야.
A 네가 있어서 정말로 도움이 돼.
B 그런 서먹한 말은 하지 마.

잠깐만요!

★ 우리나라의 '돼지꿈'처럼 일본에도 대표적인 좋은 꿈 3가지가 있습니다. 첫째, **富士山**(ふじさん) 꿈은 '아무 일 없이 평온함'을 뜻하는 **無事**(ぶじ)와 발음이 비슷하기 때문입니다. 둘째, **鷹**(たか) '매'는 '높다, 비싸다'를 뜻하는 **高**(たか)**い**와 발음이 비슷하여 '재물' 운이라고 생각을 합니다. 셋째, **茄子**(なす) '가지'는 '이루다, 달성하다'라는 뜻의 **成**(な)**す**와 발음이 비슷하여 '성공'을 뜻합니다. 일본인들이 농담으로 말하는 가장 운수 대박 꿈은 '매가 가지를 물고 후지산을 돌고 있는 것'이라고 합니다.

君(きみ) 너, 자네
助(たす)**かる** 도움이 되다, 편해지다
水臭(みずくさ)**い** ①싱겁다 ②서먹하게 굴다

取り替えていただけませんか。

바꿔 주실 수 있나요?

～ていただけませんか(～해 주실 수 있나요)는 ～てもらえますか의 정중한 말투로 주로 회사나 직장 상사, 친분이 없는 사람에게 정중하게 부탁하는 경우에 쓰는 말입니다.

STEP 1

1. 사이즈를 바꿔 주실 수 있나요?
サイズを取り替えていただけませんか。

2. 부장님에게 이 열쇠를 건네주실 수 있나요?
部長にこの鍵を渡していただけませんか。

3. 좀 추운데 난방을 켜주실 수 있나요?
ちょっと寒いので、暖房をつけていただけませんか。

4. 뒷문을 닫아 주실 수 있나요?
後ろのドアを閉めていただけませんか。

5. 그녀에게 회의에 늦지 않도록 말해 주실 수 있나요?
彼女に会議に遅れないように言っていただけませんか。

잠깐만요!

★ **鍵**(かぎ)는 **キー**라고도 하고 '열쇠고리'는 **キーホルダー**라고 합니다. **キー**는 비유적으로 '문제, 사건 등을 해결하기 위한 중요한 실마리'라는 뜻으로도 씁니다.

鍵穴(かぎあな) 열쇠 구멍
鍵束(かぎたば) 열쇠 꾸러미
鍵であける。 열쇠로 열다.
鍵がかかっている。
열쇠가 잠겨 있다.
事件(じけん)**の鍵を握**(にぎ)**る。**
사건의 열쇠를 쥐다.

取(と)**り替**(か)**える** 바꾸다, 교환하다
部長(ぶちょう) 부장
鍵(かぎ) 열쇠
渡(わた)**す** 건네다, 넘기다
寒(さむ)**い** 춥다
暖房(だんぼう) 난방
後(うし)**ろ** 뒤, 뒤쪽
閉(し)**める** 닫다

STEP 2

계약 기간이 끝나가자 여자는 계속 일하고 싶다고 남자에게 말하고 있습니다.

リッチマン、プアウーマン

A 어떤 형태로든 괜찮으니까 이대로 고용해 주실 수 있나요?
B 成長がないなあ。お前は、一時の感情で重要な選択を誤る。
A 私は、あなたの下で働きたいんです。
B もう一歩先を考えろと言ったろ？

A **どんな形でもいいので、このまま雇っていただけませんか。**
B 성장이 없네. 너는 일시적인 감정으로 중요한 선택을 그르쳐.
A 저는 당신 밑에서 일하고 싶어요.
B 한발 더 앞날을 생각하라고 말했었지?

形(かたち) 모양, 형체
雇(やと)**う** 고용하다
成長(せいちょう) 성장
一時(いちじ) 일시, 한때, 그때뿐
感情(かんじょう) 감정
重要(じゅうよう) 중요
選択(せんたく) 선택
誤(あやま)**る** 잘못하다, 그르치다
働(はたら)**く** 일하다
一歩(いっぽ) 일보, 한걸음, 한 단계
考(かんが)**える** 생각하다

▶ 083.mp3

座らせてもらいましたよ。

앉게 해주셨어요.

[동사 **ない형+せてもらいました**]는 직역하면 '~하게 해받습니다'입니다. 일본어는 대화의 상당 부분을 ~てもらう 형태로 써서 보다 정중한 겸양 느낌을 나타냅니다. 우리말로는 직역하면 어색하기 때문에 '~하게 해주시다'로 해석하면 됩니다. する 동사는 ~させてもらう 형태로 사용하세요.

STEP 1

1. 여기에 앉게 해주셨어요.
   ここに座らせてもらいましたよ。
2. 조금 쉬게 해주셨어요.
   すこし休ませてもらいましたよ。
3. 협력하게 해주셨어요.
   協力させてもらいましたよ。
4. 먼저 귀가하게 해주셨어요.
   先に帰らせてもらいましたよ。
5. 저를 여기에서 일하게 해주셨어요.
   私をここで働かせてもらいましたよ。

잠깐만요!

★ **~せてもらう**의 더욱 정중한 겸양 표현은 **~せていただく**입니다. 행동 주체는 '나'이지만, 상대에게 양해를 구하는 것을 전제로 합니다. 현재형일 때는 '(내가) ~하겠습니다'로 해석하면 자연스럽습니다.

座(すわ)**る** 앉다
休(やす)**む** 쉬다
協力(きょうりょく) 협력
先(さき)**に** 먼저
帰(かえ)**る** 귀가하다
働(はたら)**く** 일하다

STEP 2

회사를 살리기 위한 발표를 듣고 이사회 임원들은 부정적 방향으로 의견을 말합니다.

リッチマン、プアウーマン

A インドのサーバールームを買う資金はどこから調達するんです？

B 会社がつぶれるほどの金を使うっていうんじゃ、取締役会はうんとは言えませんよ。

A だいたい競合相手がＪＩテックじゃ勝ち目はない。

B この話はなしだ。좋은 꿈을 꾸게 해주셨어요.

A 인도의 서버룸을 사는 자금은 어디서 조달하나요?
B 회사가 망할 정도로 돈을 들인다고 하면, 이사회는 긍정적인 대답은 할 수 없어요.
A 애초에 경합 상대가 JI테크라면 승산이 없어.
B 이 이야기는 없던 걸로 하겠습니다. **いい夢見させてもらいましたよ。**

資金(しきん) 자금
調達(ちょうたつ) 조달
つぶれる 파산하다
取締役会(とりしまりやくかい) 이사회
競合(きょうごう) 경합
相手(あいて) 상대
勝(か)**ち目**(め) 승산, 이길 가망
夢見(ゆめみ) 꿈을 꾸는 것, 꿈을 꿈

手を貸してくれませんか。

거들어 주지 않겠습니까?

[**동사 て형+てくれませんか**](~해 주지 않겠습니까)는 상대의 의향을 묻는 형태로 '의뢰'를 하는 표현입니다. 명령어와는 다르게 강제성이 없고 결정권은 어디까지나 상대에게 있다는 뉘앙스가 있습니다.

STEP 1

1. 좀 거들어 주지 않겠습니까?
   ちょっと手を貸してくれませんか。
2. 혹시 가능하면 다음 주 제 콘서트에 와 주지 않겠습니까?
   もしできれば、来週私のコンサートに来てくれませんか。
3. 미안한데, 나중에 다시 한 번 전화해 주지 않겠습니까?
   悪いけど、後でもう一度電話してくれませんか。
4. 금방 끝나니까 조금만 기다려 주지 않을래요?
   すぐ終わるからちょっと待ってくれませんか。
5. 메뉴를 보여 주시겠어요?
   メニューを見せてくれませんか。

잠깐만요!

★ **~てくれ**의 용법
~てくれ(~해줘)는 **~てください**(~해주세요)의 반말체와 비슷하게 생각되지만, 이 표현은 '조심성 없고 거친 느낌'을 주기 때문에 주로 남성이 가족이나 친한 친구에게 씁니다. 성별에 상관없이 자주 사용되는 표현은 **~て**(~해)입니다.

早(はや)く帰(かえ)ってきてくれ。
早く帰ってきて。

手(て)を貸(か)す 도와주다, 조력하다
来週(らいしゅう) 다음 주
もう一度(いちど) 한 번 더
電話(でんわ) 전화
見(み)せる 보여주다

STEP 2 여자가 예전에 남편이 자신에게 프러포즈했던 모습을 떠올리고 있습니다.

家族ゲーム

A 僕と…付き合ってください！

B え？

A 제 손을 계속 잡고 있어 주지 않겠습니까?
僕も、その手を、絶対に離しませんから。

B …いいよ。

A 저랑 사귀어 주세요!
B 네?
A **僕の手を、ずっと、握っていてくれませんか。** 저도 그 손을 절대로 놓지 않을 테니까.
B 좋아요.

付(つ)き合(あ)う 사귀다, 교제하다
握(にぎ)る 쥐다, 잡다
絶対(ぜったい) 절대
離(はな)す 떼다, 놓다

{ 감정을 나타내는 표현 – 판단 }

자금 분명 여름 방학일 텐데

판단을 나타내는 대표적인 표현 중 하나로 ~はずがない가 있어요. '~일 리가 없다'는 뜻으로, 가능성이 거의 없다고 화자가 확신하며 말하는 뉘앙스가 포함되어 있어요. 이런 추측에는 뒷받침할 근거도 갖고 있다는 의미예요. 이와 비슷한 표현으로 ~わけがない가 있는데요, 양쪽 다 해석은 '~일 리가 없다'로 같지만, ~わけがない 쪽이 ~はずがない보다 확신 정도가 조금 덜한 경우를 나타내요. 화자의 주관적인 짐작만을 말하는 경우예요.

| 패턴미리보기 |

- PATTERN 085 たぶん君だってそう思うだろう。
- PATTERN 086 変だと思ってたんだよ。
- PATTERN 087 全部嘘かもしれない。
- PATTERN 088 今夏休みのはずなんだけど。
- PATTERN 089 留守に違いないでしょう。
- PATTERN 090 このケーキはおいしそうですね。
- PATTERN 091 どうやら今日休みみたいだね。
- PATTERN 092 まるで夢のような話ですね。
- PATTERN 093 母の話じゃ、スーパーができるらしい。
- PATTERN 094 天気予報によると明日は雨が降るそうです。

たぶん君だってそう思うだろう。

아마 너라도 그렇게 생각하겠지.

분명하지 않은 사실을 짐작하거나 판단할 때 쓰는 **たぶん~だろう**(아마 ~하겠지)는 회화체에서 매우 자주 쓰이는 표현입니다. だろう는 [동사 · い형용사의 보통체+だろう] [명사, な형용사 어간+だろう] 형태로 씁니다.

STEP 1

1. 아마 너라도 그렇게 생각하겠지.
   たぶん**君だってそう思う**だろう。
2. 아마 그는 오늘도 오지 않겠지.
   たぶん**彼は今日も来ない**だろう。
3. 아마 아내는 걱정하고 있겠지.
   たぶん**妻は心配している**だろう。
4. 아마 아들은 3시에 돌아오겠지.
   たぶん**息子は３時に帰ってくる**だろう。
5. 아마 저 아이는 12살이거나 그 안팎이겠지.
   たぶん**あの子は12歳かそこら**だろう。

思(おも)う 생각하다
彼(かれ) 그, 그 사람, 그 남자
来(く)る 오다
妻(つま) 아내
心配(しんぱい) 걱정
息子(むすこ) 아들
帰(かえ)る 귀가하다

STEP 2

남자는 자신의 동생이 괴롭힘 당하는 광경을 함께 목격한 가정 교사가 도와주지 말라고 말하는 것을 이해할 수 없다고 말합니다. **家族ゲーム**

A 助けに行かないんですか。

B 今助けたらあいつは何も変わらない。

A 見逃せっていうんですか。

B 내가 없었으면 너는 아마 뻣뻣이 서서 보고만 있었을 거야.

A 구하러 안 가요?
B 지금 도와주면 저 녀석은 아무것도 바뀌지 않아.
A 못 본 체하라는 건가요?
B **俺がいなかったらお前はたぶん突っ立って見てるだけだっただろう。**

잠깐만요!

★ **突(つ)っ立(た)つ**는 **突(つ)き立(た)つ**의 음편입니다. 발음하기 좋게 소리가 변한 경우로, 어조를 강조하는 말이 됩니다.

突(つ)っ立(た)つ 우뚝 서다, 힘차게 일어나다
突(つ)っ走(ぱし)る 냅다 달리다
突(つ)っ突(つ)く 쿡쿡 찌르다
突(つ)っ込(こ)む 깊이 파고들다

助(たす)ける 구하다, 구조하다
変(か)わる 변하다
見逃(みのが)す 못 본 체하다
俺(おれ) 남성어 나

変だと思ってたんだよ。

이상하다고 생각했었어.

～と思(おも)ってたんだよ는 '~라고 생각했었어'라는 표현으로 내 생각과 달랐다는 것을 깨닫는 상황을 나타냅니다.

STEP 1

1. 어쩐지 이상하다고 생각했었어.
   なんとなく変だと思ってたんだよ。
2. 그도 와줄 거라고 생각했었어.
   彼も来てくれると思ってたんだよ。
3. 꼭 기뻐해 줄 거라고 생각했었어.
   きっと喜んでくれると思ってたんだよ。
4. 어제까지 다 끝낼 거라고 생각했었어.
   昨日までに間に合うと思ってたんだよ。
5. 그녀는 항상 명품만 입고 다녀서 부자라고 생각했었어.
   彼女はブランド品ばかり身につけてるのでお金持ちだと思ってたんだよ。

잠깐만요!

★ **間(ま)に合(あ)う**는 직역하면 어색하기 때문에 '시간(기간)에 늦지 않다, 맞추다'로 해석하세요. 이 밖에도 '충분하다, 부족하지 않다'는 뜻도 있습니다.

汽車(きしゃ)の出発(しゅっぱつ)に間に合う。
기차 시간에 맞추다.

変(へん) 이상함, 엉뚱함
喜(よろこ)ぶ 기뻐하다
間(ま)に合(あ)う 시간에 대다, 기간에 대다
ブランド品(ひん) 명품
身(み)につける 입다, 몸에 걸치다
お金持(かねも)ち 부자

STEP 2

여자에게 딸이 있다는 사실을 알게 된 여자의 엄마가 "진짜 네 딸이 맞느냐?"고 추궁합니다.

Mother

A 뭔가 이상하다고 생각했었어.

B 継美は私の子供です。

A そうなの？顔見て答えなさい。

B 継美を連れて出ていきます。

A **なんかおかしいと思ってたんだよ。**
B 쓰구미는 내 아이예요.
A 그러니? 얼굴 보고 대답해.
B 쓰구미를 데리고 나가겠어요.

おかしい 이상하다, 수상하다
子供(こども) 아이
顔(かお) 얼굴
答(こた)える 대답하다
連(つ)れる 데려가다, 동반하다
出(で)る 나가다, 나오다

PATTERN 087

087.mp3

全部嘘かもしれない。

전부 거짓말일지도 몰라.

~かもしれない(~일지도 몰라)는 '확실하지는 않지만 그럴 가능성이 있다'는 생각을 나타냅니다. [동사 · い형용사의 보통체+かもしれない] [명사, な형용사 어간+かもしれない] 형태로 씁니다.

STEP 1

1. 그 이야기는 전부 거짓말일지도 몰라.
   その話は全部嘘かもしれない。
2. 오늘은 비가 많이 와서 전철이 늦을지도 몰라.
   今日は大雨なんで電車が遅れるかもしれない。
3. 저 건물이 그녀의 회사일지도 몰라.
   あのビルが彼女の会社かもしれない。
4. 그는 어쩌면 뭔가 걱정거리가 있는지도 몰라.
   彼はひょっとすると何か心配なことがあるかもしれない。
5. 저 사람은 어쩌면 선생님의 남편일지도 몰라.
   あの人はもしかすると先生のご主人かもしれない。

잠깐만요!

★ **大雨**(おおあめ)는 '호우'를 뜻하고 **小雨**(こさめ)는 '가랑비'를 나타냅니다. **こさめ**는 예외 발음이니 주의하세요.

● 여러 가지 **雨**(あめ)
梅雨(つゆ・ばいう) 장마, 장마철
참고 일상 회화에서는 **つゆ**라고 하고, 뉴스 일기예보에서는 **ばいう**라고 합니다.
五月雨(さみだれ) 장맛비
俄(にわ)**か雨**(あめ) 소나기
春雨(はるさめ) 봄비
土砂降(どしゃぶ)**り** 장대비

全部(ぜんぶ) 전부
嘘(うそ) 거짓말
大雨(おおあめ) 큰비, 호우
遅(おく)**れる** 늦다
ビル 건물, 빌딩
会社(かいしゃ) 회사
心配(しんぱい) 걱정
ひょっとすると 어쩌면
もしかすると 어쩌면
ご主人(しゅじん) (남의) 남편

STEP 2

입양된 가정에서 자신에게 너무 잘해 주려고만 하는 모습에 아이는 그러지 말라고 말합니다.

明日、ママがいない

A 어떻게든 마음에 들고 싶어서, 조바심 났었는지도 몰라.

B そんなに気使わないでほしいです。

A そうよね。じゃあ後で、ご飯の準備手伝ってくれる?

B はい!

A **どうしても気に入ってほしいって、焦っちゃってたのかもしれない。**
B 그렇게 신경 안 쓰셨으면 좋겠어요.
A 그러자. 그럼 이따가 식사 준비 도와줄래?
B 네!

どうしても 반드시, 꼭
気(き)**に入**(い)**る** 마음에 들다
焦(あせ)**る** 조바심 나다, 안달 나다
気(き)**を使**(つか)**う** 신경을 쓰다
準備(じゅんび) 준비
手伝(てつだ)**う** 도와주다, 거들다

今夏休みのはずなんだけど。

지금 분명 여름 방학일 텐데.

~はずなんだけど(분명 ~일 텐데)는 거의 확신을 갖고 말하는 표현입니다. [동사·い형용사의 보통체+はずなんだけど] [명사+のはずなんだけど] [な형용사 어간+なはずなんだけど] 형태로 씁니다.

STEP 1

1. 학교는 지금 분명 여름 방학일 텐데.
   学校は今夏休みのはずなんだけど。
2. 그녀는 본국에 돌아가서 분명 오지 않을 텐데.
   彼女は国に帰ったんで来ないはずなんだけど。
3. 오늘은 금요일이라 은행은 분명 열려 있을 텐데.
   今日は金曜日だから、銀行は開いてるはずなんだけど。
4. 그는 지금쯤 집에서 분명 텔레비전에 열중하고 있을 텐데.
   彼は今頃家でテレビに熱中してるはずなんだけど。
5. 방 열쇠는 분명 남동생이 가지고 있을 텐데.
   部屋のかぎは弟が持ってるはずなんだけど。

STEP 2

아이를 학대하는 친엄마를 피해서 아이를 데리고 멀리 떠나려고 하는 여자가 도쿄로 가자고 합니다. Mother

A 도쿄행 버스가 분명 있을 텐데.
B 東京へ行くの？
A 逃げるなら都会の方がいいし。
B お母さんのお母さんのとこ？

A **東京行きの、バスがあるはずなんだけど。**
B 도쿄에 가는 거예요?
A 도망가려면 도시 쪽이 좋으니까.
B 엄마의 엄마네 집?

잠깐만요!

★ **銀行**(ぎんこう) 관련 어휘와 표현

口座番号(こうざばんごう)
계좌번호
暗証番号(あんしょうばんごう)
비밀번호
(참고) **秘密番号**(ひみつばんごう)라고 하지 않습니다.
お金(かね)**を預**(あず)**ける**
돈을 예금하다
=お金(かね)**を入**(い)**れる**
돈을 넣다
お金(かね)**を引**(ひ)**き出**(だ)**す**
돈을 인출하다
=お金(かね)**を下**(お)**ろす**
돈을 빼다
預金通帳(よきんつうちょう)
예금 통장

学校(がっこう) 학교
夏休(なつやす)**み** 여름 방학
国(くに) 나라, 국가
帰(かえ)**る** 귀가하다
金曜日(きんようび) 금요일
銀行(ぎんこう) 은행
開(あ)**く・開**(ひら)**く** 열다
熱中(ねっちゅう) 열중
部屋(へや) 방
弟(おとうと) 남동생

~行(ゆ)**き** ~행(목적지를 나타냄)
逃(に)**げる** 도망가다
都会(とかい) 도회, 도시

留守に違いないでしょう。

부재중인 게 틀림없겠지요.

~に違(ちが)いない(~에 틀림없다)는 자신의 생각에 강한 확신을 가질 때 쓰는 표현입니다. [동사 · い형용사의 보통체+に違いない] [명사, な형용사 어간+に違いない] 형태로 씁니다.

STEP 1

1. 그녀는 분명 부재중인 게 틀림없겠지요.
   彼女はきっと留守に違いないでしょう。
2. 저건 거짓말인 게 틀림없겠지요.
   あれは嘘に違いないでしょう。
3. 그 계획은 분명 성공할 게 틀림없겠지요.
   その計画はきっと成功するに違いないでしょう。
4. 그는 지금쯤 집에서 TV에 빠져 있는 게 틀림없겠지요.
   彼は今ごろ家でテレビに夢中になっているに違いないでしょう。
5. 야마다 씨는 집에 있는 게 틀림없겠지요.
   山田さんは家にいるに違いないでしょう。

잠깐만요!

★ 우리나라의 '아파트'와 일본의 **アパート**는 형태가 조금 다릅니다. 일본에서 **アパート**라고 하면 빌라나 목조 건물의 주택에 더 가깝고, 조금 오래된 이미지가 있습니다. 우리처럼 고층 건물인 '아파트'를 말할 때는 **マンション**이라고 합니다. 또한 일본은 우리나라보다 단독 주택 **一戸建**(いっこだ)**て**의 형태가 많은 편입니다.

留守(るす) 부재중, 집을 비움
嘘(うそ) 거짓말
計画(けいかく) 계획
成功(せいこう) 성공
夢中(むちゅう) 열중함, 몰두함
家(いえ) 집

STEP 2

상대 변호사는 판결 내용이 당연하다고 말을 하지만, 남자는 자신의 피고인이 부당하게 중형을 선고 받았다고 말합니다. リーガル・ハイ 2

A 日本中が万歳三唱した。出るべくして出た判決だな。

B 분명 2심에서도 1심을 유지하는 판결이 나올 게 틀림없겠지요.

A 妥当だね。

B そうでしょうか。過去の疑惑や世論にあおられて、不当に重い判決が出ているのでは。

A 일본 전체가 만세 삼창 했어. 나올 만해서 나온 판결이지.
B **きっと二審でも、一審を維持する判決が出るに違いないでしょう。**
A 타당한 말이군.
B 그럴까요? 과거의 의혹이나 여론을 부추겨서 부당하게 무거운 판결이 나온 것은 아닌지.

万歳三唱(ばんざいさんしょう) 만세 삼창
判決(はんけつ) 판결
維持(いじ) 유지
妥当(だとう) 타당
過去(かこ) 과거
疑惑(ぎわく) 의혹
世論(よろん) 여론
煽(あお)**る** 선동하다, 부추기다
不当(ふとう) 부당

090.mp3

このケーキはおいしそうですね。

이 케이크는 맛있을 것 같네요.

양태의 **~そうだ**(~해 보이다, ~일 것 같다)는 [동사 ます형+そうだ] [い형용사 · な형용사 어간+そうだ] 형태로 써서 사물의 상태, 모양에 대한 느낌을 나타내는 표현입니다.

STEP 1

1. 이 케이크는 맛있을 것 같네요.
   このケーキはおいしそうですね。
2. 이것은 조작이 매우 간단할 것 같네요.
   これは操作がとても簡単そうですね。
3. 당장이라도 비가 내릴 것 같네요.
   今にも雨が降りそうですね。
4. 저 가게 옷은 비쌀 것 같네요.
   あの店の服は高そうですね。
5. 저 아이는 매우 건강할 것 같네요.
   あの子はとても元気そうですね。

잠깐만요!

★ 양태의 **~そうだ**(~일 것 같다)는 **きれいだ**(예쁘다), **背(せ)が高(たか)い**(키가 크다)와 같이 봐서 바로 알 수 있는 성질에는 쓸 수 없습니다.

× **あの人はきれいそうです。**
× **彼は背が高そうです。**

操作(そうさ) 조작
簡単(かんたん) 간단함
雨(あめ) 비
降(ふ)**る** (비 · 눈이) 내리다
服(ふく) 옷
高(たか)**い** ①높다 ②비싸다
元気(げんき) 건강함, 활발함

STEP 2

변호사는 애니메이션 분야의 명감독에게 심한 언어폭력을 당했다며 호소하는 남자의 말을 듣고 있습니다.

リーガル・ハイ 2

A 감독의 방식은 분명히 문제가 있는 것 같네요.
B みんな辞めていきました。いつ自分の番になるのかと思うと…。
A あなたも監督からひどいことを何度も言われましたか。
B はい、才能ないから辞めちまえって、毎日のように…。

A **監督のやり方は、明らかに問題がありそうですね。**
B 모두 하나둘 그만뒀습니다. 언제 내 차례가 될까 생각하면 ….
A 당신도 감독에게 심한 말을 여러 번 들었습니까?
B 네. 재능 없으니까 그만두라고 매일같이 ….

監督(かんとく) 감독
明(あき)**らか** 분명함, 명백함
問題(もんだい) 문제
辞(や)**める** 그만두다
才能(さいのう) 재능
毎日(まいにち) 매일

どうやら今日休みみたいだね。

아무래도 오늘 쉬는 것 같네.

どうやら~みたいだね(아무래도 ~인 것 같네)는 감각과 관찰, 체험 등을 통해서 주관적으로 판단하거나 추측할 때 사용하는 표현입니다. [동사 · い형용사의 보통체+みたいだね] [명사, な형용사 어간+みたいだね] 형태로 씁니다.

STEP 1

1. 아무래도 이 가게는 오늘 쉬는 것 같네.
   どうやら**この店は今日休み**みたいだね。
2. 아무래도 그는 아직 공부하고 있는 것 같네.
   どうやら**彼はまだ勉強してる**みたいだね。
3. 아무래도 시험이 끝나지 않은 것 같네.
   どうやら**試験が終わってない**みたいだね。
4. 아무래도 누군가의 생일인 것 같네.
   どうやら**誰かの誕生日**みたいだね。
5. 아무래도 몸 상태가 안 좋은 것 같네.
   どうやら**体調が悪い**みたいだね。

잠깐만요!

★ '몸이 아프다'를 그대로 직역해서 **体**(からだ)**が痛**(いた)**い**라고 하는 경우가 있습니다. 이 경우는 직접적으로 몸에 상처가 나거나 타박상을 입은 경우를 나타냅니다. '몸이 쑤시다, 안 좋다'는 뉘앙스를 전달하고 싶다면 **悪**(わる)**い**를 쓰세요.

体調(たいちょう)**が悪**(わる)**い**
体の調子(ちょうし)**が悪い**
体の具合(ぐあ)**いが悪い**

店(みせ) 가게, 상점, 점포
休(やす)**み** 휴일, 휴가, 방학
勉強(べんきょう) 공부
試験(しけん) 시험
終(お)**わる** 끝나다
誰(だれ)**か** 누군가
誕生日(たんじょうび) 생일
体調(たいちょう) 몸 상태

STEP 2

엄마는 아이가 아프다는 것을 몰랐는데 이웃 아주머니는 알아챘습니다.

Mother

A そうですよね。何となく、分からなきゃダメなんですよね。母親だったら。

B あの、全然私はほんとたまたまで。
아무래도 저 아이는 우는소리 같은 건 하는 아이가 아닌 것 같네.

A 言わないんじゃないんです。言えないんです。

B え?

A 그러네요. 그냥 모르면 안 되는 거네요. 엄마라면 ….
B 저기, 저는 정말 우연히. **どうやらあの子は、泣き言とか言う子じゃないみたいだね。**
A 말하지 않는 게 아니에요. 말할 수 없는 거예요.
B 네?

母親(ははおや) 모친, 어머니
たまたま 우연히, 마침
泣(な)**き言**(ごと) 우는소리, 푸념
言(い)**う** 말하다

▶ 092.mp3

まるで夢のような話ですね。

마치 꿈과 같은 이야기네요.

[**まるで+명사+のような+명사**]는 사물, 생물 등에 빗대어 말하는 비유 표현입니다. ～のような는 ～みたいな로 바꿔서 쓸 수 있는데, 이때는 の를 붙이지 않습니다.

STEP 1

1. 그것은 마치 꿈과 같은 이야기네요.
   それはまるで夢のような話ですね。
2. 이것은 마치 사진과 같은 그림이네요.
   これはまるで写真のような絵ですね。
3. 그녀는 마치 천사와 같은 사람입니다.
   彼女はまるで天使のような人です。
4. 선생님은 나에게 있어서 마치 부모와 같은 존재입니다.
   先生は私にとってはまるで親のような存在です。
5. 그는 화났을 때, 마치 도깨비와 같은 얼굴이었습니다.
   彼は怒った時、まるで鬼のような顔でした。

잠깐만요!

★ 드라마에 자주 나오는 단어 중에 **鬼ごっこ**(술래잡기)가 있습니다. **～ごっこ**는 '～놀이'를 나타냅니다.

汽車(きしゃ)ごっこ 기차놀이
死体(したい)ごっこ 시체놀이
ママごと 소꿉놀이
隠(かく)れん坊(ぼう) 숨바꼭질

夢(ゆめ) 꿈
写真(しゃしん) 사진
絵(え) 그림
天使(てんし) 천사
親(おや) 부모
存在(そんざい) 존재
怒(おこ)**る** 화내다
鬼(おに) 귀신, 도깨비
顔(かお) 얼굴

STEP 2

상대 사업가가 사장을 한껏 치켜세우며 일을 의뢰하겠다고 말합니다.

リーガル・ハイ 2

A 마치 사장님과 같은 사람이야말로 이 나라의 산업을 지탱하는 겁니다!
B 分かってるなあ、若いのに。
A 社長には、今の３倍の仕事を頼みたいと思ってます。お願いします！
B こちらこそお願いね。

A **まるで社長のような人こそ、この国の産業を支えてるんです！**
B 잘 알고 있군, 젊은 사람이.
A 사장님에게는 지금의 3배의 일을 의뢰하고 싶어요. 잘 부탁드립니다!
B 나야말로 잘 부탁하네.

社長(しゃちょう) 사장
産業(さんぎょう) 산업
支(ささ)**える** 지탱하다, 유지하다
若(わか)**い** 젊다
頼(たの)**む** 부탁하다, 의뢰하다

093.mp3

母の話じゃ、スーパーができるらしい。

엄마 말로는 슈퍼가 생긴대.

직접 듣지 않고도 소문을 다른 사람에게 전달할 때 **～の話**(はなし)**じゃ**(~ 말로는)를 써서 표현합니다. じゃ는 では의 회화체입니다. 출처가 되는 말은 명사만 활용합니다.

STEP 1

1. 엄마 말로는 이번에 역 앞에 새로운 슈퍼가 생긴대.
   母の話じゃ、今度駅前に新しいスーパーができるらしい。

2. 선배 말로는 월요일 세미나는 매우 도움이 된대.
   先輩の話じゃ、月曜日のゼミはとても役に立つらしい。

3. 친구 말로는 다나카 씨는 다음 달에 도쿄로 이사한대.
   友達の話じゃ、田中さんは来月東京へ引っ越すらしい。

4. 후배 말로는 여기 오늘의 정식은 이미 다 팔렸대.
   後輩の話じゃ、ここの日替わり定食はもう売り切れたらしい。

5. 경찰 말로는 어제 근처에서 강도 사건이 있었대.
   警察の話じゃ、昨日近所で強盗事件があったらしい。

今度(こんど) 금번, 이번
新(あたら)**しい** 새롭다, 새것이다
先輩(せんぱい) 선배
役(やく)**に立**(た)**つ** 도움이 되다
来月(らいげつ) 다음 달
引(ひ)**っ越**(こ)**す** 이사하다
日替(ひが)**わり** 매일 바뀜
定食(ていしょく) 정식
売(う)**り切**(き)**れる** 매진되다, 다 팔리다
後輩(こうはい) 후배
警察(けいさつ) 경찰
近所(きんじょ) 근처, 이웃
強盗(ごうとう) 강도
事件(じけん) 사건

잠깐만요!

★ 접두사 **超**(ちょう)의 뜻
- 정도가 보통 이상임을 나타냅니다.
  超音速(ちょうおんそく) 초음속
  超音波(ちょうおんぱ) 초음파
  超自然(ちょうしぜん) 초자연
- 회화체에서는 '완전, 정말, 대박' 등으로 해석하면 자연스럽습니다.
  超安(ちょうやす)**い** 완전 싸다
  超かわいい 정말 귀엽다
  超むかつく 정말 열 받다

STEP 2

아이가 수상한 가정 교사에 대해 친구와 대화를 하고 있습니다.

家族ゲーム

A でもさ、先生クビにするためにここまでする必要ある？
B 친척 아저씨 말로는 우리 일을 꼬치꼬치 물어봤대.
A 超怪しいじゃん。親に言いなよ。
B それができたら苦労しないよ。

A 그런데 말이야, 선생님을 자르기 위해 이렇게까지 할 필요 있어?
B **親戚の叔父さんの話じゃ、俺達の事を根掘り葉掘り聞いてたらしい。**
A 완전 수상하네. 부모님한테 말해.
B 그게 가능하다면 고생 안 하지.

首(くび)**にする** 해고하다
必要(ひつよう) 필요
親戚(しんせき) 친척
叔父(おじ)**さん** 부모의 남자 형제
根掘(ねほ)**り葉掘**(はほ)**り** 미주알고주알, 하나에서 열까지, 꼬치꼬치
超怪(ちょうあや)**しい** 매우 수상하다, 정말 이상하다
苦労(くろう) 고생

天気予報によると明日は雨が降るそうです。

일기 예보에 의하면 내일은 비가 내린다고 합니다.

[각 품사의 보통체+そうだ](~라고 하다)는 다른 사람이나 어딘가에서 알게 된 정보를 전달하는 표현으로, 명사는 ~だそうだ 형태로 씁니다. 출처를 밝힐 때는 [명사+によると](~에 의하면)를 씁니다.

STEP 1

1. 일기 예보에 의하면 내일은 비가 내린다고 합니다.
   天気予報によると明日は雨が降るそうです。
2. 친구에 의하면 새로운 수학 선생님은 매우 무섭다고 합니다.
   友達によると新しい数学の先生はとても怖いそうです。
3. 선배에 의하면 역 앞에 전자오락실이 생긴다고 합니다.
   先輩によると駅前にゲームセンターができるそうです。
4. 선생님에 의하면 이번 일본어 시험은 별로 어렵지 않다고 합니다.
   先生によると今度の日本語試験はあまり難しくないそうです。
5. 인터넷에 의하면 그들은 속도위반으로 결혼했다고 합니다.
   インターネットによると彼らはでき婚したそうです。

STEP 2

남자는 "의뢰인이 자신의 변호를 직접 하겠다고 해서 담당 변호사는 해고됐다."고 전합니다.

リーガル・ハイ 2

A 首になりました。그에 의하면 재판은 스스로 하겠다고 합니다.

B え？

A 鮎川にできて俺にできないわけがないって。

B 素人対素人か。裁判官が気の毒だ。

A 잘렸어요. **彼によると裁判は自分でやるそうです。**

B 뭐?

A 아유카와도 할 수 있는데 나도 못할 리가 없다면서.

B 초짜 대 초짜인가. 재판관이 불쌍하다.

잠깐만요!

★ 줄임말로도 자주 쓰이는 외래어

- **ゲームセンター → ゲーセン** 전자오락실, 게임센터
- **プリントクラブ → プリクラ** 스티커 사진
- **ナビゲーション → ナビ** 내비게이션
- **インターネットカフェ → ネットカフェ** 피시방

天気予報(てんきよほう) 일기 예보
明日(あした) 내일
雨(あめ) 비
降(ふ)**る** 내리다
新(あたら)**しい** 새롭다
数学(すうがく) 수학
怖(こわ)**い** 무섭다
先輩(せんぱい) 선배
試験(しけん) 시험
難(むずか)**しい** 어렵다
でき婚(こん) 속도위반 결혼
=**できちゃった結婚**(けっこん)
참고 직역하면 '아이가 생겨서 하는 결혼'이라는 뜻입니다.

首(くび)**になる** 해고되다
俺(おれ) 남성어 나
素人(しろうと) 아마추어, 비전문가
裁判官(さいばんかん) 재판관
気(き)**の毒**(どく) 가엾음, 불쌍함

{ 감정을 나타내는 표현 – 의지, 희망 }

먹고 싶은 것이 있으면 알려줘

희망을 나타내는 표현 중에 ほしい는 '소유의 희망', たい는 '행위의 희망'을 나타낼 때 사용해요. 둘 다 희망을 나타내는 표현으로 비슷한 듯하지만 용법과 접속 방법은 전혀 다르니 주의해 주세요. ほしい는 단순하게 생각하면 い형용사를 하나 더 배운다고 생각하면 되는데, 주의할 점은 조사는 꼭 を가 아닌 が를 사용해서 ~がほしい(~을 갖고 싶다, 원하다)라고 해요. 그리고 '~하고 싶다'의 ~たい는 동사 ます형에 붙여 쓰세요. 食(た)べたい(먹고 싶다), 行(い)きたい(가고 싶다), 飲(の)みたい(마시고 싶다) 등 여러분의 희망을 말할 때 이 두 가지 표현이 매우 유용하게 쓰일 거예요.

| 패턴미리보기 |

PATTERN 095 引き受けるつもりだったの？
PATTERN 096 この店にしようか。
PATTERN 097 食べたいものがあるなら教えてね。
PATTERN 098 家族においしいものを食べてほしい。

引き受けるつもりだったの？

맡을 생각이었어?

~つもりだったの는 ~つもり(~할 생각)를 과거형으로 써서 과거에 그럴 계획이었고 그럴 생각이었는지 묻는 표현입니다. [동사 기본형+つもりだったの] 형태로 씁니다.

STEP 1

1. 이번 작업 말이야, 맡을 생각이었어?
   今度の仕事ね、引き受けるつもりだったの？
2. 그와 만나서 이야기할 생각이었어?
   彼と会って話すつもりだったの？
3. 진짜로 그의 고백을 거절할 생각이었어?
   マジで彼の告白を断るつもりだったの？
4. 처음부터 이 가게의 체인점을 낼 생각이었어?
   最初からこの店のチェーン店を出すつもりだったの？
5. 네가 밥값을 낼 생각이었어?
   お前が食事代を奢るつもりだったの？

잠깐만요!

★ **告白**(こくはく)**する**(고백하다)를 요즘 젊은이들은 **こくる**라고 말합니다. 또한 외래어 명사에 **る**를 붙여 동사처럼 사용하는 경우도 있습니다.

オケる 노래방에 가다
ダブる 겹치다, 중복되다
パニくる 패닉이 되다
メモる 메모하다, 받아 적다
ミスる 실수하다

仕事(しごと) 일, 업무, 작업, 직업
引(ひ)**き受**(う)**ける** 맡다, 담당하다
告白(こくはく) 고백
断(ことわ)**る** 거절하다
最初(さいしょ) 최초, 처음
食事代(しょくじだい) 식사비
奢(おご)**る** 한턱내다, 비용을 내다

STEP 2

기자가 여선생의 엄마에게 "갑자기 사라진 여선생이 사라진 아이와 관계가 있는 건 아니냐?"고 물었습니다.

Mother

A もしかして、と思って。

B まさか！あのね、列車に乗ったところを見た人もいるし、今頃東京のどこかにいるはずなの。

A そうですか。

B 이런 거 보여주고, 나를 놀라게 할 생각이었어요?

A 혹시 몰라서요.
B 설마! 저기요, 열차에 탄 것을 본 사람도 있고 지금쯤 도쿄 어딘가에 분명 있을 거예요.
A 그래요?
B **こんなもの見せて、私をびっくりさせるつもりだったの？**

思(おも)**う** 생각하다
列車(れっしゃ) 열차
見(み)**せる** 보여주다

この店にしようか。

이 가게로 할까?

~にしようか(~로 할까)는 어떤 결정을 내릴 때 상대에게 묻는 표현으로 ~にしましょうか(~로 할까요)의 반말입니다. 가볍게 혼잣말을 할 때도 씁니다.

STEP 1

1. 오늘 점심은 이 가게로 할까?
   今日の昼、この店にしようか。
2. 회의는 다음 주로 할까?
   会議は来週にしようか。
3. 그럼 몇 시로 할까?
   じゃあ、何時にしようか。
4. 추우니깐 뜨거운 술로 할까?
   寒いから熱燗にしようか。
5. 피크닉은 어디로 할까?
   ピクニックはどこにしようか。

잠깐만요!

★ **お酒**(さけ) 관련 어휘

おつまみ 안주
乾杯(かんぱい) 건배
常連客(じょうれんきゃく) 단골
二日酔(ふつかよ)**い** 숙취
酔(よ)**っ払**(ぱら)**う** 취하다

昼(ひる) 점심, 낮
店(みせ) 가게, 상점, 점포
会議(かいぎ) 회의
来週(らいしゅう) 다음 주
寒(さむ)**い** 춥다
熱燗(あつかん)
술을 뜨겁게 데움, 따뜻하게 데운 술

STEP 2

연락이 두절됐던 남자를 만난 여자는 이것저것 물어보지만, 남자는 별로 말하고 싶지 않은 것 같습니다. **それでも、生きてゆく**

A 家出してずっと、何やってたんですか。
B 마실 거 뭐로 할까?
A 昨日とか何してたんですか。
B あ、おばあちゃんのところに行ってました。

A 집 나가서 계속 뭘 했었어요?
B **飲み物何にしようか**。
A 어제는 뭐했어요?
B 아, 할머니 계신 곳에 갔었어요.

家出(いえで) 가출, 집을 나감
飲(の)**み物**(もの) 마실 것, 음료
昨日(きのう) 어제
行(い)**く** 가다

097.mp3

食べたいものがあるなら教えてね。

먹고 싶은 것이 있으면 알려줘.

～たい～があるなら(~하고 싶은 ~가 있으면)는 상대에게 희망하는 것을 물을 때 쓰는 표현입니다.

STEP 1

1. 이번 생일에 먹고 싶은 것이 있으면 알려줘.
   今度の誕生日に食べたいものがあるなら教えてね。
2. 일본에서 가고 싶은 곳이 있으면 언제라도 말해 주세요.
   日本で行きたいところがあるならいつでも言ってください。
3. 사고 싶은 것이 있으면 메모해 두세요.
   買いたいものがあるならメモしといてください。
4. 읽고 싶은 책이 있으면 도서관에서 함께 찾아봐요.
   読みたい本があるなら図書館で一緒に探しましょう。
5. 말하고 싶은 것이 있으면 이 종이에 써 주세요.
   言いたいことがあるならこの紙に書いてください。

잠깐만요!

★ '찾다'는 **探**(さが)**す**와 **捜**(さが)**す**로 쓰입니다. **探す**는 '손에 넣고 싶은 것, 보고 싶은 것을 찾는 경우'에 쓰며, **捜す**는 '보이지 않는 것을 찾는 경우'에 씁니다.

今度(こんど) 이번, 금번, 이 다음
誕生日(たんじょうび) 생일
教(おし)**える** 가르치다
図書館(としょかん) 도서관
一緒(いっしょ)**に** 함께
探(さが)**す** 찾다
紙(かみ) 종이

STEP 2

여자가 삐쳐서 자꾸 째려보자 남자는 답답하다는 듯이 묻습니다.

リッチマン、プアウーマン

A この間からジロジロ僕を見るのは何なんだ？
B 見てませんよ！
A 말하고 싶은 것이 있으면 확실히 말해.
B いや、別になんでもありません。

A 지난번부터 빤히 나를 보는 것은 뭐야?
B 안 봤어요!
A **言いたいことがあるならはっきり言え。**
B 아니, 별로 아무것도 아니에요.

この間(あいだ) 지난번, 요전
僕(ぼく) 남성어 나
じろじろ 빤히, 뚫어지게, 유심히
別(べつ)**に** 별로, 특별히

家族においしいものを食べてほしい。

가족이 맛있는 것을 먹었으면 좋겠어.

098.mp3

자신이 아닌 다른 사람이 하기를 바라는 마음을 나타낼 때는 ほしい를 사용해서, **～に～てほしい**(～이 ～해주면 좋겠다) 형태로 씁니다. 이때 ～に를 해석할 때는 주격 '～이, 가'로 해 주세요.

STEP 1

1. 가족이 맛있는 것을 먹었으면 좋겠어.
   家族においしいものを食べてほしい。
2. 언니가 옆에 있었으면 좋겠어.
   お姉ちゃんにそばにいてほしい。
3. 아이가 정직한 사람이 됐으면 좋겠어.
   子供に正直な人間になってほしい。
4. 아빠가 이거랑 똑같은 것을 사줬으면 좋겠어.
   父にこれと同じものを買ってほしい。
5. 이것을 그가 조사해 줬으면 좋겠어.
   これを彼に調べてほしい。

잠깐만요!

★ **～てほしい**의 경우, 대상을 나타내는 말에 조사는 **が**가 아닌 **に**를 쓰고 '～이'로 해석하는 것을 기억해 주세요. 뜻은 **～に～てもらいたい**와 거의 같습니다.

家族(かぞく) 가족
お姉(ねえ)**ちゃん** 언니, 누나
正直(しょうじき) 정직
人間(にんげん) 인간
同(おな)**じ** 같음, 동일함
買(か)**う** 사다
調(しら)**べる** 조사하다

STEP 2

주위 사람을 무시만 하던 남자가 도움을 요청합니다.

リッチマン、プアウーマン

A 너희들이 도와줬으면 좋겠어.
B え？あ、ちょっともう一度だけ言ってもらえますか。
A ここからは、僕ひとりでは作れない。頼む。
B はい！任せてください。

A **君たちに手伝って欲しい。**
B 네? 아, 다시 한 번만 말해 주시겠어요?
A 이제부터는 나 혼자서는 만들 수 없어. 부탁해.
B 네! 맡겨 주세요.

手伝(てつだ)**う** 돕다
もう一度(いちど) 한 번 더
作(つく)**る** 만들다
頼(たの)**む** 부탁하다
任(まか)**せる** 맡기다

음성 강의 & 예문 듣기

{ 감정을 나타내는 표현 – 명령, 의뢰, 권유 }

슬슬 출발할까요

권유를 나타내는 표현으로는 ～ましょう(～합시다), ～ましょうか(～할까요), ～ませんか(～하지 않겠습니까) 등을 주로 사용하는데요. 이 중에서 가장 정중한 표현은 우리말과 마찬가지로 '～하지 않겠습니까'에 해당하는 ～ませんか예요. ～ましょう는 동료나 친구처럼 친한 사이에 쓰는 표현으로 상사나 윗사람에게 쓰면 좀 실례가 되는 표현이니 이럴 때는 가장 정중한 ～ませんか(～하지 않겠습니까)를 사용해 주세요.

| 패턴미리보기 |

PATTERN 099 いい加減にしなさい。

PATTERN 100 何もなかったことにして下さい。

PATTERN 101 そろそろ出発しましょうか。

PATTERN 102 俺に言い訳するな。

PATTERN 103 だって仕方ないじゃないか。

いい加減にしなさい。

적당히 해.

いい加減(かげん)**にしなさい**는 상대를 꾸짖는 표현으로 '적당히 해라, 이제 그만해, 작작해라'로 해석할 수 있습니다.

STEP 1

1. 시끄러우니까 적당히 해.
   うるさいから、いい加減にしなさい。
2. 사람들에게 거짓말하는 것도 작작해라.
   人に嘘をつくのもいい加減にしなさい。
3. 여자를 가지고 노는 것은 그만둬.
   女をもてあそぶのはいい加減にしなさい。
4. 지겨우니까 더 이상 그 이야기는 그만둬.
   うんざりなんでもうその話はいい加減にしなさい。
5. 남이 보는 앞에서 한숨 쉬는 것은 그만해.
   人の前でため息をつくのはいい加減にしなさい。

うるさい 시끄럽다
嘘(うそ)**をつく** 거짓말을 하다
女(おんな) 여자
もてあそぶ 가지고 놀다, 농락하다
うんざり 지겹게, 지긋지긋하게
ため息(いき)**をつく** 한숨을 쉬다

STEP 2 여자는 엄마가 추궁하자 제자를 유괴했다고 털어놓습니다.

Mother

A 엄마를 바보로 만드는 것도 적당히 해라.
B あの子は私の子じゃありません。
A あなた…あなた一体何をしたの？
B あの子は私が誘拐してきた教え子です。

A **母親バカにするのもいい加減にしなさい。**
B 저 아이는 제 아이가 아니에요.
A 너 … 너 도대체 무슨 일을 한 거야?
B 저 아이는 제가 유괴해 온 제자예요.

잠깐만요!

★ **親**(おや)는 '부모'를 나타내는 말로, '어머니'는 **母親**(ははおや), '아버지'는 **父親**(ちちおや)라고 합니다.

親子(おやこ) 부모 자식
親会社(おやがいしゃ) 모회사
↔ **子会社**(こがいしゃ) 자회사

馬鹿(ばか)**にする** 무시하다
一体(いったい) 도대체
誘拐(ゆうかい) 유괴
教(おし)**え子**(ご) 제자, 가르치는 아이

何もなかったことにして下さい。

아무것도 없었던 걸로 해주세요.

자신이 한 언행에 대해 감추고 싶을 때, 상대에게 당부하듯 말하는 표현으로 **～ことにして下(くだ)さい**(～으로 해주세요)를 씁니다. [동사 · い형용사의 보통체+ことにして下さい] 형태로 씁니다.

STEP 1

1. 어제 이야기는 아무것도 없었던 걸로 해주세요.
   昨日の話は何もなかったことにして下さい。

2. 아무것도 안 본 걸로 해주세요.
   何も**見なかった**ことにして下さい。

3. 아무것도 말하지 않은 걸로 해주세요.
   何も**言わなかった**ことにして下さい。

4. 아무것도 먹지 않은 걸로 해주세요.
   何も**食べなかった**ことにして下さい。

5. 아무것도 듣지 않은 걸로 해주세요.
   何も**聞かなかった**ことにして下さい。

昨日(きのう) 어제
話(はなし) 이야기
見(み)**る** 보다
言(い)**う** 말하다
食(た)**べる** 먹다
聞(き)**く** 듣다, 묻다

STEP 2

어머니는 딸이 갑자기 아이를 데리고 나타나자, 이 아이가 최근 행방불명된 아이와 관계가 있는 건 아닌지 묻습니다. **Mother**

A 女の子が行方不明になったのと同じ日に、あなたも引っ越して…。

B 何の話？

A 誤解があるんだったらちゃんと説明してくれなくっちゃ。

B 엄마와 우리 가족은 아무것도 몰랐던 걸로 해주세요.

A 여자아이가 행방불명된 날과 같은 날에 너도 이사하고 ….
B 무슨 이야기예요?
A 오해가 있는 거라면 제대로 설명해 줘야지.
B **お母さんたちは、何も知らなかったことにして下さい。**

잠깐만요!

★ '행방불명'을 **行方不明**(ゆくえふめい)라고 하는데, 이 경우는 실제 일어난 사건으로 뉴스로 보도되는 상황을 말합니다. 일본의 유명한 애니메이션 중에 **千**(せん)**と千尋**(ちひろ)**の神隠**(かみかく)**し**는 우리말로 '센과 치히로의 행방불명'으로 번역되었는데요. 애니메이션은 판타지이므로 **神隠し**는 '신이 감추었다'라고 하여 산이나 숲에서 사람이 사라진다거나 마을에서 어떤 흔적도 없이 사라지는 것을 말합니다. 우리말에도 흔히 "귀신이 곡할 노릇이야!"라고 하는 상황이 있죠.

同(おな)**じ** 같음
引(ひ)**っ越**(こ)**す** 이사하다
誤解(ごかい) 오해
ちゃんと 틀림없이, 착실하게
説明(せつめい) 설명

そろそろ出発しましょうか。

슬슬 출발할까요?

동사를 **～ましょうか**(～할까요) 형태로 쓰면 상대에게 함께하자고 권유하는 표현입니다. 더욱 정중한 표현으로 ～ませんか(～하지 않겠습니까)가 있습니다.

STEP 1

1. 슬슬 출발할까요?
   そろそろ出発しましょうか。
2. 함께 식사하러 갈까요?
   一緒に食事に行きましょうか。
3. 그럼 수업을 시작해 볼까요?
   さあ、授業を始めましょうか。
4. 한번 사귀어 볼까요?
   一度付き合ってみましょうか。
5. 뭔가 먹을까요?
   何か食べましょうか。

잠깐만요!

★ **始**(はじ)**め**와 **初**(はじ)**め**의 구분

- **始め(に)** (순서상) 맨 처음, 시초
  仕事(しごと)**の始め** 일의 시작
- **初め(て)** (경험상) 처음으로
  初めて食(た)**べました。**
  처음으로 먹었습니다.

出発(しゅっぱつ) 출발
食事(しょくじ) 식사
授業(じゅぎょう) 수업
始(はじ)**める** 시작하다
一度(いちど) 한 번, 한번
付(つ)**き合**(あ)**う** 사귀다, 교제하다

STEP 2

여자가 아이의 전입 신고를 미루자 여자의 어머니가 대신 해주겠다고 합니다.

Mother

A 엄마가 대신 구청에 갔다 와 줄까?
B ううん、大丈夫。ちゃんとする。
A あなたが仕事に行っている間、継美ちゃんどうするの？
B 一人で待ってられるよ。

A **お母さんが代わりに区役所、行ってきてあげましょうか。**
B 아니, 괜찮아. 잘할게.
A 네가 일하러 간 사이 쓰구미는 어떻게 해?
B 혼자서 기다리고 있을 수 있어.

代(か)**わりに** 대신에
区役所(くやくしょ) 구청
大丈夫(だいじょうぶ) 괜찮음
待(ま)**つ** 기다리다

102.mp3

俺に言い訳するな。

나에게 변명하지 마.

상대에게 강하게 명령하듯이 '~하지 마'라고 표현할 때, 말끝에 종조사 ~な를 붙여서 **~するな**라고 씁니다. 앞에 붙는 동사는 기본형으로 사용합니다.

STEP 1

1. 나에게 변명하지 마.
   俺に言い訳するな。
2. 괜찮으니까 그렇게 걱정하지 마.
   大丈夫だからそんなに心配するな。
3. 어린애도 아니고 장난하지 마.
   子供じゃあるまいし、いたずらするな。
4. 아직 모르니깐 흥분하지 마.
   まだ分からないから興奮するな。
5. 지키지 못할 거라면 약속하지 마.
   守れないんだったら約束するな。

잠깐만요!

★ ~な(~하지 마) 형태의 금지 표현

行(い)くな 가지 마
飲(の)むな 마시지 마
食(た)べるな 먹지 마
見(み)るな 보지 마
来(く)るな 오지 마

言(い)い訳(わけ) 변명
大丈夫(だいじょうぶ) 괜찮음
心配(しんぱい) 걱정
子供(こども) 아이
いたずら 장난, 장난질
興奮(こうふん) 흥분
守(まも)る 지키다
約束(やくそく) 약속

STEP 2

자신의 친엄마를 찾는 것을 도와주려는 여자에게 남자가 차갑게 대합니다.

リッチマン、プアウーマン

A 母の居場所をあんな所に書かれては困る。
B すいません。でも、何とか伝えなきゃって。
A 착각하지 마. プロジェクトに必要な人間だと思ったから呼んだんだ。
B え？

A 어머니가 계신 장소를 저런 곳에 쓰면 곤란해.
B 죄송합니다. 그렇지만 어떻게든 전해야 할 것 같아서.
A **勘違いするな**。프로젝트에 필요한 사람이라고 생각해서 부른 거야.
B 네?

居場所(いばしょ) 있는 곳, 거처
書(か)く 쓰다
困(こま)る 곤란하다
伝(つた)える 전하다
勘違(かんちが)い 착각
必要(ひつよう) 필요
呼(よ)ぶ 부르다

だって仕方ないじゃないか。

그런데 방법이 없잖아.

103.mp3

상대를 약간 비난하는 어조로 좀 강하게 말할 때, 끝에 **～じゃないか**를 붙여서 '～인 거 아냐, ～잖아'로 해석하세요. [동사 · い형용사의 보통체+じゃないか] [명사, な형용사 어간+じゃないか] 형태로 씁니다.

STEP 1

1. 그런데 방법이 없잖아.
   だって仕方ないじゃないか。
2. 나만 바보 같잖아.
   僕だけがバカみたいじゃないか。
3. 나는 남자잖아.
   俺は男じゃないか。
4. 당신은 지금 청춘이잖아.
   あなたは今、青春じゃないか。
5. 소중히 해. 부모에게 받은 생명이잖아.
   大事にしろ。親にもらった命じゃないか。

잠깐만요!

★ **～じゃないか**는 상대에게 권유하는 뉘앙스로 '～하지 않겠어'라는 뜻으로 쓰이기도 합니다.

行(い)こうじゃないか。
가지 않겠어? =가자.
やろうじゃないか。
하지 않겠어? =하자.

仕方(しかた) 방법, 수단
僕(ぼく) 남성어 나
俺(おれ) 남성어 나
青春(せいしゅん) 청춘
大事(だいじ) 소중함
親(おや) 부모
命(いのち) 생명, 목숨, 수명

STEP 2

벤처 기업 동업자인 두 사람이 의견 충돌로 대화를 나누고 있습니다.

リッチマン、プアウーマン

A 네가 너무 하고 싶어 했던 거잖아!
B うん。確かにそうだ。でも、これは僕のやり方じゃない。
A 俺はこの会社を、日本を代表する一流企業にしたいんだ。
B 一流？意味が分からない。

A **お前が、どうしてもやりたがっていたことじゃないか。**
B 응, 분명 그렇지. 그렇지만 이건 내 방식이 아니야.
A 나는 이 회사를 일본을 대표하는 일류 기업으로 만들고 싶어.
B 일류? 무슨 소리 하는 거야.

お前(まえ) 남성어 너
確(たし)**か** 확실함, 틀림없음
やり方(かた) 방식
代表(だいひょう) 대표
一流(いちりゅう) 일류
企業(きぎょう) 기업
意味(いみ) 의미

{ 감정을 나타내는 표현 – 충고, 허가, 금지 }

전화 좀 빌려도 될까요

금지의 표현인 ～てはいけない(～하면 안 된다)에서 ～ては는 회화체에서 ～ちゃ로 발음하는 경우가 있어요. 또 같은 의미인 ～てはならない는 회화체에서 ～てはだめだ로 바꾸어 말하는 경우도 있어요. 또한 ～てはいけない는 금지의 의미뿐 아니라 ～てはいけませんか 형태로 써서 상대에게 허가를 구하는 경우에도 사용할 수 있어요. 이때는 허가의 표현인 ～てもいいですか보다 좀 더 정중한 느낌을 준답니다.

| 패턴미리보기 |

PATTERN 104 傘を持っていったほうがいいですよ。

PATTERN 105 電話を借りてもいいですか。

PATTERN 106 まだ行かなくて大丈夫よ。

PATTERN 107 明日までに返さなければならない。

▶ 104.mp3

傘を持っていったほうがいいですよ。

우산을 가져가는 편이 좋아요.

[동사 **た형+たほうがいいですよ**](~하는 편이 좋아요) 형태는 상대에게 부드러운 권유나 충고를 할 때 사용합니다.

STEP 1

1. 오늘은 우산을 가져가는 편이 좋아요.
   今日は傘を持っていったほうがいいですよ。
2. 열이 있을 때는 빨리 병원에 가는 편이 좋아요.
   熱がある時は、早く病院に行ったほうがいいですよ。
3. 외식보다 직접 요리를 만드는 편이 좋아요.
   外食より自分で料理を作ったほうがいいですよ。
4. 고기를 먹을 때는 채소도 함께 먹는 편이 좋아요.
   肉を食べる時は野菜も一緒に食べたほうがいいですよ。
5. 오늘은 매우 추우니까 옷을 많이 껴입는 편이 좋아요.
   今日はとても寒いから厚着をしたほうがいいですよ。

잠깐만요!

★ **肉**(にく)의 종류

鴨肉(かもにく) 오리고기
牛肉(ぎゅうにく) 소고기
鶏肉(とりにく) 닭고기
馬肉(ばにく) 말고기
ばら肉(にく) 삼겹살
豚肉(ぶたにく) 돼지고기
ラム肉(にく) 양고기
참고 '삼겹살'을 **三段腹**(さんだんばら)라고 잘못 말하는 경우가 있는데, 이것은 '뱃살이 세 겹'이라는 뜻입니다.

傘(かさ) 우산
持(も)**つ** 가지다, 들다
熱(ねつ) 열
病院(びょういん) 병원
外食(がいしょく) 외식
料理(りょうり) 요리
肉(にく) 고기
野菜(やさい) 채소, 야채
厚着(あつぎ)**をする** 옷을 많이 껴입다

STEP 2

여자는 수상한 가정 교사의 과거를 파헤치려고 여러 사람을 만나러 다니던 중에, 가정 교사를 조심하라는 말을 듣습니다. **家族ゲーム**

A もちろん、私たちはその事故に、一切関係ありません。
B そうですか。不愉快な思いをさせてしまって、すみませんでした。
A 조심하는 편이 좋아요. あの男は、悪魔ですから。
B じゃあ、失礼します。

A 물론, 우리들은 그 사고에 일절 관계없어요.
B 그러세요? 불쾌한 기분 들게 해서 실례했습니다.
A **気を付けたほうがいいですよ。** 그 남자는 악마니까요.
B 그럼, 가보겠습니다.

事故(じこ) 사고
一切(いっさい) ①일절, 전혀 ②일체, 모두
関係(かんけい) 관계
不愉快(ふゆかい) 불쾌
気(き)**をつける** 조심하다
悪魔(あくま) 악마

105.mp3

電話を借りてもいいですか。

전화 좀 빌려도 될까요?

[**동사 て형+てもいいですか**](~해도 될까요) 형태는 상대에게 허가를 받기 위해 정중하게 묻는 표현입니다.

STEP 1

1. 여기 전화 좀 빌려도 될까요?
   ここの電話を借りてもいいですか。
2. 구두를 신어 봐도 될까요?
   靴を履いてみてもいいですか。
3. 이 옷을 입어 봐도 될까요?
   この服を着てみてもいいですか。
4. 여기에서 사진을 찍어도 될까요?
   ここで写真を撮ってもいいですか。
5. 저기요, 안에 들어가도 될까요?
   あのう、中に入ってもいいですか。

잠깐만요!

★ 상의를 입을 때는 **着(き)る**를 쓰고, 하의를 입거나 신발을 신을 때는 **はく**를 씁니다.

彼(かれ)は黒(くろ)いシャツを着ている。 그는 검은 셔츠를 입고 있다.
彼女(かのじょ)はスカートをはいている。 그녀는 치마를 입고 있다.
父(ちち)は背広(せびろ)を着ている。 아빠는 양복을 입고 있다.
(참고) 원피스나 양복과 같은 한 벌의 의미는 **着(き)る**를 사용하세요.

電話(でんわ) 전화
借(か)**りる** 빌리다
靴(くつ)**を履**(は)**く** 구두를 신다
服(ふく)**を着**(き)**る** 옷을 입다
写真(しゃしん)**を撮**(と)**る** 사진을 찍다
入(はい)**る** 들어가다

STEP 2

입양 온 집에서 양부모가 너무 잘해 주려고 하는 모습이 불편하게 느껴진 아이가 말합니다.　**明日、ママがいない**

A 저, 하나만 더 부탁해도 될까요?

B 何？

A できるだけ、普通にしてほしいんです。

B 普通？

A **あの…もう1つだけお願いしてもいいですか。**
B 뭔데?
A 될 수 있는 한 평범하게 대해 주었으면 좋겠어요.
B 평범하게?

お願(ねが)**いする** 부탁하다
できるだけ 최대한, 가능한 한
普通(ふつう) 보통

まだ行かなくて大丈夫よ。

아직 가지 않아도 괜찮아.

[동사 **ない형+なくても大丈夫**(だいじょうぶ)**よ**]는 회화체에서는 も(~도)를 생략하는 경우가 많습니다. 해석은 '~하지 않아도 괜찮아'라고 해주세요.

STEP 1

1. 아직 가지 않아도 괜찮아.
   まだ行かなくて大丈夫よ。
2. 배고프지 않으면 먹지 않아도 괜찮아.
   お腹空いてないなら食べなくて大丈夫よ。
3. 사정이 안 좋으면 무리해서 오지 않아도 괜찮아.
   都合が悪かったら、無理に来なくて大丈夫よ。
4. 술을 싫어하면 마시지 않아도 괜찮아.
   お酒が嫌いなら飲まなくて大丈夫よ。
5. 바쁜 사람은 참가하지 않아도 괜찮아.
   忙しい人は参加しなくて大丈夫よ。

잠깐만요!

★ 주격 조사 **~が**를 '~을'로 해석해야 하는 예외 경우를 기억하세요.

~が好(す)**きだ** ~을 좋아하다
~が嫌(きら)**いだ** ~을 싫어하다
~が上手(じょうず)**だ** ~을 잘하다
~が下手(へた)**だ** ~을 못하다, ~이 서툴다
私(わたし)**はコーヒーが好きです。** 나는 커피를 좋아합니다.

お腹(なか)**が空**(す)**く** 배가 고프다
都合(つごう) 형편, 사정
無理(むり) 무리
来(く)**る** 오다
お酒(さけ) 술
飲(の)**む** 마시다
嫌(きら)**いだ** 싫어하다
忙(いそが)**しい** 바쁘다
参加(さんか) 참가

STEP 2

할머니와 다투다가 찢어진 그림편지를 붙이면서 엄마와 아이가 이야기합니다.

Mother

A 頑張って書いてくれたのに、ごめんね。
B また書くからいいよ。
A 걱정 안 해도 괜찮아. おばあちゃんも継美のこと好きだから。
B お母さん。

A 열심히 써 줬는데 미안해.
B 또 쓸 거니까 괜찮아요.
A **心配しなくて大丈夫よ。** 할머니도 쓰구미를 좋아하니까.
B 엄마!

頑張(がんば)**る** 노력하다
書(か)**く** 쓰다, 그리다
心配(しんぱい) 걱정
大丈夫(だいじょうぶ) 괜찮음

明日までに返さなければならない。

내일까지 반납하지 않으면 안 돼.

[동사 ない형+なければならない]는 당연, 의무, 불가피를 나타내며 '~하지 않으면 안 된다, ~해야만 하다'로 해석할 수 있습니다.

STEP 1

1. 이 책은 내일까지 반납하지 않으면 안 돼.
   この本は明日までに返さなければならない。

2. 나는 오늘 오후에 병원에 가지 않으면 안 돼.
   私は今日の午後病院へ行かなければならない。

3. 독한 약은 주의해서 먹어야 해.
   強い薬は注意して飲まなければならない。

4. 내일은 심리학 리포트를 써야 해.
   明日は心理学のレポートを書かなければならない。

5. 자기 전에 반드시 이를 닦아야 해.
   寝る前に必ず歯を磨かなければならない。

잠깐만요!

★ **まで**와 **までに**는 둘 다 '~까지'로 해석하는데, 상황에 맞게 구별해서 써야 합니다. **まで**는 동작이 일정 기간 지속됨을 말하고, **までに**는 동작이 단발적이고, 1회성인 동사 앞에서 기한의 한계를 표현합니다.

9時まで待(ま)つ。 9시까지 기다리다.(9시까지 계속 기다리는 지속성)
9時までに提出(ていしゅつ)する。 9시까지 제출하다.(9시까지 제출해야 하는 기한)

明日(あした) 내일
返(かえ)**す** 반납하다, 돌려주다
午後(ごご) 오후
病院(びょういん) 병원
強(つよ)**い** 강하다
薬(くすり) 약
注意(ちゅうい) 주의
心理学(しんりがく) 심리학
歯(は)**を磨**(みが)**く** 이를 닦다

STEP 2

재판장에서 사기 피해자와 피의자가 언쟁을 벌이고 있습니다.

リーガル・ハイ 2

A ビジネスなんです。매정해지지 않으면 안 돼요.
B あんたはだましたんだ！詐欺師だ！
A 詐欺容疑で捕まったのはあなたのお父さんの方ですよね？
B そんなことない！

A 비즈니스잖아요. **非情にならなければならない。**
B 당신이 속였잖아! 사기꾼!
A 사기 용의로 체포된 것은 당신 아버지 쪽이지 않아요?
B 그럴 리 없어!

非情(ひじょう) 매정함
騙(だま)**す** 속이다
詐欺師(さぎし) 사기꾼
詐欺容疑(さぎようぎ) 사기 용의
捕(つか)**まる** 체포되다

음성 강의 & 예문 듣기

{ 비교 표현 }

그녀는 그 중에서도 특히 아름답다

비교 표현이라고 하면 흔히 두 가지를 비교하는 경우가 많은데요. 이 밖에 세 가지 이상을 비교할 때는 어떻게 표현할까요? 의외로 단순하게 쓸 수 있는데 ～の中(なか)で一番(いちばん)을 사용하는 거예요. 예를 들어 中田(たなか)さんは家族(かぞく)の中で一番背(せ)が高(たか)い。(다나카 씨는 가족 중에서 가장 키가 크다.)와 같이 말하면 돼요. 또는 ～で最(もっと)も를 사용해서 彼女(かのじょ)はクラスで最も優秀(ゆうしゅう)だ。(그녀는 학급에서 가장 우수하다.)와 같이 사용하세요.

| 패턴미리보기 |

PATTERN 108 傘を持っていったほうがいいと思いますよ。

PATTERN 109 彼女は中でもとくに美しい。

傘を持っていったほうがいいと思いますよ。

우산을 가지고 가는 편이 좋겠어요.

[동사 **た형+たほうがいいと思**(おも)**いますよ**]는 상대에게 권유나 가벼운 충고를 하는 표현입니다. ～より와 함께 사용하면 비교 표현이 됩니다. 하지만 회화체에서는 ～より를 생략하는 경우가 많습니다.

STEP 1

1. 오늘은 우산을 가지고 가는 편이 좋겠어요.
   今日は傘を持っていったほうがいいと思いますよ。
2. 길이 붐비니까 전철로 가는 편이 좋겠어요.
   道は込んでいるから電車で行ったほうがいいと思いますよ。
3. 추우니까 옷을 많이 껴입는 게 좋겠어요.
   寒いから厚着をしたほうがいいと思いますよ。
4. 시간이 늦었으니까 빨리 돌아가는 편이 좋겠어요.
   時間が遅いから早く帰ったほうがいいと思いますよ。
5. 외식하는 것보다 직접 요리를 만드는 편이 좋겠어요.
   外食するより自分で料理を作ったほうがいいと思いますよ。

STEP 2

딸이 살해 당하기 전에 성폭행을 당했을 거라는 생각에 괴로워하는 어머니를 보며 두 사람이 이야기하고 있습니다. **それでも、生きてゆく**

A 사실을 알려주는 편이 좋겠어요.
B そんなのどうやって？
A たぶん、お医者さんか警察が確認したと思います。
B それでもし、それがそうだったら…。

A **本当のこと、教えてあげたほうがいいと思いますよ。**
B 그걸 어떻게?
A 아마 의사나 경찰이 확인했을 거예요.
B 그래서 만약 그것이 맞다고 한다면 ….

잠깐만요!

★ 일본은 **電車**(でんしゃ)와 **地下鉄**(ちかてつ)의 구분이 명확합니다. 지하로 운행하는 것은 따로 구분하여 **地下鉄**라고 합니다.

● 전철, 지하철 관련 용어
始発(しはつ) 첫차
終電(しゅうでん) 막차
切符売(きっぷう)**り場**(ば) 매표소
改札口(かいさつぐち) 개찰구
定期券(ていきけん) 정기권
路線図(ろせんず) 노선도
駅員(えきいん) 역무원, 역원
乗(の)**り換**(か)**える** 갈아타다

傘(かさ) 우산
持(も)**つ** 들다, 가지다
道(みち) 길
込(こ)**む** 붐비다
電車(でんしゃ) 전철
寒(さむ)**い** 춥다
厚着(あつぎ)**をする** 옷을 껴입다
遅(おそ)**い** 늦다
帰(かえ)**る** 귀가하다
外食(がいしょく) 외식
料理(りょうり) 요리

教(おし)**える** 가르치다, 알려주다
たぶん 아마
医者(いしゃ) 의사
警察(けいさつ) 경찰
確認(かくにん) 확인

彼女は中でもとくに美しい。

그녀는 그 중에서도 특히 아름답다.

▶ 109.mp3

中(なか)**でも**는 부사로 '그 중에서도, 특히'라는 뜻이 있습니다. 비슷한 말로 とりわけ(특히)가 있습니다.

STEP 1

1. 그녀는 그 중에서도 특히 아름답다.
   彼女は中でもとくに美しい。
2. 그 중에서도 가장 즐거웠던 추억은 이거야.
   中でも一番楽しかった思い出はこれだ。
3. 그는 그 중에서도 머리가 좋다.
   彼は中でも頭がいい。
4. 그 중에서도 이 무늬가 가장 맘에 들었어.
   中でもこの柄が気に入った。
5. 그 중에서도 가장 인기가 높은 가게에 가 봤어.
   中でも一番人気の高いお店に行ってみたんだ。

美(うつく)**しい** 아름답다, 예쁘다
楽(たの)**しい** 즐겁다, 재미있다
思(おも)**い出**(で) 추억
頭(あたま) 머리
柄(がら) 모양, 무늬
気(き)**に入**(い)**る** 마음에 들다

STEP 2 가정 교사가 제자를 괴롭히는 가해 학생들에게 따끔한 충고를 했습니다.

家族ゲーム

A あいつらに何吹き込んだんですか。
B アドバイスしたんだよ。君たちのやり方は間違っているって。
A どうしてそんなこと。
B 저 녀석은 내가 봐 왔던 중에서도 최악의 학생이니까.

A 저 녀석들한테 뭐라고 부추긴 건가요?
B 충고를 해줬어. 너희들의 방식은 틀렸다고.
A 왜 그런 짓을.
B **あいつは僕が見てきた中でもダメダメの生徒だからね。**

잠깐만요!

★ **ダメダメ**(쓸모없음)와 같이 같은 말을 두 번 반복해서 의미를 강조하는 말로 쓰입니다.

もてる 이성에게 인기가 있다(속어)	→ **もてもて** 인기짱
見(み)**える** 보이다	→ **みえみえ** 훤히 다 보임
ばれる 들통나다, 발각되다	→ **ばればれ** 다 들통남

吹(ふ)**き込**(こ)**む** 부추기다, 교사(教唆)하다
やり方(かた) 하는 방법
間違(まちが)**う** 틀리다, 잘못되다
生徒(せいと) 생도, 학생

{ 이유 · 목적을 나타내는 표현 }

맛있기 때문에 항상 사람들이 줄 서 있어

이유를 나타내는 대표적인 표현으로 から와 ので(때문)가 있는데요. 기본적으로 から는 주관적이고, ので는 객관적인 이유에 쓰고 보다 정중한 표현이라는 건 아시죠! 더 나아가 이 둘의 용법의 차이를 알아보면 から는 道(みち)が込(こ)んでるだろうから、早(はや)めに出発(しゅっぱつ)しよう。와 같이 판단을 나타내는 ~だろう에 붙여 쓸 수 있지만, ので는 ~だろう를 붙여 쓸 수 없어요. 또한 명령, 권유, 의지 등과 함께 쓰일 때도 時間(じかん)がないから急(いそ)げ。(명령)와 같이 から가 더욱 자연스러워요.

| 패턴미리보기 |

- PATTERN 110 おいしいからいつも人が並んでいるんだ。
- PATTERN 111 彼女に会いたかったんです。
- PATTERN 112 今、会いに行ってもいい？
- PATTERN 113 パソコンを買うためにアルバイトをしてる。
- PATTERN 114 学校を休んだのは、熱があったからです。

おいしいからいつも人が並んでいるんだ。

맛있기 때문에 항상 사람들이 줄 서 있어.

*~んだ*는 앞에서 말한 ~から(~때문)를 더욱 강조하는 뉘앙스를 나타냅니다. 회화체에서는 ~んだ를 쓰지만, 문장체는 ~のだ로 쓰는 게 일반적입니다.

STEP 1

1. 이 가게는 맛있기 때문에 항상 사람들이 줄 서 있어.
   この店はおいしいからいつも人が並んでいるんだ。
2. 착실하게 공부하지 않았기 때문에 시험에 떨어진 거야.
   真面目に勉強しなかったから試験に落ちたんだ。
3. 당신이 바람피웠기 때문에 그녀에게 버림받은 거야.
   あなたが浮気したから彼女に捨てられたんだ。
4. 그의 방 불은 꺼져 있기 때문에 외출한 거야.
   彼の部屋の明かりが消えているから出掛けたんだ。
5. 이 아이는 혼자서 울고 있기 때문에 틀림없이 미아인 거야.
   この子は一人で泣いてるからきっと迷子になったんだ。

STEP 2

두 명의 변호사가 재판에 대한 서로 다른 생각을 말하고 있습니다.

リーガル・ハイ 2

A そうしたらみんなが傷つく。誰が得するんでしょう？

B 裁判とはそういうものじゃない！

A 双方がウィンウィンになる道を見つけるために裁判はあるはずです！

B ウィンウィン？패자가 있기 때문에 승자도 있는 거야!

A 그렇게 하면 모두가 상처를 받아요. 누가 득을 보는 건가요?
B 재판은 그런 게 아니야!
A 쌍방이 윈윈이 되는 길을 찾기 위해서 재판은 있는 겁니다!
B 윈윈? **敗者がいるから勝者がいるんだ！**

잠깐만요!

★ 남녀 관계에 쓰이는 표현

浮気(うわき)**する** 바람피우다
猫(ねこ)**を被**(かぶ)**る** 내숭을 떨다
一目惚(ひとめぼ)**れをする** 첫눈에 반하다
気(き)**が合**(あ)**う** 마음이 잘 맞다
片想(かたおも)**いをする** 짝사랑하다
鯖(さば)**を読**(よ)**む** 나이를 속이다

並(なら)**ぶ** 줄을 서다, 늘어서다
真面目(まじめ) 성실함
試験(しけん)**に落**(お)**ちる** 시험에 떨어지다
浮気(うわき)**する** 바람피우다
捨(す)**てる** 버리다
部屋(へや) 방
明(あ)**かり** 빛, 등불
消(き)**える** 사라지다, 지워지다
出掛(でか)**ける** 나가다, 외출하다
泣(な)**く** 울다
迷子(まいご) 미아

傷付(きずつ)**く** 상처를 입다
得(とく)**する** 이득을 보다
裁判(さいばん) 재판
双方(そうほう) 쌍방
見(み)**つける** 발견하다, 찾다
敗者(はいしゃ) 패자
勝者(しょうしゃ) 승자

彼女に会いたかったんです。

그녀를 만나고 싶었어요.

~たかったんです(~하고 싶었어요)는 [동사 ます형+たい](~하고 싶다)의 과거형 표현입니다.

STEP 1

1. 어제는 그녀를 만나고 싶었어요.
   昨日は彼女に会いたかったんです。
2. 나는 피자가 먹고 싶었어요.
   私はピザが食べたかったんです。
3. 나도 어제 파티에 가고 싶었어요.
   私も昨日のパーティーに行きたかったんです。
4. 공포 영화를 보고 싶었어요.
   ホラー映画が見たかったんです。
5. 어렸을 때 애완동물을 키우고 싶었어요.
   子供の時、ペットを飼いたかったんです。

잠깐만요!

★ 동물의 종류

犬(いぬ) 개
子犬(こいぬ) 강아지
兎(うさぎ) 토끼
牛(うし) 소
子牛(こうし) 송아지
馬(うま) 말
亀(かめ) 거북이
猿(さる) 원숭이
虎(とら) 호랑이
猫(ねこ) 고양이
羊(ひつじ) 양
蛇(へび) 뱀

昨日(きのう) 어제
会(あ)**う** 만나다
映画(えいが) 영화
飼(か)**う** 기르다, 사육하다

STEP 2

가정 교사가 주식을 하다가 큰돈을 잃었다는 사실을 알게 된 여자가 말합니다.

家族ゲーム

A 家族と向き合ってくれるんじゃなかったんですか。

B 변하고 싶었어요.

A そんなことで変われるならみんな株やってますよ！

B 今までの自分から抜け出したかったんです。

A 가족과 교류하고 있는 것 아니었나요?
B **変わりたかったんです。**
A 그런 걸로 변할 수 있다면 누구나 주식을 할 거예요!
B 지금까지의 자신으로부터 빠져나오고 싶었어요.

家族(かぞく) 가족
向(む)**き合**(あ)**う** 마주 보다
変(か)**わる** 변하다
株(かぶ) 주식
自分(じぶん) 자기 자신
抜(ぬ)**け出**(だ)**す** 빠져나오다

今、会いに行ってもいい?

지금 만나러 가도 돼?

목적을 나타내면서 동시에 상대에게 허락을 구하는 표현으로 [동사 **ます형+に行(い)ってもいい**](~하러 가도 돼)를 씁니다.

STEP 1

1. 지금 만나러 가도 돼?
   今、会いに行ってもいい?
2. 너희 집에 자러 가도 돼?
   お前のうちに泊りに行ってもいい?
3. 새로 산 컴퓨터 보러 가도 돼?
   新しく買ったパソコン、見に行ってもいい?
4. 그거 내일 반납하러 가도 돼?
   それ、明日返しに行ってもいい?
5. 빌려준 책 가지러 가도 돼?
   貸した本、取りに行ってもいい?

잠깐만요!

★ **取(と)る**의 용법

- 손에 가지다, 집다, 들다, 쥐다
  手(て)にとって見(み)る。
  손에 들고 보다.
- 취하다
  栄養(えいよう)をとる。
  영양을 취하다.
- 받다
  使用料(しようりょう)をとる。
  사용료를 받다.
- 예약하다, 잡아 두다
  予約(よやく)をとる。
  예약을 잡다.
- (동물을) 잡다, (열매를) 따다
  魚(さかな)をとる。
  물고기를 잡다.

会(あ)う 만나다
泊(とま)る 숙박하다, 묵다, 자다
新(あたら)しい 새롭다
買(か)う 사다
返(かえ)す 반납하다
貸(か)す 빌려주다
取(と)る 취하다, 받다

遊(あそ)ぶ 놀다
待(ま)つ 기다리다
声(こえ) 목소리

STEP 2

몸이 아픈 아이가 평소 잘 놀아주는 아주머니에게 전화를 겁니다.

Mother

A 저기요, 지금 놀러가도 돼요?
B ごめんなさい。お仕事中なの。今日は遊べないんです。
A うん…わかった…じゃあね…。
B ちょっと待って。声、どうしたの?

A **あのね、今から遊びに行ってもいい?**
B 미안하다. 일하는 중이라서. 오늘은 놀 수 없단다.
A 네 … 알았어요 … 그럼 끊을게요.
B 잠깐 기다려. 목소리가 왜 그래?

パソコンを買うためにアルバイトをしてる。

컴퓨터를 사기 위해서 아르바이트를 하고 있어.

~ために는 동사의 목적을 표현하는 형식 중에서 가장 대표적인 것입니다. 또는 '(사람 · 단체) ~을 위해서' 라는 뜻으로 이익을 나타내는 경우도 있습니다. [동사 기본형+ために] [명사+のために] 형태로 사용하세요.

STEP 1

1. 여동생은 컴퓨터를 사기 위해서 아르바이트를 하고 있어.
   妹はパソコンを買うためにアルバイトをしてる。
2. 나는 자동차 면허를 따기 위해서 수십만엔을 써버렸어.
   私は車の免許を取るために数十万円を使っちゃったよ。
3. 엄마는 우리들을 위해서 쿠키를 구워 주었다.
   母は私たちのためにクッキーを焼いてくれた。
4. 그는 회사를 위해 너무 지나치게 일을 해서 병에 걸렸대.
   彼は会社のために働きすぎて病気になったんだって。
5. 일본 여행을 가기 위해서 돈을 모으고 있어.
   日本旅行に行くためにお金を貯めてるよ。

잠깐만요!

★ **ために**는 문장 1 · 2 · 5에서는 목적, 3 · 4에서는 이익을 나타냅니다.

★ 외래어는 흔히 **カタカナ**로 표기하는데, 어원이 영어인 경우가 많지만, 이외에도 어원은 다양합니다.

アルバイト (독일어) 아르바이트
パン (포르투갈어) 빵
タバコ (네덜란드어) 담배
ボタン (네덜란드어) 단추
イギリス (포르투갈어) 영국

妹(いもうと) 여동생
買(か)**う** 사다
免許(めんきょ) 면허
使(つか)**う** 사용하다
数十万円(すうじゅうまんえん) 수십만엔
焼(や)**く** 굽다
働(はたら)**く** 일하다
病気(びょうき) 병, 질환
貯(た)**める** 돈을 모으다

STEP 2

아빠에게 접근했던 여자의 정체를 알고 있는 아들이 사실을 말합니다.

家族ゲーム

A なんでお前が…。
B 彼女は父さんが好きで近づいたわけじゃない。
A どういうことだ?
B 우리 가족을 지키기 위해서 접근한 거야.

A 어떻게 네가 ….
B 그 여자는 아빠가 좋아서 접근한 게 아니야.
A 무슨 말이야?
B **俺たち家族を守るために接触したんだよ。**

近(ちか)**づく** 접근하다
俺(おれ) 남성어 나, 내
守(まも)**る** 지키다
接触(せっしょく) 접촉, 접근

学校を休んだのは、熱があったからです。

학교를 쉰 것은 열이 났기 때문이에요.

～のは～からです(～것은 ～때문이에요)는 상황이나 상태를 먼저 말하고 뒤에 이유를 말해서 '이유'를 강조하는 표현입니다.

STEP 1

1. 어제 학교를 쉰 것은 감기로 열이 났기 때문이에요.
   昨日学校を休んだのは、風邪で熱があったからです。

2. 내가 일본으로 유학 간 것은 일본 기업에 취직하고 싶기 때문이에요.
   私が日本に留学したのは、日本の企業に就職したいからです。

3. 영화 보러 가지 않은 것은 갑자기 배가 아팠기 때문이에요.
   映画に行かなかったのは、急にお腹が痛くなったからです。

4. 빨리 집을 나오는 것은 만원 전철에 타고 싶지 않기 때문이에요.
   早く家を出るのは、満員電車に乗りたくないからです。

5. 학교에 가고 싶지 않은 것은 괴롭힘을 당하고 있기 때문이에요.
   学校に行きたくないのは、いじめられてるからです。

잠깐만요!

★ 우리말 표현을 가장 자연스런 일본어로 바꿔 보아요.

- 무소식이 희소식이다
  便(たよ)りのないのはよい便(たよ)り
- 무슨 낯짝으로
  どのつら下(さ)げて
- 뒤치다꺼리를 하다
  尻拭(しりぬぐ)いをする
- 덩달아(서)
  尻馬(しりうま)に乗(の)って

休(やす)む 쉬다, 휴식하다
風邪(かぜ) 감기
熱(ねつ) 열
留学(りゅうがく) 유학
企業(きぎょう) 기업
就職(しゅうしょく) 취직
急(きゅう)に 갑자기
お腹(なか)が痛(いた)い 배가 아프다
満員電車(まんいんでんしゃ) 만원 전철

STEP 2

여자는 자신의 경험에 따라 고아원 아이들에게 꼭 필요한 것이 무엇인지 말을 합니다.

明日、ママがいない

A あの子達には、自分だけの帰る場所が必要なんです。
B 場所ね。必要なのは人じゃなく、場所か。
A 사람에게 집착하는 것은 비극밖에 초래하지 않기 때문이에요.
B フンっ。何だ？男で痛い目でも見たか。

A 그 아이들은 자신들만의 돌아갈 곳이 필요한 거예요.
B 장소 ~. 필요한 것은 사람이 아니라 장소인가?
A **人に執着するのは…悲劇しか生まないからです。**
B 어, 뭐야? 남자한테 데이기라도 한 거야?

場所(ばしょ) 장소, 곳
必要(ひつよう) 필요
執着(しゅうちゃく) 집착
悲劇(ひげき) 비극
生(う)む 생기게 하다, 만들어내다
男(おとこ) 남자

음성 강의 & 예문 듣기

{ 수동 · 사역 · 사역수동 표현 }

자주 남동생에게 심부름을 시키고 있어

일본어 문법에서는 '수동'에도 여러 종류가 있는데, 남에게 피해를 당했다는 뉘앙스의 '간접 수동'이 대표적이죠. 예를 들어 隣(となり)の人(ひと)に大声(おおごえ)で騒(さわ)がれた。라고 하면 해석은 "옆집 사람이 큰 소리로 떠들었다."고 하지만, 그 말 속에는 '옆집 사람이 시끄러워서 피해를 봤다, 짜증났다'는 뉘앙스가 들어 있어요. 그러나 이런 간접 수동을 만들 수 없는 동사들도 있으니 주의해야 한답니다. 능력을 나타내는 동사인 できる, 자발적인 의미를 가진 동사인 見(み)える · 聞(き)こえる · 売(う)れる, 다른 사물에 영향을 주지 않는 상태 동사인 ある · 要(い)る 등은 간접 수동으로 쓸 수 없는 동사예요.

| 패턴미리보기 |

PATTERN 115 犬に手を噛まれちゃいました。

PATTERN 116 よく弟をお使いに行かしてる。

PATTERN 117 母にお見合いをさせられたんです。

犬に手を噛まれちゃいました。

개에게 손을 물렸어요.

자신의 의지와는 상관없이 어떠한 일을 당해서 불쾌하거나 곤란할 때 주로 사용하는 수동 표현입니다. **[동사 ない형+(ら)れちゃいました]** 형태로 쓰고, '~당해 버렸습니다, ~당했습니다'로 해석합니다.

STEP 1

1. 개에게 손을 물렸어요.
   犬に手を噛まれちゃいました。
2. 공부를 하지 않아서 엄마에게 혼났어요.
   勉強をしなくて母に叱られちゃいました。
3. 회사에서 부장에게 야단맞았어요.
   会社で部長に怒られちゃいました。
4. 전철 안에서 도둑에게 지갑을 도난당했어요.
   電車の中で泥棒に財布を盗まれちゃいました。
5. 어렸을 때 친구들에게 왕따당했어요.
   子供の時、友達にいじめられちゃいました。

잠깐만요!

★ 여러 가지 회사 직급

社長(しゃちょう) 사장
副社長(ふくしゃちょう) 부사장
取締役(とりしまりやく) 임원
部長(ぶちょう) 부장
課長(かちょう) 과장
代理(だいり) 대리
平社員(ひらしゃいん) 평사원
新入社員(しんにゅうしゃいん) 신입 사원

噛(か)**む** 물다
叱(しか)**る** 혼내다
怒(おこ)**る** 화나다
部長(ぶちょう) 부장님
泥棒(どろぼう) 도둑
財布(さいふ) 지갑
盗(ぬす)**む** 훔치다
いじめる 따돌리다, 못살게 굴다

STEP 2

앞에 있는 사람이 진짜 자신의 친모인지도 모른 채 여자는 자신의 이야기를 털어놓습니다.

Mother

A 5살 때, 친모에게 버려졌어요.
B そう。
A と言っても、当時の事はほとんど覚えてないです。
嫌な思い出は忘れるのが得意で。
B そう。

A **5歳のときに、実の母に捨てられちゃいました。**
B 그래.
A 그렇다고 해도 당시의 일은 거의 기억나지 않아요. 나쁜 기억은 잘 잊으니까요.
B 그렇구나.

捨(す)**てる** 버리다
当時(とうじ) 당시
覚(おぼ)**える** 기억하다, 외우다
嫌(いや) 싫음, 바라지 않음
思(おも)**い出**(で) 추억
忘(わす)**れる** 잊다

116.mp3

よく弟をお使いに行かしてる。

자주 남동생에게 심부름을 시키고 있어.

[동사 ない형+(さ)せる]는 사역형 표현으로, 회화체에서는 せる→す, させる→さす로 발음하기도 합니다. 의미는 그대로 '(~에게) ~하게 하다, ~시키다'입니다.

STEP 1

1. 자주 남동생에게 심부름을 시키고 있어.
   よく弟をお使いに行かしてる。
2. 그녀는 남편에게 쓰레기를 버리게 하고 있어.
   彼女は夫にごみを捨てさしてる。
3. 나는 요리를 못해서 여동생에게 시키고 있어.
   私は料理が下手だから妹にさしてる。
4. 다나카 씨는 냉장고에 채소를 썩히고 있어.
   田中さんは冷蔵庫で野菜を腐らしてる。
5. 당신은 항상 나를 웃게 해.
   あなたはいつも私を笑わしてる。

잠깐만요!

★ 사역형 **~(さ)せる**의 회화체

- 1그룹 동사
  作(つく)**らせる → 作らす**
  만들게 하다
- 2그룹 동사
  食(た)**べさせる → 食べさす**
  먹게 하다
- 3그룹 동사
  させる → さす 시키다
  来(こ)**させる → 来さす**
  오게 하다

弟(おとうと) 남동생
お使(つか)**い** 심부름
夫(おっと) 남편
捨(す)**てる** 버리다
料理(りょうり) 요리
下手(へた) 서투름, 못함
妹(いもうと) 여동생
冷蔵庫(れいぞうこ) 냉장고
野菜(やさい) 채소, 야채
腐(くさ)**る** 썩다, 상하다, 부패하다
笑(わら)**う** 웃다

STEP 2

아이는 자신이 입양 갈 집의 딸이 부모에게 관심 받고 싶어 심술부리는 것을 눈치 채고 말합니다. **明日、ママがいない**

A ウソ。너는 일부러 아빠랑 엄마를 걱정시키고 있어.
B えっ？…まさか。
A なのにこんな話し相手なんてくっつけられて、それで終わり。だから私達に最初にキレて…。
B 何を言っているの？

A 거짓말. **あんたはわざとパパとママを心配さしてる。**
B 뭐라고? 무슨 (내가) ….
A 그런데도 이런 대화 상대나 붙여지는 걸로 끝이지. 그래서 처음에 우리한테 성질났을 거고 ….
B 무슨 말을 하는 거야!

相手(あいて) 상대
終(お)**わり** 끝, 마지막
最初(さいしょ) 최초, 처음
切(き)**れる** 화내다, 뚜껑 열리다
(참고) 흔히 **キレる**로 표기합니다.

117.mp3

母にお見合いをさせられたんです。

엄마가 시켜서 맞선을 봤어요.

[동사 ない형+(さ)せられる]는 사역수동형으로 '(억지로, 시켜서, 강제로) ~ (내가) 하다'로 해석할 수 있습니다. 그 일을 하게 시키는 주체에는 조사 に를 써서 나타내는 것도 기억하세요.

STEP 1

1. 지난주 엄마가 시켜서 맞선을 봤어요.
   先週、母にお見合いをさせられたんです。
2. 술자리에서 선배가 시켜서 억지로 소주를 마셨어요.
   飲み会で先輩に焼酎を飲まされたんです。
3. 노래방에서 부장님이 시켜서 억지로 노래를 불렀어요.
   カラオケで部長に歌を歌わされたんです。
4. 어제 여자 친구 때문에 2시간이나 기다렸어요.
   昨日彼女に二時間も待たされたんです。
5. 아내가 시켜서 화장실 청소를 했어요.
   妻にトイレの掃除をさせられたんです。

잠깐만요!

★ 동사의 사역수동형 ~(さ)せられる 용법

- 1그룹
  ①어미 u단 → a단+**せられる**
  書く → 書かせられる
  ②어미 u단 → a단+**される**
  書く → 書かされる
  (참고) 회화에서는 간략한 ②번을 주로 많이 쓰는데 단, 어미가 **す**인 동사는 만들 수 없습니다.
  話す → 話させられる(①번만 가능)
- 2그룹
  어미 **る**를 떼고+**させられる**
- 3그룹
  2개만 기억하세요.
  する → させられる
  来(く)る → 来(こ)させられる

お見合(みあ)いをする 맞선을 보다
先輩(せんぱい) 선배
焼酎(しょうちゅう) 소주
歌(うた)**を歌**(うた)**う** 노래를 부르다
妻(つま) 아내
掃除(そうじ) 청소

STEP 2

남자 변호사는 경찰이 증거 조작을 했다고 주장을 합니다.

リーガル・ハイ 2

A 피고인은 경찰이 시켜서 반강제로 용기를 들었어요. そのときに付着した指紋かもしれません。

B そんな事実はありません。

A 持たせてない？

B ええ。

A **被告人は警察に半ば強引に容器を持たされたんです。** 그때 묻은 지문일지도 모릅니다.
B 그런 사실은 없습니다.
A 들게 하지 않았다고요?
B 그렇습니다.

被告人(ひこくにん) 피고인
警察(けいさつ) 경찰
半(なか)**ば** 반쯤, 거지반, 거의
強引(ごういん)**に** 강제로
容器(ようき) 용기, 그릇
付着(ふちゃく) 부착
指紋(しもん) 지문

{ 존경 · 겸양 표현 }

차를 끓이겠습니다

명사 앞에 접두사 お · ご를 붙여 お名前(なまえ)(성함), お宅(たく)(댁), ご住所(じゅうしょ)(주소), ご両親(りょうしん)(부모님) 등과 같이 사용하면 상대의 상태를 높이는 표현인데, 형용사에도 붙인답니다. お를 붙이는 경우는 お忙(いそが)しい(바쁘다), お元気(げんき)(건강함, 활발함), お暇(ひま)(한가함), お寂(さび)しい(쓸쓸하다), お早(はや)い(빠르다, 이르다) 등이 있고, ご를 붙이는 경우는 ご多忙(たぼう)(대단히 바쁨), ご心配(しんぱい)(걱정함), ご不満(ふまん)(불만), ご満足(まんぞく)(만족) 등이 있어요.

| 패턴미리보기 |

PATTERN 118 何だかご存じですか。

PATTERN 119 どうぞお入りください。

PATTERN 120 お茶をお入れします。

何だかご存じですか。

무엇인지 알고 계신가요?

知(し)っていますか와 같은 뜻으로 쓰는 **ご存**(ぞん)**じですか**는 자신보다 윗사람, 회사 상사, 거래처 사람 등에 높임말로 사용하는 표현입니다.

STEP 1

1. 일본의 국화는 무엇인지 알고 계신가요?
   日本の国花は何だかご存じですか。
2. 우 선생님을 아세요?
   ウ先生をご存じですか。
3. 그의 휴대폰 번호를 알고 계신가요?
   彼の携帯番号をご存じですか。
4. 선생님의 자택 주소를 아세요?
   先生のお宅の住所をご存じですか。
5. 빨간 옷을 입고 있는 남성을 아세요?
   赤い服を着ている男性をご存じですか。

잠깐만요!

★ 일본은 **桜**(さくら)가 아름답기로 유명해서 일본의 국화가 '벚꽃'일 거라고 생각하는 사람도 있습니다. 일본 황실의 꽃은 **菊**(きく)(국화)지만, 일본의 **国花**(こっか)(국화)는 따로 규정된 것이 없습니다. 우리나라의 국화 '무궁화'는 일본어로 **ムクゲ**라고 합니다.

国花(こっか) 국화
携帯番号(けいたいばんごう) 휴대폰 번호
お宅(たく) 자택, 댁
住所(じゅうしょ) 주소
赤(あか)**い** 빨갛다
服(ふく) 옷
着(き)**る** 입다
男性(だんせい) 남성

STEP 2

재판장에서 변호사는 여자(안도)의 알리바이를 알아내기 위해 그녀의 옛 남자 친구와의 관계를 묻습니다. リーガル・ハイ 2

A 안도 씨, 저기에 있는 피고를 알고 계신가요?
B いいえ。
A 彼はあなたと交際していたと証言していますが。
B 知らないわよ。

A **安藤さん、あそこにいる被告を**ご存じですか。
B 아니요.
A 그는 당신과 교제했었다고 증언하고 있습니다만.
B 모른다고요.

被告(ひこく) 피고
交際(こうさい) 교제
証言(しょうげん) 증언
知(し)**る** 알다

119.mp3

どうぞお入りください。

어서 들어오세요.

[**お＋동사 ます형＋ください**]는 ～くださいの 정중한 표현입니다. '~해 주시다, ~해 주십시오'의 뜻으로 손윗사람에게 정중하게 의뢰할 때 많이 쓰는 표현입니다.

STEP 1

1. 어서 들어오세요.
   どうぞお入りください。
2. (역내 방송) 위험하니까 노란선 안쪽으로 물러나 주세요.
   危ないですから、黄色の線の内側にお下がりください。
3. (공항에서) 여권과 항공권을 보여 주세요.
   パスポートと航空券をお見せください。
4. 여기에 앉아 주세요.
   こちらにお座りください。
5. 주문이 결정되시면 불러 주세요.
   ご注文が決まりましたら、お呼びください。

잠깐만요!

★ 지하철이나 전철 역에서 차를 기다리다 보면 안내방송이 나오는데, 우리나라와 일본은 내용이 조금 다릅니다. 우리나라는 "노란선 밖 **外側**(そとがわ)으로 물러나 주세요."라고 하는데, 일본은 "노란선 안쪽 **内側**(うちがわ)으로 물러나 주세요."라고 합니다. 시점 차이에서 생기는 표현입니다.

危(あぶ)**ない** 위험하다
黄色(きいろ) 노란색
内側(うちがわ) 안쪽
下(さ)**がる** 뒤로 물러서다
航空券(こうくうけん) 항공권
見(み)**せる** 보여 주다
座(すわ)**る** 앉다
注文(ちゅうもん) 주문
呼(よ)**ぶ** 부르다

STEP 2

보육원의 추천으로 체험 입양을 간 두 아이가 가사도우미에게 인사를 합니다.

明日、ママがいない

A よろしくお願いします、奥様。

B 私は、家政婦です。お荷物お持ちします。

A あ…ありがとうございます。すいません。

B お二人はこちらへ。소파에 앉아서 기다려 주세요.

A 잘 부탁합니다. 사모님.
B 나는 가사도우미예요. 짐을 들어 줄게요.
A 아. 감사합니다. 죄송해요.
B 두 사람은 이쪽으로. ソファに掛けてお待ちください。

奥様(おくさま) 부인(남의 아내를 높여 부르는 말)
家政婦(かせいふ) 가사도우미
荷物(にもつ) 짐
持(も)**つ** 들다, 가지다
掛(か)**ける** 앉다, 걸터앉다
待(ま)**つ** 기다리다

お茶をお入れします。

차를 끓이겠습니다.

120.mp3

[**お+동사 ます형+します**] 형태는 겸양 표현으로, 상대를 높여서 '~해 드리다, ~하다'의 뜻을 나타냅니다.

STEP 1

1. 차를 끓이겠습니다.
   お茶をお入れします。

2. 점장님을 불러 드리겠습니다.
   店長をお呼びします。

3. 바쁠 것 같은데 제가 도와드리겠습니다.
   忙しそうですが、お手伝いします。

4. 선생님께 전해 드리겠습니다.
   先生にお伝えします。

5. 자료는 메일로 보내 드리겠습니다.
   資料はメールでお送りします。

잠깐만요!

★ 명사 앞에 접두어 **お**가 붙어 존경이나 겸양을 나타내는 어휘

お客(きゃく) 손님
お宅(たく) 댁

★ 앞에 **お**를 반드시 붙여서 쓰는 어휘

おでん 오뎅
おにぎり 주먹밥
お腹(なか) 배, 복부
おしぼり 물수건
おやつ 오후 간식

お茶(ちゃ)**を入**(い)**れる** 차를 끓이다
店長(てんちょう) 점장
呼(よ)**ぶ** 부르다
忙(いそが)**しい** 바쁘다
手伝(てつだ)**う** 도와주다
伝(つた)**える** 전하다, 알리다
資料(しりょう) 자료
送(おく)**る** 보내다

STEP 2

아버지가 주는 돈봉투를 남자가 거절하자, 옆에 있던 그의 아내가 반대합니다.

家族ゲーム

A 돌려드리겠습니다. これは、家族の問題です。

B あなた！

A お前は黙ってろ。この借金は、私が何とかしてみせます。

B そんな方法、何もないじゃないですか。

A **お返しします。** 이건 (제) 가족의 문제입니다.
B 여보!
A 당신은 조용히 해. 이 빚은 제가 어떻게든 해 보겠습니다.
B 그럴 방법 아무것도 없잖아요.

返(かえ)**す** 돌려주다, 반납하다
問題(もんだい) 문제
黙(だま)**る** 입을 다물다, 침묵하다
借金(しゃっきん) 빚
方法(ほうほう) 방법

일드 상황별 패턴

'일드'를 보다 보면 유난히 잘 들리는 말들이 있어요. 자신이 알고 있는 말들은 아주 선명하게 들리곤 하죠! 이제까지는 かわいい(귀엽다)나 おいしい(맛있다) 등 가장 일상적인 말만 들렸다면, 이번 PART 3을 학습하고 나면 더욱 많은 말들이 귀에 쏙쏙 들어오는 경험을 하실 거예요. '일드'에서 많이 쓰는 말들만 패턴으로 알차게 구성한 '일드 상황별 패턴'에서는 여러분이 그동안 하고 싶었던 말인데 몰라서 답답했을 것들만 모아서 바로 사용하기 좋게 구성했어요. 또한 막상 알고 있던 말들도 일상 회화에서는 좀 다르게 쓰이기도 하는데, 대표적인 것으로 ~おかげで(덕분에)가 있어요. 이 표현을 모르는 학습자는 거의 없겠지만, 칭찬이나 감사의 표현으로만 알고 있다면 '일드'를 보면서 어리둥절하게 될지도 몰라요. 우리말도 비슷한 경우가 있는데 상대에게 비꼬는 말투로 말하면 '~ 덕분에'가 '~ 때문에'라는 뉘앙스로 쓰이기도 한답니다. 그럼~ '일드'와 함께 더욱 일본어 실력을 늘리러 가 볼까요?

{ 시간 및 순서를 말하는 상황 }

가는 김에 이것도 부탁해요

일본 사람과 처음 대화를 나눌 때 가장 많이 받는 질문이 "일본어를 어디서 배웠나요?" 또는 "일본어를 어떻게 배우게 됐나요?"가 아닐까요? 저도 학습자들에게 종종 질문을 하는데, 日本旅行(にほんりょこう)をきっかけに…。라고 대답하는 사람이 참 많아요. 이처럼 계기를 말할 때는 ～をきっかけに, ～を契機(けいき)に라고 하면 됩니다. 일본어 학습을 시작한 이유는 다양하겠지만 언어란 꾸준히 반복하는 것이 가장 중요하겠죠? 그럼 우리 함께 다양한 시간 및 순서를 말하는 상황 패턴을 알아보아요.

| 패턴미리보기 |

- PATTERN 121 家を出たとたん雨が降ってきた。
- PATTERN 122 窓を開けたまま出かけちゃった。
- PATTERN 123 よく考えた上で、お返事をください。
- PATTERN 124 入社して以来、一日も休んでいない。
- PATTERN 125 行くついでにこれもお願いします。

家を出たとたん雨が降ってきた。

집을 나서자마자 비가 내렸어.

[동사 **た형+たとたん**](~하자마자, ~한 후 바로)은 앞의 일에 이어서 바로 다음 일이나 동작이 발생하는 상황을 나타냅니다.

STEP 1

1. 집을 나서자마자 비가 내렸어.
   家を出たとたん雨が降ってきた。
2. 일어나자마자 현기증이 나서 깜짝 놀랐어.
   立ち上がったとたん目眩がしてびっくりしたよ。
3. 아이는 엄마의 얼굴을 보자마자 울기 시작했대.
   子供はお母さんの顔を見たとたん泣き出したって。
4. 솜사탕을 입에 넣자마자 바로 녹아 버렸어.
   わたあめを口に入れたとたんすぐ溶けてしまった。
5. 집에 돌아오자마자 전화벨이 울렸어.
   家に帰ってきたとたん電話のベルが鳴った。

잠깐만요!

★ 주방에서 쓰는 가전제품

電化製品(でんかせいひん) 가전제품
冷蔵庫(れいぞうこ) 냉장고
洗濯機(せんたくき) 세탁기
炊飯器(すいはんき) 전기밥솥
乾燥機(かんそうき) 건조기
電子(でんし)**レンジ** 전자레인지

立(た)**ち上**(あ)**がる** 일어서다
目眩(めまい) 현기증
顔(かお) 얼굴
泣(な)**き出**(だ)**す** 울기 시작하다
綿飴(わたあめ) 솜사탕
入(い)**れる** 넣다
溶(と)**ける** 녹다
鳴(な)**る** 소리가 나다, 울리다

STEP 2

부사장과 임원들이 사장인 휴가 도루를 내쫓으려고 계략을 꾸밉니다.

リッチマン、プアウーマン

A 휴가 도루가 없어지자마자 위험해지는 건 아니겠죠?
B フフフ。なりませんよ。疑ってるんですか。
A いいんですよ、俺は。会社が無事なら。フフフフフ。
B 後悔はさせませんよ。

A **日向徹がいなくなったとたん失速なんてことにはならないですよね?**
B 하하하, 안 그래요. 의심하는 건가요?
A 괜찮아요, 저는. 회사가 무사하다면 하하하.
B 후회하게 만들진 않을 겁니다.

失速(しっそく) ①실속 ②(비유적으로) 위험하게 되는 일
疑(うたが)**う** 의심하다
無事(ぶじ) 무사함
後悔(こうかい) 후회

▶ 122.mp3

窓を開けたまま出かけちゃった。

창문을 열어둔 채로 외출해 버렸다.

[동사 た형+たまま](~한 채, ~한 대로)는 어떤 동작이나 상태가 유지된 상황에서 다른 동작이 이루어지는 뜻을 나타냅니다.

STEP 1

1. 창문을 열어둔 채로 외출해 버렸다.
   窓を開けたまま出かけちゃった。
2. 콘택트렌즈를 한 채로 자지 않는 게 좋아.
   コンタクトをしたまま寝ないほうがいいよ。
3. 에어컨을 켜 둔 채로 잠들어 버렸어.
   クーラーをつけたまま眠ってしまった。
4. 아들이 3일 전에 나간 채 돌아오지 않아.
   息子が三日前に出かけたまま帰ってこない。
5. 모자는 쓴 채로 괜찮아.
   帽子は被ったままでいいよ。

STEP 2

부부 사이에 오해가 쌓여 서로 말을 하지 않는 것을 보고 가정 교사는 남편을 설득합니다.

家族ゲーム

A 응어리를 남긴 채로 앞으로 나아갈 수 없다고요.
B もっともらしい意見だが、そんな簡単にはいかないよ。
A ちゃんと話し合ったらどうです？
B 君に何が分かる！

A **わだかまりを残したまま、前になんて進めませんよ。**
B 그럴싸한 의견이지만 그렇게 간단히 되는 게 아냐.
A 제대로 이야기를 나누는 게 어때요?
B 자네가 뭘 알아!

잠깐만요!

★ **~っぱなし**(Pattern 179)와 **~たまま**는 '어떤 동작과 사건이 생겨난 결과의 상태가 지속된다'는 공통점이 있어요.

○ **同(おな)じ服(ふく)を三日(みっか)も着(き)っぱなしだ。**
○ **同じ服を三日も着たままだ。**

하지만, **走(はし)る**(달리다), **しゃべる**(잡담하다)와 같이 행위를 해도 결과가 남지 않는 경우는 차이점이 있어요.

○ **今日(きょう)は一日(いちにち)走(はし)りっぱなしだ。**
x **今日は一日走ったままだ。**

즉, 그 행위를 해도 결과를 남기지 않는 동작에는 **~っぱなし**만 가능해요.

窓(まど) 창문
開(あ)**ける** 열다
出掛(でか)**ける** 나가다, 나서다
眠(ねむ)**る** 자다, 잠들다
息子(むすこ) 아들
帽子(ぼうし) 모자
被(かぶ)**る** (머리 등에) 쓰다, 덮어쓰다

蟠(わだかま)**り** 마음속에 맺힌 꺼림한 느낌, 특히 불신, 불만, 의혹 등
残(のこ)**す** 남기다
もっともらしい 그럴 듯하다
進(すす)**める** 앞으로 가게 하다
意見(いけん) 의견
簡単(かんたん) 간단함
話(はな)**し合**(あ)**う** 서로 이야기하다

123.mp3

よく考えた上で、お返事をください。

잘 생각하고 나서 답변 주세요.

[동사 た형+た上(うえ)で](~하고 나서, ~한 후에)는 순차적으로 나열할 때 쓰는 말입니다. 이와 비슷한 표현인 ~てから(Pattern 063)보다는 조금 딱딱한 표현입니다.

STEP 1

1. 잘 생각하고 나서 답변 주세요.
よく考えた上で、お返事をください。

2. 가족과 상담하고 나서 취직을 결정했습니다.
家族と相談した上で、就職を決めました。

3. 모두가 충분히 이야기 나누고 나서 내린 결론입니다.
みんなで十分話し合った上で、出した結論です。

4. 필요 사항을 기입하고 나서 반송해 주세요.
必要事項をご記入した上で、ご返送ください。

5. 결혼 상대는 충분히 사귀고 나서 결정하는 거야.
結婚相手は十分付き合った上で、決めるのよ。

잠깐만요!

★ **~た上(うえ)で**는 문장 앞뒤의 주어가 동일해야 하며, 뒤 문장은 앞 문장을 위한 준비로서 이루어져야 합니다.

x **太郎が帰宅した上で、次郎が出掛けた。**
장남이 귀가하고 나서 둘째가 외출했다.

x **会社に着いた上で、日曜日なのに気が付いた。**
회사에 도착하고 나서 일요일인 것을 깨달았다.

참고 두 문장 모두 **~てから**로는 쓸 수 있습니다.

返事(へんじ) 대답, 답변
相談(そうだん) 상담
就職(しゅうしょく) 취직
決(き)**める** 정하다, 결정하다
結論(けつろん) 결론
事項(じこう) 사항
記入(きにゅう) 기입
相手(あいて) 상대, 상대편, 상대방

STEP 2

피의자가 범죄를 자백하도록 회유하려고 상대편 변호사가 접근을 합니다.

リーガル・ハイ 2

A 僕は決めたんです。みんなを幸せにするって。…あなたも含めて。

B 私も含めて？

A 제 이야기를 듣고 나서 범행을 부정할지 죄를 인정할지 생각해 주세요.

B でも罪を認めたら死刑なんでしょ？

A 저는 결심했어요. 모두를 행복하게 만들겠다고. 당신도 포함해서.
B 나도 포함해서요?
A **僕の話を聞いた上で、犯行を否定するか、罪を認めるか考えてください。**
B 그렇지만 죄를 인정하면 사형이잖아요.

幸(しあわ)**せ** 행복
含(ふく)**める** 포함하다
犯行(はんこう) 범행
否定(ひてい) 부정
罪(つみ) 죄
認(みと)**める** 인정하다
死刑(しけい) 사형

入社して以来、一日も休んでいない。

입사한 이후 하루도 쉬지 않았어.

[동사 て형+て以来(いらい)](~한 이래, ~한 이후)는 무언가를 하고 나서 현재까지 계속 그 상태가 바뀌지 않는다는 뜻으로 씁니다.

STEP 1

1. 입사한 이후 하루도 쉬지 않았어.
   入社して以来、一日も休んでいない。
2. 그를 만난 이후 좋은 일만 있어서 행복합니다.
   彼に出会って以来、いいことばかりで幸せです。
3. 그녀와는 졸업한 이후 만난 적 없어.
   彼女とは卒業して以来、会ったことない。
4. 그 일이 있은 후에 그녀를 좋아하게 돼 버렸어.
   そのことがあって以来、彼女のことが好きになっちゃった。
5. 일본에 온 이후 일본에 대한 생각이 바뀌었어.
   日本に来て以来、日本に対する考えが変わったよ。

잠깐만요!

★ 여러 가지 **会社**(かいしゃ) 부서명

部署(ぶしょ) 부서
経理部(けいりぶ) 경리부
企画部(きかくぶ) 기획부
人事部(じんじぶ) 인사부
総務部(そうむぶ) 총무부
営業部(えいぎょうぶ) 영업부

入社(にゅうしゃ) 입사
休(やす)**む** 쉬다
一日(いちにち) 하루
出会(であ)**う** 우연히 만나다
幸(しあわ)**せ** 행복
卒業(そつぎょう) 졸업
考(かんが)**え** 생각
変(か)**わる** 바뀌다, 변하다

STEP 2

아동 폭력에 시달리던 아이를 구해 주려고 유괴를 한 딸이지만, 그녀의 엄마는 그런 딸을 이해한다고 말합니다. **Mother**

A 너를 집에서 내보낸 이후 엄마는 계속 후회했어.
B お母さん…。
A 世間の誰が何と言おうとお母さんの娘として誇りに思ってる。
B 本当にすみません。

A **あなたを家から出して以来、お母さん、ずっと後悔してた。**
B 엄마 ….
A 세상 사람 모두가 뭐라고 한대도 엄마의 딸로서 자랑스럽게 생각해.
B 정말 죄송해요.

後悔(こうかい) 후회
世間(せけん) 세상, 사회
娘(むすめ) 딸
誇(ほこ)**り** 자긍, 자랑, 자존심

行くついでにこれもお願いします。

가는 김에 이것도 부탁해요.

~ついでに는 'A하는 김에 B하다' 라는 뜻으로 A가 주된 행동을 나타내는데, [동사 보통체+ついでに] 형태로 씁니다. 또한 ついでに는 문장 시작 부분에도 쓸 수 있습니다.

STEP 1

1. 가는 김에 이것도 부탁해요.
   行くついでにこれもお願いします。
2. 시내에 나간 김에 쇼핑도 했어.
   町に出たついでに買い物をしたわ。
3. 내친 김에 해버릴 거야.
   ついでにやってしまう。
4. 말이 나온 김에 말하면 그건 네 쪽이 나빠.
   ついでに言えば、それは君の方が悪い。
5. 편의점에 들르는 김에 공과금도 내고 오면 어때?
   コンビニに寄るついでに光熱費も払ってきたら？

잠깐만요!

★ **買(か)い物(もの)** 관련 어휘

激安(げきやす) 가격이 매우 쌈
衝動買(しょうどうが)**い** 충동구매
ショッピングカート 쇼핑 카트
値札(ねふだ) 가격표
払(はら)**い戻**(もど)**し** 환불
保証書(ほしょうしょ) 보증서
割引(わりびき) 할인
ラップして下(くだ)**さい。**
포장해 주세요.

町(まち) 시내
買(か)**い物**(もの)
쇼핑, 장보기, 물건 사기
君(きみ) 너, 자네
悪(わる)**い** 나쁘다
寄(よ)**る** 들르다
光熱費(こうねつひ) 공과금
払(はら)**う** 지불하다

STEP 2

변호사는 경찰이 고문 수사를 했다고 주장하며 증거물로 공술 조서를 보여주며 말합니다.

リーガル・ハイ 2

A 말하는 김에, 계속 신경 쓰였던 것인데요. これは何でしょう？
B それは…供述調書ですね。
A それは分かってます。ここ、汚れてるんです。ここ。
B コピー機のインクの汚れです。

A **ついでに、ずっと気になっていたことなんですが。** 이건 뭘까요?
B 그것은 공술 조서군요.
A 그건 알고 있습니다. 여기, 더럽혀졌네요. 여기.
B 복사기 잉크로 더럽혀진 것입니다.

気(き)**になる** 마음에 걸리다
供述(きょうじゅつ) 공술
調書(ちょうしょ) 조서
分(わ)**かる** 알다, 이해하다
汚(よご)**れる** 더럽혀지다
コピー機(き) 복사기

Unit 02

{ 조건을 말하는 상황 }

이것만 있으면 돼

조건을 나타내는 표현 중에 어떠한 일에 있어서 '당연히 그렇게 해야 한다, 그렇게 하겠다'는 강한 의지나 판단을 나타내는 ～からには(～한 이상에는)라는 말이 있어요. 日本(にほん)に来(き)たからには、日本のルールを守(まも)るべきだ。(일본에 온 이상에는 일본 규칙을 지켜야 한다.) 여러분도 이왕 일본어를 공부하겠다고 생각한 이상 끝까지 각자의 목표 달성을 위해 포기하지 말고 우리 같이 해보아요.

| 패턴미리보기 |

▶ 126.mp3

読めば読むほど難しいな。

읽으면 읽을수록 어렵네.

~ば~ほど(~하면 ~할수록)는 시간의 흐름이나 사태의 추이에 따라서 변화해 가는 것을 나타내는 표현입니다. 명사와 な형용사에 붙여 쓴 ならば는 ば를 생략하여 なら라고만 쓰는 경우가 많습니다.

STEP 1

1. 이 책은 읽으면 읽을수록 어렵네.
   この本は読めば読むほど難しいな。
2. 맥주를 마시면 마실수록 여자 친구가 점점 더 예뻐져요.
   ビールを飲めば飲むほど彼女がますますきれいになるんですよ。
3. 천천히 씹으면 씹을수록 맛이 나.
   ゆっくり噛めば噛むほど味が出る。
4. 배달은 빠르면 빠를수록 좋다.
   出前は速ければ速いほどいい。
5. 기계 조작은 간단하면 간단할수록 편리합니다.
   機械の操作は簡単ならば簡単なほど便利です。

잠깐만요!

★ **お酒**(さけ)의 종류

赤(あか)**ワイン** 레드 와인
カクテル 칵테일
シャンパン 샴페인
白(しろ)**ワイン** 화이트 와인
生(なま)**ビール** 생맥주
日本酒(にほんしゅ) 일본술
(참고) '애주가, 술꾼'은 **辛党**(からとう)라고 합니다.

難(むずか)**しい** 어렵다
噛(か)**む** 씹다
味(あじ)**が出**(で)**る** 맛이 난다
出前(でまえ) 배달
速(はや)**い** (동작 · 과정이) 빠르다
機械(きかい) 기계
操作(そうさ) 조작, (기계 등을) 다룸
簡単(かんたん) 간단함
便利(べんり) 편리

STEP 2

아들이 학교에서 심한 왕따를 당하는 것을 알게 된 엄마가 속상해하며 가정 교사에게 말합니다. **家族ゲーム**

A 教えなさい。
B 教えてどうなるんですか。相手の名前が分かったら学校に連絡するんですか。
A じゃあ、どうしたらいいんですか。
B 지금은 초조해하면 초조해할수록 상황을 더 악화시킬지도 몰라요.

A 알려주세요.
B 알려주면 어떻게 하려고요? 상대 이름을 알면 학교에 연락할 거예요?
A 그럼 어떻게 하라는 건가요?
B **今は焦れば焦るほど状況をもっと悪化させるかもしれません。**

教(おし)**える** 가르치다, 알려주다
相手(あいて) 상대
名前(なまえ) 이름
連絡(れんらく) 연락
焦(あせ)**る** 초조하게 굴다, 안달 나다
状況(じょうきょう) 상황
悪化(あっか) 악화

127.mp3

犯人じゃなくてよかったよ。

범인이 아니어서 다행이야.

[명사, な형용사 어간+じゃなくてよかった](~이 아니어서 다행이야)는 앞에 '~이 아니어서'라는 조건으로 안심을 나타내는 표현입니다.

STEP 1

1. 그가 진범이 아니어서 다행이야.
   彼が本当の犯人じゃなくてよかったよ。
2. 내가 만든 요리를 싫어하지 않아서 다행이야.
   私の作った料理が嫌いじゃなくてよかったよ。
3. 새로 산 휴대폰 조작이 불편하지 않아서 다행이야.
   新しく買ったケータイの操作が不便じゃなくてよかったよ。
4. 그 여자의 이야기가 거짓말이 아니어서 다행이야.
   あの女の話がうそじゃなくてよかったよ。
5. 유럽은 지금 겨울이 아니어서 다행이야.
   ヨーロッパは今が冬じゃなくてよかったよ。

잠깐만요!

★ 영어 어원이 아닌 국명

イギリス 영국(포르투갈어)
ドイツ 독일(네덜란드어)
トルコ 터키(포르투갈어)
オランダ 네덜란드(포르투갈어)
ギリシャ 그리스(영어 이름이지만 발음이 조금 다름)
欧米(おうべい) 구미(유럽과 미국을 함께 아우르는 말)

犯人(はんにん) 범인
嫌(きら)**い** 싫음, 싫어함, 꺼림
新(あたら)**しい** 새롭다
操作(そうさ) 조작, 다룸
不便(ふべん) 불편
冬(ふゆ) 겨울

STEP 2

엄마가 죽은 아이와 나눴던 즐거운 대화를 떠올리고 있습니다.

それでも、生きてゆく

A カンガルーの袋の中は、赤ちゃんのうんちの臭いで、すごい臭いんだって。

B え～？

A 나는 캥거루네 집 아이가 아니어서 다행이야.

B 本当によかったね。

A 캥거루 주머니 안은 새끼의 똥 냄새가 엄청 지독하대.
B 뭐?
A 私、カンガルーのお家の子供じゃなくてよかったよ。
B 정말로 다행이네.

袋(ふくろ) 주머니, 자루, 봉지
中(なか) 안, 속, 내부
赤(あか)**ちゃん** 갓난아이, 아기
うんち 유아어 똥
臭(にお)**い** 나쁜 냄새, 악취
臭(くさ)**い** 역한 냄새가 나다
子供(こども) 아이

▶ 128.mp3

これさえあればいい。

이것만 있으면 돼.

~さえ~ば(~만 ~면)는 앞의 조건이 갖추어지면 뒤의 조건이 충족된다는 뜻을 나타냅니다. [동사 ます형+さえ+すれば] [명사+さえ+동사 · い형용사 · な형용사 ば형] 형태로 씁니다.

STEP 1

1. 이것만 있으면 돼.
   これさえあればいい。
2. 돈만 있으면 뭐든지 할 수 있을 텐데.
   お金さえあれば何だってできるのに。
3. 그는 틈만 있으면 그림을 그려.
   彼は暇さえあれば絵をかいてる。
4. 가기만 하면 돼.
   行きさえすればいい。
5. 당신만 좋다면 함께 가자.
   あなたさえよければ一緒に行こう。

잠깐만요!

★ 일본 젊은이들 중에는 명품을 굉장히 좋아하는 사람이 많아요. 유명한 명품 브랜드를 일본어로는 뭐라고 하는지 알아보아요.

ブランド品(ひん) 명품
グッチ 구찌
プラダ 프라다
ルイビトン・ビトン 루이비통
エルメス 에르메스
シャネル 샤넬

お金(かね) 돈
暇(ひま) 틈, 짬, 기회
絵(え) 그림
一緒(いっしょ)**に** 같이, 함께
行(い)**く** 가다

STEP 2

무죄를 주장하던 피의자가 갑자기 자신의 범죄를 털어놓자, 변호인은 당황스러워 합니다.

リーガル・ハイ 2

A それで2人とも毒殺することに？
B 보험금만 손에 들어오면, 어차피 더 이상 볼일 없으니까.
A 毒物はどこに処分した？
B 川に捨てたわ。今頃太平洋じゃない？

A 그래서 둘 다 독살하게 된 건가?
B **保険金さえ手に入れば、どうせもう用なしだからね。**
A 독약은 어디에 처분했지?
B 강에 버렸지. 지금쯤 태평양에 있지 않을까?

毒殺(どくさつ) 독살
保険金(ほけんきん) 보험금
手(て)**に入**(はい)**る** 손에 들어오다
毒物(どくぶつ) 독극물
処分(しょぶん) 처분
川(かわ) 강
捨(す)**てる** 버리다
今頃(いまごろ) 지금쯤
太平洋(たいへいよう) 태평양

PATTERN 129

129.mp3

ピンからキリまである。

최상급에서 최하급까지 있다.

~から~まで(~부터 ~까지)는 우리말과 용법이 거의 같습니다. 기본적으로 시간, 요일, 날짜, 장소 등 다양한 상황에 사용할 수 있습니다.

STEP 1

1. 가수라고 해도 최상급부터 최하급까지 있다.
   歌手といってもピンからキリまである。
2. 초보자부터 베테랑까지 기초부터 다시 검토해 보자.
   初心者からベテランまで基礎から見直してみよう。
3. 도쿄부터 오사카까지 신칸센으로 갈 수 있어요.
   東京から大阪まで新幹線で行けますよ。
4. 주문부터 배송까지의 경과는 다음과 같습니다.
   ご注文から配送までの経過は以下のようになります。
5. 회의는 오전 9시부터 10시 반까지 합니다.
   会議は午前９時から10時半まで行います。

잠깐만요!

★ **ピンからキリまで**는 '처음부터 끝까지, 최상급에서 최하급까지'를 의미하는데요, **ピン**과 **キリ**는 어원이 포르투갈어이기 때문에 가타카나어로 표기합니다. **ピン**은 숫자 1을 뜻하고 **キリ**는 십자가를 뜻하는 포르투갈어로 숫자 10을 뜻합니다.

電化製品(でんかせいひん)**ならピンからキリまで取**(と)**り揃**(そろ)**えています。** 전자제품이라면 하나부터 열까지 고루 갖추고 있습니다.

歌手(かしゅ) 가수
初心者(しょしんしゃ) 초보자
基礎(きそ) 기초
見直(みなお)**す** 다시 보다, 재점검하다
新幹線(しんかんせん) 신칸센
注文(ちゅうもん) 주문
配送(はいそう) 배송
経過(けいか) 경과, 진행 상태
行(おこな)**う** 하다, 행하다, 실시하다

STEP 2

가정 교사가 아이에게 왕따에 대해 글을 써 보라고 말합니다.

家族ゲーム

A 今日は何から始めますか。

B じゃあ、国語やろうか。作文。오늘 어떤 괴롭힘을 당했는지 하나에서 열까지 써봐.

A いじめられてなんかいません。

B 嘘つきは駄目だぞ。朝から放課後までいじめられた全てを吐き出すんだ。

A 오늘은 뭐부터 시작하나요?
B 그럼 국어 할까? 작문. **今日どんないじめに遭ったか一から十まで書いてみて。**
A 괴롭힘 같은 거 당하지 않았어요.
B 거짓말쟁이는 안 돼! 아침부터 방과 후까지 괴롭힘 당한 모든 것을 털어놔.

国語(こくご) 국어
作文(さくぶん) 작문
~に遭(あ)**う** (어떤 일을) 겪다, 당하다, 봉착하다
いじめ 왕따, 괴롭힘
嘘(うそ)**つき** 거짓말쟁이
駄目(だめ) 불가함, 해서는 안 됨
放課後(ほうかご) 방과 후
全(すべ)**て** 전부, 일체, 모든 것
吐(は)**き出**(だ)**す** 토로하다, 털어놓다

130.mp3

良かったら一緒に行きませんか。

괜찮다면 함께 가지 않을래요?

良(よ)かったら(괜찮다면)는 상대에게 정중하게 권유할 때, 문장 시작 부분에 붙여서 상대의 의향을 묻는 표현입니다.

STEP 1

1. 괜찮다면 함께 가지 않을래요?
   良かったら**一緒に行きませんか。**
2. 괜찮다면 저와 사귀어 주시지 않겠습니까?
   良かったら**僕と付き合ってくれませんか。**
3. 괜찮다면 들어 봐.
   良かったら**聞いてみてね。**
4. 괜찮다면 꼭 놀러 오세요.
   良かったら**是非遊びに来てください。**
5. 괜찮다면 다음 주 우리 집에 오지 않을래요?
   良かったら**来週、家に来ませんか。**

잠깐만요!

★ **是非**(ぜひ)와 **きっと**의 구분

- **是非**(ぜひ)+바람, 의뢰
  ぜひ行(い)きたいです。
  꼭 가고 싶어요.
- **きっと**+추측, 결의
  きっと治(なお)ります。
  꼭 나을 거예요.

(참고) **必(かなら)ず**(반드시, 틀림없이)는 어느 쪽에도 사용할 수 있지만 '강조'의 뉘앙스가 있어 강하게 느껴져요.

一緒(いっしょ)に 함께
付(つ)き合(あ)う 사귀다
聞(き)く 듣다, 묻다
是非(ぜひ) 꼭
遊(あそ)ぶ 놀다
来週(らいしゅう) 다음 주
家(うち) 집
来(く)る 오다

STEP 2

요리사인 여자는 남자에게 먹으러 오라고 말하면서, 진짜로 오길 바라고 있는 그 사람에게도 오라고 전해 달라고 말합니다. リッチマン、プアウーマン

A あなたは良い人だからきっと何でも食べる。
B ハハハハハ。いや〜。
A 괜찮다면 그 사람도 오라고 말해 줘.
B はいはい。

A 당신은 좋은 사람이니까 분명 뭐든지 잘 먹을 거야.
B 하하하하하. 뭐 그냥.
A **良かったらあの人も来てって言っといて。**
B 네네.

良(い)い 좋다
食(た)べる 먹다
言(い)う 말하다

何事も人次第なんだよ。

무슨 일이든 사람 나름이야.

次第(しだい)**なんだ**는 ~によって決まる(~에 의해서 정해진다)와 같은 뉘앙스이며, [명사+次第なんだよ]는 '~에 달렸다, ~나름이다'라는 뜻으로 씁니다.

STEP 1

1. 무슨 일이든 사람 나름이야.
   何事も人次第なんだよ。
2. 가고 안 가고는 자네에게 달렸어.
   行くも行かぬも君次第なんだよ。
3. 행복해질지 어떨지는 생각하기 나름이야.
   幸せになるかどうかは考え方次第なんだよ。
4. 승진하는 것은 실력에 달렸어.
   昇進するのは実力次第なんだよ。
5. 할지 말지는 너 하기 나름이야.
   するかしないかはあなた次第なんだよ。

何事(なにごと) 모든 일, 아무 일
幸(しあわ)**せ** 행복
考(かんが)**え方**(かた) 사고방식
昇進(しょうしん) 승진
実力(じつりょく) 실력

STEP 2

남자는 차갑고 직설적인 자신과는 달리, 사람을 잘 다루는 친구의 모습에 의아해합니다. **リッチマン、プアウーマン**

A 何でお前は辞めていく人間に感謝されるんだ?
B 사람의 마음은 다루기 나름이야.
A いつでも相談においでって。どこにそんな時間があるんだ?
B 会うわけないだろ。無駄な出費避けるためだ。

A 어떻게 너는 그만두고 나가는 사람들한테 감사 인사를 받는 거야?
B **人の気持ちなんて、操り方次第なんだよ。**
A 언제라도 상담하러 오라니. 어디에 그런 시간이 있는 거야?
B 만날 리가 없잖아. 쓸데없는 지출을 피하기 위한 거야.

잠깐만요!

★ **無駄**(むだ)~가 붙는 어휘
無駄遣(むだづか)**い** 낭비, 허비
無駄足(むだあし) 헛걸음
無駄骨(むだぼね) 헛수고
無駄話(むだばなし) 잡담
無駄飯(むだめし)
일도 하지 않고 먹는 밥, 도식

辞(や)**める** 그만두다
人間(にんげん) 인간, 사람
感謝(かんしゃ) 감사
操(あやつ)**る** 다루다, 조종하다
相談(そうだん) 상담
無駄(むだ) 쓸데없음, 헛됨
出費(しゅっぴ) 출비, 지출
避(さ)**ける** 피하다

{ 원인을 말하는 상황 }

당신 때문에 이렇게 되고 말았어

어떠한 원인 때문에 나쁜 결과가 되어 유감스럽다는 의미를 나타내는 표현으로 ~たばかりに(~한 탓에) 표현이 있어요. 이와 비슷한 표현인 ~せいで(~탓에)는 동사에만 사용하는 ばかりに와 달리 [동사 · い형용사 · な형용사 보통체+せいで] [명사+のせいで]의 형태로 대부분 어휘에 접속 가능해서 더 다양한 상황에 쓸 수 있겠네요. お前(まえ)のせいで(너 때문에)와 같이 남의 탓을 할 때도 잘 쓰인답니다.

| 패턴미리보기 |

PATTERN 132 そのバカのおかげで負けちゃった。

PATTERN 133 悔しいことに花見の当日が雨でした。

PATTERN 134 あんたのせいでこうなっちゃった。

PATTERN 135 お金がないばかりに行けなかった。

132.mp3

そのバカのおかげで負けちゃった。

저 바보 덕분에 졌어.

~おかげで(~덕분에)는 회화체에서는 상대에게 빈정거리는 말투로 '~탓, ~때문에'라는 의미로도 사용하기도 합니다. 주로 [명사+のおかげで] 형태로 사용하지만, 문장 시작 부분에 나오는 경우도 있습니다.

STEP 1

1. 저 바보 덕분에 오늘 졌어.
   そのバカのおかげで今日、負けちゃった。
2. 저 녀석 덕분에 어처구니없는 꼴을 당했어.
   あいつのおかげでばかを見た。
3. 덕분에 오늘도 아침부터 졸았잖아.
   おかげで今日も朝からびびっちゃったじゃん。
4. 어때냐. 네 덕분에 팀워크가 깨졌어.
   どうだ。お前のおかげでチームワークを損なった。
5. 별꼴이야. 너 덕분에 생각지도 못한 변을 당했어!
   やだ。君のおかげでとんだ目にあったよ。

잠깐만요!

★ **いやだ→やだ**(싫어, 별꼴이야)와 같이 회화체에서는 앞 글자를 생략해서 발음하는 경우가 있어요.

ふざけるな → ざけるな
까불지 마
いらっしゃい → らっしゃい
어서 오세요
そんなわけないだろ! → んなわけないだろ! 그럴 리가 없잖아!

負(ま)ける 지다
見(み)る 보다
今日(きょう) 오늘
朝(あさ) 아침
びびる 졸다, 주눅 들다, 야코죽다
損(そこ)なう 부수다, 망가뜨리다

STEP 2 여자는 가정 교사가 추천한 주식을 사고 이익이 나자 금세 주식에 빠집니다.

家族ゲーム

A 先生のおっしゃることに間違いありませんから。
B いや、そんなに信頼されても困るな~。
A 선생님 덕분에 완전 빠져버렸어요.
B え~~。僕のせいですか。お母さん素質あったんですよ。

A 선생님이 틀린 말 하실 리 없으니까요.
B 아니요~, 그렇게까지 신뢰하셔도 곤란한데~.
A **先生のおかげで、はまっちゃった。**
B 무슨 ~ 저 때문인가요? 어머님이 소질이 있는 거겠죠.

仰(おっしゃ)る **言(い)う**(말하다)의 높임말
間違(まちが)い 틀림, 잘못됨
信頼(しんらい) 신뢰
困(こま)る 곤란하다, 난감하다
はまる 걸려들다, 속다, 빠지다
素質(そしつ) 소질

PATTERN 133

133.mp3

悔しいことに花見の当日が雨でした。

분하게도 꽃구경 당일에 비가 왔어요.

～ことに(~하게, ~하게도)는 앞에 말하는 사람의 마음과 감정을 먼저 말하고 뒤에 이유를 말해서, 앞의 말을 강조하는 표현입니다. 앞에 오는 말이 동사인 경우는 た형으로 쓰입니다.

STEP 1

1. 분하게도 꽃구경 당일에 비가 왔어요.
   悔しいことに花見の当日が雨でした。
2. 유감스럽게도 이번 여행은 취소되었어.
   残念なことに今度の旅行は中止になっちゃった。
3. 난감하게도 일본어가 좀처럼 늘지 않아.
   困ったことに日本語がなかなか上達しない。
4. 슬프게도 친한 친구가 멀리 이사 간대.
   悲しいことに親友が遠くに引っ越していくらしい。
5. 놀랍게도 그는 나를 알고 있었어.
   驚いたことに彼は私を知っていたよ。

悔(くや)しい 억울하다, 분하다
残念(ざんねん) 유감스러움, 아쉬움
旅行(りょこう) 여행
中止(ちゅうし) 중지
上達(じょうたつ) 숙달, 향상됨
悲(かな)しい 슬프다
親友(しんゆう) 친구, 벗
引(ひ)っ越(こ)す 이사하다
驚(おどろ)く 놀라다

STEP 2

아내가 성형 미인이라는 사실을 결혼 뒤에 알게 된 남자가 이혼하고 싶어 하는 사건에 대해서 이야기하고 있습니다.

リーガル・ハイ 2

A 지금 이혼 조정 중인데, 웃기게도 상대편이 응하지 않아.

B ちょっと待って。何で離婚ってことになるの？

A 当然だろ。整形だったんだから。

B それが理由？他に、例えば奥さんが浮気を…。

A 今離婚調停中ですが、ふざけたことに向こうが応じない。
B 잠깐만. 그게 왜 이혼이 되는 거야?
A 당연하지. 성형이었으니까.
B 그게 이유야? 달리, 예를 들면 부인이 바람피웠거나 ….

잠깐만요!

★ ～届(とど)け가 붙는 어휘

結婚届(けっこんとどけ)
결혼 신고
出生届(しゅっせいとどけ)
출생 신고
離婚届(りこんとどけ)
이혼 신고

離婚(りこん) 이혼
調停中(ちょうていちゅう) 조정중
ふざける 장난치다, 농담하다
当然(とうぜん) 당연
整形(せいけい) 성형
理由(りゆう) 이유
浮気(うわき) 바람피움

134.mp3

あんたのせいでこうなっちゃった。

당신 때문에 이렇게 되고 말았어.

[명사+のせいで]는 '~탓에, ~ 때문에'라는 뜻으로, 좋지 않은 결과를 초래하는 상황을 나타냅니다. 약간 그 대상에 대한 비난, 후회, 불쾌감의 뉘앙스도 담겨 있습니다.

STEP 1

1. 전부 당신 때문에 이렇게 되고 말았어.
   全部あんたのせいでこうなっちゃった。
2. 남동생 때문에 아빠한테 야단맞았어요.
   弟のせいで父に叱られました。
3. 너 때문에 물을 엎질러 버렸어.
   お前のせいで水をこぼしちゃったよ。
4. 그 사람 때문에 실패하고 말았어.
   彼のせいで失敗してしまった。
5. 태풍 때문에 요즘 채소 가격이 비싸졌어.
   台風のせいでこの頃野菜の値段が高くなった。

잠깐만요!

★ 식당에서 물을 달라고 할 때

お冷(ひ)や 차가운 물
お湯(ゆ) 따뜻한 물
(참고) '물을 끓이다'라고 할 때, **水(みず)を沸(わ)かす**가 아니라 **お湯(ゆ)を沸(わ)かす**라고 해야 자연스럽습니다.

全部(ぜんぶ) 전부
弟(おとうと) 남동생
叱(しか)**る** 혼내다
こぼす 흘리다, 엎지르다
台風(たいふう) 태풍
この頃(ごろ) 요즘, 최근, 근래
野菜(やさい) 채소, 야채
値段(ねだん) 가격

STEP 2

기분 전환도 할 겸 바람을 쐬는데 남자가 여자에게 농담을 합니다.

リッチマン、プアウーマン

A いやぁ、いい空気ですね～！
B 확실히 상쾌한데 네 냄새 때문에, 여기 반경 5미터는 좋은 공기가 반감했어.
A うわ、ごめんなさい。
B はは、冗談だよ。

A 와 ~, 공기 좋네요.
B **確かに清々しいが、お前の匂いのせいで、ここ半径5メートルの空気のうまさは半減してる。**
A 어머, 죄송해요.
B 하하, 농담이야.

空気(くうき) 공기
確(たし)**か** 분명함, 확실함
清々(すがすが)**しい** 상쾌하다
匂(にお)**い** 냄새
半径(はんけい) 반경
半減(はんげん) 반감
冗談(じょうだん) 농담

お金がないばかりに行けなかった。

돈이 없는 탓에 가지 못했어.

어떤 원인으로 부정적인 결과가 되어서 아쉬운 기분을 나타낼 때 **~ばかりに**를 사용합니다. [동사 · い형용사의 보통체+ばかりに] [명사+のばかりに] [な형용사 어간+なばかりに] 형태로 씁니다.

STEP 1

1. 돈이 없는 탓에 유학을 가지 못했어.
   お金がないばかりに留学に行けなかった。
2. 그의 이야기를 그대로 믿은 탓으로 심한 꼴을 당하고 말았어.
   彼の話をそのまま信じたばかりにひどい目にあってしまったよ。
3. 내가 실수한 탓으로 이번 기획은 쓸모없게 되었다.
   私がミスしたばかりに今度の企画は台無しになった。
4. 거짓말을 한 탓에 애인과 헤어지고 말았어.
   うそをついたばかりに恋人と別れちゃった。
5. 노래를 못하는 탓으로 노래 경연 대회에 못 나가.
   歌が下手なばかりにカラオケ大会に出れないんだ。

잠깐만요!

★ **台無(だいな)し**(쓸모없음)와 같이 자주 쓰이는 생활 속 관용구를 알아 두세요.

油(あぶら)を売(う)る
농땡이 치다
人見知(ひとみし)りをする
낯가림을 하다
アポを取(と)る
예약을 잡다
時間(じかん)を割(さ)く
시간을 내다
山(やま)が外(はず)れる
예상이 빗나가다

留学(りゅうがく) 유학
信(しん)**じる** 믿다
企画(きかく) 기획
台無(だいな)**し** 쓸모없는 모양
恋人(こいびと) 애인
別(わか)**れる** 헤어지다
下手(へた) 서투름, 또는 그런 사람
大会(たいかい) 대회

STEP 2

아이가 아픈데도 눈치 채지 못해 엄마로서 죄책감을 느낀 여자가 이웃집 아줌마에게 말합니다.

Mother

A 申し訳ありませんでした。제가 제구실을 못하는 탓으로 민폐를 끼쳐서.
B 迷惑じゃありませんよ。迷惑なんて。
A あの子はどうしてあなたには、具合の悪いこと話したんでしょうか。
B いえ。何も言わなかったんだけど、何となく、わかったんで。

A 죄송합니다. **私がダメなばかりに、ご迷惑を掛けて。**
B 민폐 아니에요. 민폐라니 ~.
A 그 아이는 어떻게 당신에게는 몸 상태가 안 좋은 걸 이야기했을까요?
B 아니요. 아무것도 말하지 않았는데, 그냥 알았어요.

申(もう)**し訳**(わけ)**ない**
면목 없다, 미안하다
迷惑(めいわく) 폐, 귀찮음, 성가심
具合(ぐあい) 몸의 상태, 건강 상태

{ 승낙 · 곤란함을 말하는 상황 }

만져도 상관없어

우리는 상대의 권유를 거절할 때 확실한 이유를 말하거나 직접적으로 안 된다고 분명히 말하는 것이 일반적인데요. 일본 사람들은 거절을 할 때 직접적으로 말하기보다는 상황을 얼버무리거나 돌려 말하는 편이에요. 앞으로 여러분들도 일본인의 권유나 데이트 신청을 거절해야 하는 상황이 생기면 都合(つごう)が悪(わる)い 표현을 써보세요. 都合(つごう)는 '형편, 사정'이란 뜻이고, 직역하면 '형편이 안 좋다'입니다. 즉 '그날은 여의치 않다'라는 뉘앙스로 거절하는 표현이랍니다.

| 패턴미리보기 |

- PATTERN 136 触ってもかまわないよ。
- PATTERN 137 早く寝ればよかったじゃないですか。
- PATTERN 138 今の私じゃダメなの。
- PATTERN 139 授業をサボらないようにします。
- PATTERN 140 ちょっともうやめなさいよ。
- PATTERN 141 このままだと困るんです。
- PATTERN 142 先生だからってみんな真面目なわけじゃないんです。
- PATTERN 143 約束したんだから行くしかないんだ。
- PATTERN 144 タバコを吸ってはならないでしょう。
- PATTERN 145 普通の人は考え得ないだろう。
- PATTERN 146 なぜ形式にこだわるんですか。

触ってもかまわないよ。

만져도 상관없어.

상대에게 허가를 한다는 뜻으로 **~ても構**(かま)**わない**(~해도 상관없다, ~해도 괜찮다)를 씁니다. 비슷한 표현으로 ~てもいい(~해도 된다)가 있습니다.

STEP 1

1. 이것들은 만져도 상관없어.
   これらは触ってもかまわないよ。
2. 사정이 여의치 않으면 무리해서 오지 않아도 상관없어.
   都合が悪かったら無理に来なくてもかまわないよ。
3. 자네, 오늘은 먼저 집에 가도 상관없어.
   君、今日は先に帰ってもかまわないよ。
4. 배가 부르면 먹지 않아도 상관없어.
   お腹いっぱいなら食べなくてもかまわないよ。
5. 이 컴퓨터는 자유롭게 사용해도 상관없어.
   このパソコンは自由に使ってもかまわないよ。

잠깐만요!

★ 우리말 표기와 헷갈리는 외래어 표기를 알아 두세요.

노트북 **ノートパソコン**
라식 **レーシック**
리모델링 **リフォーム**
리필 **お代**(か)**わり自由**(じゆう)
립싱크 **口**(くち)**パク**

触(さわ)**る** 만지다
都合(つごう) 형편, 사정
無理(むり) 무리
お腹(なか) 배, 위장
帰(かえ)**る** 돌아오다, 돌아가다
自由(じゆう) 자유
使(つか)**う** 사용하다

STEP 2

가정 교사가 맘에 안 드는 아이는 그의 약점을 캐려고 합니다.

家族ゲーム

A 何で学校の先生じゃなくて、家庭教師なんですか。
B 簡単な話だよ。俺は教員免許を持っていない。
A そうだったんだ。
B 이걸로 가르칠 자격이 없다고 한다면, 부모님에게 말해도 상관없어.

A 왜 학교 선생님이 아니라 가정 교사인가요?
B 단순해. 나는 교원 자격증을 가지고 있지 않아.
A 그랬군요.
B **これで教える資格がないというなら、ご両親に言ってもかまわないよ。**

家庭教師(かていきょうし) 가정 교사
簡単(かんたん) 간단함
教員免許(きょういんめんきょ) 교원 자격증, 교사 자격증
持(も)**つ** 가지다, 들다
教(おし)**える** 가르치다, 알려주다
資格(しかく) 자격
両親(りょうしん) 부모

▶ 137.mp3

早く寝ればよかったじゃないですか。

빨리 잤으면 좋았잖아요.

~ばよかったじゃないですか 형태는 '~했으면 좋지 않았을까', 즉 '~했으면 좋았을 텐데'라는 뜻으로 하지 않은 일에 대해 후회하는 마음을 나타내는 반어법 표현입니다.

STEP 1

1. 어제 빨리 잤으면 좋았잖아요.
   昨日、早く寝ればよかったじゃないですか。
2. 청소해 뒀으면 좋았잖아요.
   掃除して置けばよかったじゃないですか。
3. 그런 거 말하지 않았으면 좋았잖아요.
   あんなこと言わなければよかったじゃないですか。
4. 다른 영화를 봤으면 좋았잖아요.
   違う映画を見ればよかったじゃないですか。
5. 더 빨리 집에서 나왔으면 좋았잖아요.
   もっと早く家を出ればよかったじゃないですか。

잠깐만요!

★ 동사 **~ば**형 만들기
동사 마지막 글자를 **え**단으로 바꾸고 **ば**를 붙입니다.

買う → **買えば** 사면
食べる → **食べれば** 먹으면
する → **すれば** 하면
来る → **くれば** 오면

昨日(きのう) 어제
寝(ね)**る** 자다
掃除(そうじ) 청소
置(お)**く** 놓다, 두다
違(ちが)**う** 다르다
映画(えいが) 영화
出(で)**る** 나가다, 나오다

STEP 2

친정 아버지가 준 돈봉투를 거절한 남편에게 아내가 원망하며 말합니다.

家族ゲーム

A 부모님께 무릎을 꿇어서라도 수표를 다시 되찾았으면 좋았잖아요.

B もう終わったことだ。俺が何とかする。

A だったら具体的な返済方法教えてください。

B うるさい！俺に任せろと言ってんだ！

A **両親に土下座してでも小切手取り返せばよかったじゃないですか。**
B 이미 끝난 일이야. 내가 어떻게든 할 거야.
A 그렇다면 구체적인 변제 방법을 알려주세요.
B 시끄러워! 나한테 맡기라고 했잖아!

両親(りょうしん) 부모님
土下座(どげざ) 납작 엎드려 절함
小切手(こぎって) 수표
取(と)**り返**(かえ)**す** 되찾다, 돌이키다
終(お)**わる** 끝나다
具体的(ぐたいてき) 구체적
返済(へんざい) 돈을 다 갚는 것
方法(ほうほう) 방법
教(おし)**える** 알려주다, 가르치다
任(まか)**せる** 맡기다

138.mp3

今の私じゃダメなの。

지금의 나로는 안 돼.

~では의 회화체인 ~じゃ를 써서 **~じゃ駄目**(だめ)라고 하면 '~으로는 안 돼, ~으로는 불가능해'라는 뜻을 나타냅니다. ~じゃダメなの는 주로 여성이 많이 쓰고, 남성은 ~じゃダメなんだ로 사용합니다.

STEP 1

1. 지금의 나로는 안 돼.
   今の私じゃダメなの。
2. 그런 약한 마음으론 안 돼.
   そんな弱気じゃダメなの。
3. 나쁜 애인 관계라면 안 돼.
   悪い恋人じゃダメなの。
4. 이것은 혼자서는 안 돼.
   これは一人じゃダメなの。
5. 그 꽃으로는 안 돼.
   その花じゃダメなの。

잠깐만요!

★ **愛人**(あいじん)을 우리말 '애인'과 같은 말로 착각하면 안 됩니다. 일본어의 **愛人**은 '불륜 상대'를 뜻합니다. 그러므로 '연인'이라는 뜻으로는 **恋人**(こいびと)를 사용하세요.

恋人(こいびと)**同士**(どうし)
연인 관계

弱気(よわき) 마음이 약함, 무기력함
悪(わる)**い** 나쁘다
恋人(こいびと) 애인, 연인
一人(ひとり) 혼자
花(はな) 꽃

STEP 2

한쪽 눈에 장애가 있는 아이는 눈을 치료해 줄 수 있는 집으로 입양 가고 싶다고 친구에게 말합니다. 明日、ママがいない

A 조금으론 안 돼! 手術には、たくさんのお金が必要なの！
B 手術？
A この目よ！この目を治してくれるお家に私は行きたいの。
B そっか。

A **少しじゃダメなの！** 수술하려면 많은 돈이 필요하다고!
B 수술?
A 이 눈 말이야! 이 눈을 고쳐 줄 집에 나는 들어가고 싶단 말이야.
B 그렇구나.

手術(しゅじゅつ) 수술
必要(ひつよう) 필요
目(め) 눈
治(なお)**す** (병이) 낫다, 치유되다
家(いえ) 집
行(い)**く** 가다

PATTERN 139

139.mp3

授業をサボらないようにします。

수업을 빼먹지 않도록 하겠습니다.

[**동사 ない형+ないようにします**](~않도록 하겠습니다)는 의지가 들어간 행동을 나타내며 상대에게 다짐하는 표현입니다.

STEP 1

1. 수업을 빼먹지 않도록 하겠습니다.
   授業をサボらないようにします。
2. 두 번 다시 이런 일이 일어나지 않도록 하겠습니다.
   二度とこんなことが起らないようにします。
3. 밤에는 별로 먹지 않도록 하겠습니다.
   夜はあんまり食べないようにします。
4. 더 이상 그녀에게 접근하지 않도록 하겠습니다.
   これ以上、彼女には近付かないようにします。
5. 앞으로는 늦잠을 자지 않도록 하겠습니다.
   これからは朝寝坊をしないようにします。

授業(じゅぎょう) 수업
サボる 빼먹다, 게을리 하다
二度(にど)**と** 두 번 다시
起(おこ)**る** 일어나다, 발생하다
夜(よる) 밤
近付(ちかづ)**く** 접근하다, 다가가다
朝寝坊(あさねぼう) 늦잠을 잠

STEP 2

가정 교사는 아이가 여자 친구를 만나는 모습을 보러 가자고 하는데, 아이의 아버지는 그런 그를 못마땅해 합니다. **家族ゲーム**

A どうしてですか。

B そりゃそうだろ。ほら…茂之が、怒る。

A 들키지 않도록 하겠습니다. 遠くから見守るだけです。

B それでもダメ！大体、君は、息子に勉強教えるのが本分だろ？

A 왜요?
B 그거야 그렇잖아요. 그게 …. 시게유키가 화낼 거예요.
A **バレないようにします**。멀리서 지켜보는 것뿐이에요.
B 그래도 안 돼요! 애당초 당신은 아들에게 공부를 가르치는 게 본분이잖아요?

잠깐만요!

★ 감탄사 **ほら**는 상대의 주의를 끌려고 할 때 '저, 이봐, 그런데 말이야' 등으로 쓰는 말입니다.

ほら、ごらん。 자, (여기) 봐요.
ほら、あそこだ。 이봐, 저쪽이야.
ほら、先だって君に話しただろ。 저 말이야, 얼마 전에 너에게 말했지.

怒(おこ)**る** 화내다, 성내다
ばれる 들통나다
遠(とお)**く** 먼 곳
見守(みまも)**る** 지켜보다, 감시하다
大体(だいたい) 본래, 애당초
息子(むすこ) 아들
教(おし)**える** 가르치다
本分(ほんぶん) 본분

140.mp3

ちょっとも**う**やめなさいよ。

이제 좀 그만둬.

상대가 당황스럽게 하거나 부적절한 행동을 할 때 강하게 비난하며 명령하는 뜻으로 **~やめなさい**(그만둬)를 쓰고, 뒤에 강조의 종조사 ~よ를 붙인 표현입니다.

STEP 1

1. 이제 좀 핸드폰은 그만둬.
   ちょっと**もうケータイは**やめなさいよ。
2. 좀 싸움은 그만둬.
   ちょっと**喧嘩は**やめなさいよ。
3. 좀 방에서 담배 피우는 건 그만둬.
   ちょっと**部屋でタバコを吸うのは**やめなさいよ。
4. 좀 그 이야기는 이제 그만둬.
   ちょっと**その話はもう**やめなさいよ。
5. 좀 꼬치꼬치 캐묻는 건 그만둬.
   ちょっと**根掘り葉掘り聞き出すのは**やめなさいよ。

잠깐만요!

★ **携帯**(けいたい) 관련 어휘

充電器(じゅうでんき) 충전기
バッテリー 배터리
非通知(ひつうち) 발신번호 제한
待(ま)**ち受**(う)**け** 대기 화면
マナー(モード) 진동
メール 문자
留守電(るすでん) 부재중 전화

喧嘩(けんか) 싸움
部屋(へや) 방
吸(す)**う** 들이마시다, (담배를) 피우다
根掘(ねほ)**り葉掘**(はほ)**り** 꼬치꼬치
聞(き)**き出**(だ)**す** 탐문하다

STEP 2

가정 교사가 학생 아버지의 회사로 찾아와서 과외 계약서를 내밉니다.

家族ゲーム

A どうしたの？会社まで。
B ああ、どうも！契約書に判を押していただきたくて。
A 좀 큰 소리로 말하지 마. どこにサインすればいいの？
B こっちです。

A 무슨 일이야? 회사까지.
B 아 ~, 미안합니다! 계약서에 도장을 찍어 주셨으면 해서.
A **ちょっと大きな声はやめなさいよ。** 어디에 사인하면 되지?
B 이쪽입니다.

契約書(けいやくしょ) 계약서
判(はん)**を押**(お)**す** 도장을 찍다
大(おお)**きな** 큰, 커다란
声(こえ) 소리, 목소리

141.mp3

このままだと困るんです。

이대로라면 곤란해요.

～と困(こま)るんです(～라면 곤란해요)는 어떠한 상황으로는 난처하거나 적절하지 않다는 의미를 전달하는 표현입니다. [동사 · い형용사 · な형용사의 보통체+と困るんです] [명사+だと困るんです] 형태로 씁니다.

STEP 1

1. 이대로라면 곤란해요.
   このままだと困るんです。
2. 가뭄이 계속되면 곤란해요.
   日照り続きだと困るんです。
3. 대답이 늦어지면 곤란해요.
   返事が遅くなると困るんです。
4. 그날에 비가 내리면 곤란해요.
   その日に雨が降ると困るんです。
5. 남이 보게 되면 곤란해요.
   人に見られると困るんです。

잠깐만요!

★ **日**(ひ)는 '해, 태양, 햇빛, 하루, 날, 날짜, 기한' 등 다양한 뜻을 가지고 있어요.

日付(ひづけ) 날짜
日当(ひあ)**たり** 볕이 듦, 양달
日差(ひざ)**し** 햇볕이 쬠, 햇살
日(ひ)**の入**(い)**り** 일몰
日(ひ)**の出**(で) 일출, 해돋이
子供(こども)**の日**(ひ) 어린이날

日照(ひで)**り** 가뭄
続(つづ)**き** 계속
返事(へんじ) 대답
遅(おそ)**い** 늦다
雨(あめ)**が降**(ふ)**る** 비가 내리다
人(ひと) 남, 타인

STEP 2

여자는 남자에게 전화를 걸어, 차에 두고 내린 구두를 가지러 가겠다고 말합니다.

リッチマン、プアウーマン

A 何だ？

B 靴、返していただけませんか。

A ああ。

B 그게 없으면 곤란해요. 今どこにありますか。取りに行きます。

A 무슨 일이야?
B 구두, 돌려주실 수 있나요?
A 아～.
B **あれがないと困るんです。** 지금 어디에 있나요? 가지러 갈게요.

靴(くつ) 구두
返(かえ)**す** 돌려주다, 반납하다
取(と)**りに行**(い)**く** 가지러 가다

先生だからってみんな真面目なわけじゃないんです。

선생이라고 해서 모두 성실한 것은 아니에요.

보편적인 의견에 상대적으로 자신의 의견을 주장할 때 **~だからって~わけじゃないんです**(~이라고 해서 ~한 것은 아니에요)를 쓰는데, '반드시'에 해당하는 어휘를 쓰지는 않지만, 뜻은 포함하고 있습니다.

STEP 1

1. 선생이라고 해서 모두 성실한 것은 아니에요.
   先生だからって**みんな真面目な**わけじゃないんです。

2. 가난하다고 해서 불행한 것은 아니에요.
   貧乏だからって**不幸な**わけじゃないんです。

3. 여자아이라고 해서 모두 핑크색을 좋아하는 것은 아니에요.
   女の子だからって**みんなピンクが好きな**わけじゃないんです。

4. 부부라고 해서 서로 아무런 비밀도 없는 것은 아니에요.
   夫婦だからって**お互いに何の秘密もない**わけじゃないんです。

5. 일본인이라고 해서 모두 올바른 경어를 쓸 수 있는 것은 아니에요.
   日本人だからって**みんな正しい敬語が使える**わけじゃないんです。

STEP 2

환자의 상태가 위독한데 치료를 거부해서 의사가 설득하고 있습니다.

Mother

A 의사라고 해서 모두가 사람의 죽음에 익숙해지는 것은 아니에요.

B 入院…しようかしら。

A え？本当ですか。

B 私みたいに生きることに未練がない人を見てるといらっと来るんでしょう？

A **医者だからって、全員が人の死に慣れてるわけじゃないんです。**

B 입원 … 해야겠죠?

A 네? 정말요?

B 나처럼 사는 것에 미련이 없는 사람을 보고 있으면 열 받으시죠?

잠깐만요!

★ **夫婦**(ふうふ) 관련 용어

仮面夫婦(かめんふうふ) 쇼윈도 부부

おしどり夫婦(ふうふ) 잉꼬부부

夫婦喧嘩(ふうふげんか) 부부싸움

共働(ともばたら)**き** 맞벌이

同棲(どうせい) (남녀의) 동거

(참고) '동거'를 우리말 한자 그대로 **同居**(どうきょ)로 쓰면 남녀가 함께 사는 것이 아니라 가족이나 동료와 함께 사는 것을 말합니다.

真面目(まじめ) 성실함
貧乏(びんぼう) 가난, 궁핍
不幸(ふこう) 불행
女(おんな)**の子**(こ) 여자아이
好(す)**き** 좋아함
互(たが)**い** 서로, 상호
秘密(ひみつ) 비밀
正(ただ)**しい** 바르다, 옳다
敬語(けいご) 경어
使(つか)**う** 사용하다

医者(いしゃ) 의사
全員(ぜんいん) 전원
死(し) 죽음
慣(な)**れる** 익숙해지다
入院(にゅういん) 입원
生(い)**きる** 살다, 생존하다
未練(みれん) 미련
いらっと来(く)**る** 열 받다, 짜증 나다

143.mp3

約束したんだから行くしかないんだ。

약속했기 때문에 갈 수밖에 없어.

~しかないんだ(~수밖에 없다)는 달리 방법이 없다는 뜻을 나타냅니다. [동사 보통체+しかないんだ] [명사+しかないんだ] 형태로 씁니다. 더욱 강조할 경우에는 ~だけしかないんだ라고도 할 수 있습니다.

STEP 1

1. 약속했기 때문에 갈 수밖에 없어.
   約束したんだから行くしかないんだ。
2. 대학에 들어가기 위해서는 열심히 노력할 수밖에 없어.
   大学に入るためには熱心に頑張るしかないんだ。
3. 내가 가지고 있는 것은 그것밖에 없어.
   私が持ってるのはそれしかないんだ。
4. 아무것도 먹을 게 없으니 직접 만들 수밖에 없어.
   何も食べるものがないんで自分で作るしかないんだ。
5. 시험까지는 나머지 일주일밖에 없어.
   試験まではあと一週間しかないんだ。

約束(やくそく) 약속
行(い)**く** 가다
大学(だいがく) 대학
熱心(ねっしん) 열심
頑張(がんば)**る** 노력하다
持(も)**つ** 들다, 가지다
自分(じぶん) 자기 자신
作(つく)**る** 만들다
試験(しけん) 시험
一週間(いっしゅうかん) 일주일 간

STEP 2

아버지는 자신의 체면을 위해 아들에게 "명문대에 꼭 들어가야 한다."고 말합니다.

家族ゲーム

A しっかりやれよ。お前には東大に入ってもらわないと困るんだから。
B なんで困るの？
A そりゃそうだろ。東大入れなかったらお前の将来だって。
B 아빠한테 나는 단지 자랑거리로밖에 여겨지지 않는 거겠지.

A 제대로 해. 네가 도쿄대에 들어가지 않으면 곤란하니까.
B 뭐가 곤란해?
A 그거야 당연하지. 도쿄대 못 들어가면 네 미래도.
B **父さんにとっては俺はただの自慢のネタでしかないんだ。**

잠깐만요!

★ **将来**(しょうらい)는 '장래, 미래' 등의 뜻으로 쓰는 명사지만, 부사적으로 쓰여 '장차, 미래에, 장래에' 등의 뜻으로도 쓰입니다.

将来どうなるだろうか。
장차 어떻게 될까?
将来医者(いしゃ)**になりたい。**
장차 의사가 되고 싶다.

困(こま)**る** 곤란하다
入(はい)**る** 들어가다
将来(しょうらい) 장래
自慢(じまん) 자랑
ネタ 소재, 기삿거리

144.mp3

タバコを吸ってはならないでしょう。

담배를 피우면 안 돼요.

～てはならない(～해서는 안 된다)는 의무, 책임, 논리적으로 당연히 금지해야 한다고 생각되는 경우에 사용합니다. ～てはいけない · ちゃいけない(～하면 안 된다, Pattern 011)도 금지 표현이지만 상대의 행위를 금지할 때 쓰는 표현이기 때문에 해석은 비슷하지만 용법에는 다소 차이가 있습니다.

STEP 1

1. 담배를 피우면 안 돼요.
   タバコを吸ってはならないでしょう。

2. 이것은 알려지면 안 돼요.
   これは知らせてはならないでしょう。

3. 이제 두 번 다시 전쟁을 일으켜서는 안 돼요.
   もう二度と戦争を起してはならないでしょう。

4. 어떤 경우라도 폭력은 용서해서는 안 돼요.
   どんな場合でも暴力は許してはならないでしょう。

5. 재차 이런 사건이 일어나서는 안 돼요.
   再びこんな事件があってはならないでしょう。

잠깐만요!

★ 금지의 **～てはならない** 앞에 부정의 **ない**를 붙여 **～なくてはならない**(～해야 한다, ～이어야 한다)라고 하면 의무, 책임이 있음을 나타내거나 당연, 필연의 뜻을 나타냅니다.

出席(しゅっせき)**しなくてはならない。**
출석하지 않으면 안 된다. =출석해야만 한다.

吸(す)**う** 들이마시다, 빨아들이다
知(し)**らせる** 알리다, 통지하다
二度(にど)**と** 두 번 다시
戦争(せんそう) 전쟁
起(おこ)**す** 일으키다
場合(ばあい) 경우
暴力(ぼうりょく) 폭력
許(ゆる)**す** 용서하다
再(ふたた)**び** 재차, 다시, 두 번
事件(じけん) 사건

STEP 2

자연을 파괴하려는 대기업과 그대로 지키려는 마을사람들이 소송으로 맞섭니다.

リーガル・ハイ 2

A 世界遺産は世界の宝です。돈벌이를 위해서 파괴해서는 안 돼요!
B そっちに勝ち目はないんじゃない？
A どんな判事だって古美門先生の言い分は通りませんよ。
B どうだろうね。裁判所で会おう。

A 세계 유산은 세계의 보물이에요. **お金もうけのために破壊してはならないでしょう！**
B 그쪽에 승산은 없지 않나?
A 어떤 판사라도 고미카도 선생님의 억지는 통하지 않아요.
B 그럴까 ~. 재판소에서 만나죠.

世界遺産(せかいいさん) 세계 유산
宝(たから) 보물
金儲(かねもう)**け** 돈벌이
破壊(はかい) 파괴
勝(か)**ち目**(め) 승산
判事(はんじ) 판사
言(い)**い分**(ぶん) (불평 · 불만 · 변명으로) 주장하고 싶은 말, 할 말
通(とお)**る** 통용되다, 인정되다
裁判所(さいばんしょ) 재판소

145.mp3

普通の人は考え得ないだろう。

보통 사람은 생각할 수 없겠지.

[동사 ます형+得(う)る/得(え)ない]는 가능(~할 수 있다)과 불가능(~할 수 없다)을 나타냅니다. 주의할 점은 得る는 うる, 得ない는 えない로 발음해야 합니다.

STEP 1

1. 그런 거 보통 사람은 생각할 수 없겠지.
   そんなの普通の人は考え得ないだろう。
2. 이건 그의 재력으로는 이뤄낼 수 없겠지.
   これは彼の財力では成し得ないだろう。
3. 지금 단계에서는 공표할 수 없겠지.
   今の段階では公表し得ないだろう。
4. 복권에 당첨되는 것은 누구에게나 일어날 수 없겠지.
   宝くじに当たるのは誰にでも起り得ないだろう。
5. 이렇게 어려운 문제는 다빈치조차 풀 수 없겠지.
   このような難問はダヴィンチすら解き得ないだろう。

잠깐만요!

★ **~得(え)ない**의 관용구

やむを得ない
어쩔 수 없다, 부득이하다
~ざるを得ない
~하지 않을 수 없다
~を禁(きん)じ得ない
~을 금할 수 없다

普通(ふつう) 보통
考(かんが)**える** 생각하다
財力(ざいりょく) 재력
段階(だんかい) 단계
公表(こうひょう) 공표
宝(たから)**くじ** 복권
当(あ)**たる** 당첨되다
難問(なんもん) 어려운 문제
解(と)**く** 답을 내다, 풀다

STEP 2

사형 선고를 받은 피고인에게 불리한 다른 정황을 알게 된 변호인단은 그 사실을 묵과하려고 합니다.

リーガル・ハイ 2

A 私は真実を知ってしまいました。

B 誰も知らない真実は存在しないのと一緒だ。
우리들이 다른 데 말하지 않으면 아무도 알 수 없을 거야.

A 握りつぶせと？

B じゃあ、言い触らして彼女を死刑台に送るのか。

A 저는 진실을 알아버렸습니다.
B 아무도 모르는 진실은 존재하지 않는 것과 같아. **我々が他言しなければ誰も知り得ないだろう。**
A 묵인하라는 건가요?
B 그럼 소문내서 그녀를 사형대로 보낼 거야?

真実(しんじつ) 진실
存在(そんざい) 존재
一緒(いっしょ) 같음, 구별이 없음
他言(たごん) 다른 사람에게 말함
握(にぎ)**り潰**(つぶ)**す** 묵살하다
言(い)**い触**(ふ)**る** 떠들고 다니다
死刑台(しけいだい) 사형대

なぜ形式にこだわるんですか。

왜 형식에 연연하는 건가요?

~にこだわる는 '~에 구애되다, ~에 집착하다, ~을 고집하다' 등 어떠한 것에 강한 자부심이 있거나 그것만을 고집하는 의미를 나타냅니다. 또한 상대뿐만 아니라 자기 자신에게도 사용하는데, 명사 こだわり는 '(~에 대한) 고집, 장인 정신, 프라이드' 등의 뜻으로도 쓰입니다.

STEP 1

1. 왜 형식에 연연하는 건가요?
   なぜ**形式**にこだわるんですか。
2. 왜 그 이야기에 연연하는 건가요?
   なぜ**その話**にこだわるんですか。
3. 왜 질서에 연연하는 건가요?
   なぜ**秩序**にこだわるんですか。
4. 왜 겉보기에 연연하는 건가요?
   なぜ**見た目**にこだわるんですか。
5. 왜 무농약에 연연하는 건가요?
   なぜ**無農薬**にこだわるんですか。

잠깐만요!

★ **秩序**(ちつじょ)를 지켜야 하는 곳

遊園地(ゆうえんち) 유원지
動物園(どうぶつえん) 동물원
水族館(すいぞくかん) 수족관
博物館(はくぶつかん) 박물관
植物園(しょくぶつえん) 식물원
観覧者(かんらんしゃ) 관람차

形式(けいしき) 형식
話(はなし) 이야기
秩序(ちつじょ) 질서
見(み)**た目**(め) 외관, 겉보기
無農薬(むのうやく) 무농약

STEP 2

재판에서 늘 승소만 한다고 자부하는 남자 변호사에게 여자는 묻습니다.

リーガル・ハイ 2

A 왜 그렇게까지 승리에 연연하는 건가요?
B 勝たなければ意味がないからだ。
A もし、負けたらどうするんですか。
B 私が負ける日など来ない。

A **なぜそこまで勝利にこだわるんですか。**
B 이기지 않으면 의미가 없기 때문이지.
A 만약 지면 어떻게 할 건가요?
B 내가 지는 날 따위 오지 않아.

勝利(しょうり) 승리
勝(か)**つ** 이기다, 승리하다
意味(いみ) 의미
負(ま)**ける** 지다, 패하다
日(ひ) 날, 날짜

{ 기분 · 마음 상태를 말하는 상황 }

비가 내릴 것 같은 느낌이 들어

흔히 상대가 いいです。라고 답하면 직역해서 '좋습니다'라는 뜻으로 받아들이는 경우가 많아요. 하지만 또 다른 의미도 있는데요. 일상 회화에서 コーヒーはどうですか。라고 상대가 물었을 때 いいです。라고 한다면 "됐어요."라는 거절의 의미를 나타냅니다. 또한 상대의 도움을 거절할 때, 悪(わる)いからいいです。라는 표현도 많이 쓰는데요. 이때도 "당신에게 폐가 되니 괜찮아요, 됐습니다."라는 의미예요. 이렇듯 '일드'의 세계에는 매우 다양하고 미묘한 감정의 표현이 있어요.

| 패턴미리보기 |

- PATTERN 147 見て見ないふりをする。
- PATTERN 148 彼女は怒りっぽい人だね。
- PATTERN 149 雨が降りそうな気がする。
- PATTERN 150 なるほど。君の言う通りだ。
- PATTERN 151 私は気にしないでください。
- PATTERN 152 彼女はもっと話したがってる。
- PATTERN 153 僕は小さい頃から病気がちでした。
- PATTERN 154 ついてないなぁ。
- PATTERN 155 私なりに片付けておいたのよ。
- PATTERN 156 夏休みにいい思いをした。
- PATTERN 157 一緒に行ったほうが良かったかなぁ。
- PATTERN 158 この焼酎は飲みやすいね。
- PATTERN 159 これは発音しにくいでしょう。

見て見ないふりをする。

보고도 못 본 척하는 거야.

147.mp3

속마음은 아니면서 그럴 듯하게 꾸밀 때, **～振(ふ)りをする**(～ 체하다, ～ 척하다)를 씁니다. [동사 · い형용사 기본형+振りをする] [な형용사 어간+な振りをする] [명사+の振りをする] 형태로 사용하세요.

STEP 1

1. 보고도 못 본 척하는 거야.
   見て見ないふりをする。
2. 부자인 척하는 거야.
   お金持ちのふりをする。
3. 생각하고 있는 척하는 거야.
   考えてるふりをする。
4. 좋아도 싫은 척하는 거야.
   好きでも嫌なふりをする。
5. 겁쟁이 주제에 항상 강한 척하는 거야.
   臆病のくせにいつも強いふりをする。

잠깐만요!

★ 접미사 **～屋(や)**를 붙여 사람의 성향을 나타내는 말

お天気屋(てんきや) 변덕쟁이
恥(は)ずかしがり屋(や) 부끄럼쟁이
気難(きむずか)し屋(や) 까다로운 사람
気取(きど)り屋(や) 거드름쟁이
分(わ)からず屋(や) 벽창호

お金持(かねも)ち 부자
考(かんが)える 생각하다
好(す)き 좋아함
嫌(いや) 싫음, 바라지 않음
臆病(おくびょう) 겁쟁이
強(つよ)い 강하다

STEP 2

선생과 제자지만 남들에게 모녀로 보여야 의심 받지 않는다고 여자가 아이에게 말합니다. **Mother**

A 先生、大丈夫？
B 先生じゃないでしょ。모녀인 척하는 거야. わかってるわよね？
A うん。わかってる。
B トイレは行きたくない？

A 선생님, 괜찮아요?
B 선생님 아니잖아. **親子のふりをする**。알고 있지?
A 네. 알고 있어요.
B 화장실은 가고 싶지 않아?

大丈夫(だいじょうぶ) 괜찮음
親子(おやこ) 부모 자식, 부자, 모녀
分(わ)かる 알다, 이해하다

彼女は怒りっぽい人だね。

그녀는 자주 화내는 경향이 있어.

～っぽい는 '～ 경향이 있다, ～스럽다, 자주 ～한다' 등의 뜻으로 쓰는 접미사입니다. [동사 ます형+っぽい] [명사+っぽい] 형태로 사용하세요.

STEP 1

1. 그녀는 자주 화내는 경향이 있어.
   彼女は怒りっぽい人だね。
2. 정말이지 너는 자주 깜빡하는 경향이 있어.
   まったく、あんたは忘れっぽい人なんだから。
3. 요즘 날씨는 마치 가을 같네.
   最近の天気はまるで秋っぽいね。
4. 나는 뭘 해도 금방 질리는 경향이 있어.
   私は何をしても飽きっぽい。
5. 그의 성격은 여성스러워.
   彼の性格は女っぽいね。

잠깐만요!

★ 접미사 ～っぽい가 붙는 어휘

惚(ほ)れっぽい
자주 반하는 경향이 있다
謎(なぞ)っぽい 수수께끼 같다
赤(あか)っぽい 불그스름하다
嘘(うそ)っぽい 거짓말하곤 하다
色(いろ)っぽい 야하다

怒(おこ)る 화내다, 성내다
忘(わす)れる 잊다, 망각하다
最近(さいきん) 최근, 요즘
天気(てんき) 날씨
秋(あき) 가을
飽(あ)きる 질리다, 싫증나다
性格(せいかく) 성격

STEP 2

아들을 버린 여자는 혹시라도 누군가 자신을 찾으면 절대 모른다고 말하라고 부탁합니다.

リッチマン、プアウーマン

A 息子を捨てる私が、親の気持語る資格ないけど。

B 会いたいですか。

A まさか。死んでも会いたくないわよ。
있잖아, 만약 그런 사람이 오면 절대로 모른다고 말해.

B はい、絶対。

A 아들을 버린 내가 부모의 마음을 말할 자격은 없지만.
B 만나고 싶나요?
A 설마. 죽어도 만나고 싶지 않아. **ねえ、もしそれっぽい人が来たら、絶対に知らないって言ってよ。**
B 네, 절대 ….

息子(むすこ) 아들
捨(す)てる 버리다
親(おや) 부모
語(かた)る 말하다, 이야기하다
資格(しかく) 자격
死(し)ぬ 죽다
絶対(ぜったい) 절대

雨が降りそうな気がする。

비가 내릴 것 같은 느낌이 들어.

149.mp3

일본 사람들은 자신의 의견인데도 직접적으로 말하는 것보다 조금 부드럽게 돌려 말하는 것을 좋아합니다. 그래서 자기 생각을 말하는데도 자주 **気(き)がする**(~ 기분이 든다, ~ 느낌이 든다)를 씁니다. 함께 많이 쓰는 표현으로 추측의 ~そうだ, ~ようだ(~인 것 같다)가 있습니다.

STEP 1

1. 비가 내릴 것 같은 느낌이 들어.
   雨が降りそうな気がする。
2. 지갑을 집에 두고 온 것 같은 느낌이 들어.
   財布を家に置いてきたような気がする。
3. 그녀의 계산은 틀린 느낌이 들어.
   彼女の計算、間違ってる気がする。
4. 이 된장국, 좀 싱거운 느낌이 들어.
   この味噌汁、ちょっと味が薄いような気がする。
5. 어쩐지 불쌍한 느낌이 들어.
   何だかかわいそうな気がする。

잠깐만요!

★ **計算**(けいさん)은 수식을 풀거나 할 때 사용하는 것이기 때문에 식당이나 쇼핑할 때는 쓰면 어색합니다.

● 식당에서 식사를 하고 계산할 때 **お会計**(かいけい), **お愛想**(あいそう), **お勘定**(かんじょう), **精算**(せいさん) 뒤에 **お願**(ねが)**いします**만 붙이면 됩니다.

雨(あめ)**が降**(ふ)**る** 비가 내리다
財布(さいふ) 지갑
置(お)**く** 놓다, 두다
計算(けいさん) 계산
間違(まちが)**う** 틀리다, 잘못되다
味噌汁(みそしる) 된장국
味(あじ)**が薄**(うす)**い** 싱겁다

STEP 2

아이가 조류 박사인 엄마에게 궁금해하면서 묻습니다.

Mother

A お母さんはどうして鳥が好きになったの？
B どうしてかな～。
A じゃあ、いつから好きになったの？
B 어린 시절부터 계속 좋아했었던 느낌이 들어.

A 엄마는 왜 새를 좋아하게 됐어?
B 왜일까 ~.
A 그럼 언제부터 좋아졌어?
B **子供の頃から、ずーっと好きだった気がする。**

鳥(とり) 새
好(す)**き** 좋아함
子供(こども) 아이
頃(ころ) 무렵, 시절

150.mp3

なるほど。君の言う通りだ。

그렇군. 네 말이 맞아.

なるほど는 '(듣던 바와 같이, 예상했던 것처럼) 역시, 과연, 정말'의 뜻과 '(상대편의 말에 나도 그렇다고 생각했는데) 역시나, 그렇군, 그렇고말고'라며 긍정하거나 동의하는 뜻으로 사용합니다.

STEP 1

1. 그렇군. 네 말이 맞아.
   なるほど。**君の言う通りだ。**

2. 그렇군요. 잘 알았습니다.
   なるほど。**よく分かりました。**

3. 역시 이 책은 재미있어.
   なるほど**この本はおもしろいよ。**

4. 역시 훌륭한 사람이네.
   なるほど**立派な人だね。**

5. 역시나. 그 사진에 있던 건 너가 아니었구나.
   なるほど。**あの写真に写っていたのは君じゃなかったね。**

잠깐만요!

★ **なるほど**와 비슷한 말로 **やっぱり**가 있습니다.

やっぱり行くのはやめる。
역시 가지 않겠어.
이 문장에 **なるほど**는 어색합니다. **やっぱり**는 이전과 같은 상황이거나 전에 예상했던 판단이 동일할 경우를 나타내고, **なるほど**는 상대의 말에 공감하면서 자신의 의견도 같다는 의미를 나타냅니다.

君(きみ) 너, 자네
言(い)**う** 말하다
分(わ)**かる** 알다, 이해하다
立派(りっぱ) 훌륭함, 아주 뛰어남
写真(しゃしん) 사진
写(うつ)**る** (사진에) 찍히다, 박히다

STEP 2

면접 온 여자에게 면접관은 다른 기업에서 합격 통지를 받은 적이 있냐고 묻습니다.

リッチマン、プアウーマン

A え？いえ、まだ。

B この時期に一つもない？無名大学の学生かな？

A 東京大学理学部です。

B 그렇군. 日本一の大学でも内定がもらえない時代なんだな。

A 네? 아니요, 아직.
B 이 시기에 하나도 없어? 무명(삼류) 대학 학생인가?
A 도쿄대 이학부입니다.
B **なるほど**。일본에서 제일가는 대학이라도 내정을 받을 수 없는 시대군.

時期(じき) 시기
無名(むめい) 무명
理学部(りがくぶ) 이학부(자연 과학, 특히 물리학)
日本一(にほんいち) 일본 제일
内定(ないてい) 내정
時代(じだい) 시대

私は気にしないでください。

저는 신경 쓰지 마세요.

気(き)にしないでください는 '신경 쓰지 마세요, 마음에 두지 마세요'라는 뜻으로 회화체에서 상대를 배려하는 말로 자주 쓰입니다.

STEP 1

1. 저는 신경 쓰지 마세요.
   私は気にしないでください。
2. 이런 거 신경 쓰지 마세요.
   こんなの、気にしないでください。
3. 지난번 일은 신경 쓰지 마세요.
   この前のことは気にしないでください。
4. 혼잣말이니까 신경 쓰지 마세요.
   独り言なので気にしないでください。
5. 큰일 아니니깐 신경 쓰지 마세요.
   大したことないから気にしないでください。

気(き)にする 신경 쓰다
私(わたし) 나, 저
この前(まえ) 일전, 요전, 이전
独(ひと)り言(ごと) 혼잣말
大(たい)した 별, 그렇다 할, 큰

STEP 2

학생의 어머니와 이웃 사람들이 하는 이야기를 우연히 들은 가정 교사가 어머니에게 말합니다. 家族ゲーム

A 신경 쓰지 마세요. ゲスの勘ぐりってやつです。ご近所の皆さんと同じですよ。
B さっきの、聞いてたんですか。
A 聞こえちゃったんですよ。
B みんな言いたい放題。何も知らないくせに。

A **気にしないでください。** 천박한 사람의 억측입니다. 이웃의 다른 사람들과 마찬가지예요.
B 아까 들은 건가요?
A 그냥 들렸어요.
B 모두 하고 싶은 말을 맘대로 다 하지. 아무것도 모르면서.

잠깐만요!

★ ~放題(ほうだい)가 붙는 어휘

食(た)べ放題 음식 무한리필
飲(の)み放題 음료나 주류 무한리필
使(つか)い放題
휴대폰 데이터 무제한
選(えら)び放題
(백엔숍 등에서) 마음껏 고르기

ゲスの勘(かん)ぐり 비열한 사람은 곧잘 넘겨짚고 공연한 억측을 함
近所(きんじょ) 근처, 이웃
同(おな)じ 같음, 동일함
聞(き)こえる 들리다
言(い)う 말하다
放題(ほうだい) 마음대로 함

▶ 152.mp3

彼女はもっと話したがってる。

그녀는 더 이야기하고 싶어 한다.

[동사 ます형+たがる]는 '~하고 싶어 하다'라는 뜻으로 쓰는 3인칭 표현입니다. 주로 회화체에서는 **~たがってる**로 사용합니다.

STEP 1

1. 그녀는 더 가족과 이야기하고 싶어 한다.
   彼女はもっと家族と話したがってる。
2. 요즘 젊은이들은 모두 연예인이 되고 싶어 한다.
   最近の若者はみんな芸能人になりたがってる。
3. 결혼하고 싶어 하는 사람이 내 주변에는 별로 없다.
   結婚したがってる人が私の周りにはあんまりいない。
4. 그는 또 같은 물건을 사고 싶어 한다.
   彼はまた同じものを買いたがってる。
5. 그곳에 가고 싶어 하는 사람은 아무도 없다.
   あそこに行きたがってる人は誰もいない。

잠깐만요!

★ 회화체에서는 특정 표현을 강조하기 위해서 **あんまり**와 같이 중간에 **ん**을 추가하거나 변형시켜 발음하는 경우가 있습니다.

あまり → あんまり 별로, 그다지
そのまま → そのまんま 그대로
おなじ → おんなじ 같음

家族(かぞく) 가족
最近(さいきん) 최근
若者(わかもの) 젊은이
芸能人(げいのうじん) 연예인
結婚(けっこん) 결혼
周(まわ)**り** 주위, 주변
同(おな)**じ** 똑같음
買(か)**う** 사다, 구입하다
誰(だれ) 누구

STEP 2

범인의 자백을 받아내기 위해 여자 변호사는 노력을 하지만 동료 변호사는 쓸데없는 일이라고 말합니다. **リーガル・ハイ 2**

A 無駄なことをする暇があったら言われた仕事をやれ。
B 無駄なことでは…。
A 彼女に食らいついても無駄だ。あれは落ちない。
B 그녀는 우리에게 뭔가 말하고 싶어 하는 느낌이 들어요.

A 쓸데없는 짓 할 여유가 있으면 하라는 일이나 해.
B 쓸데없는 짓은 ….
A 그녀에게 들러붙어도 소용없어. 그 사람은 실토하지 않아.
B **彼女は私達に何か話したがってる気がするんです。**

無駄(むだ) 쓸데없음
暇(ひま) 한가함
仕事(しごと) 일, 직업
言(い)**う** 말하다
食(く)**らい付**(つ)**く** 물고 늘어지다
落(お)**ちる** 떨어지다, 실토하다

僕は小さい頃から病気がちでした。

저는 어렸을 적부터 병이 잦았어요.

～がち는 '～하는 경향이 있음, 자주 ～함, ～할 때가 많음'의 뜻을 나타내는 접미사입니다. [명사, 동사 ます형+がち] 형태로 씁니다.

STEP 1

1. 저는 어렸을 적부터 병이 잦았어요.
   僕は小さい頃から病気がちでした。
2. 아빠는 출장이나 휴일 근무가 많아서 자주 집을 비우곤 했어요.
   父は出張や休日出勤が多くて不在がちでした。
3. 우리 딸도 학교를 땡땡이 칠 때가 많았어요.
   うちの娘も学校をサボりがちでした。
4. 학창 시절에 숙제를 자주 까먹는 편이었어요.
   学生時代、宿題を忘れがちでした。
5. 이전에는 무슨 일이든 깊이 고심하는 경향이 있었어요.
   以前は何ごとにも遠慮がちでした。

잠깐만요!

★ 학교 관련 용품을 알아보아요.

絵(え)の具(ぐ) 그림물감
黒板(こくばん) 칠판
消(け)しゴム 지우개
チョーク 분필
筆箱(ふでばこ) 필통
文房具(ぶんぼうぐ) 문방구

病気(びょうき) 병, 질환
出張(しゅっちょう) 출장
休日出勤(きゅうじつしゅっきん) 휴일 근무
不在(ふざい) 부재
娘(むすめ) 딸
サボる (수업을) 빼먹다, 게을리하다
忘(わす)れる 잊다, 망각하다
以前(いぜん) 이전
遠慮(えんりょ) 원려(먼 앞일을 잘 생각함), 조심함, 삼감, 사양함

STEP 2

용감한 신참 변호사가 거물급 변호사에게 당차게 말합니다.

リーガル・ハイ 2

A 선생님은 지금까지 절대 승리에 너무 집착한 나머지, 승산이 희박한 소송은 일부러 피하는 경향이 있었어요.

B 君は無自覚に人の神経を逆なでする傾向があるようだ。

A でも今はこだわる必要ありません。だってもう負けちゃったんですから。

B 私はまだ負けてないし、負けそうな訴訟を敬遠したこともない。

A **先生は今までは絶対勝利にこだわるあまり、勝ち目の薄い訴訟は敬遠しがちでした。**
B 자네는 무신경하게 사람의 신경을 거슬리게 하는 경향이 있는 것 같아.
A 그렇지만 이제는 연연할 필요 없어요. 왜냐면 이미 졌잖아요.
B 나는 아직 지지 않았고, 질 것 같은 소송도 일부러 피한 적도 없어!

絶対(ぜったい) 절대
勝利(しょうり) 승리
勝(か)ち目(め) 승산, 이길 가망
訴訟(そしょう) 소송
敬遠(けいえん) 일부러 피함
無自覚(むじかく) 무자각
神経(しんけい) 신경
逆撫(ぎゃくな)で 상대편이 싫어하는 일을 일부러 함
傾向(けいこう) 경향
負(ま)ける 지다, 패배하다

154.mp3

ついてないなぁ。

재수가 없네.

ついてない(재수 없다)는 원래 형태인 運(うん)がついてない(운이 붙지 않다)에서 運(うん)が를 생략한 형태입니다.

STEP 1

1. 지갑 잃어버렸어. 재수가 없네.
   財布落しちゃった。ついてないなぁ。
2. 오늘은 왠지 재수가 없네.
   今日はなんだかついてないなぁ。
3. 애써 빨래했는데 비가 오다니. 재수가 없네.
   せっかく洗濯したのに雨だなんて。ついてないなぁ。
4. 뭐야? 벌써 문 닫은 거야? 재수가 없네.
   何だ？もう閉店か。ついてないなぁ。
5. 일부러 사러 갔는데 매진이지 뭐야. 재수가 없네.
   わざわざ買いに行ったのに売り切れでね。ついてないなぁ。

잠깐만요!

★ **運**(うん)**がついてない**의 반대로 '재수 있다, 운이 붙다'는 **運**(うん)**がついてる**라고 하면 됩니다. 이 경우도 **運が**를 생략한 형태로 쓸 수 있습니다.

★ '유실물, 분실물'은 한자어 그대로 **遺失物**(いしつぶつ)라고 하지만, 너무 딱딱한 표현이기 때문에 보통 **落**(おと)**し物**(もの) 또는 **忘**(わす)**れ物**(もの)를 사용합니다. '분실물 센터'는 **忘**(わす)**れ物**(もの)**センター**라고 합니다.

財布(さいふ) 지갑
落(おと)**す** (물건 등을) 잃어버리다
せっかく 모처럼, 애써 함
洗濯(せんたく) 세탁, 빨래
雨(あめ) 비
閉店(へいてん) 폐점, 문 닫음
売(う)**り切**(き)**れ** 매진, 매절

STEP 2

남자는 발을 다쳐 입원한 동료의 병문안을 왔습니다.

リッチマン、プアウーマン

A ぼんやりしてて階段踏み外した。재수가 없네.

B ま、いい機会だから少し休め。

A ああ。ありがたいね。

B いい知らせもある。

A 넋 놓고 있다가 계단에서 발을 헛디뎠어. **ついてないなぁ。**
B 뭐, 좋은 기회니까 이참에 조금 쉬어.
A 그래. 고마워.
B 좋은 소식도 있어.

階段(かいだん) 계단
踏(ふ)**み外**(はず)**す** 헛디디다
機会(きかい) 기회
休(やす)**む** 쉬다, 휴식하다
知(し)**らせ** 알림, 소식, 통지

私なりに片付けておいたのよ。

내 나름대로 정리해 둔 거야.

[명사+なりに] 형태로 쓰면 '~나름, ~나름대로'의 뜻을 나타냅니다.

STEP 1

1. 내 나름대로 정리해 둔 거야.
   私なりに片付けておいたのよ。

2. 아이는 아이 나름대로 생각하고 있는 거야.
   子供は子供なりに考えてるんだよ。

3. 그건 그거 나름대로 가치가 있으니까.
   それはそれなりに価値があるから。

4. 저는 제 나름대로 열심히 공부했다고 생각해요.
   私は自分なりに一生懸命勉強したと思います。

5. 내 나름대로 열심히 케이크를 만들었는데, 어때?
   私なりに頑張ってケーキを作ったんだけど、どう？

STEP 2

가족에 얽매여 자신의 삶을 잃고 우울증에 걸린 여자는 결국 이혼을 결심합니다.

家族ゲーム

A 離婚したいの。私自身が変わらなきゃ、どこにいても同じなのよね。

B それで、離婚を？

A 내 나름대로 생각해서 내린 결단이에요.

B ちょっと待てよ。このタイミングで。

A 이혼하고 싶어. 나 자신이 변하지 않으면 어디를 가든 마찬가지인걸.
B 그래서 이혼을?
A **私なりに考えて下した決断です。**
B 아니 잠깐만, 지금 이 상황에 ~.

잠깐만요!

★ [~なりの+명사](~나름의, ~나름대로의) 형태

私なりの判断(はんだん) 내 나름의 판단

★ '공부를 잘한다'고 할 때는 **勉強**(べんきょう)**が上手**(じょうず)**だ。**라고 하지 않아요. **勉強ができる。**라고 해야 자연스러워요. '(공부를) 아주 잘한다'라고 하려면 **よくできる**라고 하면 됩니다.

できがいい 공부를 잘하다
できが悪(わる)**い** 공부를 못하다

片付(かたづ)**ける** 정리하다, 치우다
子供(こども) 아이
考(かんが)**える** 생각하다
価値(かち) 가치
自分(じぶん) 자기 자신
一生懸命(いっしょうけんめい) 열심히
勉強(べんきょう) 공부
頑張(がんば)**る** 끝까지 노력하다
作(つく)**る** 만들다

離婚(りこん) 이혼
自身(じしん) 자신, 자기
変(か)**わる** 변하다
同(おな)**じ** 같음, 동일함
下(くだ)**す** (판단을) 스스로 내리다
決断(けつだん) 결단

PATTERN 156

156.mp3

夏休みにいい思いをした。

여름 방학에 좋은 경험을 했어.

~思(おも)いをした는 '~ 심정이 됐다, ~ 경험을 했다'의 뜻을 나타냅니다. [い형용사 보통체+思いをした] [な형용사 어간+な思いをした] 형태로 씁니다.

STEP 1

1. 여름 방학에 좋은 경험을 했어.
   夏休みにいい思いをした。
2. 어제 무서운 경험을 했어.
   昨日、怖い思いをした。
3. 지난달 아픈 경험을 했어.
   先月、痛い思いをした。
4. 최근 쓸쓸한 경험을 했어.
   最近、寂しい思いをした。
5. 요전에 운 좋은 경험을 했어.
   こないだ、おいしい思いをした。

夏休(なつやす)み 여름 방학
怖(こわ)い 무섭다
先月(せんげつ) 지난달
痛(いた)い 아프다
最近(さいきん) 최근
寂(さび)しい 외롭다, 쓸쓸하다
この間(あいだ)・こないだ 요전
おいしい ①맛있다 ②이익이 되다, 운 좋다, 바람직하다

STEP 2

범죄자인 오빠는 오랜만에 만난 여동생에게 자신 때문에 피해를 본 건 아닌지 여러 가지를 물어봅니다. それでも、生きてゆく

A 居酒屋でバイト始めたとこ。
B そっか。학교에서 뭔가 안 좋은 일이라도 있었던 거니?
A 全然、全然！そんなのない。
B あいつら。

A 선술집에서 아르바이트 시작한 지 얼마 안 됐어.
B 그렇구나. **学校で色々嫌な思いをした？**
A 전혀, 전혀! 그런 거 없어.
B 그 자식들.

잠깐만요!

★ 의문문 끝에 붙이는 종조사 ~か를 생략하고 평서문 형식에 끝에 액센트를 올려(↗) 읽어도 질문 문장이 됩니다. 그 의미는 억양에 따라 전혀 다르게 전달되는 경우가 있는데요. 그 예를 알아보아요.

田中君っているじゃない。→
다나카라고 있잖아.
田中君っているじゃない。↗
다나카라고 있지 않아?

居酒屋(いざかや) 선술집
アルバイト・バイト 아르바이트, 알바
始(はじ)める 시작하다
全然(ぜんぜん) 전혀

157.mp3

一緒に行ったほうが良かったかなぁ。

함께 가는 편이 좋았으려나.

[**동사 た형+たほうが良**(よ)**かったかなぁ**]는 '과거에 그렇게 했으면 더 나았을 것 같다'는 약간의 후회가 담긴 뜻을 나타냅니다.

STEP 1

1. 함께 가는 편이 좋았으려나.
   一緒に行ったほうが良かったかなぁ。
2. 무슨 일인지 물어보는 편이 좋았으려나.
   どういうことか聞いてみたほうが良かったかなぁ。
3. 사주는 편이 좋았으려나.
   買ってあげたほうが良かったかなぁ。
4. 먼저 전화하는 편이 좋았으려나.
   先に電話したほうが良かったかなぁ。
5. 약을 먹고 자는 편이 좋았으려나.
   薬を飲んで寝たほうが良かったかなぁ。

一緒(いっしょ)**に** 함께
聞(き)**く** 묻다, 듣다
先(さき)**に** 먼저
電話(でんわ) 전화

STEP 2

자신의 딸을 죽인 범인의 여동생을 만나고 온 엄마는 그 심정을 아들에게 이야기합니다. **それでも、生きてゆく**

A 때리는 편이 좋았으려나.
B さあ。
A あっちはあっちで、色々あるんだなぁ。
B 別に同情することないっしょ。

A **叩いたほうが良かったかなぁ。**
B 글쎄.
A 저쪽은 저쪽대로 여러 가지 사정이 있으려나.
B 별로 동정할 필요는 없잖아.

잠깐만요!

★ 감탄사 **さあ**의 용법

- 남에게 권유하거나 재촉할 때: 자, 어서, 그럼
  さあ、帰(かえ)**ろう。** 자, 돌아가자.
- 다급하거나 놀라거나 곤란하거나 기쁘거나 할 때 하는 소리: 아아, 자.
  さあ、たいへんだ。 야, 큰일 났다.
- 판단을 망설일 때 하는 소리: 글쎄
  さあ、どうかな。 글쎄, 어떨까.
- 중대한 결의를 할 때 내는 소리: 자, 이제
  さあ、頑張(がんば)**るぞ。**
  자, 이제 분발할 거야.

叩(たた)**く** 때리다, 두드리다, 치다
色々(いろいろ) 여러 가지
別(べつ)**に** 별로, 특별히, 각별히
同情(どうじょう) 동정

PATTERN 158

▶ 158.mp3

この焼酎は飲みやすいね。

이 소주는 마시기 쉽네.

[동사 ます형+やすい]는 '~하기 쉽다, ~하기 편하다'는 뜻입니다. '저렴하다, 싸다'의 뜻의 安(やす)い와는 다른 말이니 해석에 주의하세요.

STEP 1

1. 이 소주는 마시기 쉽네.
   この焼酎は飲みやすいね。
2. 매실 장아찌 도시락은 만들기 쉽네.
   日の丸弁当は作りやすいね。
3. 소설보다는 에세이 쪽이 읽기 쉽네.
   小説よりはエッセーの方が読みやすいね。
4. 이 고기는 부드러워서 먹기 쉽네.
   この肉は柔らかくて食べやすいね。
5. 요즘 스마트폰은 조작이 간단해서 사용하기 쉽네.
   最近のスマホは操作が簡単で使いやすいね。

STEP 2

회사와의 계약이 끝나면서 좋아하는 사람과 헤어지게 되어서 여자는 아쉬워합니다.

リッチマン、プアウーマン

A あなたも明日で最後よね。

B はい…。

A ハハハ。당신은 참 알기 쉽네. 寂しい？

B いや、別にここに来ないからって会えなくなるわけじゃないし。

A 당신도 내일이면 마지막이지?

B 네 ….

A 하하하. **あんたは分かりやすいね。** 서운해？

B 아니요, 따로 여기에 오지 않는다고 만날 수 없는 것도 아니고.

잠깐만요!

★ **弁当**(べんとう) 관련 어휘

愛妻弁当(あいさいべんとう)
아내가 애정을 담아 만들어준 도시락
駅弁(えきべん)
기차역이나 차 안에서 파는 도시락
空弁(そらべん)
공항에서 파는 도시락
速弁(はやべん)
점심시간 전에 까먹는 도시락
日(ひ)**の丸弁当**(まるべんとう)
밥 가운데에 매실 하나만 얹은 도시락
幕(まく)**の内弁当**(うちべんとう)
밥과 여러 가지 반찬으로 된 도시락

焼酎(しょうちゅう) 소주
日(ひ)**の丸弁当**(まるべんとう) 흰밥 한 가운데에 매실 장아찌를 박은 도시락(일본 국기의 모습과 비슷한 데서)
作(つく)**る** 만들다
小説(しょうせつ) 소설
読(よ)**む** 읽다
肉(にく) 고기
柔(やわ)**らかい** 부드럽다
最近(さいきん) 최근, 요즘, 근래
操作(そうさ) (기계 등을) 다룸, 조작
簡単(かんたん) 간단함
使(つか)**う** 사용하다

明日(あした) 내일
最後(さいご) 최후, 마지막
分(わ)**かる** 알다, 이해하다
寂(さび)**しい** 쓸쓸하다, 서운하다
別(べつ)**に** 별로, 특별히, 각별히
来(く)**る** 오다
会(あ)**う** 만나다

これは発音しにくいでしょう。

이것은 발음하기 어렵죠?

[동사 **ます형+にくい**] 형태는 '~하기 어렵다, 좀처럼 ~할 수 없다'는 뜻을 나타냅니다. 뒤에 붙은 ~でしょう(~겠지요)는 추측의 뜻으로 붙은 말입니다.

STEP 1

1. 이것은 발음하기 어렵죠?
   これは発音しにくいでしょう。
2. 좀 의미를 이해하기 어렵죠?
   ちょっと意味が分かりにくいでしょう。
3. 이 책은 글자가 작아서 읽기 어렵죠?
   この本は字が小さくて読みにくいでしょう。
4. 이 펜은 쓰기 어렵죠?
   このぺんは書きにくいでしょう。
5. 고기가 질겨서 먹기 어렵죠?
   肉がかたくて食べにくいでしょう。

発音(はつおん) 발음
意味(いみ) 의미
分(わ)**かる** 알다, 이해하다
字(じ) 글자, 문자
小(ちい)**さい** 작다
読(よ)**む** 읽다
書(か)**く** 쓰다
肉(にく) 고기

STEP 2

어린아이가 새로 이가 나지 않을까 걱정하고 있습니다.

Mother

A 이가 빠져서 먹기 어렵지(요)?
B 生えてくるかな。
A 生えてくるよ、また大人の歯が。
B 生えてこなかったらどうしよう。

A **歯が抜けたから食べにくいでしょう。**
B 새로 날까?
A 새로 날 거야, 다시 영구치가.
B 새로 안 나면 어떡하지.

잠깐만요!

★ **歯**(は) 관련 어휘

前歯(まえば) 앞니
虫歯(むしば) 충치
奥歯(おくば) 어금니
入(い)**れ歯**(ば) 틀니
犬歯(けんし) 송곳니
八重歯(やえば) 덧니
(참고) **歯並**(はなら)**び** 치열

歯(は) 이, 치아
抜(ぬ)**ける** 빠지다
生(は)**える** 나다, 자라다
大人(おとな) 성인, 어른

{ 의견을 말하는 상황 }

부자가 행복하다고는 할 수 없다

限(かぎ)る의 사전 풀이는 '제한하다, 한하다'라는 뜻으로 나와 있어요. 이 의미와 연계되어 ～に限り(~하는 한), ～とは限らない(~라고 단정할 수 없다), ～に限って(~에 한해서), ～に限る(~에 한하다), ～に限らず(~에 국한되지 않고, ~뿐만 아니라) 등 여러 가지 패턴으로 쓰입니다. 이처럼 동사의 기본 의미와 더불어 자주 쓰이는 패턴을 기억해 두면 '일드'를 볼 때 더욱 잘 들리고 이해도 빨리 될 거예요.

| 패턴미리보기 |

PATTERN 160 困っている人がいたら手伝うべきだと思うよ。
PATTERN 161 そんなの無理に決ってんじゃん。
PATTERN 162 こんなものでもないよりましだ。
PATTERN 163 お金持ちが幸福だとは限らない。
PATTERN 164 魚が嫌いなわけではないんです。
PATTERN 165 ぐずぐずしてる場合じゃないんですよ。
PATTERN 166 その話はただ噂にすぎない。
PATTERN 167 うまくいくかどうか分からない。
PATTERN 168 どんな人間にしたって長所はあるよ。
PATTERN 169 地球温暖化についてどう考えてますか。
PATTERN 170 忘れるわけないじゃないですか。
PATTERN 171 彼はもう着いているはずです。

PATTERN 160

160.mp3

困っている人がいたら手伝うべきだと思うよ。

곤란에 처한 사람이 있으면 도와줘야 한다고 생각해.

[동사 보통체+べきだと思(おも)う](~해야 한다고 생각해)는 타당하다고 판단되는 행위와 상대에게 소망하는 것을 나타내는 표현입니다.

STEP 1

1. 곤란에 처한 사람이 있으면 도와줘야 한다고 생각해.
   困っている人がいたら手伝うべきだと思うよ。
2. 앞으로의 시대는 여성도 직업을 가져야 한다고 생각해.
   これからの時代は女性も仕事を持つべきだと思うよ。
3. 너는 노래에 재능이 있으니까 가수를 목표로 삼아야 한다고 생각해.
   君は歌に才能があるから歌手を目指すべきだと思うよ。
4. 젊을 때 여러 가지 경험을 해야 한다고 생각해.
   若いうちにいろいろな経験をするべきだと思うよ。
5. 죄를 지었으면 어떤 짓을 해서라도 속죄해야 한다고 생각해.
   罪を犯したらどんなことをしても償うべきだと思うよ。

잠깐만요!

★ **~べきだ**와 함께 **~べきではない・べきじゃない**(~해서는 안 된다) 형태도 알아 두세요.

他人(たにん)のことは簡単(かんたん)に判断(はんだん)するべきではない。 타인의 일은 간단히 판단해서는 안 된다.
こんな高(たか)い車(くるま)は買(か)うべきじゃなかった。 이런 비싼 차는 사는 게 아니었다.

困(こま)る 곤란하다
手伝(てつだ)う 도와주다
時代(じだい) 시대, 시절, 시기
持(も)つ 가지다, 들다
才能(さいのう) 재능
歌手(かしゅ) 가수
目指(めざ)す 목표로 하다, 지향하다
若(わか)い 젊다
経験(けいけん) 경험
罪(つみ) 죄
犯(おか)す 어기다, 범하다
償(つぐな)う 보상하다, 변상하다

STEP 2

사명감보다는 돈만 밝히는 변호사에게 동료 변호사가 이의를 제기합니다.

リーガル・ハイ 2

A 今回の裁判が丸く収まったのはたまたまだよ。
B なんだと？
A 어쨌든 나는 분쟁보다 모두가 행복해지는 길을 목표로 해야 한다고 생각해.
B 私が君に言いたいことは、今回も俺の見事な勝利だったということだけだ。

A 이번 재판이 보기 좋게 마무리된 건 우연이야.
B 뭐라고?
A **やはり僕は、争いよりみんなが幸せになる道を目指すべきだと思うよ。**
B 내가 너에게 말하고 싶은 것은 이번도 나의 훌륭한 승리였다는 것뿐이야.

裁判(さいばん) 재판
丸(まる)い 원만하다
収(おさ)まる 수습되다
争(あらそ)い 분쟁, 다툼, 싸움
幸(しあわ)せ 행복
見事(みごと) 훌륭함, 뛰어남
勝利(しょうり) 승리

そんなの無理に決ってんじゃん。

그런 건 당연히 무리지.

~に決(きま)ってんじゃん은 ~に決っているじゃない의 회화체입니다. 직역하면 '~로 정해져 있는 것 아니야?'이고, 해석할 때는 '~이 당연하다, ~이 뻔하다'라고 하면 자연스럽습니다. [동사 · い형용사의 보통체+に決まってんじゃん] [명사, な형용사 어간+に決まってんじゃん] 형태로 씁니다.

STEP 1

1. 그런 건 당연히 무리지.
   そんなの無理に決ってんじゃん。
2. 이런 멍청한 짓을 한 것은 당연히 그녀석이지.
   こんなバカなことしたのはあいつに決ってんじゃん。
3. 이런 가게는 당연히 비싸지.
   こんな店は高いに決ってんじゃん。
4. 그의 이야기라면 당연히 거짓말이지.
   彼の話だったら嘘に決ってんじゃん。
5. 같은 가격이라면 맛있는 쪽이 당연히 많이 팔리겠지.
   同じ値段ならおいしい方がたくさん売れるに決ってんじゃん。

잠깐만요!

★ 가게를 나타낼 때, 뒤에 **~屋**(や)를 붙여 쓰는 경우가 많습니다.

本屋(ほんや) 책방, 서점
八百屋(やおや) 채소 가게
床屋(とこや) 이발소
花屋(はなや) 꽃집
肉屋(にくや) 정육점
屋台(やたい) 포장마차, (행상, 노점상의) 이동할 수 있게 만든 판매대

無理(むり) 무리, 억지
馬鹿(ばか) 바보
店(みせ) 가게
高(たか)**い** 비싸다
嘘(うそ) 거짓말
同(おな)**じ** 같음, 동일함
値段(ねだん) 가격
売(う)**れる** 팔리다

STEP 2

딸의 죽음을 자책하며 잊지 못하는 엄마를 아들이 위로하고 있습니다.

それでも、生きてゆく

A あんた、どっちの味方なの？

B 그건 당연히 엄마 편이지.

A ごめんね。子供の命、守れなかった親は、生きてる資格なんてないの。

B 俺は、もう母さんも幸せになってほしいんだ。

A 너 어느 쪽 편이야?
B **それは母さんの味方に決ってんじゃん。**
A 미안해. 아이의 생명을 지키지 못한 부모는 살아 있을 자격 따위 없어.
B 나는 이제는 엄마도 행복해졌으면 좋겠어.

味方(みかた) 자기 편, 아군
命(いのち) 생명, 목숨
守(まも)**る** 지키다
親(おや) 부모
生(い)**きる** 살다
資格(しかく) 자격
幸(しあわ)**せ** 행복

▶ 162.mp3

こんなものでもないよりましだ。

이런 것이라도 없는 것보다 낫다.

〜ましだ는 な형용사 용법으로 쓰여 '~이 더 낫다, ~이 더 좋다'의 뜻인데, 주로 ~よりましだ(~보다 낫다), ~ほうがましだ(~쪽이 낫다) 형태로 쓰입니다.

STEP 1

1. 이런 것이라도 없는 것보다 낫다.
   こんなものでもないよりましだ。
2. 그런 일은 그만두는 편이 낫다.
   そんな仕事は止めたほうがましだ。
3. 이렇게 괴롭다면 죽는 편이 낫다.
   こんなにつらいんだったら死んだほうがましだ。
4. 지금은 백엔이라도 없는 것보다 낫다.
   今は百円でもないよりましだ。
5. 이런 맛없는 것을 먹을 거라면 안 먹는 편이 낫다.
   こんなまずいものを食べるんだったら食べないほうがましだ。

止(や)める 그만두다
辛(つら)い 괴롭다, 고통스럽다
死(し)ぬ 죽다
まずい 맛없다

STEP 2

선배가 후배 직원을 무시하면서 말합니다.

リーガル・ハイ 2

A 話し合わなくていい。君は首になったんだ。今後は私一人でやる。

B いくら先生でもこれだけの事件を1人で受け持つのは無謀です。

A 너한테 방해받는 것보다 나아.

B じゃあ、こういうのはどうですか。

A 같이 논의하지 않아도 돼. 너는 잘렸으니까. 앞으로는 나 혼자 할 거야.
B 아무리 선생님이라도 이 정도 사건을 혼자서 담당하는 것은 무모해요.
A **君に足を引っ張られるよりましだ。**
B 그럼 이렇게 하는 건 어때요?

잠깐만요!

★ 足(あし)의 관용구

足が出(で)る
적자가 나다, 돈이 모자라다
足を洗(あら)う
손을 씻다, 그만두다
足が棒(ぼう)になる
(오래 걷거나 서 있어서) 다리가 뻣뻣해지다

話(はな)し合(あ)う 서로 논의하다
首(くび)になる 해고되다
今後(こんご) 이후, 앞으로
事件(じけん) 사건
受(う)け持(も)つ 담당하다
無謀(むぼう) 무모
足(あし)を引(ひ)っ張(ぱ)る 원활한 진행을 방해하다

163.mp3

お金持ちが幸福だとは限らない。

부자가 행복하다고는 할 수 없다.

~とは限(かぎ)らない는 앞에 나온 조건이 '꼭 그런 것만은 아니다, 꼭 그렇다고 한정할 수는 없다'는 뉘앙스를 가지고 있습니다. [동사 · い형용사 · な형용사의 보통체+とは限らない] 형태로 씁니다.

STEP 1

1. 부자가 행복하다고는 할 수 없다.
   お金持ちが幸福だとは限らない。
2. 반드시 성공한다고는 할 수 없다.
   必ずしも成功するとは限らない。
3. 카메라가 오래됐다는 것만으로 값이 나간다고는 할 수 없다.
   カメラが古いからといって高価だとは限らない。
4. 어떤 법칙에도 예외가 없다고는 할 수 없다.
   どんな法則にも例外がないとは限らない。
5. 급히 준비했다고 해서 음식이 맛없다고는 할 수 없다.
   手早く作ったからといって料理がまずいとは限らない。

STEP 2

늘 자신에게 험한 말만 하는 상사에 대해 여자가 긍정적으로 이야기를 합니다.

リーガル・ハイ 2

A 인간이란 걸 표현과 속마음이 반드시 일치한다고는 할 수 없어.

B それが何?

A 先生も心にある私への好意が、罵詈雑言となって表れているんですね。

B どうすればそんな都合のいい解釈ができるんだ。

A **人間とは、表現と心情が必ずしも一致するとは限らない。**

B 그게 뭐?

A 선생님도 마음에 있는 저에 대한 호의가 온갖 욕설로 되어 나타나고 있는 거지요.

B 어떻게 하면 그렇게 제멋대로 해석이 가능한 거야?

잠깐만요!

★ **料理**(りょうり)의 조리 방법을 나타내는 동사를 알아보아요.

~を刻(きざ)**む** ~을 잘게 썰다
~を炒(いた)**める** ~을 볶다
~を煮(に)**る** ~을 익히다, 삶다
~を茹(ゆ)**でる** 데치다, 삶다
~を焼(や)**く** ~을 굽다
ご飯(はん)**を炊**(た)**く** 밥을 짓다
お湯(ゆ)**を沸**(わ)**かす** 물을 끓이다
(참고) 삶은 달걀은 **茹**(ゆ)**で玉子**(たまご)라고 합니다.

幸福(こうふく) 행복
必(かなら)**ずしも~ない** 반드시 ~ 아니다
成功(せいこう) 성공
古(ふる)**い** 낡다, 오래되다
高価(こうか) 고가
法則(ほうそく) 법칙
例外(れいがい) 예외
手早(てばや)**い** 재빠르다, 잽싸다
料理(りょうり) 요리

表現(ひょうげん) 표현
心情(しんじょう) 심정
一致(いっち) 일치
行為(こうい) 행위
罵詈雑言(ばりぞうごん) 온갖 욕설
表(あらわ)**れる** 저절로 나타나다
都合(つごう) 형편, 사정, 편의
解釈(かいしゃく) 해석

PATTERN 164

▶ 164.mp3

魚が嫌いなわけではないんです。

생선을 싫어하는 것은 아니에요.

～わけではない(～하는 것은 아니다)는 반드시 그렇다고 단정할 수 없다는 부분 부정의 뜻을 나타냅니다. [동사 · い형용사 보통체+わけではない] [명사+のわけではない] [な형용사 어간+なわけではない] 형태로 사용하세요.

STEP 1

1. 생선을 싫어하는 것은 아니에요.
   魚が嫌いなわけではないんです。

2. 명선수가 누구나 좋은 감독이 될 수 있는 것은 아니에요.
   名選手が誰でもいい監督になれるわけではないんです。

3. 특별히 친구가 없는 것은 아니에요.
   別に友達がいないわけではないんです。

4. 채소를 전혀 먹지 않는 것은 아니에요.
   野菜を全然食べないわけではないんです。

5. 바쁘다고 해도 일 년 내내 바쁜 것은 아니에요.
   忙しいと言っても一年中忙しいわけではないんです。

잠깐만요!

★ **～わけ**의 여러 가지 표현

～わけがない ～일 리가 없다
～わけだ (이유 · 과정이 ～ 해서) ～하는 것이다
～わけではない ～하는 것은 아니다
～わけにはいかない ～할 수는 없다

魚(さかな) 생선
嫌(きら)**い** 싫어함
名選手(めいせんしゅ) 명선수
監督(かんとく) 감독
友達(ともだち) 친구
野菜(やさい) 채소, 야채
全然(ぜんぜん) 전혀
忙(いそが)**しい** 바쁘다
一年中(いちねんじゅう) 일 년 내내

STEP 2

남자는 사건을 취재하러 온 기자들에게 본심과 다른 말을 하면서 부하(마유즈미)에게 호응을 유도합니다. リーガル・ハイ 2

A 저희는 결코 고용되어 있기 때문에 변호하는 것은 아니에요.
ねえ～まゆずみ君。

B …はい。

A ただひたすら正義と真実を求めているにすぎません。ねえ～まゆずみ君。

B …はい。

A **我々は決して雇われているから弁護してるわけではないんです**。그렇지? 마유즈미!
B 네.
A 그저 오로지 정의와 진실을 원하고 있을 뿐입니다. 그렇지? 마유즈미!
B 네.

我々(われわれ) 우리들
決(けっ)**して～ない** 결코 ～ 아니다
雇(やと)**う** 고용하다
弁護(べんご) 변호
ひたすら 한결같이, 오로지
正義(せいぎ) 정의
真実(しんじつ) 진실
求(もと)**める** 구하다, 찾다

PATTERN 165

▶ 165.mp3

ぐずぐずしてる場合じゃないんですよ。

꾸물거리고 있을 때가 아니에요.

～てる場合(ばあい)**じゃないんです**는 '~하고 있을 때가 아니에요'라는 뜻으로 상황의 심각성을 강조하는 표현입니다. ～てる는 ～ている의 회화체입니다.

STEP 1

1. 꾸물거리고 있을 때가 아니에요.
   ぐずぐずしてる場合じゃないんですよ。
2. 그렇게 웃고 있을 때가 아니에요.
   そんな笑ってる場合じゃないんですよ。
3. 지금은 화내고 있을 때가 아니에요.
   今は怒ってる場合じゃないんですよ。
4. 내일이 시험이라서 놀고 있을 때가 아니에요.
   明日が試験なんで遊んでる場合じゃないんですよ。
5. 당신, 지금 자고 있을 때가 아니에요.
   あんた、今寝てる場合じゃないんですよ。

ぐずぐず 꾸물꾸물
笑(わら)**う** 웃다
怒(おこ)**る** 화내다
明日(あした) 내일
試験(しけん) 시험
遊(あそ)**ぶ** 놀다
寝(ね)**る** 자다

STEP 2

남자는 주식으로 큰돈을 잃은 여자에게 친정에 도움을 청해 보라고 말합니다.

家族ゲーム

A 더 이상 체면이 어쩄느니 말하고 있을 때가 아니에요!
B そういうのじゃないんです。父にはもう縁を切られているんです。
A でも他に手はありませんよ。
B 主人には内緒にしていますけど、たぶん、私の顔も見たくないと思います。

A **もうメンツがどうとか言ってる場合じゃないんですよ！**
B 그런 게 아니에요. 아빠와는 벌써 인연이 끊긴 상태라고요.
A 그렇지만 다른 방법은 없어요.
B 남편한테는 비밀로 하고 있지만 아마 제 얼굴도 보고 싶지 않을 거예요.

잠깐만요!

★ **メンツ**는 원래 중국어에서 온 말로, '체면, 면목' 등의 뜻으로 씁니다.

メンツを立(た)**てる。**
체면을 세우다.
メンツを重(おも)**んずる。**
체면을 중히 여기다.
メンツに関(かか)**わる。**
체면에 관계되다, 체면 문제이다.

縁(えん)**を切**(き)**る** 인연을 끊다
手(て) ①손 ②일손 ③수단, 방법
主人(しゅじん) 남편
内緒(ないしょ) 비밀, 내밀
顔(かお) 얼굴

166.mp3

その話はただ噂にすぎない。

그 이야기는 단지 소문에 불과해.

~にすぎない는 '~에 불과하다, ~에 지나지 않다'라는 뜻으로, 가벼운 정도라고 나타낼 때 씁니다. [동사 · い형용사의 보통체+にすぎない] [명사, な형용사 어간+にすぎない] 형태로 씁니다.

STEP 1

1. 그 이야기는 단지 소문에 불과해.
   その話はただ噂にすぎない。
2. 나는 당연한 일을 한 것에 불과해.
   私は当然のことをしたにすぎない。
3. 이것은 빙산의 일각에 불과해.
   これは氷山の一角にすぎない。
4. 상당히 올라왔지만 아직 전체의 3분의 1에 불과해.
   結構登ったけど、まだ全体の三分の一にすぎない。
5. 그의 이야기는 변명에 불과해.
   彼の話は言い訳にすぎない。

잠깐만요!

★ **結構**(けっこう)의 부사 용법

- 훌륭함, 좋음
  けっこうな贈(おく)**り物**(もの)
  훌륭한 선물
- 충분함, 만족스러움
  もうけっこうです。
  이제 충분합니다.
- 다행
  お元気(げんき)**でけっこうです。**
  건강하셔서 다행입니다.

噂(うわさ) 소문, 풍문
当然(とうぜん) 당연
氷山(ひょうざん)**の一角**(いっかく) 빙산의 일각
登(のぼ)**る** 오르다, 올라가다
全体(ぜんたい) 전체
言(い)**い訳**(わけ) 변명

STEP 2

아내와 관계가 나빠진 남자는 가정 교사에게 속마음을 털어놓습니다.

家族ゲーム

A 今日、お話ししたいのは…。
B 妻とはもうダメかもしれない。
A 私のせいで？
B 아니, 그건 계기에 불과해.

A 오늘 하고 싶은 이야기란 게 ….
B 아내와는 더 이상 가망이 없을지도 몰라.
A 저 때문에요?
B **いや。あれはきっかけにすぎない。**

妻(つま) 아내
駄目(だめ) 가망이 없음, 허사임
きっかけ 계기

167.mp3

うまくいくかどうか分からない。

잘될지 어떨지 몰라.

~かどうか(~인지 어떤지)는 확실하지 않은 의문을 나타내는 표현입니다. [동사 · い형용사의 보통체+かどうか] [명사, な형용사 어간+かどうか] 형태로 씁니다.

STEP 1

1. 잘될지 어떨지 몰라.
   うまくいくかどうか分からない。

2. 다이어트 중이라 먹을지 어떨지 고민되네.
   ダイエット中だから食べるかどうか迷っちゃうな。

3. 그녀도 갈지 어떨지 물어봐.
   彼女も行くかどうか聞いてみて。

4. 그게 사실인지 어떨지 조사할 필요가 있어요.
   それが事実かどうか調査する必要がありますよ。

5. 그가 범인인지 어떨지 모르겠어.
   彼が犯人かどうか分からない。

잠깐만요!

★ **~かどうか**(~인지 어떤지)는 의문사 **いつ・何**(なに)**・だれ・どこ**를 포함하지 않는 선택 의문문 형태이니 주의하세요.

× **田中さんがいつ来るかどうか知っていますか。**
○ **田中**(たなか)**さんがいつ来**(く)**るか知**(し)**っていますか。**

의문사를 넣고 싶을 경우는 **どうか**를 빼고 해주세요.

迷(まよ)**う** 망설이다
彼女(かのじょ) 그녀
聞(き)**く** 묻다, 듣다
事実(じじつ) 사실
調査(ちょうさ) 조사
必要(ひつよう) 필요
犯人(はんにん) 범인
分(わ)**かる** 알다, 이해하다

STEP 2

자신의 오빠가 뇌사자로 만든 여자의 딸을 평생 보살피겠다는 여자에게, 남자는 시간이 지나면 잊을 수 있을 거라고 말합니다. **それでも、生きてゆく**

A 忘れられるかもしんないっす。

B 잊을 수 있을지 어떨지 상상해 봤어요. 忘れられないと思いました。

A いつかは忘れられるかもしんないじゃないっすか。

B 잊어도 되는지 어떨지 생각해 봤어요. 忘れたらいけないって思いました。

A 잊을 수 있을지도 몰라요.
B **忘れられるかどうか、想像してみました。** 잊을 수 없다는 생각이 들었어요.
A 언젠가는 잊을 수 있을지도 모르잖아요.
B **忘れていいかどうか、考えてみました。** 잊으면 안 된다는 생각이 들었어요.

잠깐만요!

★ 회화체에서는 **~ら~→~ん~**(Pattern 025)로, **~で~→~っ~**으로 바뀌어 발음하는 경우가 있습니다.

そうですか → そうっすか
그렇습니까?

忘(わす)**れる** 잊다
思(おも)**う** 생각하다

PATTERN 168

▶ 168.mp3

どんな人間にしたって長所はあるよ。

어떤 인간이라도 장점은 있어.

~にしたって는 ~にしても의 회화체로 '(만약) ~라고 하더라도'라는 가정의 뜻을 나타냅니다. [동사 · い형용사의 보통체+にしたって] [명사, な형용사 어간+にしたって] 형태로 씁니다.

STEP 1

1. 어떤 나쁜 인간이라도 장점은 있어.
   どんな悪い人間にしたって長所はあるよ。
2. 바쁘다고 해도 식사는 제대로 해야 해.
   忙しいにしたって食事はちゃんとしないと。
3. 중고 집을 산다고 해도 빚을 져야 해.
   中古の家を買うにしたって借金しなきゃいけない。
4. 아무리 한가하다고 해도 하루 종일 자고만 있을 순 없어.
   いくら暇にしたって一日中寝てばかりはいられない。
5. 대기업이라고 해도 이런 불경기에 보너스는 무리겠지.
   大企業にしたってこんな不景気でボーナスは無理だろう。

잠깐만요!

★ '장점'에 해당하는 말은 **長所**(ちょうしょ)입니다. **長点**(ちょうてん)이라고 하지 않도록 주의하세요. 비슷한 말로 **メリット**(장점, 이점)가 있습니다. '단점'은 **短所**(たんしょ)입니다. 또한 비슷한 의미로 사물의 **デメリット**(결점, 단점)도 알아 두세요.

人間(にんげん) 인간
長所(ちょうしょ) 장점
忙(いそが)**しい** 바쁘다
食事(しょくじ) 식사
中古(ちゅうこ) 중고
借金(しゃっきん) 빚, 빚냄
暇(ひま) 한가한 모양
一日中(いちにちじゅう) 하루 종일
大企業(だいきぎょう) 대기업
不景気(ふけいき) 불경기

STEP 2

입양 가기엔 나이가 많은 편인 고등학생 여자아이에게 입양 기회가 왔습니다.

明日、ママがいない

A 年齢不問なんて滅多にないんじゃないか。
B 아무리 그렇다고 해도 조건이 나쁜 건 아닐까?
A 高望みしてたらきりがないだろ？
B お金よ。私はお金が必要なの！

A 나이에 상관없는 경우는 거의 없잖아?
B **それにしたって条件悪いんじゃないかな。**
A 너무 큰 것을 바라면 끝이 없잖아?
B 돈 말이야. 나는 돈이 필요하다고!

年齢不問(ねんれいふもん) 나이 불문
条件(じょうけん) 조건
高望(たかのぞ)**み** 분수나 능력에 넘치는 소망
切(き)**りがない** 끝이 없다
必要(ひつよう) 필요

169.mp3

地球温暖化についてどう考えてますか。

지구 온난화에 대해서 어떻게 생각하세요?

회의나 토론 등의 특정 주제를 말할 때 **~について**(~에 대해서)를 써서 상대의 의견이나 생각을 묻는 표현입니다.

STEP 1

1. 지구 온난화에 대해서 어떻게 생각하세요?
   地球温暖化についてどう考えてますか。
2. 저출산에 대해서 어떻게 생각하세요?
   少子化についてどう考えてますか。
3. 이 문제에 대해서 어떻게 생각하세요?
   この問題についてどう考えてますか。
4. 심각한 고령화 사회에 대해서 어떻게 생각하세요?
   深刻な高齢化社会についてどう考えてますか。
5. 사내에서의 남녀 차별에 대해서 어떻게 생각하세요?
   社内での男女差別についてどう考えてますか。

잠깐만요!

★사회 문제를 말할 때 자주 나오는 말로 **団塊**(だんかい)**の世代**(せだい)가 있습니다. 일본의 1947~1949년 베이비붐 시대에 태어난 사람들을 이르는 말입니다. 이들이 현재 70대에 접어들면서 **高齢化社会**(こうれいかしゃかい) 문제로 일본은 고심하고 있다고 합니다.

地球温暖化(ちきゅうおんだんか) 지구 온난화
少子化(しょうしか) 저출산
問題(もんだい) 문제
深刻(しんこく) 심각
高齢化社会(こうれいかしゃかい) 고령화 사회
社内(しゃない) 사내
男女差別(だんじょさべつ) 남녀 차별

STEP 2

사형을 구형하게 된 검사가 괴로워하면서 다른 사람에게 '사형 제도'에 대한 의견을 묻습니다.

リーガル・ハイ 2

A 선생님은 사형 제도에 대해서 어떻게 생각하세요?

B あっ、死刑制度か。う～ん。難しい問題だよね。先進国で死刑存置の国は意外と少ないし。

A 僕、実は反対派なんです。だからぶっちゃけ今の立場が結構きつくて。

B そっか。

A 先生は、死刑制度についてどう考えてますか。
B 아 사형 제도. 음, 어려운 문제네. 선진국에서 사형이 존재하는 나라는 의외로 적고 ~.
A 저, 실은 반대파입니다. 그래서 솔직히 말해서 지금 입장이 상당히 힘들어서요.
B 그렇군.

死刑制度(しけいせいど) 사형 제도
難(むずか)**しい** 어렵다
先進国(せんしんこく) 선진국
存置(そんち) 존치
国(くに) 나라, 국가
意外(いがい) 의외, 뜻밖
少(すく)**ない** 적다
実(じつ)**は** 실은
反対派(はんたいは) 반대파
立場(たちば) 입장
結構(けっこう) 상당히, 꽤

170.mp3

忘れるわけないじゃないですか。

잊을 리가 없잖아요.

~わけがない(~일 리가 없다)는 '가능성이 거의 없다'는 뜻을 나타냅니다. 회화체에서는 주격조사 が를 생략하여 **~わけない**로 쓰는 경우가 많습니다. 여기에 다시 부정형이 붙은 **~わけないじゃないですか**는 강조형입니다.

STEP 1

1. 미팅 약속을 잊을 리가 없잖아요.
   合コンの約束、忘れるわけないじゃないですか。
2. 이렇게 많은 숙제를 할 수 있을 리가 없잖아요.
   こんなに大量の宿題がやれるわけないじゃないですか。
3. 3일 전에 산 생선이 신선할 리가 없잖아요.
   三日前に買った魚が新鮮なわけないじゃないですか。
4. 그녀가 그런 일을 할 리가 없잖아요.
   彼女がそんなこと、するわけないじゃないですか。
5. 나에게 남자 친구 같은 게 있을 리가 없잖아요.
   私に彼氏なんか、いるわけないじゃないですか。

잠깐만요!

★ 일본 식탁에 자주 오르는 **魚**(さかな)의 종류를 알아보아요.

さば 고등어
さんま 꽁치
太刀魚(たちうお) 갈치
カレイ 가자미류
サケ 연어

合(ごう)**コン** 단체 미팅(남녀 그룹이 합동으로 하는 미팅)
約束(やくそく) 약속
忘(わす)**れる** 잊다, 망각하다
大量(たいりょう) 대량
宿題(しゅくだい) 숙제
三日前(みっかまえ) 3일 전
魚(さかな) 생선
新鮮(しんせん) 신선함, 싱싱함
彼氏(かれし) 남자 친구

STEP 2

가정 교사가 엉뚱한 질문을 하는 어린 학생에게 겁을 주려고 말합니다.

家族ゲーム

A 死ぬ間際って、どんな気持ちだと思う？
B 알 리가 없잖아요.
A やっぱり。君はそう言うと思っていたよ。
B 考えたこともありませんよ。

A 죽기 직전은 어떤 기분인지 알아?
B **分かるわけないじゃないですか。**
A 역시. 너는 그렇게 말할 거라고 생각했어.
B 생각한 적도 없어요.

死(し)**ぬ** 죽다
間際(まぎわ) 어떤 일이 이루어지려는 직전
君(きみ) 너, 자네
考(かんが)**える** 생각하다

彼はもう着いているはずです。

그는 벌써 도착했을 겁니다.

객관적으로 거의 확실한 추측을 하거나 당연한 일에 대해서 **～はずです**(～일 것이다, 거의 ～임에 틀림없다)를 사용합니다. [동사 · い형용사의 보통체+はずです] [명사+のはずです] [な형용사 어간+なはずです] 형태로 씁니다.

STEP 1

1. 그는 벌써 도착했을 겁니다.
   彼はもう着いているはずです。
2. 방 열쇠는 아마 남동생이 가지고 있을 겁니다.
   部屋のかぎはたぶん弟が持ってるはずです。
3. 월요일이니까 은행은 열려 있을 겁니다.
   月曜日だから銀行は開いてるはずです。
4. 그녀는 분명 부재중일 겁니다.
   彼女はきっと留守のはずです。
5. 점심까지는 입금할 겁니다.
   お昼までには入金するはずです。

잠깐만요!

★ **～はずだ**의 '~일 것이다'라는 강한 추측 이외에 다른 용법

- 그럴 예정임을 나타냄: ~할 예정
  もうすぐ来(く)るはずだ。
  이제 곧 올 것이다.
- 과거에 있었던 일을 확인하는 뜻을 나타냄: ~했을 터
  そう言(い)っておいたはずだ。
  그렇게 말해 두었을 것이다.
- **～はずがない・はずはない** 꼴로: ~일 리가 없다
  そんなことするはずがない。
  그런 일을 할 리가 없어.

着(つ)**く** 도착하다
弟(おとうと) 남동생
銀行(ぎんこう) 은행
開(あ)**く** 영업하다, 개점하다
留守(るす) 집을 비움, 부재중
お昼(ひる) 낮, 점심
入金(にゅうきん) 입금

STEP 2

여자는 대법원 판사들을 찾아가 공판을 재개하게 해 달라고 요구합니다.

リーガル・ハイ 2

A 十分だと思いますよ。

B 中途半端な審理で被告人を死刑にしたら、かえって世論の反発を招きかねません。

A 公判は、1回だけということになってますので。

B 그건 관례이고 규정은 아니잖아요.

A 충분하다고 생각해요.
B 어중간한 재판으로 피고인을 사형시키면 오히려 여론의 반발을 초래할 수도 있어요.
A 공판은 한 번만으로 되어 있어서요.
B **慣例であって決まりではないはずです。**

十分(じゅうぶん) 충분
中途半端(ちゅうとはんぱ) 어중간함
審理(しんり) 심리
被告人(ひこくにん) 피고인
死刑(しけい) 사형
世論(よろん) 여론
反発(はんぱつ) 반발
招(まね)**く** 초래하다, 초대하다
公判(こうはん) 공판
慣例(かんれい) 관례
決(き)**まり** 규정, 규칙, 약조

음성 강의 & 예문 듣기

{ 불평 · 불만을 말하는 상황 }

1000엔은커녕 100엔도 없어

우리나라와 일본은 위치적으로도 아주 가까운 이웃 나라지만 사고방식이나 습관은 다른 부분이 많다는 것을 느낄 때가 자주 있어요. 한 가지 예로 일본인들은 맛집을 정말 좋아해서 맛있는 곳이라면 1시간이든 2시간이든 기다리는 게 당연하다고 생각하는 듯해요. 우리나라도 사람이 몰리는 시간에는 20~30분 기다려야 음식점 안으로 들어갈 수 있는 경우도 있지요. 하지만 우리는 음식점에 가면 대체로 바로 먹기를 바라는 편이라서 "일본 사람들은 1~2시간을 기다린다."고 하면 우리와는 성향이 꽤 다르다는 것을 느끼죠. 그래서 혹시 성향이 달라서 의아하거나 서로 의견 차이가 있어서 대응을 할 때, 불만이 있을 때 말할 수 있는 표현을 준비했어요. 하지만 너무 많은 불평 불만은 서로에게 좋지 않겠죠!

| **패턴미리보기** |

- PATTERN 172 あれほど注意しておいたのにね。
- PATTERN 173 何も知らないくせによく言いますね。
- PATTERN 174 1000円どころか100円もない。
- PATTERN 175 勉強はしないで遊んでばかりいる。
- PATTERN 176 この人はお酒をまったく飲まない。
- PATTERN 177 甘いものを食べ過ぎるんじゃない？
- PATTERN 178 余計なこと言うなよ。

172.mp3

あれほど注意しておいたのにね。

그토록 주의를 해 두었는데.

~のにね는 '~인데, ~텐데, ~련만'으로 문장을 끝내고, 뒤에 이어지는 구체적인 불만, 원망, 비난 등의 감정이 섞인 말을 생략한 형태입니다. [동사 · い형용사의 보통체+のにね] [な형용사 어간+なのにね] 형태로 씁니다.

STEP 1

1. 그토록 주의를 해 두었는데.
   あれほど注意しておいたのにね。
2. 겨우 생활에 여유가 생기기 시작했는데.
   ようやく生活が楽になってきたのにね。
3. 그 일은 그만두면 좋을 텐데.
   その仕事はよせばいいのにね。
4. 조금 더 기뻐해 주면 좋을 텐데.
   もっと喜んでくれればいいのにね。
5. 먼저 말해 주면 좋을 텐데.
   先に言ってくれればいいのにね。

注意(ちゅうい) 주의
置(お)**く** 놓다, 두다
生活(せいかつ) 생활
楽(らく) 편안함, 안락함
止(よ)**す** 그만두다, 중지하다
喜(よろこ)**ぶ** 기뻐하다
先(さき)**に** 먼저, 앞서
言(い)**う** 말하다

STEP 2

오빠가 여동생이 좋아하고 있는 남자와의 관계를 묻습니다.

リッチマン、プアウーマン

A だから、何もなかったんだって！
B お前はどっちなんだ？
A ずっと電話を気にするわけよ、この人は。나는 상당한 각오로 갔었는데.
B 電話？

A 그러니까 아무 일도 없었다고!
B 넌 어느 쪽이야?
A 계속 전화를 신경 쓰게 돼, 이 사람은. **私は相当な覚悟で行ってんのにね。**
B 전화?

잠깐만요!

★ **電話**(でんわ) 관련 표현

電話が鳴(な)**る**
전화벨이 울리다
電話がかかってくる
전화가 걸려 오다
電話に出(で)**る・電話を受**(う)**ける** 전화를 받다
電話をかける・電話をする・電話を入(い)**れる**
전화를 걸다
電話を切(き)**る**
전화를 끊다
電話が切(き)**れる**
전화가 끊어지다
電話をかけ直(なお)**す**
전화를 다시 걸다
電話を繋(つな)**ぐ**
전화를 연결하다
電話が繋(つな)**がる**
전화가 연결되다

お前(まえ) 너, 자네
気(き)**にする** 마음에 두다, 걱정하다

PATTERN 173

173.mp3

何も知らないくせによく言いますね。

아무것도 모르면서 잘도 말하네요.

~くせに는 비난이나 경멸하는 뜻을 넣어 '~인 주제에, ~이면서'라고 해석합니다. 앞뒤 내용의 주체가 같을 때 사용할 수 있습니다.

STEP 1

1. 아무것도 모르면서 잘도 말하네요.
   何も知らないくせによく言いますね。

2. 그는 노래를 못하는 주제에 마이크를 잡으면 놓으려고 하지 않는다.
   彼は歌が下手なくせにマイクを握ったら離そうとしない。

3. 사정도 모르면서 다른 사람 일에 말참견하지 마.
   事情も知らないくせに、他人のことに口を出すな。

4. 어린애인데도 별의별 것을 다 알고 있다.
   子供のくせにいろんなことを知っている。

5. 나가! 아무것도 못하면서.
   出ていけ！何もできないくせに。

잠깐만요!

★ 口(くち)의 관용구

口を出(だ)す 말참견하다
口を挟(はさ)む 말참견을 하다
口が重(おも)い 과묵하다, 말수가 적다
口が堅(かた)い 입이 무겁다
口が軽(かる)い 입이 가볍다
口を入(い)れる 말참견하다
口が滑(すべ)る 무심코 말해 버리다, 입을 잘못 놀리다

(참고) '입이 무겁다'에는 **重(おも)い**가 아니라 **堅(かた)い**를 쓰는 데 주의하세요.

下手(へた) 서투름
握(にぎ)る (손으로) 쥐다, 잡다
離(はな)す 떼다, 놓다
事情(じじょう) 사정
口(くち)を出(だ)す 말참견을 하다
他人(たにん) 타인
子供(こども) 아이

STEP 2

애어른처럼 구는 아이에 대해서 선생님들이 대화를 합니다.

Mother

A 少し変わった子ですね。

B 父親を早くに亡くしているせいか、たまに訳の分からないことを言うんです。

A 조그만 주제에 건방지네.

B そういうこと思ってても言わないで下さい。

A 조금 별난 아이네요.
B 아버지를 빨리 여의어서 그런지 가끔 영문 모를 말을 해요.
A **小さいくせに生意気だよね。**
B 그런 것은 생각하고 있어도 말하지 마세요.

変(か)わる (変わった · 変わっている 형태로 써서) 별나다
父親(ちちおや) 부친, 아버지
亡(な)くす 여의다
訳(わけ) 까닭, 사정, 이유

174.mp3

1000円どころか100円もない。

1000엔은커녕 100엔도 없어.

~どころか는 '~은커녕'의 뜻으로 앞에 나온 내용과 정반대의 사실을 뒤에서 말할 때 씁니다. [동사 · い형용사의 보통체+どころか] [な형용사 어간+などころか] 형태로도 쓰는데, 명사 뒤에는 だ를 붙이지 않습니다.

STEP 1

1. 돈이 1000엔은커녕 100엔도 없어.
   お金が1000円どころか100円もない。
2. 감기가 1주일은커녕 1개월이 지나도 낫지 않는다.
   風邪が一週間どころか一ヶ月経っても治らない。
3. 여동생은 저금은커녕 빚투성이다.
   妹は貯金するどころか借金だらけだ。
4. 가을인데 시원하기는커녕 추울 정도다.
   秋なのに涼しいどころか寒いくらいだ。
5. 그는 일본어는커녕 한국어도 제대로 읽지 못한다.
   彼は日本語どころか韓国語もろくに読めない。

風邪(かぜ) 감기
経(た)つ (시간 · 세월이) 경과하다
治(なお)る (병이) 낫다, 치유되다
妹(いもうと) 여동생
貯金(ちょきん) 저금
借金(しゃっきん) 빚
秋(あき) 가을
涼(すず)しい 시원하다
寒(さむ)い 춥다

STEP 2

천재 작가가 명예 훼손으로 매스컴을 고소하겠다는 방송을 보면서 두 사람이 대화하고 있습니다.

リーガル・ハイ2

A すでにあちらこちらの法律事務所に、依頼が飛び交っておりまして。

B 天才が逆ギレすると怖いですね。

A 무섭기는커녕 고맙군. さあ、出掛けるぞ。

B どこに？

A 벌써 이쪽저쪽 법률사무소에서 의뢰가 난무하고 있다고 하네요.
B 천재가 도리어 화내면 무섭네요.
A **怖いどころかありがたい**。그럼, 나간다.
B 어디를요?

잠깐만요!

★ あちらこちら(이쪽저쪽)는 줄여서 あっちこっち라고도 합니다. 직역하면 '저쪽이쪽'이지만, 우리말로는 '이쪽저쪽'이 더 자연스럽습니다. 이렇게 우리말과 반대로 쓰이는 경우가 몇 가지 있습니다.

行(い)ったり来(き)たり 왔다 갔다
もう一度(いちど) 한 번 더
もう少(すこ)し 조금 더

法律(ほうりつ) 법률
事務所(じむしょ) 사무소
依頼(いらい) 의뢰
飛(と)び交(か)う 난무하다
天才(てんさい) 천재
逆切(ぎゃくぎ)れ 오히려 화냄
出掛(でか)ける 나가다, 외출하다
怖(こわ)い 무섭다

PATTERN 175

175.mp3

勉強はしないで遊んでばかりいる。

공부는 하지 않고 놀기만 하고 있어.

[**동사 て형+てばかりいる**](계속 ~만 하고 있다)는 주로 부정적 뉘앙스를 나타내는데 '해야 할 일은 하지 않고 그것만 한다'는 불평 섞인 말투입니다. ~てばかりいる(~만 하고 있다)를 ~てばかりだ(~하기만 하다)로 활용하기도 합니다.

STEP 1

1. 시험공부는 하지 않고 놀기만 하고 있어.
   試験の勉強はしないで遊んでばかりいる。
2. 최근 그는 먼 곳만 보고 있어.
   最近、彼は遠くを見てばかりいる。
3. 그녀는 다이어트 중이라고 말했으면서 먹기만 하고 있어.
   彼女はダイエット中だと言ったくせに食べてばかりいる。
4. 저 녀석은 사람 말은 안 듣고 혼자만 말하고 있어.
   あいつは人の話を聞かないで一人で話してばかりいる。
5. 아들은 취직도 안 하고 집에서 자고만 있어.
   息子は就職もしないで家で寝てばかりいる。

잠깐만요!

★ 다이어트 식품 중에 일본에서 최고로 선호하는 것이 바로 낫토입니다. 대두를 발효시킨 제품으로 특유의 냄새와 진득한 식감 때문에 외국인이 가장 꺼리는 식품이기도 하지요. 하지만 낫토는 단백질도 많이 함유되어 있어 몸에도 매우 좋답니다.

納豆(なっとう) 낫토
大豆(だいず) 대두
発酵(はっこう) 발효
たんぱく質(しつ) 단백질

試験(しけん) 시험
勉強(べんきょう) 공부
遊(あそ)**ぶ** 놀다
最近(さいきん) 최근, 요즘
遠(とお)**く** 먼 곳
ダイエット 다이어트
息子(むすこ) 아들
就職(しゅうしょく) 취직

STEP 2

고아원에 사는 아이들이 키우고 있는 토끼에 대해 말하고 있습니다.

明日、ママがいない

A あれ？ポストの場所に、いつもあの子がいるんだ。
B そう。ウサギね。
A ウサギって、どうして目が赤いんだろう？
B 항상 울고만 있어서 그런가?

A 어? 포스트(여자아이의 별명) 자리에 항상 쟤가 있네.
B 맞아. 토끼.
A 토끼는 왜 눈이 빨간 걸까?
B **いつも泣いてばかりいるからかな？**

場所(ばしょ) 장소, 곳
兎(うさぎ) 토끼
目(め) 눈
赤(あか)**い** 빨갛다
泣(な)**く** 울다

この人はお酒をまったく飲まない。

이 사람은 술을 전혀 마시지 않아.

부사 **まったく**(전혀)는 뒤에 부정어와 함께 쓰이며 '전혀 ~하지 않다'는 뜻을 나타냅니다.

STEP 1

1. 이 사람은 술을 전혀 마시지 않아.
   この人はお酒をまったく飲まない。
2. 이건 전혀 사실과 관계없어.
   それはまったく事実と関係ない。
3. 나는 거기에 대해서는 전혀 몰라.
   私はそこについてはまったく知らない。
4. 전혀 전망이 서지 않아.
   まったく見込みが立たない。
5. 나는 수학은 전혀 하지 못해.
   俺は数学はまったくできない。

잠깐만요!

★ **まったく**의 '전혀' 이외의 용법

- 완전히, 아주, 전적으로
  まったく無一文(むいちもん)**だ。**
  완전히 무일푼이다.
- 정말로, 참으로
  まったく困(こま)**ったことだ。**
  정말로 곤란한 일이다.

事実(じじつ) 사실
関係(かんけい) 관계
知(し)**る** 알다
見込(みこ)**みが立**(た)**つ** 전망이 서다
俺(おれ) 남성어 나
数学(すうがく) 수학

STEP 2

사장인 휴가가 해고시킨 직원이 새로 회사를 차릴 수 있게 도와주자, 임원은 걱정되는 듯 부사장에게 묻습니다. リッチマン、プアウーマン

A 大化けしたらこっちが食われるってこともあるのに。
B いいじゃないですか。日向らしくて。
A 読めないねぇ。あなたホントは日向のことをどう思ってるんだ?
B 그는 자기보다 우수한 사람이 나타나는 것을 전혀 두려워하지 않아.

A 기껏 키워놨더니 이쪽이 잡아먹힌다는 말도 있는데.
B 괜찮지 않아요? 휴가답기도 하고.
A 속을 알 수가 없네. 너 사실은 휴가에 대해서 어떻게 생각하는 거야?
B **あいつは自分より優秀な人間が出てくることを、まったく怖がっていない。**

大化(おおば)**け** 어떤 것이 뜻밖의 변화를 이루는 것, 갑자기 잘되는 것
食(く)**う** (남의 영역을) 침범하다, 잠식하다, 빼앗다
優秀(ゆうしゅう) 우수
怖(こわ)**がる** 무서워하다

▶ 177.mp3

甘いものを食べ過ぎるんじゃない？

단것을 너무 먹는 거 아니야?

~過(す)ぎるんじゃない(너무 ~하는 거 아니야)는 '지나치게 ~하다, 정도를 넘어서 ~하다'라는 뜻으로, 부정적인 뉘앙스를 갖습니다. [동사 ます형, い형용사 · な형용사 어간+過ぎるんじゃない](너무 ~하는 거 아니야) 형태로 씁니다.

STEP 1

1. 너는 단것을 너무 먹는 거 아니야?
   あんたは甘いものを食べ過ぎるんじゃない？
2. 다이어트 중이라고 말해 놓고 너무 먹는 거 아냐?
   ダイエット中って言っといて、食べ過ぎるんじゃない？
3. 저 사람은 술을 너무 마시는 거 아냐?
   あの人はお酒を飲み過ぎるんじゃない？
4. 그 반지는 너에게 너무 사치스러운 거 아니야?
   その指輪はあなたには贅沢過ぎるんじゃない？
5. 일본은 교통비가 너무 비싼 거 아냐?
   日本は交通費が高過ぎるんじゃない？

잠깐만요!

★ **甘(あま)い**의 용법

- 달다
  ケーキが甘い。 케이크가 달다.
- (냄새, 소리, 말소리 등이) 달콤하다
  甘いメロディー 달콤한 멜로디
- 엄하지 않다, 무르다, 만만하다
  子供(こども)に甘い母(はは)
  아이에게 엄하지 않은 엄마
- 느슨하다, 헐겁다
  ねじが甘い。 나사가 느슨하다.
- 무디다
  刀(かたな)の切(き)れ味(あじ)が甘い。 칼날이 무디다.

あんた 너, 당신
言(い)う 말하다
甘(あま)い 달다
指輪(ゆびわ) 반지
贅沢(ぜいたく) 사치스러움
交通費(こうつうひ) 교통비
高(たか)い 비싸다

STEP 2

가정 교사가 중학교 3학년 학생에게 집에서 생일 파티를 열자고 합니다.

家族ゲーム

A 誕生会の案内状を作ったよ。

B 本当にやるんですか。중3에 생일 파티라니 너무 부끄러운 거 아니야?

A そう言うなよ。お前の力になりたいんだって。家族に愛されてるよな。羨ましいよ。

B 別にそんなんじゃ…。

A 생일 파티 안내장 만들었어.
B 정말로 하는 거예요? **中3で誕生会って恥ずかし過ぎるんじゃない？**
A 그렇게 말하지 마. 너에게 힘이 되어 주고 싶다니까. 가족에게 사랑받고 있구나. 부럽다.
B 그다지 그런 건 ….

案内状(あんないじょう) 안내장
恥(は)ずかしい 부끄럽다
お前(まえ) 너, 자네
力(ちから) 힘
家族(かぞく) 가족
愛(あい)される 사랑받다
羨(うらや)ましい 부럽다

余計なこと言うなよ。

쓸데없는 소리 하지 마.

상대의 언행에 대해 강하게 비난하는 명령 표현으로 **〜こと言(い)うな**(~소리 하지 마)를 씁니다. [い형용사 기본형+こというな] [な형용사 어간+なこというな] 형태로 씁니다.

STEP 1

1. 쓸데없는 소리 하지 마.
   余計なこと言うなよ。
2. 바보 같은 소리 하지 마.
   ばかなこと言うなよ。
3. 허튼 소리 하지 마.
   無駄なこと言うなよ。
4. 당치도 않은 소리 하지 마.
   無茶なこと言うなよ。
5. 버릇없는 소리 하지 마.
   わがままなこと言うなよ。

잠깐만요!

★ 비난하는 말투로 **逆切**(ぎゃくぎ)**れ**라는 말도 있는데, '적반하장, 오히려 화를 냄'의 뜻으로 쓰는 속어입니다.

余計(よけい) 부질없음, 불필요함
無駄(むだ) 헛됨, 쓸데없음
無茶(むちゃ) 당치않음, 터무니없음
わがまま 방자함, 버릇없음

STEP 2

아이가 가정 교사에게 "왜 가족들 사이에 자꾸 불화를 만드냐."고 말하자, 가정 교사는 교육을 위해서 하는 행동이라고 말합니다. 家族ゲーム

A 学校の教師じゃできないからねえ。生徒の教育のために家庭環境を変えるなんてさ。

B そうやって俺たち家族を崩壊させるつもりか。

A 今の時代に、まっとうな教育なんか通じるわけがないんだよ。

B 제멋대로 그런 소리 하지 마.

A 학교 교사로는 불가능하기 때문이야. 학생 교육을 위해 가정 환경을 바꾸는 그런 거 말이야.
B 그렇게 해서 우리 가족을 붕괴시킬 셈이지?
A 요즘 시대에 제대로 된 교육 같은 게 통할 리가 없거든.
B **勝手なこと言うなよ。**

教師(きょうし) 교사, 선생
生徒(せいと) (중고등학교) 학생
教育(きょういく) 교육
家庭環境(かていかんきょう) 가정 환경
変(か)**える** 바꾸다
崩壊(ほうかい) 붕괴
時代(じだい) 시대
通(つう)**じる** 통하다
勝手(かって) 제멋대로 굶, 자기 좋을 대로 함

음성 강의 & 예문 듣기

{ 결과 · 결론을 말하는 상황 }

더 이상 기다릴 수 없어

'일드'를 보다 보면 같은 표현이 여러 용법으로 나올 때가 있어요. 그 차이를 미리 알아 두면 '일드' 속 대화가 귀에 쏙쏙 들어오겠죠? 결과를 나타내는 표현 중 [동사 보통체+一方(いっぽう)だ]는 '~하기만 하다'라는 의미로 어떤 일이 한쪽으로만 변화가 진행되는 경우를 말해요. 韓国(かんこく)に来(く)る外国人(がいこくじん)の数(すう)は増(ふ)える一方だ。(한국에 오는 외국인 수는 늘기만 한다.) 또는 ~一方で는 '~하는 한편(으로)'라는 의미로 어떤 것과 동시에 대조되는 측면이 있을 때 사용해요. 仕事(しごと)もする一方でよく遊(あそ)びもする。(일을 하는 한편으로 놀기도 잘한다.) 이렇게 一方처럼 용법이 다양한 패턴들도 있답니다.

| 패턴미리보기 |

PATTERN 179 30分間笑いっぱなしだったよ。

PATTERN 180 もう待ちきれないよ。

PATTERN 181 緊張のあまり眠れなかった。

PATTERN 182 処置に困ったあげく捨てちゃった。

179.mp3

30分間笑いっぱなしだったよ。

30분 동안 계속 웃어댔어.

[동사 ます형+っぱなし](~인 채로 놓아둠, ~한 채로)는 두 가지 의미가 있는데, '계속 그대로 둔다'는 뜻과 '그 상태가 계속된다'는 뜻으로 쓰입니다.

STEP 1

1. 그들은 30분 동안 계속 웃어댔어.
   彼らは30分間笑いっぱなしだったよ。
2. 당신 또 에어컨을 계속 켜 둔 채로 잤어.
   あなた、またエアコンを付けっぱなしにして寝てたわよ。
3. 창문을 그대로 계속 열어 둬.
   窓をそのまま開けっぱなしにしといて。
4. 난로를 계속 켜 두면 위험해.
   ストーブを付けっぱなしじゃ危ないよ。
5. 아이는 장난감을 늘어놓은 채 정리하지 않는다.
   子供はおもちゃを出しっぱなしで片付けない。

笑(わら)う 웃다
付(つ)ける 켜다, 점화하다
窓(まど) 창문
開(あ)ける 열다, 펴다
危(あぶ)ない 위험하다
片付(かたづ)ける 정리하다, 정돈하다

잠깐만요!

★ 일본에서는 가족이 아닌 남에게 내 가족에 대해서 말할 때 존칭을 붙이지 않습니다.

お母(かあ)さん → 母(はは) 엄마
お父(とう)さん → 父(ちち) 아버지
お姉(ねえ)さん → 姉(あね) 언니
お兄(にい)さん → 兄(あに) 오빠
お祖母(ばあ)さん → 祖母(そぼ) 할머니
お祖父(じい)さん → 祖父(そふ) 할아버지

STEP 2

엄마가 아동 유괴범으로 체포된 언니의 면회 갈 준비를 하면서 둘째딸과 이야기하고 있습니다.

Mother

A 着替え、一式用意しておいた。

B ありがとう。お母さん、面会に行ってくるけど、大丈夫？

A うん、大丈夫。

B 그리고 전화가 계속 울릴 테니까 연락은 문자로 줘.

A 갈아입을 옷 한 벌 준비해 뒀어.
B 고마워. 엄마, 면회 갔다 올 건데 괜찮아?
A 응, 괜찮아.
B **あと、電話が鳴りっぱなしだから、連絡はメールで頂戴。**

着替(きが)え 갈아입을 옷
一式(いっしき) 한 벌
用意(ようい) 준비, 채비
面会(めんかい) 면회
大丈夫(だいじょうぶ) 괜찮음
電話(でんわ)が鳴(な)る 전화가 울리다
連絡(れんらく) 연락
頂戴(ちょうだい) ~해 줘, ~ 주세요

もう待ちきれないよ。

더 이상 기다릴 수 없어.

[동사 **ます형+きれない**]는 '끝까지 ~할 수 없다, 완전히 ~할 수 없다'는 뜻을 나타냅니다.

STEP 1

1. 더 이상 기다릴 수 없어.
   もう待ちきれないよ。
2. 이렇게 많이는 다 먹을 수 없어.
   こんなにたくさんは食べきれないよ。
3. 단어가 너무 많아서 다 외울 수 없어.
   単語が多すぎて覚えきれないよ。
4. 이 책은 두꺼워서 다 읽을 수 없어.
   この本は厚くて読みきれないよ。
5. 밤하늘의 별은 다 셀 수 없어.
   夜空の星は数えきれないよ。

잠깐만요!

★ 일본에서 '나이'를 말할 때는 '만 나이'를 쓰는데, **年齢**(ねんれい)・**とし**・**満年齢**(まんねんれい) 등의 어휘를 사용합니다. 만약 우리나라식으로 태어난 해를 1살로 쳐서 말할 때는 **数**(かぞ)**え年**(どし)라는 어휘가 있습니다. 또한 **誕生日**(たんじょうび)도 음력 개념은 쓰지 않고, 양력으로 말한답니다.

待(ま)**つ** 기다리다
単語(たんご) 단어
多(おお)**い** 많다
覚(おぼ)**える** 외우다, 기억하다
厚(あつ)**い** 두껍다, 두텁다
夜空(よぞら) 밤하늘
星(ほし) 별
数(かぞ)**える** (수를) 세다, 헤아리다

STEP 2

자신의 딸을 죽인 소년이 소년법에 의해 고작 7년을 복역하고 출소하자 남자는 분노하며 아들에게 말합니다. **それでも、生きてゆく**

A お父さん連れていってくれ。そしたら、あいつこの手で殺すから！
B 父さん！無理だって。
A 悔しいんだよ。죽으려고 해도 죽을 수 없어.
B だって亜季はもう帰って来ないんだよ！

A 아빠를 데려다줘. 그러면 그 자식 이 손으로 죽여 버릴 테니까!
B 아빠! 소용없다고.
A 억울하다고! **死んでも死にきれないよ！**
B 그래도 아키는 이제 돌아오지 않아!

連(つ)**れる** 데리고 가다, 동반하다
殺(ころ)**す** 죽이다, 살해하다
無理(むり) 무리, 억지
悔(くや)**しい** 억울하다
死(し)**ぬ** 죽다

181.mp3

緊張のあまり眠れなかった。

너무 긴장한 나머지 잘 수 없었다.

[명사+のあまり]는 '너무 ~해서, ~한 나머지'라는 뜻으로 그 정도가 매우 심하다는 것을 강조하는 표현입니다. 감정을 나타내는 어휘에는 緊張したあまり(너무 긴장한 나머지)와 같이 ~たあまり 형태로 사용하세요.

STEP 1

1. 너무 긴장한 나머지 잘 수 없었다.
   緊張のあまり眠れなかった。
2. 너무 흥분한 나머지 그녀에게 소리쳐 버렸어.
   興奮のあまり彼女に怒鳴ってしまったんだ。
3. 너무 슬픈 나머지 울어버렸어.
   悲しさのあまり泣いちゃったよ。
4. 너무 기쁜 나머지 펄쩍 뛰었다.
   喜びのあまり踊り上がった。
5. 너무 더운 나머지 길에서 쓰러져 버렸다.
   暑さのあまり道で倒れてしまった。

잠깐만요!

★ い형용사의 어미 い→さ로 바꾸면 명사가 되는 어휘

重(おも)い → 重(おも)さ 무게
高(たか)い → 高(たか)さ 높이
深(ふか)い → 深(ふか)さ 깊이
長(なが)い → 長(なが)さ 길이
広(ひろ)い → 広(ひろ)さ 넓이

緊張(きんちょう) 긴장
眠(ねむ)る 자다, 잠들다
興奮(こうふん) 흥분
怒鳴(どな)る 소리치다, 고함치다
悲(かな)しさ 슬픔
泣(な)く 울다
喜(よろこ)び 기쁨
踊(おど)り上(あ)がる 뛰어오르다
暑(あつ)さ 더위
道(みち) 길
倒(たお)れる 쓰러지다

STEP 2

재판장에서 제대로 대응하지 못하는 동료 여자 변호사가 눈에 거슬린 남자는 변호사를 교체해서 질문하겠다고 말을 합니다. リーガル・ハイ 2

A 先生、もうその辺にしましょう。ひど過ぎますよ。

B 그만 너무 화가 난 나머지 이성을 잃었네요, 재판장님!
優秀なるパートナー弁護士に質問を代わってもらいます。

A 分かりました。では私の方から。

B 君じゃない。優秀なるパートナーと言ったんだ。

A 선생님 이제 그쯤으로 하시죠. 너무 심해요.
B **つい、怒りのあまり取り乱しました、裁判長。** 우수한 파트너 변호사가 질문을 대신하겠습니다.
A 알겠습니다. 그럼 제가.
B 자네가 아니야. 우수한 파트너라고 말했잖아.

その辺(へん) 그쯤, 그 정도
怒(いか)り 노여움, 분노
取(と)り乱(みだ)す 이성을 잃고 흐트러진 모습을 보이다, 허둥거리다
裁判長(さいばんちょう) 재판장(대표 법관)
優秀(ゆうしゅう) 우수
弁護士(べんごし) 변호사
質問(しつもん) 질문
代(か)わる 대신하다, 교체하다

PATTERN 182

182.mp3

処置に困ったあげく捨てちゃった。

처치 곤란해져서 버려 버렸어.

[동사 **た형+たあげく**](~한 끝에, ~하고 말아서, ~해져서)는 행위의 결과를 나타내는 표현으로, 주로 나쁜 결과로 이어지는 경우가 많습니다.

STEP 1

1. 처치 곤란해져서 버려 버렸어.
   処置に困ったあげく捨てちゃった。
2. 여러 가지 생각한 끝에 그와 헤어지기로 했어.
   色々考えたあげく彼と別れるようにしたんだ。
3. 오랫동안 망설인 끝에 아빠에게 말하기로 했어.
   長い間迷ったあげく父に言うことにした。
4. 돈에 궁해져서 친구 돈을 훔쳤다.
   お金に困ったあげく友達のお金を盗んだ。
5. 엄마와 심하게 싸운 끝에 가출을 했다.
   母とさんざんけんかしたあげく家出をした。

잠깐만요!

★ **色々**의 원래 형태는 **色色**입니다. 이처럼 한 단어 속에 같은 말이 연속된다는 기호로 **々**를 씁니다.

人々(ひとびと) 사람들
別々(べつべつ) 따로따로
様々(さまざま) 가지각색
日々(ひび) 하루하루, 매일
少々(しょうしょう) 약간, 조금

処置(しょち) 처치
困(こま)**る** 곤란하다
捨(す)**てる** 버리다
色々(いろいろ) 여러 가지
考(かんが)**える** 생각하다
別(わか)**れる** 헤어지다
迷(まよ)**う** 망설이다
盗(ぬす)**む** 훔치다
家出(いえで) 가출

STEP 2

새로 옮긴 회사의 방침을 어겨서 재판에 패소한 여자가 말합니다.

リーガル・ハイ 2

A ごめんなさい。회사 방침을 무시하는 바람에 지고 말아서요. 処分なら受ける。

B 僕も支持したんだ。処分なんてするわけないだろ。

A 本当にすみません。

B これからも一緒によろしくね。

A 죄송합니다. **会社の方針を無視したあげく負けちゃって。** 처분이라면 받겠습니다.
B 나도 지지했던 거잖아. 처분을 할 리가 없잖아.
A 정말 죄송합니다.
B 앞으로도 함께 잘 부탁해.

方針(ほうしん) 방침
無視(むし) 무시
負(ま)**ける** 지다, 패배하다
処分(しょぶん) 처분
支持(しじ) 지지

{ 반대 경우를 말하는 상황 }

그렇다고 해도 그런 건 잘못된 거야

~から는 기초 어휘에서 배운 대로 '~로부터'라는 의미로 많이 사용하는데요. 이 밖에도 から를 활용한 표현이 많이 있어요. ~からといって(~라고 해서), ~てからでないと(~하고 나서가 아니면), ~からいうと · ~からいって(~로 보아), ~からすると(~로 보아), ~からみると(~에서 보면), ~からして(~부터가) 등으로 다양합니다. 따라서 드라마를 보거나 할 때는 기본 뜻으로만 생각하면 의미가 어색하게 느껴질 때가 많으니 주의하세요. 각각의 상황에 따라서 가장 자연스러운 말로 이해할 수 있도록 평소에 연습해 두면 좋겠죠!

| 패턴미리보기 |

PATTERN 183 熱があるのに、外出するのはだめよ。

PATTERN 184 何度も告白したけど断られ続けた。

PATTERN 185 遠いにもかかわらず、行った。

PATTERN 186 おいしいからといって食べ過ぎは良くないよ。

PATTERN 187 痩せてるわりによく食べるね。

PATTERN 188 たとえ本当だとしても君が悪い。

PATTERN 189 だからって、そんなの間違ってるよ。

熱があるのに、外出するのはだめよ。

열이 있는데 외출하면 안 돼.

～のに는 일반적인 예상과는 반대되는 상황일 때 '~하는데도, ~인데, ~에도 불구하고'라는 뜻으로 쓰는 접속사입니다. 명사와 な형용사에 붙여 쓸 때는 ～なのに 형태로 씁니다.

STEP 1

1. 열이 있는데 외출하면 안 돼.
   熱があるのに、外出するのはだめよ。
2. 3개월간 다이어트 했는데 거의 살이 빠지지 않았어요.
   ３ヶ月間ダイエットをしたのに、ほとんどやせませんでした。
3. 이 멜론은 비싸게 샀는데 전혀 달지 않아.
   このメロンは高かったのに、全然甘くない。
4. 이 아이는 아직 5살인데 구구단을 할 수 있대.
   この子はまだ５歳なのに、九九を言えるんだって。
5. 감기에 걸렸는데 그런 차림으로 나가지 마.
   風邪を引いているのに、そんな格好で出かけるな。

熱(ねつ) 열
外出(がいしゅつ) 외출
高(たか)**い** ①높다 ②비싸다
全然(ぜんぜん)**～ない** 전혀 ~ 않다
甘(あま)**い** 달다
九九(くく) 구구단
風邪(かぜ)**を引**(ひ)**く** 감기에 걸리다
格好(かっこう) 모양, 모습, 겉모습
出(で)**かける** 나가다, 외출하다

STEP 2

고아원의 아이가 어떤 아이를 폭행해서 경찰서에 가자, 고아원의 다른 아이들은 앞뒤 사정은 모르면서 때린 아이를 탓하고 있습니다. **明日、ママがいない**

A 상대는 아무것도 하지 않았는데, 갑자기 덤벼들었다며?
B うん。何か虫の居所が悪かったのかな。
A 何それ。明らかに彼が悪いじゃん。
B とにかく先に手を出すのはダメ。

A **相手の人は何もして来てないのに、突然殴りかかったんでしょ？**
B 응. 뭔가 그때 심기가 안 좋았었나.
A 뭐야 그게. 명백히 걔가 잘못했네.
B 어쨌든 먼저 손을 대는 건 안 돼.

잠깐만요!

★ **虫**(むし)의 관용구

虫が好(す)**かない**
주는 거 없이 밉다, 왠지 싫다
虫がいい
뻔뻔스럽다, 염치없다
虫も殺(ころ)**さない**
부드럽고 온화하다

相手(あいて) 상대
突然(とつぜん) 돌연
殴(なぐ)**り掛**(か)**かる** 때리고 대들다
虫(むし)**の居所**(いどころ)**が悪**(わる)**い** 기분이 안 좋아 공연히 화를 내다
明(あき)**らか** 명백함, 확실함
手(て)**を出**(だ)**す** 손을 대다

PATTERN 184

184.mp3

何度も告白したけど断られ続けた。

몇 번이나 고백했지만 계속 거절당했어.

~けれども의 줄임말 **~けど**(~지만)는 드라마나 회화체에서 자주 쓰이는 말로 앞뒤 상황이 반대될 때, 병행하는 두 문장을 연결할 때 씁니다. 문장 끝에 쓰였을 때는 완곡하게 말하는 형태입니다.

STEP 1

1. 몇 번이나 고백했지만 계속 거절당했어.
   何度も告白したけど断られ続けた。
2. 글쎄. 나는 그런 꿈꾼 적 없는데요. 한 번도!
   さあ、私はそんな夢見たことありませんけど。一度も！
3. 알고 계시겠지만, 이 재판은 우리의 승리입니다.
   お分かりでしょうけど、この裁判はこちらの勝ちです。
4. 기쁘지만 마음만 받을게. 그럼 또 봐.
   うれしいけど、お気持ちだけで。じゃあ、また。
5. 여기 우리 자리인데.
   ここ俺たちの場所なんだけど。

잠깐만요!

★ 남녀가 '교제하다, 사귀다'는 **付(つ)き合(あ)う**라고 합니다. 다른 의미로 '(의리나 교제상) 행동을 같이하다'라는 뜻도 있습니다. 함께 쇼핑이나 식사 등을 하며 즐거운 시간을 보낸 상대에게 **今日(きょう)付き合ってくれてありがとうね。**라며 마지막 인사로도 많이 씁니다.

告白(こくはく) 고백
断(ことわ)**る** 거절하다
夢(ゆめ)**を見**(み)**る** 꿈을 꾸다
裁判(さいばん) 재판
勝(か)**ち** 이김, 승리
場所(ばしょ) 장소, 곳, 자리

STEP 2

유부녀인 여자가 다른 남자와 불륜을 저지르다가 소송에 휘말려서 변호사와 이야기하고 있습니다. **リーガル・ハイ２**

A 将来的にも彼と法律的婚姻を結ぶつもりはないんですね？
B 맺고 싶지만 맺을 수 없어요.
A はいか、いいえで結構です。
B はいか、いいえでは答えられないこともあります。

A 앞으로도 그와 법적 혼인 관계를 맺을 생각은 없는 거네요?
B **結びたいけど結べないんです。**
A '네, 아니요'로 대답해 주세요.
B '네, 아니요'로는 대답할 수 없는 것도 있어요.

将来的(しょうらいてき) 장기적, 장차, 앞으로
法律的(ほうりつてき) 법률적
婚姻(こんいん) 혼인
結(むす)**ぶ** 관계를 맺다
結構(けっこう) 충분함
答(こた)**える** 대답하다

遠いにもかかわらず、行った。

먼데도 불구하고 갔어.

~にもかかわらず는 '~인데도 불구하고'로 해석합니다. 어떤 사태로 예상과는 다른 결과가 된다는 뜻을 나타냅니다. [동사 · い형용사의 보통체+にもかかわらず] [명사, な형용사 어간+にもかかわらず] 형태로 씁니다.

STEP 1

1. 먼데도 불구하고 갔어.
   遠いにもかかわらず、行った。
2. 다망하신데도 불구하고 참석해 주셔서 감사합니다.
   ご多忙にもかかわらず、ご出席くださってありがとうございます。
3. 할 수 있는데도 불구하고 그는 해주지 않는다.
   できるにもかかわらず、彼はやってくれない。
4. 평일에도 불구하고 발길을 옮겨 주셔서 대단히 황송합니다.
   平日にもかかわらず、足をお運びいただき、誠に恐縮でございます。
5. 열심히 공부했는데도 불구하고 불합격이었다.
   一生懸命勉強したにもかかわらず、不合格だった。

遠(とお)**い** 멀다
多忙(たぼう) 다망, 대단히 바쁨
出席(しゅっせき) 출석
平日(へいじつ) 평일
足(あし)**を運**(はこ)**ぶ** 발길을 옮기다
誠(まこと)**に** 참으로, 정말로, 실로
恐縮(きょうしゅく) 황송하게 여김
一生懸命(いっしょうけんめい) 열심히
不合格(ふごうかく) 불합격

STEP 2

독극물로 남편을 살해한 사건에 대한 재판이 끝나고, 두 변호사가 증거물에 대해 이야기합니다. リーガル・ハイ 2

A 본건에 대해서도 충분한 증거가 있는데도 불구하고, 본인에게 반성의 기미는 없습니다.

B 十分な証拠とおっしゃいますが決め手はただ一つ。毒物だけですよね。

A 犯行に使われた物が、被告人の自宅から出てきました。

B 都合よく？

A **本件についても十分な証拠があるにもかかわらず、本人に反省の色はありません。**
B 충분한 증거라고 말씀하시는데 결정적인 증거는 단지 하나뿐. 독극물뿐이지요?
A 범행에 사용된 것이 피고인의 자택에서 나왔습니다.
B 때마침?

잠깐만요!

★ **色**(いろ)의 용법
- 색, 빛, 빛깔, 색채
  色を塗(ぬ)**る**
  색을 칠하다
- 피부색, 얼굴빛
  色の白(しろ)**い人**(ひと)
  피부가(살빛이) 흰 사람
- 표정, 기색, 기미, 빛
  驚(おどろ)**きの色が見**(み)**える。**
  놀라는 기색이 보이다.

十分(じゅうぶん) 충분
証拠(しょうこ) 증거
本人(ほんにん) 본인
反省(はんせい) 반성
決(き)**め手**(て) 확정적인 근거, 증거
毒物(どくぶつ) 독극물
被告人(ひこくにん) 피고인
自宅(じたく) 자택

186.mp3

おいしいからといって食べ過ぎは良くないよ。

맛있다고 해서 너무 먹는 건 좋지 않아.

~からといって(~라고 해서)는 앞에 나오는 상황이나 감정이 뒤에 오는 내용을 결정하는 것은 아니라는 뜻으로, 뒤에는 다소 부정적인 표현이 오는 경우가 많습니다.

STEP 1

1. 맛있다고 해서 너무 먹는 건 좋지 않아.
   おいしいからといって食べ過ぎは良くないよ。
2. 대학을 나왔다고 해서 반드시 취직되는 건 아니야.
   大学を出たからといって必ずしも就職できるもんじゃない。
3. 돈이 있다고 해서 훌륭한 것은 아니다.
   お金があるからといって偉いわけではない。
4. 돈에 궁하다고 해서 다른 사람의 돈을 훔치다니.
   お金に困ってるからといって人の金を盗むなんて。
5. 아무리 싸다고 해서 그 정도는 필요 없잖아.
   いくら安いからといってそんなに要らないでしょ。

食(た)**べ過**(す)**ぎ** 과식
大学(だいがく) 대학
就職(しゅうしょく) 취직
お金(かね) 돈
偉(えら)**い** 훌륭하다, 위대하다
困(こま)**る** 곤란하다, 궁하다
盗(ぬす)**む** 훔치다
安(やす)**い** 싸다
要(い)**る** 필요하다

STEP 2

면접이 있는 날, 회사 담당자가 다른 회사 두 곳 이상에서 합격 통보를 받은 입사 지원자만 남으라고 말합니다. **リッチマン、プアウーマン**

A 内定２社以上ある人。そういう人だけ、残ってください。
B だったら採用条件にそう書いとけよ！
A 悪いね。今思いついたんだ。
B 다른 회사에 뽑히지 않았다고 해서, 이 회사에 필요 없는 사람이라고 한다면 (저는) 그렇지 않다고 생각합니다!

A 2개 이상의 회사에서 내정된 사람. 그런 사람만 남아 주세요.
B 그렇다면 채용 조건에 그렇게 써 두세요!
A 미안합니다. 지금 생각났어요.
B **他の企業に選ばれなかったからといって、この会社に必要のない人間かといったらそうじゃないと思います！**

잠깐만요!

★ '일드'에 자주 나오는 **内定**(ないてい)란 말은 기업이 대학 재학 중인 3, 4학년들을 대상으로 맺는 계약을 말합니다. 일본은 3학년부터 대부분 학생들은 **内定** 준비를 하고, 4학년 초반에 거의 취업 활동이 끝나고 기업의 내정을 받습니다. 4학년 동안은 졸업 논문 등에 집중하는데, 만약 졸업을 못하면 내정도 취소됩니다.

内定(ないてい) 내정
残(のこ)**る** 남다
採用(さいよう) 채용
条件(じょうけん) 조건
思(おも)**い付**(つ)**く** 생각나다
企業(きぎょう) 기업
選(えら)**ぶ** 고르다, 뽑다
必要(ひつよう) 필요

187.mp3

痩せてるわりによく食べるね。

마른 거에 비해서 잘 먹네.

~わりに(~에 비해서)는 정도가 예상과는 달라서 의외라는 뜻을 나타냅니다. [동사 · い형용사의 보통체+わりに] [명사+のわりに] [な형용사 어간+なわりに] 형태로 씁니다.

STEP 1

1. 마른 거에 비해서 잘 먹네.
   痩せてるわりによく食べるね。
2. 이 와인은 비싼 거에 비해서는 별로 맛이 없어.
   このワインは高いわりにはあんまりおいしくない。
3. 저 아이는 연령에 비해서 체격이 작다.
   あの子は年齢のわりに体が小さい。
4. 나는 공부하는 거에 비해서 성적이 안 올라.
   私はよく勉強してるわりに成績が上がらないよ。
5. 이 맨션은 넓이에 비해서 저렴할지도 (몰라).
   このマンションは広さのわりに安いかもね。

잠깐만요!

★ **~わりに**(~에 비해서)가 '정도'의 의외성을 나타낸다면, 비슷한 뜻의 **~にしては**(~치고는)는 '전제'로부터의 의외성을 나타냅니다.

先生(せんせい)にしては若(わか)すぎるよ。
선생님치고는 너무 젊잖아.
(참고) '선생님'이라는 것은 어디까지나 '전제'로, 일반적으로 예상되는 기준이나 표준과 비교하는 경우를 나타냅니다.

痩(や)せる 여위다, 마르다
年齢(ねんれい) 연령
体(からだ) 몸, 신체, 체구
小(ちい)さい 작다
成績(せいせき) 성적
上(あ)がる 오르다, 올라가다
広(ひろ)さ 넓이

STEP 2

패배한 변호인단 쪽 남자가 승소한 쪽 여자에게 말합니다.

リーガル・ハイ 2

A やっぱり君たちは強いな。今回も完敗だ。
B 진 거에 비해서, 왠지 별로 억울해 보이진 않는데.
A いけない?
B そんなことないけど。

A 역시 너희 쪽은 강하네. 이번에도 완패다.
B **負けたわりに、何かあんまり悔しそうじゃないけど。**
A 그러면 안 돼?
B 그런 건 아니지만.

強(つよ)い 세다, 강하다
今回(こんかい) 이번, 금번
完敗(かんぱい) 완패
悔(くや)しい 억울하다, 분하다

たとえ本当だとしても君が悪い。

비록 정말이라고 해도 네가 나빠.

たとえ~ても는 어떤 조건을 가정하고 그 가정 조건에서도 결과가 바뀌지 않는다는 뜻을 나타냅니다. '가령 ~할지라도, 설사 ~ 할지라도, 비록 ~하여도' 등으로 해석할 수 있습니다.

STEP 1

1. 비록 정말이라고 해도 역시 네가 나빠.
   たとえ本当だとしてもやはり君が悪い。
2. 비록 이번 시험에 실패한대도 절대로 포기하지 않아.
   たとえ今度の試験に失敗しても絶対に諦めないよ。
3. 비록 겉치레라도 칭찬을 받으면 좋은걸.
   たとえお世辞だとしても誉められたらうれしいもん。
4. 가령 힘들더라도 보람이 있는 일을 하고 싶어.
   たとえきつくてもやりがいがある仕事がしたい。
5. 가령 비가 내려도 만나러 가겠습니다.
   たとえ雨が降っても会いに行きます。

STEP 2

여자는 친정 아버지에게 도움을 요청하는데, 아버지는 사위가 일을 저지른 거라고 생각합니다. 家族ゲーム

A お金を貸していただけませんか。
B またあの男か。
A いえ、私が作った借金です。本当です。
B 가령 그렇다고 해도 원인은 그놈이지?

A 돈을 빌려줄 수 있나요?
B 또 그 남자 때문이야?
A 아니요, 제가 만든 빚이에요. 정말이에요.
B **たとえそうだとしても、原因は彼なんだろ？**

잠깐만요!

★ **きつい**의 용법

きつい顔(かお)
강인한 얼굴
靴(くつ)**がきつい。**
구두가 꽉 끼다.
仕事(しごと)**がきつい。**
일이 힘들다.
性格(せいかく)**がきつい。**
성격이 세다.
このお酒(さけ)**はきつい。**
이 술은 세다.

君(きみ) 남성어 너, 자네
悪(わる)**い** 나쁘다
今度(こんど) 이번
試験(しけん) 시험
失敗(しっぱい) 실패
絶対(ぜったい)**に** 절대로
諦(あきら)**める** 포기하다
お世辞(せじ) 겉치레, 발림말
誉(ほ)**める** 칭찬하다
嬉(うれ)**しい** 기쁘다
仕事(しごと) 일, 업무, 직업
雨(あめ)**が降**(ふ)**る** 비가 내리다

お金(かね) 돈
貸(か)**す** 빌려주다
作(つく)**る** 만들다
借金(しゃっきん) 빚
原因(げんいん) 원인

189.mp3

だからって、そんなの間違ってるよ。

그렇다고 해도 그런 건 잘못된 거야.

だからって(그렇다고 해도)는 상대의 말을 듣고 이에 대한 반대 의견을 나타낼 때 쓰는 말로, 문장 시작 부분에 쓸 수 있습니다.

STEP 1

1. 그렇다고 해도 그런 건 잘못된 거야.
   だからって、**そんなの間違ってるよ。**
2. 그렇다고 해도 계속 방치해 둘 건가요?
   だからって、**ずっとほったらかしですか。**
3. 그렇다고 해도 그렇게 단언할 수 있을까요?
   だからって、**そんな言い切れるでしょうか。**
4. 그렇다고 해도 모두가 사람의 죽음에 익숙해져 있진 않아요.
   だからって、**全員が人の死に慣れてるわけじゃないんです。**
5. 그렇다고 해도 너를 탓하거나 하진 않아.
   だからって、**あんたを責めたりはしないわよ。**

잠깐만요!

★ **死**(し) 관련 어휘

葬式(そうしき) 장례식, 장례
葬儀(そうぎ) 장의, 장례
葬儀屋(そうぎや) 장의사
埋葬(まいそう) 매장
火葬(かそう) 화장
仏壇設置(ぶつだんせっち) 불단 설치
霊園(れいえん) 공원 묘지

間違(まちが)**う** 틀리다, 잘못되다
ほったらかす 방치하다, 내버려두다
言(い)**い切**(き)**る** 확언하다, 단언하다
全員(ぜんいん) 전원
慣(な)**れる** 익숙해지다
責(せ)**める** 책망하다, 나무라다

STEP 2

가정 교사는 수험생인 아이에게 우등생인 여자 친구가 생기면 공부에 좋은 영향을 준다고 말합니다. 家族ゲーム

A 그렇다고 해도, 그런 게 수험에 필요한가요?
B もちろん。彼女にバカにされたくない。だから勉強する。それも立派な動機です。
A そんなの、不純ですよ。
B だったらご自分のときはどうだったんです？

A **だからって、そんなこと受験に必要ですか。**
B 물론이죠. 그녀에게 무시당하고 싶지 않다. 그러니깐 공부한다. 그것도 훌륭한 동기가 돼요.
A 그런 건 불순해요.
B 그러면 (어머님) 본인은 어떠셨나요?

受験(じゅけん) 수험
必要(ひつよう) 필요
立派(りっぱ) 훌륭함, 아주 뛰어남
動機(どうき) 동기
不純(ふじゅん) 불순

{ 대상을 말하는 상황 }

저야말로 실례했습니다

'~에 대해서'라는 표현을 할 때 주로 쓰는 말로 ~について, ~に関(かん)して, ~に対(たい)してが 있는데요. 용법에 따라서 구분해서 쓰기가 좀 어려운 부분이 있어요. [명사+について]는 이야기하거나 생각하는 것의 주제나 내용에 대해 말하는 것을 나타내요. [명사+に関して]는 ついて와 같은 뉘앙스로 쓰이지만 회화체에서는 ~について가 주로 사용돼요. 마지막으로 [명사+に対して]는 앞에 오는 명사가 대상이나 상대편을 나타낸답니다. 우리말로는 해석이 같지만 이렇게 상황별 활용이 다른 패턴들은 구분해서 사용하세요.

| 패턴미리보기 |

PATTERN 190 速さの点においては最高だよ。

PATTERN 191 君にとって大切な思い出は何？

PATTERN 192 私こそ失礼しました。

▶ 190.mp3

速さの点においては最高だよ。

속도에 있어서는 최고야.

～において(～에 있어서, ～에서)는 조사 で로 대체 가능한 의미로, 장소 · 시간 · 판단 범위를 나타낼 때 사용합니다.

STEP 1

1. 이 여객기는 속도에 있어서는 최고야.
   この旅客機は速さの点においては最高だよ。

2. 메이지 시대에 있어서는 아직 여성의 지위가 낮았었대.
   明治時代においてはまだまだ女性の地位が低かったって。

3. 용의자는 대략에 있어서 범행을 시인했다.
   容疑者は大筋において犯行を認めている。

4. 복권으로 대금을 손에 넣은 사람은 어떤 의미에 있어서 불행할지도.
   宝くじで大金を手にした人はある意味において不幸かもよ。

5. 졸업식은 10시부터 대강당에서 진행됩니다.
   卒業式は10時から大ホールにおいて行われます。

잠깐만요!

★ **～において**는 문장 2 · 5에서는 장소나 시간을 나타내며, 1 · 3 · 4에서는 판단의 범위를 나타냅니다.

★ **～において**와 같이 で 용법으로 쓰이는 다른 표현도 알아두세요.

- **パーティーは4階**(よんかい)**にて行**(おこな)**います。**
  파티는 4층에서 합니다.
- **彼**(かれ)**は40歳**(よんじゅっさい)**にしてようやく結婚相手**(けっこんあいて)**を見**(み)**つけた。**
  그는 40살에 드디어 결혼 상대를 찾았다.
- **来年**(らいねん)**3月**(さんがつ)**でもって会社**(かいしゃ)**を辞**(や)**めることにした。**
  내년 3월로 회사를 그만두기로 했다.
- **これをもって終了**(しゅうりょう)**させていただきます。**
  이것으로 종료하겠습니다.

STEP 2

변호사가 '사장이 술자리에서 한 공약을 지켜야 한다'는 내용으로 증인으로 나온 여직원에게 질문을 하고 있습니다. リーガル・ハイ 2

A もちろんです。社長の期待に応えたいので。

B 酒の席で言ったことなんか気にしなくていいのでは？

A そうはいきません。やはり社長の言葉は重いですから。

B 그렇다면, 귀사에서 송년회는 사실상 업무의 일환으로 사장님의 말은 공식적인 것입니다.

A 물론입니다. 사장님의 기대에 부응하고 싶으니까요.
B 술자리에서 한 말 따위는 신경 쓰지 않아도 되지 않나요?
A 그렇지는 않죠. 그래도 사장님의 말은 중요하니까요.
B **で、あるならば、御社において忘年会は事実上業務の一環であり、社長の言葉はオフィシャルなものです。**

旅客機(りょかくき) 여객기
明治時代(めいじじだい) 메이지 시대
地位(ちい) 지위
容疑者(ようぎしゃ) 용의자
大筋(おおすじ) 대략, 대강의 줄거리
犯行(はんこう) 범행
認(みと)**める** 인정하다, 시인하다
大金(たいきん) 대금, 큰돈
不幸(ふこう) 불행
卒業式(そつぎょうしき) 졸업식

期待(きたい) 기대
応(こた)**える** 보답하다, 응하다
社長(しゃちょう) 사장
言葉(ことば) 말, 언어
重(おも)**い** 무겁다, 중요하다
忘年会(ぼうねんかい) 송년회

君にとって大切な思い出は何?

너에게 있어서 소중한 추억은 뭐야?

~にとって(~에게 있어서)는 '~의 입장에서 보면'이라는 뜻으로, 뒤에는 판단이나 평가 내용에 이어서 쓰입니다.

STEP 1

1. 너에게 있어서 가장 소중한 추억은 뭐야?
   君にとって一番大切な思い出は何?
2. 아이에게 있어서 부모의 존재는 가장 클지도 몰라.
   子供にとって親の存在は一番大きいかもね。
3. 사원에 있어서(는) 급료가 높은 쪽이 좋지.
   社員にとって(は)給料は高いほうがいいね。
4. 우리들에게 있어서 행복이란 것은 뭘까?
   我らにとって幸せというのは何だろう。
5. 그것은 나에게 있어서 처음 해본 경험이었어.
   それは私にとって初めての経験だった。

잠깐만요!

★ 일본에서도 회사에서 야근을 많이 하는데요. '잔업, 야근'은 **残業**(ざんぎょう)라고 합니다. 일본어의 **夜勤**(やきん)은 밤을 새워서 일하는 '철야 근무'를 뜻하니 구분해서 사용하세요.

참고 **振**(ふ)**り替**(か)**え休日**(きゅうじつ) 대체 휴일

大切(たいせつ) 소중함, 귀중함
思(おも)**い出**(で) 추억
子供(こども) 아이
親(おや) 부모
存在(そんざい) 존재
社員(しゃいん) 사원
給料(きゅうりょう) 급료
我(われ)**ら** 우리들
幸(しあわ)**せ** 행복, 행운
経験(けいけん) 경험

STEP 2

사형 판결이 난 사건에 대해서 두 사람이 이야기하고 있습니다.

リーガル・ハイ 2

A 사형 판결이 난 것은 저에게 있어서 줄곧 마음에 박힌 가시였어요.
B 求刑した本人が何を言ってる。
A 検察全体の方針にあらがえなかったんです。
B だから検察を辞めたって言いたいわけ?

A 死刑判決が出てしまったことは、僕にとってずっと心に刺さったとげでした。
B 구형한 본인이 무슨 소릴 하는 거지.
A 검찰 전체의 방침에 거역할 수 없었어요.
B 그래서 검찰을 그만둔 거라고 말하고 싶은 거야?

刺(さ)**さる** 박히다, 찔리다
とげ 가시
求刑(きゅうけい) 구형
本人(ほんにん) 본인
検察(けんさつ) 검찰
全体(ぜんたい) 전체
方針(ほうしん) 방침
抗(あらが)**う** 저항하다, 거역하다
辞(や)**める** 그만두다

192.mp3

私こそ失礼しました。

저야말로 실례했습니다.

~こそ(~이야말로)는 어떤 사항을 내세워 강조하는 뜻을 나타내는데, 중요한 것에 대해 '다른 것이 아니라 바로 이것'이라는 강조를 나타냅니다.

STEP 1

1. 저야말로 실례했습니다.
   私こそ失礼しました。
2. 이것이야말로 내가 찾고 있던 거야.
   これこそ僕が求めてたもんだよ。
3. 이 문제야말로 중요한 거야.
   この問題こそ重要なんだ。
4. 당신을 생각하고 있기 때문에 따끔하게 말하는 겁니다.
   あなたを思っているからこそ厳しく言うんです。
5. 올해야말로 합격할 테다.
   今年こそ必ず合格するぜ。

잠깐만요!

★ **思**(おも)**う**와 **考**(かんが)**える**의 차이

- **思(おも)う**: (주관적 · 감정적으로) 생각하는 마음, 상상, 결의, 걱정, 희망
  彼女(かのじょ)のことを思う。
  (애정 · 걱정으로) 그녀를 생각하다.
- **考(かんが)える**: 논리적이고 머리를 쓴 생각, 의견
  彼女のことを考える。
  (분석적 · 이성적으로) 그녀에 대해 생각하다.

失礼(しつれい) 실례
求(もと)**める** 구하다, 찾다, 바라다
問題(もんだい) 문제
重要(じゅうよう) 중요
厳(きび)**しい** 엄격하다
今年(ことし) 올해
合格(ごうかく) 합격

STEP 2

해고한 직원이 좋은 아이템을 가지고 찾아오자, 그의 가능성을 보고 회사를 차려 준 건에 대해서 두 사람이 이야기하고 있습니다. リッチマン、プアウーマン

A どういうことだ？会社を作らせるって。
B 僕の金だ。どう使おうと勝手だろ。
A 金の話をしてるんじゃない。
B あいつの顔見たか。스스로 하지 않으면 안 되는 상황에서야말로, 그 사람은 진가를 발휘한다니까.

A 무슨 일이야? 회사를 차려 준다니.
B 내 돈이야. 어떻게 쓰든 내 맘이지.
A 돈 이야기를 하고 있는 게 아니잖아.
B 그 사람 얼굴 봤어? **自分でやらなきゃいけないって状況でこそ、あいつは真価を発揮するんだ。**

会社(かいしゃ) 회사
使(つか)**う** 사용하다
勝手(かって) 자기 좋을 대로 함
顔(かお) 얼굴
真価(しんか) 진가
発揮(はっき) 발휘

음성 강의 & 예문 듣기

{ 그 밖에 '일드'에 자주 등장하는 상황 }

나는 결코 꿈을 포기하지 않아

외국어를 학습하다 보면 자신의 의견을 상대에게 정확히 전달하고 싶은데 맘처럼 쉽게 되지 않아서 굉장히 답답함을 느낄 때가 있죠! 몸짓 손짓을 섞어서 하는데도 한계를 느끼는 순간! '일드'에 자주 나오는 패턴을 잘 익혀서 적당한 상황에 활용해 보세요.

| 패턴미리보기 |

PATTERN 193 だったらその証に、ここで見せてよ。

PATTERN 194 タバコを止める気はない？

PATTERN 195 昼夜練習したかいがあります。

PATTERN 196 アンコールに応えてもう一曲歌った。

PATTERN 197 合格して、うれしくてしょうがねえ。

PATTERN 198 そういうことはあり得ないよ。

PATTERN 199 日曜日はどこにも行かずに家にいた。

PATTERN 200 もらった酒はまだ飲んでない。

PATTERN 201 部長に言われて書き直したんです。

PATTERN 202 あなたの言った通りだよ。

PATTERN 203 私は決して夢を諦めない。

PATTERN 204 お寿司とか刺身とか生物が好きです。

PATTERN 205 先週買ったのはこの本です。

だったらその証に、ここで見せてよ。

그렇다면 그 증거로 여기에서 보여줘.

접속사 だったら(그렇다면, 그러하다면)는 순접의 의미를 나타냅니다. 상대가 한 말에 수긍하며 더불어 자신의 의견을 말할 때 사용됩니다.

STEP 1

1. 그렇다면 그 증거로 여기에서 보여줘.
   だったらその証に、ここで見せてよ。
2. 그렇다면 그거 내가 해볼게.
   だったらそれ、私にやらせて。
3. 그렇다면 더 먹을걸 그랬어.
   だったらもっと食べればよかった。
4. 그렇다면 더 부모다운 행동을 해!
   だったらもっと親らしいことしてよ！
5. 그렇다면 내 기분도 상상해 봐라.
   だったら俺の気持ちも想像してみろ。

証(あかし) 증거, 증명, 입증
見(み)**せる** 보여주다
食(た)**べる** 먹다
親(おや) 부모
気持(きも)**ち** 기분, 마음
想像(そうぞう) 상상

STEP 2

가정 교사는 여자를 시켜서 학생의 아버지를 유혹하라고 했는데, 학생의 아버지가 여자의 유혹에 넘어갈 듯한 상황입니다. 家族ゲーム

A 私のこと嫌いなら、嫌いって言って下さい。

B そういうことじゃないんだよ。君は素敵で…。

A 그렇다면 된 거 아닌가요? 私は課長のことが好きなんです。

B いや、バレちゃったからさ、家内に。

A 제가 싫으면 싫다고 말해 주세요.
B 그런 게 아니야. 너는 멋지고 ….
A **だったらいいじゃないですか**。저는 과장님을 좋아해요.
B 그게~ 들켜 버렸어, 아내한테.

잠깐만요!

★ 감탄사 **いや**는 '놀람, 감동, 탄식'을 나타내는 말입니다.

いや、実(じつ)**に素晴**(すば)**らしい風景**(ふうけい)**だ。**
야, 참으로 굉장한 풍경이다.
いや、弱(よわ)**ったな。**
이거, 낭패인데.
いや、大変(たいへん)**だ。**
야, 큰일났다.

嫌(きら)**い** 싫음, 바라지 않음
言(い)**う** 말하다
素敵(すてき) 아주 멋짐, 훌륭함
課長(かちょう) 과장
好(す)**き** 좋아함
ばれる 들통나다
家内(かない) 아내, 집사람

194.mp3

タバコを止める気はない?

담배를 끊을 생각은 없어?

[동사 기본형+気(き)はない]는 '~할 생각은 없다, ~할 마음은 없다'는 뜻입니다. 문장 끝에 의문사를 쓰지 않고, ~気はない의 끝을 올려 말하면 의문문이 됩니다.

STEP 1

1. 담배를 끊을 생각은 없어?
   タバコを止める気はない?
2. 결국 그와 사귈 생각은 없어?
   結局、彼と付き合う気はない?
3. 네가 양보해 줄 생각은 없어?
   お前が譲ったげる気はない?
4. 한국어를 공부해 볼 생각은 없어?
   韓国語を勉強してみる気はない?
5. 이 일 함께할 생각은 없어?
   この仕事、一緒にやる気はない?

止(や)める 끊다, 그만두다
結局(けっきょく) 결국
付(つ)き合(あ)う 사귀다, 교제하다
譲(ゆず)る 양보하다
韓国語(かんこくご) 한국어
勉強(べんきょう) 공부

STEP 2

단기간 함께 프로젝트를 진행한 여자에게 남자는 앞으로도 함께 일하자고 제안합니다. **リッチマン、プアウーマン**

A 여기에서 일할 생각은 없어?
B え?私は今日でおしまいなんですけど。
A 前から考えていたんだ。君は我が社に、必要な人かもしれないって。
B え、いや、でも…。

A **ここで、働く気はない?**
B 네? 저는 오늘로 마지막인데요.
A 전부터 생각했었어. 너는 우리 회사에 필요한 사람일지도 모르겠어.
B 아, 그게, 그렇지만 ….

잠깐만요!

★ **我(わ)が**는 [대명사 わ+조사 が] 형태로, '나의, 우리의'라는 뜻으로 쓰입니다.

我が社(しゃ) 우리 회사
我が家(や) 우리 집
我が子(こ) 우리 아이
我が国(くに) 우리나라
我が校(こう) 우리 학교

働(はたら)く 일하다
今日(きょう) 오늘
お仕舞(しま)い 끝, 파함, 마지막
考(かんが)える 생각하다
必要(ひつよう) 필요

昼夜練習したかいがあります。

밤낮으로 연습한 보람이 있어요.

~かいがあります(~한 보람이 있어요)는 어떠한 행동으로부터 기대했던 효과가 있다는 의미입니다. [명사, 동사 ます형+がいがある] [동사 た형+たかいがある] 형태로 씁니다.

STEP 1

1. 밤낮으로 연습한 보람이 있어요.
   昼夜練習したかいがあります。
2. 다 먹어주는 것은 만드는 보람이 있어요.
   完食してくれるのは作りがいがあります。
3. 많은 고객에게 감사 받기 때문에 하는 보람이 있어요.
   多くのお客様から感謝されるのでやりがいがあります。
4. 일본에서 유학한 보람이 있어요.
   日本で留学したかいがあります。
5. 멋진 그림도 많아서 매우 보는 보람이 있어요.
   素敵な絵も多くてとても見がいがあります。

잠깐만요!

★ ~甲斐(がい)가 붙는 어휘

- **生(い)きがい** 사는 보람, 사는 가치
  子供(こども)だけが生きがいだ。 자식만이 사는 보람이다.
- **言(い)いがい** 말한 보람, 말할 가치
  彼(かれ)には何(なに)を言ったって言いがいがない。 그에게는 무슨 말을 해도 보람이 없다.

昼夜(ちゅうや) 밤낮, 밤낮으로, 밤낮없이
練習(れんしゅう) 연습
完食(かんしょく) 남기지 않고 모두 먹음
作(つく)**る** 만들다
お客様(きゃくさま) 손님(공손한 말)
感謝(かんしゃ) 감사
留学(りゅうがく) 유학
素敵(すてき) 아주 멋짐, 훌륭함

STEP 2

여자는 이번 면접에서는 드디어 자신의 진가를 알아줄 것 같은 기분이 듭니다.

リッチマン、プアウーマン

A 実は御社が32社目なんです。

B 色々経験するうちに、度胸がついたんじゃないですか。

A その人たちを絶対見返してやるためにももっと頑張りたいと思います。

B 당신과 같은 분이 함께해 주시면, 함께 일하는 보람이 있어요.

A 실은 귀사가 32번째입니다.
B 여러 가지 경험하는 동안에 배짱이 두둑해졌겠는데요?
A 그 사람들에게 꼭 잘된 모습을 보여주기 위해서라도 더 열심히 하고 싶습니다.
B **あなたのような方に来てもらえると、一緒に仕事をするしがいがあります。**

御社(おんしゃ) 귀사(상대의 회사를 높여 부르는 말)
色々(いろいろ) 여러 가지
経験(けいけん) 경험
度胸(どきょう) 담력, 배짱
絶対(ぜったい) 절대
見返(みかえ)**す** 상대보다 훌륭해진 자신을 과시하다
頑張(がんば)**る** 끝까지 노력하다

アンコールに応えてもう一曲歌った。

앙코르에 부응하여 한 곡 더 불렀어.

[명사+に応(こた)えて](~에 부응하여)는 상대의 요구를 받아들이거나 기대에 부응한다는 뜻을 나타냅니다.

STEP 1

1. 그는 앙코르에 부응하여 한 곡 더 불렀어.
   彼はアンコールに応えてもう一曲歌った。
2. 학교는 학생의 희망에 부응하여 교칙을 바꾸기로 했대.
   学校は学生の希望に応えて校則を変えることにしたって。
3. 가족의 기대에 부응하여 시합에서 우승했다.
   家族の期待に応えて試合で優勝をした。
4. 여러분의 요청에 부응하여 멋진 연주를 할 수 있었습니다.
   皆さんのリクエストに応えて素敵な演奏ができました。
5. 그녀는 국민의 뜨거운 응원에 부응하여 올림픽에서 금메달을 땄다.
   彼女は国民の熱い応援に応えてオリンピックで金メダルを取った。

잠깐만요!

★**カラオケ**(노래방)를 처음 개발한 나라는 일본입니다. 어원은 [**空**(から)+**オーケストラ**]에서 줄여서 **カラオケ**가 됐습니다. '음악을 연주하는 오케스트라(밴드)가 없다'는 뜻으로 만들어진 조어입니다. 예전엔 밴드가 있어야만 노래를 했는데 당시로서는 획기적인 발명이었죠.

歌(うた)**う** 노래하다
希望(きぼう) 희망
校則(こうそく) 교칙
変(か)**える** 바꾸다
期待(きたい) 기대
試合(しあい) 시합
優勝(ゆうしょう) 우승
素敵(すてき) 아주 멋짐
演奏(えんそう) 연주
国民(こくみん) 국민
熱(あつ)**い** 열렬하다
応援(おうえん) 응원

STEP 2

마녀사냥과 같이 대중이 한 여자를 범인으로 몰아가는 상황에 두 변호사가 의견 충돌을 합니다.

리ーガル・ハイ 2

A 증거에 의한 것이 아니라 민의에 부응하여 기소했으니까요.
B われわれは公僕だ。国民の期待に応えるのは当然だ。
A 愚かな国民の愚かな期待にも応えなければならないんですか。
B 愚かですか。

A **証拠によってではなく民意に応えて起訴したんですから。**
B 우리는 공무원이야. 국민의 기대에 응하는 것은 당연해요.
A 어리석은 국민의 어리석은 기대에도 부응해야 하나요?
B 어리석은가요?

証拠(しょうこ) 증거
民意(みんい) 민의(국민의 의사)
応(こた)**える** 보답하다, 응하다
起訴(きそ) 기소
公僕(こうぼく) 공복, 공무원
当然(とうぜん) 당연
愚(おろ)**か** 어리석음

合格して、うれしくてしょうがねえ。

합격하여 너무 기뻐서 참을 수 없어.

~しょうがねえ(너무 ~해서 참을 수 없어)는 ~しょうがない의 회화체로, 어떤 감정이나 감각이 생겨 참을 수 없을 정도라는 뜻을 나타냅니다.

STEP 1

1. 대학에 합격하여 너무 기뻐서 참을 수 없어.
   大学に合格して、うれしくてしょうがねえ。
2. 노래 연습에서 몇 번이나 틀려 너무 부끄러워서 참을 수 없어.
   歌の練習で何度も間違えて、恥ずかしくてしょうがねえ。
3. 오늘은 너무 더워서 참을 수 없어.
   今日は暑くてしょうがねえ。
4. 좋아하는 그녀가 너무 보고 싶어서 참을 수 없어.
   好きな彼女に会いたくてしょうがねえ。
5. 비싼 시계를 너무 갖고 싶어서 참을 수 없어.
   高い時計が欲しくてしょうがねえ。

合格(ごうかく) 합격
嬉(うれ)**しい** 기쁘다
練習(れんしゅう) 연습
間違(まちが)**える** 틀리게 하다
恥(は)**ずかしい** 부끄럽다
暑(あつ)**い** 덥다
欲(ほ)**しい** 갖고 싶다, 원하다

STEP 2

아이는 친구들에게 생일 파티에 올 수 있는지 묻고 있습니다.

家族ゲーム

A あのう…私の誕生会の参加人数、教えてほしいんだけど。
B ああ、ちょっと待って。みんな、誕生会行く人手を挙げてくれる？
A すごい！全員参加するのね。
B みんな超楽しみにしてるから。
서프라이즈 이벤트가 너무 궁금해서 참을 수 없어.

A 저기 … 내 생일 파티 참가 인원 알려줬으면 좋겠는데.
B 아~, 잠깐만 기다려. 모두(여러분), 생일 파티 갈 사람 손 들어 줄래?
A 굉장해! 전원 참가하는 거네.
B 모두 완전 기대하고 있어서. **サプライズイベントが気になってしょうがねえ。**

잠깐만요!

★ '일드'를 보다 보면 말을 시작할 때 **あのう**를 붙이는 것을 흔히 볼 수 있습니다. '저 ~, 저기 ~, 있잖아 ~'라고 가볍게 말을 꺼낼 때 씁니다. 또 모르는 사람에게 길을 묻거나 사람을 부를 때도 사용합니다. 비슷한 말로 **あのね**는 여성어, **あのさ**는 남성어로, 윗사람보다는 친한 사이에 가볍게 쓰는 말입니다.

参加(さんか) 참가
人数(にんずう) 인원수
教(おし)**える** 알려주다, 가르치다
手(て)**を挙**(あ)**げる** 손을 들다
全員(ぜんいん) 전원
気(き)**になる** 마음에 걸리다

そういうことはあり得ないよ。

그런 건 말도 안 돼.

あり得(え)ない는 어떠한 상황에 대해 '일어날 가망성이 없다, 있을 수 없다'는 주관적인 판단으로 한 놀라움과 감탄을 나타내는 표현입니다. 우리말로는 '말도 안 돼'에 가장 가깝습니다.

STEP 1

1. 그런 건 말도 안 돼.
   そういうことはあり得ないよ。
2. 그런 바보 같은 이야기를, 말도 안 돼.
   そんな馬鹿な話を、あり得ないよ。
3. 그들이 헤어지다니 말도 안 돼.
   彼らが別れるなんて、あり得ないよ。
4. 기다리는 시간이 이렇게 길어지는 것은 말도 안 돼.
   待ち時間がこんなに遅くなるのはあり得ないよ。
5. 그녀가 차였다니. 말도 안 돼.
   彼女が振られたなんて。あり得ないよ。

잠깐만요!

★ **振られる**는 '차이다'이고 '(남녀가) 사귀다, 교제하다'는 **付(つ)き合(あ)う**입니다. 다만, **付き合う**는 '(의리, 교제로) 행동을 같이하다'는 뜻도 있으니 참고하세요. **付き合いで**(교제상)라는 말을 자주 사용하는데, 하기 싫어도 의리상 하는 경우도 있습니다.

お付き合いで酒(さけ)を飲(の)む。 사교상 술을 마시다.

馬鹿(ばか) 바보
別(わか)**れる** 헤어지다
待(ま)**ち時間**(じかん) 기다리는 시간
遅(おそ)**い** 늦다, 늦어지다
振(ふ)**られる** (연인에게) 차이다

STEP 2

돈만 좋는 악덕 변호사가 살인 혐의를 받고 있는 피의자에게 무죄로 만들어 주겠다며 거액을 요구합니다. リーガル・ハイ 2

A 噂以上のろくでなしね。
B お互いさま。私が最後のとりでですよ。
A 1億。그 이상은 말도 안 돼.
B この話はなかったことにしましょう。

A 소문보다 더 독한 인간이로군.
B 피차일반입니다. 제가 최후의 보루일텐데요.
A 1억엔. **それ以上はあり得ないよ。**
B 이 이야기는 없던 걸로 합시다.

噂(うわさ) 소문
ろくでなし 쓸모없는 인간
お互(たが)**い様**(さま) 피차일반
最後(さいご) 최후, 마지막
砦(とりで) 요새, 보루

日曜日はどこにも行かずに家にいた。

일요일은 아무 데도 가지 않고 집에 있었어.

[동사 ない형+ずに](~하지 않고)는 어떠한 일을 하지 않은 상태에서 다른 동작을 한다는 의미를 나타냅니다.

STEP 1

1. 일요일은 아무 데도 가지 않고 집에 있었어.
   日曜日はどこにも行かずに家にいた。
2. 그는 그녀에게 아무것도 말하지 못하고 돌아갔다.
   彼は彼女に何も言えずに帰った。
3. 칼을 사용하지 않고 요리를 했다.
   包丁を使わずに料理をした。
4. 아들은 인사도 하지 않고 학교에 가버렸다.
   息子は挨拶もせずに学校に行っちゃった。
5. 오늘은 너무 바빠서 점심도 먹지 않고 일했어.
   今日は忙しすぎて昼ごはんも食べずに仕事をした。

잠깐만요!

★ **~ずに**는 **~ないで**(~하지 않고)와 '두 가지 동시 행동' 용법에서는 같은 의미로 쓰이지만, '나열'의 용법에서는 사용할 수 없다는 점에 주의하세요.

× **太郎は合格せずに、次郎は合格した。**
○ **太郎**(たろう)**は合格**(ごうかく)**しないで、次郎**(じろう)**は合格した。** 타로는 합격하지 않고 지로는 합격했다. (나열)

★ **挨拶**(あいさつ)의 종류

お辞儀(じぎ) 머리 숙여 인사함, 절
会釈(えしゃく)
(머리를 살짝 숙이는) 가벼운 인사
拝(おが)**む**
공손히 손 모아 절하다, 합장하다

日曜日(にちようび) 일요일
包丁(ほうちょう) 부엌칼, 식칼
使(つか)**う** 사용하다
息子(むすこ) 아들
忙(いそが)**しい** 바쁘다
仕事(しごと) 일, 직업

生(う)**み出**(だ)**す** 만들어내다
のうのう 태평히
生(い)**きる** 살다, 생존하다
買(か)**い取**(と)**る** 매입하다, 사들이다
困(こま)**る** 곤란하다, 궁하다
呼(よ)**ぶ** 부르다
了解(りょうかい) 잘 앎, 납득

STEP 2

두 사람은 일을 게을리해서 해고했던 직원이 꽤 괜찮은 아이디어를 가지고 찾아오자 그를 어떻게 할지 고민을 합니다. リッチマン、プアウーマン

A 저 사람은 또, 아무것도 해내는 것은 없고 회사에서 태평하게 지낼 거야.
B アイデアだけ買い取ってやろう。金に困ってるらしいから。
A 呼んでくれ。
B 了解。

A **あいつはまた、何も生み出さずに会社でのうのうと生きていくぞ。**
B 아이디어만 사 주자. 돈이 궁한 것 같으니까.
A 불러줘.
B 오케이.

200.mp3

もらった酒はまだ飲んでない。

받은 술은 아직 마시지 않았어.

부사 まだ는 '아직, 여태까지, 지금껏'이라는 뜻으로, 뒤에 동사 부정형이 오면 **まだ~ていない** 형태로 써서 '아직 ~하지 않았다'는 뜻을 나타냅니다. ~ていない를 회화체에서는 줄여서 **~てない**로 자주 씁니다.

STEP 1

1. 받은 술은 아직 마시지 않았어.
   もらった酒はまだ飲んでない。
2. 취직하고 나서 아직 1년이 채 안 됐어.
   就職してからまだ一年になってない。
3. 숙제가 너무 많아서 아직 끝나지 않았어.
   宿題が多すぎてまだ終わってない。
4. 점심밥은 아직 먹지 않았어.
   昼ごはんはまだ食べてないよ。
5. 그 영화는 아직 보지 않았어.
   その映画はまだ見てない。

잠깐만요!

★ **学校**(がっこう) 관련 어휘

成績表(せいせきひょう) 성적표
期末(きまつ)**テスト** 기말시험
卒業証書(そつぎょうしょうしょ) 졸업 증명서
奨学金(しょうがくきん) 장학금
開校記念日(かいこうきねんび) 개교 기념일

酒(さけ) 술
就職(しゅうしょく) 취직
宿題(しゅくだい) 숙제
終(お)**わる** 끝나다
昼(ひる)**ごはん** 점심밥
映画(えいが) 영화

STEP 2

어릴 때 별명이 '나이에 비해 늙어 보여서 아저씨'였던 남자와 동창인 여자가 그 이야기를 나누고 있습니다. リーガル・ハイ2

A まあでも、ようやく年齢が見た目に追い付いてきたって感じだよ。

B 아직 약간 그 수준에 도달하지 않은 느낌도 들지만 ~. 今は何を？

A ああ。帝日物産で営業。

B エリート商社マンじゃない。

A 이제는 겨우 내 나이에 맞게 얼굴이 따라붙은 것 같은 느낌이야.
B **まだ若干追い付いてない気もするけど。** 지금은 뭐해?
A 아아. 데니치물산에서 영업해.
B 대기업 영업사원이구나.

年齢(ねんれい) 연령
見(み)**た目**(め) 겉보기, 외관
追(お)**い付**(つ)**く** (같은 수준에) 미치다, 도달하다, 따라잡다
若干(じゃっかん) 약간, 다소, 얼마간
物産(ぶっさん) 물산
営業(えいぎょう) 영업
エリート 엘리트
商社(しょうしゃ) 상사

201.mp3

部長に言われて書き直したんです。

부장님에게 말을 듣고 다시 썼어요.

[동사 ます형+直(なお)す]는 '다시 ~하다'의 뜻을 나타냅니다. 거의 대부분의 동사를 넣어 활용할 수 있습니다.

STEP 1

1. 부장님에게 말을 듣고 다시 썼어요.
   部長に言われて書き直したんです。
2. 이번 계기로 그녀를 다시 보게 됐어요.
   このきっかけで彼女のこと、見直したんです。
3. 이 책은 어려워서 한 번 더 읽었어요.
   この本は難しくてもう一回読み直したんです。
4. 방 청소를 다시 했어요.
   部屋の掃除をやり直したんです。
5. 신발 끈을 다시 묶었어요.
   靴のひもを結び直したんです。

잠깐만요!

★ ~直(なお)す로 쓰이는 용례

調(しら)べ直す 다시 조사하다
使(つか)い直す 다시 사용하다
建(た)て直す 재건하다, 복구하다
立(た)て直す 다시 세우다

部長(ぶちょう) 부장
書(か)**く** 쓰다
難(むずか)**しい** 어렵다
もう一回(いっかい) 한 번 더
部屋(へや) 방
掃除(そうじ) 청소
靴(くつ) 신발, 구두
紐(ひも) 끈
結(むす)**ぶ** 묶다, 매다

STEP 2

힘들 때 연락하라는 여자의 말에 남자는 전화를 했지만 여자와 연락이 되지 않았습니다.

リッチマン、プアウーマン

A あ…電話。あの、すいません。電話出れずにホントすいませんでした。
B 嘘つき女。
A 저기, 그 뒤에 몇 번이나 다시 걸었어요.
B そのときは立てこんでたんだ。

A 아 … 전화. 저기, 죄송해요. 전화 못 받아서 정말로 죄송했습니다.
B 거짓말쟁이야.
A **あの、その後何度も掛け直したんです。**
B 그때는 정신이 없었어.

잠깐만요!

★ 동사 **掛**(か)**ける**의 여러 가지 용법

- (높은 곳에) 걸다
  額(がく)**をかける。** 액자를 걸다.
- (말을) 붙이다
  声(こえ)**をかける。** 말을 건네다.
- 얹다, 올려놓다
  肩(かた)**に手**(て)**をかける。** 어깨에 손을 얹다.
- 걸터앉다
  椅子(いす)**にかける。** 의자에 걸터앉다.
- (단추 · 열쇠 등을) 채우다, 잠그다
  かぎをかける。 열쇠를 잠그다.

電話(でんわ)**に出**(で)**る** 전화를 받다
嘘(うそ)**つき** 거짓말쟁이
掛(か)**ける** (전화를) 걸다
立(た)**て込**(こ)**む** 일이 한꺼번에 겹치다

▶ 202.mp3

あなたの言った通りだよ。

당신이 말한 대로야.

通(とお)り(~대로)는 [동사 보통체+通り] [명사+通り(に)] 형태로 씁니다. 명사는 予定(よてい), 計画(けいかく), 指示(しじ) 등과도 함께 자주 쓰입니다.

STEP 1

1. 당신이 말한 대로야.
   あなたの言った通りだよ。
2. 그건 예상대로야.
   それは予想通りだよ。
3. 잘 알고 있네. 그대로야.
   よく分かってんじゃん。その通りだよ。
4. 아무것도 변하지 않았어. 평소대로야.
   何も変わってないよ。いつも通りだよ。
5. 역시 내가 생각한 대로야.
   やっぱし僕の思った通りだよ。

잠깐만요!

★ **やっぱり→やっぱし**(역시)와 같이 **り**를 **し**로 바꿔 말하는 경우가 있는데, 이때는 속어의 느낌이 있습니다.

はっきり → **はっきし**
뚜렷이, 분명히, 똑똑히
その代(か)わり → **その代わし**
그 대신
あんまり → **あんまし**
그다지, 별로

言(い)う 말하다
予想(よそう) 예상
分(わ)かる 알다, 이해하다
変(か)わる 변하다
思(おも)う 생각하다

STEP 2

남자가 친한 친구이자 동업자로 함께하던 친구를 배신하자 여자가 묻습니다.

リッチマン、プアウーマン

A どうして大事にしているものを自分で壊すんですか。

B え?

A あなたは、誰よりも日向さんのことを大切に思っていたでしょう?

B 그렇게 보였다면 계산대로 됐네.

A 왜 소중하게 생각하는 것을 스스로 망가뜨리나요?
B 어?
A 당신은 누구보다도 휴가 씨를 소중하게 생각했었잖아요?
B **そう見えていたら計算通りだよ。**

大事(だいじ) 소중함
壊(こわ)す 파괴하다, 망치다
大切(たいせつ) 소중함, 중요함
見(み)える 보이다
計算(けいさん) 계산

203.mp3

私は決して夢を諦めない。

나는 결코 꿈을 포기하지 않아.

決(けっ)して(결코)는 뒤에 항상 동사 ない형과 함께 쓰이는 관용 표현으로서 '결코 ~하지 않겠다'는 강한 의지를 나타냅니다.

STEP 1

1. 나는 결코 꿈을 포기하지 않아.
   私は決して夢を諦めない。
2. 사람들 앞에서 창피를 당한 것은 절대 잊을 수 없어.
   人前で恥をかかされたのは決して忘れられない。
3. 그녀는 결코 가난한 사람과 사귀지 않아.
   彼女は決して貧乏人とは付き合わない。
4. 나는 결코 사람들에게 거짓말을 하지 않아.
   私は決して人に嘘をつかない。
5. 이 공장은 결코 오수를 강에 흘려보내지 않아.
   この工場は決して汚水を川に流さない。

잠깐만요!

★ **工場**을 읽는 방법은 두 가지가 있습니다. **こうじょう**는 '대규모 공장'을 말하며, **こうば**는 마을에 있는 '소규모 공장'을 말합니다. **市場**도 비슷한 예입니다. 과일이나 음식 따위를 사는 시장은 **いちば**로 읽고, **株式市場**(かぶしきしじょう), **国際市場**(こくさいしじょう) 등에서는 **しじょう**라고 해야 합니다.

夢(ゆめ) 꿈
諦(あきら)**める** 포기하다
恥(はじ)**をかく** 창피를 당하다
忘(わす)**れる** 잊다
貧乏人(びんぼうにん) 가난한 사람
付(つ)**き合**(あ)**う** 사귀다, 교제하다
嘘(うそ)**をつく** 거짓말을 하다
工場(こうじょう) 공장
汚水(おすい) 오수, 오염된 물
川(かわ) 강
流(なが)**す** 흘려보내다

STEP 2

남자가 사건을 공동 변호하자는 제안을 거절하자, 여자가 설득하고 있습니다.

リーガル・ハイ 2

A 断る！私は共同と名の付くものが全て嫌いだし。

B 先生、こういうことは言いたくありませんが、この間の敗戦で事務所経営的にもピンチなんじゃ…。

A 愚かなことを言うな。우리 사무실 실적은 결코 동요는 없어.

B 先生、今こそこういう案件をやった方がいいですよ。

A 거절하겠어! 나는 공동이라고 불리는 것은 모두 싫어하니까.
B 선생님, 이런 말은 하고 싶지 않지만 지난번 패소로 사무실 경영에도 위태로운 건 아닌지….
A 멍청한 말 하지 마. **わが事務所の実績は決して揺るぎはしない。**
B 선생님, 지금이야말로 이런 안건을 하는 편이 좋아요.

共同(きょうどう) 공동
全(すべ)**て** 전부, 일체
嫌(きら)**い** 싫어함
敗戦(はいせん) 패전
事務所(じむしょ) 사무소
経営的(けいえいてき) 경영면
ピンチ 위기
愚(おろ)**か** 미련함, 어리석음
実績(じっせき) 실적
揺(ゆ)**るぎ** 동요, 흔들림
案件(あんけん) 안건

204.mp3

お寿司とか刺身とか生物が好きです。

초밥이라든가 회라든가 날것을 좋아해요.

~とか~とか(~라든가 ~라든가)는 두 가지 이상의 사항을 나열하여 말할 때 쓰는 표현으로, 여러 사항 중에 대표적인 것을 예를 들어 나열해 나타낼 때 씁니다.

STEP 1

1. 초밥이라든가 회라든가 날것을 좋아해요.
   お寿司とか刺身とか生物が好きです。

2. 도쿄라든가 오사카라든가 큰 시내는 집세가 비싸.
   東京とか大阪とか大きな町は家賃が高いんだよ。

3. 한가할 때는 산책이라든가 독서라든가 하며 지내고 있어.
   暇なときは散歩とか読書とかで過ごしてる。

4. 이 방은 오래된 기계라든가 잡지라든가로 어수선하네.
   この部屋は古い機械とか雑誌とかでごちゃごちゃだね。

5. 일본이라든가 중국이라든가 외국에서 살아 보고 싶어.
   日本とか中国とか外国に住んでみたい。

STEP 2

여자가 자신의 제자를 친딸이라고 여동생에게 소개하고 있습니다.

Mother

A あまり似てないね。

B えー、似てるよ。봐봐! 얼굴 모양이라든가 귀 모양이라든가.

A お母さん、ショック受けると思うな…。

B 時期みて、話すから。

A 별로 안 닮았네.
B 무슨 ~. 닮았어. **ほら！輪郭とか、耳の形とか。**
A 엄마가 충격 받을 텐데.
B 시기 봐서 이야기할 거야.

잠깐만요!

★ **お寿司**(すし) 관련 용어

ネタ 스시의 재료(밥 위에 올리는 생선 종류)
紫(むらさき) 간장(색이 보랏빛이 나기 때문)
ガリ 초생강(생강을 씹을 때 나는 소리 때문)
ナミダ 와사비(먹을 때 눈물이 나기 때문)
あがり・お茶(ちゃ) 차(스시 먹을 때 함께 마시는 녹차)

お寿司(すし) 초밥
刺身(さしみ) 회
生物(なまもの) 날것, 생것
町(まち) 시내, 시가(지)
家賃(やちん) 집세
暇(ひま) 한가한 모양
散歩(さんぽ) 산책
読書(どくしょ) 독서
過(す)**ごす** (시간을) 보내다, 지내다
機械(きかい) 기계
雑誌(ざっし) 잡지
ごちゃごちゃ 어수선한 모양

似(に)**る** 닮다, 비슷하다
輪郭(りんかく) 윤곽, 얼굴 모양
耳(みみ)**の形**(かたち) 귀 모양
時期(じき) 시기

PATTERN 205

205.mp3

先週買ったのはこの本です。

지난주에 산 것은 이 책입니다.

문장 중 한 가지 요소를 강조할 때, **~のは~です**(~것은 ~입니다) 형태로 쓰는 강조 구문 형식입니다. です 부분을 강조하는 표현입니다.

STEP 1

1. 제가 지난주에 산 것은 이 책입니다.
   私が先週買ったのはこの本です。
2. 그가 이 카메라를 산 것은 저 가게입니다.
   彼がこのカメラを買ったのはあの店です。
3. 이 정기권을 사용할 수 있는 것은 6월 30일까지입니다.
   この定期券が使えるのは6月30日までです。
4. 아니요, 어제 간 것은 도쿄돔입니다.
   いいえ、昨日行ったのは東京ドームです。
5. 제가 먹은 것은 이 상품입니다.
   私が食べたのはこの商品です。

先週(せんしゅう) 지난주
買(か)**う** 사다
店(みせ) 가게, 상점
定期券(ていきけん) 정기권
使(つか)**う** 사용하다
商品(しょうひん) 상품

STEP 2

자신의 학생이 학교에서 교사에게 폭행 당하고 있다는 사실을 안 가정 교사는 학교 교사를 찾아가 따집니다.

家族ゲーム

A 何ですか。話って。

B 真田のことです。

A ああ、父親の家庭内暴力にあっている…。

B いいえ、父親は暴力など振るっていません。
폭력을 휘두르고 있는 것은 당신입니다.

A 뭡니까? 이야기라는 게.
B 사나다에 대한 일입니다.
A 아 ~, 아버지에게 가정 내 폭력을 당하고 있는 ….
B 아니요, 아버지는 폭력 같은 거 휘두르지 않습니다. **暴力振るっているのはあなたです。**

잠깐만요!

★ **父親**(ちちおや)를 거꾸로 하면, **親父**(おやじ)입니다. 의미는 '아버지'라고 같지만, 이 밖에도 다양하게 쓰입니다.

頑固(がんこ)**なおやじ**
완고한 남자(노인)
隣(となり)**のおやじさん**
이웃집 영감
ラーメン屋(や)**のおやじさん**
라면집 주인

話(はなし) 이야기
父親(ちちおや) 아버지
家庭内(かていない) 가정 내
暴力(ぼうりょく) 폭력
振(ふ)**るう** 휘두르다

일드 고수의 비법

여러분은 가장 자신 있고 자랑할 만한 분야로 어떤 것이 있나요? 어떤 분야에 한정하여 그것에 대해서 '우수하다, 최고다'와 같이 자랑이나 칭찬의 의미를 나타내는 패턴으로 [명사+にかけては](~에 관한 한, ~에 있어서는)라는 표현이 있어요. 예를 들어 水泳(すいえい)にかけては誰(だれ)にも負(ま)けない。(수영에 있어서는 누구에게도 지지 않는다.)와 같이 자신 있는 분야에 대해 상대에게 특별히 강조하는 용법이에요. 여러분이 앞으로 日本語(にほんご)にかけてはかなりの自信(じしん)がある。(일본어에 있어서는 상당히 자신이 있다.)라고 말할 정도로 더욱 분발하도록 PART 4에서는 '일드 고수의 비법'을 준비했습니다. 그럼~ 마지막 파트까지 오신 여러분! 즐거운 마음으로 함께해요.

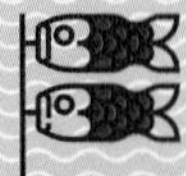

{ 일드 고수를 위한 패턴 – 1 }

말을 꺼내면 끝이 없겠지

'일드'를 보면 복합 동사가 자주 들리죠! 回(まわ)る(돌다)에 다른 말이 추가된 飛(と)び回る(뛰어다니다), 走(はし)り回る(여기저기 뛰어다니다) 등은 직역해도 됩니다. 하지만 抜(ぬ)く(뽑다, 빼내다)는 やり抜く(끝까지 해내다), 弱(よわ)り抜く(몹시 난처해지다), 苦(くる)しみ抜く(몹시 고생하다)와 같이 뜻이 바뀌기 때문에 미리 학습해 두어야 대화 내용을 알아들을 수 있답니다.

| 패턴미리보기 |

PATTERN 206 言い出したらきりがないだろ？
PATTERN 207 ゆっくりとご覧ください。
PATTERN 208 この店はろくなものがない。
PATTERN 209 ビールなりジュースなり…。
PATTERN 210 社長は今、会議の最中なんです。
PATTERN 211 まだひらがなさえ書けないんです。
PATTERN 212 それが何であれ私は構わない。
PATTERN 213 さぞあそこは寒かっただろう。
PATTERN 214 お金がなくて買おうにも買えないじゃない。
PATTERN 215 その話なら承知しています。
PATTERN 216 要するに何が言いたいのか。
PATTERN 217 彼は大学に合格しっこないよ。
PATTERN 218 お気の毒に、会社が倒産するなんて。
PATTERN 219 この期に及んで何を言う。
PATTERN 220 今更急いだところでもう無理だよ。

言い出したらきりがないだろ？

말을 꺼내면 끝이 없겠지.

切(き)り는 '끝, 한(限)'을 뜻합니다. 따라서 **～きりがない**는 '～에 끝이 없다'라는 의미로, 동사의 가정 표현 たら 형태에 이어서 자주 쓰입니다.

STEP 1

1. 말을 꺼내면 끝이 없겠지.
   言い出したらきりがないだろ？
2. 계속 위를 쳐다보면 끝이 없겠지.
   ずっと上を見たらきりがないだろ？
3. 사람을 의심하기 시작하면 끝이 없겠지.
   人を疑いだしたらきりがないだろ？
4. 돈에 욕심내면 끝이 없겠지.
   お金に欲張ったらきりがないだろ？
5. 만족할 때까지 하려면 끝이 없겠지.
   満足できるまでやるんだったらきりがないだろ？

잠깐만요!

★ **～出(だ)す**(~하기 시작하다, ~해 내다) 형태의 복합동사

言(い)い出す 말을 꺼내다
思(おも)い出す 생각나다
考(かんが)え出す 생각해내다
泣(な)き出す 울기 시작하다
飛(と)び出す 뛰어오르다

疑(うたが)う 의심하다
欲張(よくば)る 욕심 부리다
満足(まんぞく) 만족

STEP 2

나이가 많아서 입양이 어렵던 아이에게 드디어 기회가 왔지만, 본인은 그다지 마음에 들어 하지 않습니다. **明日、ママがいない**

A 年齢不問なんて滅多にないんじゃないか。
B それにしたって条件悪いんじゃないかな。
A 분에 넘치는 걸 바라면 끝도 없겠지.
B それはそうなんだけど。

A 나이 같은 건 상관없다니 이런 경우 거의 없지 않아?
B 그렇다고 해도 조건은 안 좋은 거 아닌가.
A **高望みしてたらきりがないだろ？**
B 그건 그렇지만.

年齢不問(ねんれいふもん) 연령 불문
条件(じょうけん) 조건
悪(わる)い 나쁘다, 좋지 않다
高望(たかのぞ)み 분수나 능력에 넘치는 소망

207.mp3

ゆっくりとご覧ください。

천천히 봐주세요.

ご覧(らん)은 見る(보다)의 높임말로 '보심'입니다. 여기에 ください가 붙어서 '봐주세요'라는 아주 정중한 표현이 됩니다. 이 밖에 ご覧になる(보시다), ご覧に入(い)れる(보여드리다), ご覧の通(とお)り(보시는 바와 같이) 등의 형태로 쓰입니다.

STEP 1

1. 천천히 봐주세요.
   ゆっくりとご覧ください。
2. 앞에 놓인 자료를 봐주세요.
   お手元の資料をご覧ください。
3. 이것을 꼭 봐주세요.
   こちらを是非ご覧ください。
4. 희망하시는 분은 홈페이지에서 봐주세요.
   ご希望の方はホームページからご覧ください。
5. 꼭 회장에서 직접 봐주세요.
   是非、会場で直接ご覧ください。

잠깐만요!

★ 手(て)~가 붙는 어휘

手入(てい)れ 손질, 손봄
手掛(てが)かり 단서, 실마리
手作(てづく)り 수제, 손수 만듦
手続(てつづ)き 수속, 절차
手引(てび)き 안내, 길잡이

手元(てもと) 주변, 곁, 바로 옆
資料(しりょう) 자료
是非(ぜひ) 꼭, 반드시
希望(きぼう) 희망
会場(かいじょう) 회장, 집회 장소
直接(ちょくせつ) 직접

STEP 2

남자는 어느 라면집에서 사랑을 독차지하며 유명해진 잉꼬가 5년 전에 없어진 자신의 잉꼬라고 주장합니다.

リーガル・ハイ 2

A では先生。이쪽 사진을 봐주세요.

B どう見たって別のインコじゃないか。

A そっ…そうですが、でも、色も模様もそっくりだし。

B 表情が全然違う。専門家をバカにしとんのかい、君は！

A 그럼 선생님. **こちらの写真をご覧ください。**
B 아무리 봐도 다른 잉꼬잖아.
A 그…그렇지만, 그래도 색이나 모양도 똑같고.
B 표정이 전혀 달라. 전문가를 무시하는 거야, 당신!

写真(しゃしん) 사진
色(いろ) 색
模様(もよう) 모양
表情(ひょうじょう) 표정
全然(ぜんぜん) 전혀
違(ちが)**う** 다르다
専門家(せんもんか) 전문가
馬鹿(ばか)**にする** 깔보다

PATTERN 208

208.mp3

この店はろくなものがない。

이 가게는 변변한 물건이 없어.

な형용사 ろく는 '(사물이) 정상임, 제대로임, 변변함, 만족스런 상태임'을 나타내는데, 흔히 뒤에 부정어가 따라 나오기 때문에 **ろくな~ない**는 '변변한 ~이 없다'라고 해석합니다.

STEP 1

1. 이 가게는 변변한 물건이 없어.
   この店はろくなものがない。
2. 이 레스토랑은 변변한 음식이 없어.
   このレストランはろくな食べ物がない。
3. 그는 최근 바빠서 변변한 휴식이 없어.
   彼は最近忙しくてろくな休みがない。
4. 이 안에는 변변한 녀석이 없어.
   この中にはろくなやつがいない。
5. 취직하고 싶은데 변변한 일이 없어.
   就職したいけれど、ろくな仕事がない。

잠깐만요!

★ ~物(もの)가 붙는 어휘

売(う)り物 팔 물건
買(か)い物 물건 사기, 쇼핑
着物(きもの) 옷, 의복
飲(の)み物 마실 것, 음료
乗(の)り物 탈것

店(みせ) 가게, 상점, 점포
食(た)べ物(もの) 먹을거리, 음식물
最近(さいきん) 최근
忙(いそが)しい 바쁘다
休(やす)み 휴식, 쉼, 쉬는 시간
就職(しゅうしょく) 취직
仕事(しごと) 일, 직업

STEP 2

사위가 회사 자금에 손을 댔다는 사실을 알게 된 친정 아버지는 딸에게 헤어지라고 말합니다. 家族ゲーム

A 気持ちは分かるがこれは事実だ。あの男と別れなさい。
B 別れるつもりはありません。
A 앞으로 저런 남자랑 있어도 변변한 일이 없어.
B きっと何かの間違いです。

A 기분은 이해하지만 이건 사실이야. 그 남자랑 헤어져.
B 헤어질 생각은 없어요.
A **この先あんな男といてもろくなことがない。**
B 분명히 뭔가 착오일 거예요.

気持(きも)ち 기분, 심정, 마음
事実(じじつ) 사실
男(おとこ) 남자
別(わか)れる 헤어지다
この先(さき) 이후, 장차, 앞으로
間違(まちが)い 틀림, 잘못됨

209.mp3

ビールなりジュースなり…。

맥주든 주스든 ….

~なり~なり는 '~든 ~든' 선택해서 하라는 의미로 뒤에는 권유나 의뢰, 희망 등의 표현이 오면 자연스럽습니다.

STEP 1

1. 맥주든 주스든 뭐든지 좋아하는 것을 마시세요.
   ビールなりジュースなりなんでも好きなものを飲んでください。

2. 참고서가 필요하면 사든 빌리든 해서 준비해 주세요.
   参考書が必要なら買うなり借りるなりして用意してください。

3. 만약 모르는 것이 있으면 선배나 선생님에게 물어보세요.
   もし分からないことがあれば、先輩なり先生なりに聞いてください。

4. 육아로 고민할 때는 이웃이나 시의 육아상담실에 상담하는 편이 좋아요.
   子育てで悩んでいる時は、近所の人なり市の育児相談室なりに相談したほうがいいですよ。

5. 겨울 방학이 되면 여행을 가거나 시골에 내려가거나 해서 기분 전환하고 싶다.
   冬休みになったら旅行に行くなり田舎に帰るなりしてリフレッシュしたい。

잠깐만요!

★ 선택적 열거 형식인 **~なり~なり**와 비슷한 형식으로 **~か~(か)**가 있습니다.

お飲(の)み物(もの)は、コーヒーか紅茶(こうちゃ)か、どちらになさいますか。
마실 것은 커피나 홍차 중에 어느 것으로 하시겠습니까?

参考書(さんこうしょ) 참고서
必要(ひつよう) 필요
借(か)**りる** 빌리다
用意(ようい) 준비, 채비
先輩(せんぱい) 선배
聞(き)**く** 듣다, 묻다
子育(こそだ)**て** 육아, 아기 기르기
悩(なや)**む** 고민하다
近所(きんじょ) 근처, 이웃
育児(いくじ) 육아
相談室(そうだんしつ) 상담실
田舎(いなか) 시골, 고향

STEP 2

말실수를 해서 회사에서 잘려 한숨만 쉬는 여자에게 친구가 충고를 합니다.

リッチマン、プアウーマン

A 会社、首になった。はあ…。
B で、ずっとそうやってため息ついてるつもり？
A いや…。
B 그럼, 용서를 빌거나 뭔가 보상을 하거나 행동을 취해.

A 회사, 잘렸어. 후유 ….
B 그래서 계속 그렇게 한숨만 쉬고 있을 작정이야?
A 아니 ….
B **じゃ、謝るなり、何か償いするなり行動しなさいよ。**

首(くび)**になる** 해고되다
ため息(いき) 한숨
謝(あやま)**る** 용서를 빌다
償(つぐな)**い** 보상, 속죄
行動(こうどう) 행동

▶ 210.mp3

社長は今、会議の最中なんです。

사장님은 지금 한창 회의하는 중입니다.

~最中(さいちゅう)는 '한창 ~하는 중'라는 뜻입니다. **[명사+の最中]** 형태로 쓰고, 동사와 쓰일 때는 ~ている最中 형태로 씁니다.

STEP 1

1. 사장님은 지금 한창 회의하는 중입니다.
   社長は今、会議の最中なんです。

2. TV에서는 한창 올림픽 중계를 하는 중입니다.
   テレビではオリンピックの中継の最中なんです。

3. 그는 가족과 한창 식사를 하는 중입니다.
   彼は家族と食事の最中なんです。

4. 엄마는 부엌에서 한창 요리를 하는 중입니다.
   母は台所で料理の最中なんです。

5. 그 사건에 대해서는 지금 한창 조사 중입니다.
   その事件については今調査の最中なんです。

잠깐만요!

★ 국제 스포츠 대회

スポーツ大会(たいかい)
스포츠 대회
オリンピック・五輪(ごりん)
올림픽
パラリンピック 장애인 올림픽
ワールドカップ 월드컵
アジア競技大会(きょうぎたいかい) 아시안 게임
(참고) 아시안 게임은 우리나라와 다르게 표현하는 데 주의하세요.

社長(しゃちょう) 사장
会議(かいぎ) 회의
中継(ちゅうけい) 중계
家族(かぞく) 가족
食事(しょくじ) 식사
台所(だいどころ) 부엌
事件(じけん) 사건
調査(ちょうさ) 조사

STEP 2

살해 사건의 피해자 가족들이 서로 대화를 나누고 있습니다.

それでも、生きてゆく

A 私も5年前に母を殺されました。

B 本当ですか。

A 묻지 마 범죄의 범인은 19살 소년으로 지금도 한창 민사 재판 중이에요.

B あ…。

A 저도 엄마가 5년 전에 살해당했어요.
B 그래요?
A **犯人の通り魔は、19歳の少年で、今も民事裁判の最中なんです。**
B 아….

殺(ころ)**す** 죽이다
犯人(はんにん) 범인
通(とお)**り魔**(ま) 묻지 마 범죄를 저지른 범죄자, 악한
少年(しょうねん) 소년
民事裁判(みんじさいばん) 민사 재판

まだひらがなさえ書けないんです。

아직 히라가나조차 쓰지 못해요.

~さえ는 명사 뒤에 붙어서 '~조차'라는 뜻을 나타냅니다. 주로 부정의 ~ない를 동반하여 부정적인 뉘앙스를 갖는 표현에 많이 사용됩니다.

STEP 1

1. 남동생은 아직 유치원생이라서 히라가나조차 쓰지 못해요.
   弟はまだ幼稚園生なんでひらがなさえ書けないんです。
2. 열이 높아서 물조차 목에 넘어가지 않아요.
   熱が高くて水さえ喉を通らないんです。
3. 지갑을 깜빡해서 캔 주스조차 살 수 없어요.
   財布を忘れたんで缶ジュースさえ買えないんです。
4. 술이 약한 그는 맥주 한모금조차 마시지 못해요.
   お酒に弱い彼はビール一口さえ飲めないんです。
5. 합격 소식을 아직 부모님에게조차 전하지 않았어요.
   合格の知らせをまだ両親にさえ伝えていないんです。

STEP 2

얘기하고 있는 상대가 자신의 친모인지도 모르고, 여자는 자신의 어린 시절 이야기를 합니다. Mother

A どうして捨てられたのか。自分がどこで生まれたのか。
생일조차 기억하지 못해요.

B そう。実のお母さんに会いたいって思うこと、ある?

A 何より一番覚えていないのが、母の顔で。

B そうなんだ。

A 왜 버려졌는지. 자신이 어디에서 태어났는지. **誕生日さえ覚えていないです。**
B 그래 ~. 친모를 만나고 싶다고 생각할 때가 있어?
A 무엇보다 가장 기억나지 않는 것이 엄마의 얼굴이어서.
B 그렇구나.

잠깐만요!

★ 신체 용어가 들어간 관용구

舌(した)を巻(ま)く
혀를 내두르다, 감탄하다
喉(のど)が鳴(な)る
몹시 먹고 싶어지다
喉(のど)から手(て)が出(で)る
매우 갖고 싶다
耳(みみ)にたこができる
귀에 못이 박히다
目(め)がない
너무 좋아하다

弟(おとうと) 남동생
幼稚園生(ようちえんせい) 유치원생
熱(ねつ) 열
喉(のど) 목구멍, 목, 인후
通(とお)**る** 지나가다, 통과하다
財布(さいふ) 지갑
忘(わす)**れる** 잊다
弱(よわ)**い** 약하다
一口(ひとくち) 한 모금, 한 입
合格(ごうかく) 합격
知(し)**らせ** 알림, 통지
両親(りょうしん) 부모
伝(つた)**える** 전달하다, 전하다

捨(す)**てる** 버리다
生(う)**まれる** 태어나다
覚(おぼ)**える** 기억하다, 외우다
顔(かお) 얼굴

212.mp3

それが何であれ私は構わない。

그것이 무엇이든지 나는 상관없어.

[명사+であれ](~이든, ~라고 하더라도)는 '~와 관계없이 사태는 같다'라는 의미를 나타내며, 뒤에는 말하는 사람의 주관적인 판단이나 추측을 나타내는 말이 오는 경우가 많습니다.

STEP 1

1. 그것이 무엇이든지 나는 상관없어.
   それが何であれ私は構わない。
2. 누구든지 가면 된다.
   誰であれ行けばいいんだ。
3. 비록 어린애라도 나쁜 것은 나쁜 것이다.
   たとえ子供であれ悪いことは悪いのだ。
4. 아무리 훌륭한 선생님이라도 대답할 수 없는 경우도 있다.
   どんなに偉い先生であれ答えられないこともある。
5. 무엇이든지 필요하다면 사야 한다.
   何であれ必要ならば買わなければならない。

잠깐만요!

★ 접두사 **ど**는 일부 명사와 **い**형용사 앞에 붙어 '정도가 몹시 심하다'는 뜻을 나타냅니다.

ど偉(えら)**い** 굉장히 훌륭하다
ど根性(こんじょう) 뻔뻔스러울 정도로 억센 근성
ど素人(しろうと) 완전 초보
ど真(ま)**ん中**(なか) 한가운데
ど忘(わす)**れ** 깜빡 잊음

構(かま)**う** 마음 쓰다, 개의하다
誰(だれ) 누구
悪(わる)**い** 나쁘다
偉(えら)**い** 훌륭하다, 위대하다
答(こた)**える** 대답하다
必要(ひつよう) 필요

STEP 2

새로운 사업에 투자를 받기 위해 남자는 투자자를 만나 이야기합니다.

リッチマン、プアウーマン

A 俺は、あなたのやり方の方が建設的だと思いますけどね。大丈夫かな。

B 大丈夫ですよ。

A 頼みますよ。娘二人、これから金が掛かるんだ。

B 어떤 형태로든지 돈도 회사도 더욱 크게 만들 겁니다.

A 나는 자네의 방식 쪽이 건설적이라고 생각하기는 하는데. 괜찮을지….
B 괜찮습니다.
A 부탁하네. 두 딸한테 앞으로 돈 많이 든다네.
B **どんな形であれ金も会社も、もっとでかくしますよ。**

やり方(かた) 방식
建設的(けんせつてき) 건설적
大丈夫(だいじょうぶ) 괜찮음
頼(たの)**む** 부탁하다
娘(むすめ) 딸
二人(ふたり) 두 명
金(かね)**が掛**(か)**かる** 돈이 들다
形(かたち) 모양, 형상
でかい 크다, 엄청나다

PATTERN 213

213.mp3

さぞあそこは寒かっただろう。

틀림없이 거기는 춥겠지.

さぞ~だろう(틀림없이 ~하겠지)에서 さぞ는 '추측건대, 틀림없이, 아마, 필시, 오죽, 얼마나' 등 다양한 뜻으로 쓰입니다.

STEP 1

1. 틀림없이 거기는 춥겠지.
   さぞあそこは寒かっただろう。
2. 틀림없이 어머니를 만나고 싶겠지.
   さぞお母さんに会いたいだろう。
3. 틀림없이 여행은 즐거웠겠지.
   さぞ旅行は楽しかっただろう。
4. 틀림없이 기뻐하고 있겠지.
   さぞ喜んでいるだろう。
5. 틀림없이 한숨만 쉬고 있겠지.
   さぞため息ばかりついているだろう。

잠깐만요!

★ 息(いき)의 관용구

息が合(あ)う
호흡이 맞다
息を引(ひ)き取(と)る
숨을 거두다, 죽다
一息(ひといき)つく
한숨 쉬다, 한숨 돌리다
息を殺(ころ)す
숨을 죽이다, 참다
息を抜(ぬ)く
긴장을 풀다, 잠시 쉬다

寒(さむ)い 춥다
旅行(りょこう) 여행
楽(たの)しい 즐겁다
喜(よろこ)ぶ 기뻐하다
ため息(いき)をつく 한숨을 쉬다

STEP 2

자신의 사무실에서 나간 여자 변호사와 붙은 소송에서 연달아 승소한 남자에게 비서가 말을 하고 있습니다. **リーガル・ハイ 2**

A でもちょっとかわいそうじゃないっすか。

B 気にすることはない。勝ち負けは関係ないそうだからね。

A ハハ。容赦ありませんな。

B 그녀는 자신에게 어울리는 사무실에 가서 틀림없이 알차게 보내고 있겠지.

A 그래도 좀 불쌍하지 않나요?
B 신경 쓸 거 없어. 승패는 관계없다고 하니까.
A 하하, 자비라곤 없네요.
B **彼女は自分にふさわしい事務所に行って、さぞ充実していることだろう。**

かわいそう 가엾음, 불쌍함
気(き)にする 걱정하다
勝(か)ち負(ま)け 승부, 승패
関係(かんけい) 관계
容赦(ようしゃ) 사정을 보아줌
ふさわしい 어울리다, 걸맞다
事務所(じむしょ) 사무실
充実(じゅうじつ) 충실

PATTERN 214

214.mp3

お金がなくて買おうにも買えないじゃない。

돈이 없어서 사려고 해도 살 수 없잖아.

~にも~ないじゃない(~하려고 해도 ~할 수 없다)는 '하려는 의지는 있지만 할 수 없다'는 뜻을 나타냅니다. [동사 의지형+にも+동사 가능 ない형+ないじゃない] 형태로 씁니다.

STEP 1

1. 돈이 없어서 사려고 해도 살 수 없잖아.
   お金がなくて買おうにも買えないじゃない。
2. 영어를 못하니까 이야기하려고 해도 할 수 없잖아.
   英語が下手で話そうにも話せないじゃない。
3. 시끄러워서 자려고 해도 잘 수 없잖아.
   うるさくて寝ようにも寝れないじゃない。
4. 새 구두를 신었는데 발이 아파서 걸으려고 해도 걸을 수 없잖아.
   新しい靴を履いたが足が痛くて歩こうにも歩けないじゃない。
5. 샤워 중이라서 나가려고 해도 나갈 수 없잖아.
   シャワー中なんで出ようにも出られないじゃない。

잠깐만요!

★ 足(あし)의 관용구

足が乱(みだ)れる
금이 가다, 균열이 생기다
足取(あしど)りが重(おも)い
발걸음이 안 떨어진다
足下(あしもと)を見(み)る
약점을 잡다
足を取(と)られる
발목 잡히다, 발이 묶이다
足を運(はこ)ぶ
방문하다

英語(えいご) 영어
下手(へた) 서투름
話(はな)す 이야기하다
うるさい 시끄럽다
新(あたら)しい 새롭다, 새것이다
靴(くつ)を履(は)く 구두를 신다
痛(いた)い 아프다
歩(ある)く 걷다
出(で)る 나가다, 나오다

STEP 2

입양 가게 될 가정에서는 자녀를 원하기보다 친딸의 친구가 되어 주길 원하는 상황입니다.

明日、ママがいない

A 私はお泊りパス。

B 気持ち分かるよ。だって普通の縁組とはちょっと違うもんね。

A そう！아빠 엄마라고 부르려고 해도 부를 수 없잖아.

B 私は気楽で構わないって思ったけどね。

A 나는 자는 건 통과.

B 기분은 이해해. 그게 보통 맺는 양자 결연이랑은 좀 다르긴 하지.

A 맞아! **パパママって、呼ぼうにも呼べないじゃない。**

B 나는 그게 속 편해서 상관없다고 생각했는데.

泊(とま)り 숙박
気持(きも)ち 기분, 감정, 심정
普通(ふつう) 보통
縁組(えんぐみ) 부부, (양자 등의) 관계를 맺음, 결연
違(ちが)う 다르다, 상이하다
呼(よ)ぶ 부르다
気楽(きらく) 속 편함, 홀가분함
構(かま)う 상관하다, 개의하다

その話なら承知しています。

그 이야기라면 알고 있습니다.

承知(しょうち)**しています**에서 承知는 '(사정 등을) 알고 있음'을 뜻합니다. 承知는 承知の通り(아시는 바와 같이), 承知の上で(알고서) 형태로도 잘 쓰입니다.

STEP 1

1. 그 이야기라면 알고 있습니다.
   その話なら承知しています。
2. 그런 것은 충분히 알고 있습니다.
   そんな事は百も承知しています。
3. 그러한 현실을 충분히 잘 알고 있습니다.
   そうした現実を重々承知しています。
4. 그에 대해서 실례라는 것을 알고 있습니다.
   彼に対して失礼だと承知しています。
5. 그 이야기, 저도 TV를 통해서 알고 있습니다.
   その話、私もテレビなどで承知しています。

잠깐만요!

★ **承知**(しょうち)의 용법

- 들어줌, 승낙함
  頼(たの)**みを承知しない。**
  부탁을 들어주지 않다.
- 용서함
  嘘(うそ)**をつくと承知しないぞ。**
  거짓말하면 용서하지 않을 테다.

話(はなし) 이야기
百(ひゃく)**も承知** 충분히 알고 있음
現実(げんじつ) 현실
重々(じゅうじゅう) 아주, 충분히
失礼(しつれい) 실례

STEP 2

아이를 유괴한 여자를 쫓는 기자는 그녀의 친엄마가 범죄와 관련이 있다고 의심을 합니다.

Mother

A あの人は、ご家族はと聞いても誰もおりませんと仰っていました。

B 母です。

A 어머님과 당신 사이에 어떠한 사정이 있는 것은 알고 있습니다.

B 母は、病気です。

A 저 사람은 가족이 있느냐고 물어도 아무도 없다고 말씀하셨습니다.
B 어머니예요.
A **お母さんとあなたの間に、何らかの事情があるのは承知しています。**
B 어머니는 병이 있어요.

家族(かぞく) 가족
仰(おっしゃ)**る** 말씀하시다
母(はは) 어머니, 모친
何(なん)**らか** 무엇인가, 어떠한
事情(じじょう) 사정
病気(びょうき) 병, 질환

216.mp3

要するに何が言いたいのか。

요컨대 뭘 말하고 싶은 건가?

要(よう)**するに**는 '요컨대, 결국, 요약하면'으로 해석하며, '쓸데없는 부분은 생략하고 중점만 말하자면 ~'의 뉘앙스를 나타냅니다. 또는 つまり(즉)와도 비슷한 쓰임이라고 생각하면 됩니다.

STEP 1

1. 요컨대 뭘 말하고 싶은 건가?
   要するに**何が言いたいのか。**
2. 요컨대 그는 기회주의자이다.
   要するに**彼は日和見主義者だ。**
3. 요컨대 자네가 양보하면 되는 것이다.
   要するに**君が譲歩すればいいのだ。**
4. 요컨대 실력이 부족했다는 거겠지.
   要するに**実力が足りなかったということだろう。**
5. 요컨대 공부하라는 거야.
   要するに**勉強をしろということなんだ。**

日和見主義者(ひよりみしゅぎしゃ) 기회주의자
譲歩(じょうほ) 양보
実力(じつりょく) 실력
足(た)**りる** 충분하다, 족하다
勉強(べんきょう) 공부

STEP 2

아이에게 별 관심을 보이지 않는 어머니에게 가정 교사가 쓴소리를 합니다.

家族ゲーム

A 学校の先生が生徒に手出しをできなくなった今、誰が彼らを本気で叱ってやれるんですかね。

B それで一体何が言いたいんですか。

A 요컨대 혼내서 미움 받고 싶지 않을 뿐이겠지요.

B 私がそうだって言いたいんですか。

A 학교 선생님이 학생에게 손을 대는 게 불가능해진 지금, 누가 그들을 진심으로 야단칠 수 있을까요.
B 그래서 대체 무엇을 말하고 싶은 거예요?
A **要するに、叱って嫌われたくないだけでしょう?**
B 제가 그렇다고 말하고 싶은 건가요?

잠깐만요!

★ '학생'에 해당하는 어휘로는 **生徒**(せいと)와 **学生**(がくせい)가 있습니다. 중고등학생은 **学生**라고 하지 않고 **生徒**라고 부른다는 것에 주의하세요. 그 의미를 구분하자면 **学生**라고 하면 뭔가를 배우는 학생 전체를 가리키는 것이고, **生徒**는 교복을 입는 학생을 가리키는 말입니다.

手出(てだ)**し** 손을 댐, 손찌검을 함
本気(ほんき) 진심, 진지한 마음
叱(しか)**る** 혼내다
一体(いったい) 도대체
嫌(きら)**う** 미워하다, 싫어하다
言(い)**う** 말하다

217.mp3

彼は大学に合格しっこないよ。

그는 대학에 합격할 리가 없어.

[동사 ます형+っこない] 형태로 쓰면 '~일 리가 없다, 결코 ~하지 않다'는 부정의 뜻을 나타냅니다. 동사 가능형에 붙여 써서 부정하는 뜻을 더욱 강조하는 느낌을 줍니다.

STEP 1

1. 그는 대학에 합격할 리가 없어.
   彼は大学に合格しっこないよ。
2. 그런 비싼 차를 살 수 있을 리가 없어.
   そんな高い車が買えっこないよ。
3. 설마 복권 같은 거 당첨될 리가 없어.
   まさか宝くじなんて当たりっこないよ。
4. 지금의 우리로서는 우승 같은 거 할 수 없어.
   今のうちじゃ、優勝なんかできっこないよ。
5. 이런 심한 비에는 정상까지 올라갈 수 없어.
   こんなひどい雨では頂上まで登れっこないよ。

大学(だいがく) 대학
合格(ごうかく) 합격
宝(たから)**くじ** 복권
当(あ)**たる** 적중하다, 당첨되다
優勝(ゆうしょう) 우승
頂上(ちょうじょう) 정상
登(のぼ)**る** 오르다

STEP 2

재판에서 패소한 남자는 심적 외상 증상 중 하나라는 유아로 돌아가 떼를 씁니다.

リーガル・ハイ 2

A だって相手は民意なんだよ。그런 거 이길 수 없어.

B 何言ってるんですか。先生らしくないですよ。ほら立ちなさい！

A 嫌だ嫌だ嫌だ…。

B ほら！立って！

A 하지만 상대는 민의라고 말하잖아. **そんなの勝てっこないよ。**
B 무슨 말씀이세요. 선생님답지 않아요. 자, 일어나요!
A 싫어 싫어 싫어.
B 자! 일어나라고!

잠깐만요!

★ 스트레스로 인해 현대인에게 많이 생기는 증상과 표현을 알아보아요.

うつ病(びょう) 우울증
精神病(せいしんびょう) 정신병
健忘症(けんぼうしょう) 건망증
頭痛(ずつう) 두통
消化不良(しょうかふりょう) 소화불량
気(き)**が弱**(よわ)**い** 심약하다
気(き)**にする** 신경 쓰다

相手(あいて) 상대
民意(みんい) 민의, 국민의 의사
勝(か)**つ** 이기다, 승리하다
立(た)**つ** 서다, 서 있다
嫌(いや) 싫음

▶218.mp3

お気の毒に、会社が倒産するなんて。

가엾게도 회사가 도산하다니.

気(き)**の毒**(どく)**に**(가엾게도)는 '일드'를 볼 때 자주 들리는 말 중 하나입니다. '딱함, 안됨, 가엾음, 불쌍함'을 나타내며, 어떠한 상황에 대한 유감의 표현입니다.

STEP 1

1. 가엾게도 갑자기 회사가 도산하다니.
   お気の毒に、**いきなり会社が倒産するなんて。**
2. 가엾게도 생일 전날에 교통사고를 당했대.
   お気の毒に、**誕生日の前日に交通事故にあったんだって。**
3. 가엾게도 버려진 개는 건강한데도 안락사 시키고 있어.
   お気の毒に、**捨てられた犬は健康なのに安楽死させてる。**
4. 가엾게도 부모님 두 분 다 병으로 돌아가셨대.
   お気の毒に、**両親とも病気で亡くなっちゃったんだって。**
5. 가엾게도 저 아이는 자신을 버린 엄마를 그리워하고 있어.
   お気の毒に、**あの子は自分を捨てた母親のことを恋しがってる。**

잠깐만요!

★ **気**(き)**の毒**(どく)와 **かわいそうだ** 두 가지 모두 '불쌍하다'는 뜻이지만, 뉘앙스가 다르니 주의하세요.

× 気の毒に花が枯れてしまった。
○ かわいそうに花(はな)が枯(か)れてしまった。

양쪽 모두 동정을 느낀다는 의미에서는 비슷하지만, **気の毒だ**는 사람과 관련된 경우에 연민의 느낌보다는 다소 객관적인 뉘앙스가 있고, 반면에 **かわいそうだ**에는 약한 사람에 대한 동정, 연민의 감정을 포함합니다. 또한 **かわいそうだ**에는 **気の毒だ**가 가지는 유감의 뜻으로 쓰는 인사말 기능은 없어요.

倒産(とうさん) 도산
前日(ぜんじつ) 전날
交通事故(こうつうじこ) 교통사고
捨(す)**てる** 버리다
健康(けんこう) 건강
安楽死(あんらくし) 안락사
両親(りょうしん) 부모님
病気(びょうき) 병, 질병
亡(な)**くなる** 돌아가시다
恋(こい)**しがる** 그리워하다

STEP 2

패소했던 1심 판결이 파기되고 사건이 지방법원으로 환송되자 승소한 남자는 상대 변호사를 조롱하듯 말합니다. **リーガル・ハイ 2**

A 가엾게도 강등되는 겁니까?
B どこであろうと、国家のために働くことに変わりありません。差し戻し審、ご健闘を。
A 大丈夫です。地裁の検事にあなたより強敵がいるはずがない。
B 本当の敵は、敵のような顔をしていないものです。

A **お気の毒に、降格でしょうか。**
B 어디든 국민을 위해 일하는 것엔 변함없습니다. 환송심, 건투를 빕니다.
A 걱정 없어요. 지방 검사 중에 당신보다 강적이 있을 리가 없어요.
B 진짜 적은 적과 같은 얼굴을 하고 있지 않는 법입니다.

降格(こうかく) 격하
国家(こっか) 국가
差(さ)**し戻**(もど)**し** 되돌려 보냄, 반송
健闘(けんとう) 건투
地裁(ちさい) 지방법원
検事(けんじ) 검사
強敵(きょうてき) 강적
適(てき) 적

219.mp3

この期に及んで何を言う。

이 마당에 이르러 무슨 소릴 하는 거야.

この期(ご)に及(およ)んで는 특히 발음을 주의해야 합니다. '이제 와서, 이런 마당에 와서, 이런 상황에 이르러서'라는 뜻에서 알 수 있듯이 '최악의 경우로 절박한 상황'을 나타내는 표현입니다. 비슷한 표현으로는 今更(いまさら) '지금에 와서, 이제 와서'가 있습니다.

STEP 1

1. 이 마당에 이르러 무슨 소릴 하는 거야.
   この期に及んで**何を言う。**
2. 이 마당에 이르러 안 간다고 말하진 않겠지.
   この期に及んで**行かないなんて言わないよな。**
3. 이 마당에 이르러 변명은 그만두자.
   この期に及んで**言い訳は止そう。**
4. 이 마당에 이르러 왜 마음이 약해져 있는 거야.
   この期に及んで**何を弱気になっているんだ。**
5. 이 마당에 이르러 또 거짓말을 하다니.
   この期に及んで**また嘘をつくなんて。**

잠깐만요!

★ '맞장구'를 **相(あい)づち**라고 하는데요. 상대와 대화할 때 맞장구 치거나 긍정하는 뜻으로 쓰는 중요한 표현을 알아 두세요.

うなずく 수긍하다
首(くび)をふる。 고개를 젓다.
返事(へんじ)をする。 대답을 하다.
話(はなし)をあわせる。 이야기를 맞추다.
合(あ)いの手(て)を入(い)れる。 남의 말에 말을 곁들이다.

言(い)い訳(わけ) 변명
止(よ)す 그만두다, 중지하다
弱気(よわき) 마음이 약함, 무기력함
嘘(うそ)をつく 거짓말을 하다

STEP 2

아동 유괴범으로 잡힌 여자는 면회 온 기자에게 아이의 근황을 묻는데, 기자는 쌀쌀맞게 대답합니다.

Mother

A 継美がいるのはどんな施設ですか。

B とりあえず室蘭の児童養護施設に送られたようです。

A 民間ですか。施設によって、出る食事に差があるんです。

B 이 마당에 이르러 아직 (애) 밥걱정 하고 있는 겁니까?

A 쓰구미가 있는 곳은 어떤 시설인가요?
B 우선, 무로란의 아동 보호 시설에 보내진 듯합니다.
A 민간인가요? 시설에 따라서 나오는 식사에 차이가 있거든요.
B **この期に及んでまだ食事の心配をしているんですか。**

施設(しせつ) 시설
室蘭(むろらん) 무로란(홋카이도 남서부에 있는 시)
児童(じどう) 아동
養護(ようご) 양호, 기르고 보호함
送(おく)る (물건 · 사람을) 보내다
民間(みんかん) 민간
食事(しょくじ) 식사
差(さ) 차, 차이
心配(しんぱい) 근심, 걱정, 염려

220.mp3

今更急いだところでもう無理だよ。

이제 와서 서둘러 봤자 이미 무리야.

[동사 **た형+たところで**](~해봤자, ~한들, ~한다 해도)는 가정한 내용이 쓸데없는 것, 쓸모없는 것이어서 결과에 그다지 영향을 미치지 않을 것이라는 화자의 강한 판단을 나타냅니다.

STEP 1

1. 이제 와서 서둘러 봤자 이미 무리야.
   今更急いだところでもう無理だよ。
2. 아무리 사과해 봤자 용서해 주지 않는다니까!
   いくら謝ったところで許してもらえないって！
3. 이제부터 가봤자 아무도 없겠지요.
   今から行ったところで誰もいないでしょう。
4. 아무리 서둘러 봤자 막차 시간에는 맞추지 못해.
   どんなに急いだところで終電には間に合わないよ。
5. 자지 않고 공부해 봤자 시험은 내일이잖아.
   寝ないで勉強したところで試験は明日だろう。

今更(いまさら) 이제 와서, 이제 새삼
急(いそ)**ぐ** 서두르다
無理(むり) 무리
謝(あやま)**る** 용서를 빌다, 사과하다
許(ゆる)**す** 용서하다
終電(しゅうでん) 막차
間(ま)**に合**(あ)**う** 시간에 늦지 않게 대다
試験(しけん) 시험

STEP 2

법률 사무실이 경영난에 부딪치자 다른 사무실의 동태를 파악하러 가자고 여자가 남자에게 말합니다.

リーガル・ハイ 2

A 先生、彼の事務所はどんな感じか見に行きません？
B 다른 사람 사무실을 보러 가봤자 재미도 뭣도 없어.
A じゃあ、法テラスに行って仕事をもらってきます。
B そんなどさ回りみたいなことやめろ。

A 선생님, 그의 사무실은 어떤지 보러 가실래요?
B **人の事務所を見に行ったところで面白くも何ともないね。**
A 그럼 무료 법률 상담소에 가서 일을 얻어 올게요.
B 그런 지방 순회 같은 짓은 그만둬.

잠깐만요!

★ 일본에는 각 지역마다 **法**(ほう)**テラス**라는 곳이 있어요. 무료로 법률 상담도 해 주고 도움도 주는 곳입니다. 이용할 일이 있다면 사는 곳이나 주변 지역으로 검색해서 예약한 뒤 상담해 보세요.

事務所(じむしょ) 사무실
面白(おもしろ)**い** 재미있다
仕事(しごと) 일, 직업, 업무
どさ回(まわ)**り** 지방 순회, 또는 그 극단이나 서커스단

{ 일드 고수를 위한 패턴 – 2 }

이것은 대단히 맛있습니다

학습자들 중에 존경 표현 사용을 망설이는 분들이 있어요. 전혀 다른 말을 통째로 외워야 하니 간단히 ～ます・～です만 사용하려고 하기 때문인데요. 좀 더 일본어 실력을 뽐내려면 윗사람에게 존경 표현도 써보는 건 어떨까요? いらっしゃる・おいでになる는 '가시다, 오시다, 계시다'의 뜻이니 간편하게 사용할 수 있어요. 飲(の)む・食(た)べる의 존경 표현인 召(め)し上(あ)がる는 '드시다, 잡수다'라는 뜻입니다. 일본어 고수가 되려는 여러분! 앞으로 존경 표현에도 관심을 갖고 '일드'를 보면 어떨까요?

| 패턴미리보기 |

PATTERN 221 あの子はうそを言いかねませんよ。

PATTERN 222 連絡しようがない。

PATTERN 223 よりによってあんな男と…。

PATTERN 224 もう勘弁してよ。

PATTERN 225 遊びがてら訪ねてくれ。

PATTERN 226 冗談じゃない！

PATTERN 227 朝寝坊したものだから、遅刻したんです。

PATTERN 228 これは大変おいしゅうございます。

PATTERN 229 今更言うまでもない。

PATTERN 230 彼が起した事件は許し難いよ。

PATTERN 231 ただじゃ済まない。

PATTERN 232 ご迷惑を掛けて申し訳なかったね。

PATTERN 233 なに大人ぶってんだよ。

221.mp3

あの子はうそを言いかねませんよ。

저 아이는 거짓말할지도 몰라요.

[동사 ます형+かねない](~할지도 모른다, ~할 법하다, ~ 않는다고 말할 수 없다)는 '그럴 가능성이나 위험성이 있다'는 뜻을 나타냅니다.

STEP 1

1. 저 아이는 거짓말할지도 몰라요.
   あの子はうそを言いかねませんよ。
2. 그라면 할 법도 해요(할지도 몰라요).
   彼ならやりかねませんよ。
3. 그런 말투로는 오해를 살지도 몰라요.
   そんな言い方じゃ誤解を招きかねませんよ。
4. 내버려 두면 큰 병에 걸릴지도 몰라요.
   放っておくと大きい病気になりかねませんよ。
5. 심하게 혼내면 회사를 그만둔다는 말을 꺼낼지도 몰라요.
   ひどく叱ると会社を辞めると言い出しかねませんよ。

잠깐만요!

★ 우리가 흔히 일이 고돼서 '3D 업종'이라고 하는 것을 일본에서는 3K라고 합니다.

dirty → 汚(きたな)い 더럽다
dangerous → 危険(きけん) 위험하다
difficult → きつい 힘들다

言(い)い方(かた) 말투, 말씨, 표현
誤解(ごかい) 오해
招(まね)く 초래하다, 일으키다
放(ほう)る 내버려 두다, 방치하다
大(おお)きい 크다
病気(びょうき) 병, 질환
叱(しか)る 혼내다
辞(や)める 그만두다
言(い)い出(だ)す 말을 꺼내다

STEP 2

아이와 이상한 내기를 한 가정 교사에게 아이의 형이 충고를 합니다.

家族ゲーム

A いいんですか。저 애라면 정말로 죽이라고 말할지도 몰라요.
B 慎一君、このあと塾だよね?
A そうですけど。
B じゃあ、一緒に出ようか。

A 괜찮겠어요? **あいつならホントに殺せって言いかねませんよ。**
B 신이치, 이제 학원 가지?
A 그런데요.
B 그럼, 같이 나갈까?

殺(ころ)す 죽이다, 살해하다
塾(じゅく) 학원
一緒(いっしょ)に 함께
出(で)る 나가다, 나오다

連絡しようがない。

연락할 방법이 없어.

[동사 ます형+ようがない]는 '~할 수 없다, ~할 방법이 없다'는 뜻으로, 달리 방도가 없어서 그러한 행동이 불가능하다는 뜻을 나타냅니다.

STEP 1

1. 전화번호를 모르니까 연락할 방법이 없어.
   電話番号が分からないんで連絡しようがない。
2. 자료가 너무 없어서 할 방법이 없어.
   資料が全くなくてやりようがない。
3. 부품이 없어서 고칠 방법이 없어.
   部品がないから直しようがない。
4. 가는 방법도 모르고 혼자서는 갈 수가 없어.
   行き方も分からないし、一人では行きようがない。
5. 목이 아파서 먹고 싶어도 먹을 수가 없어.
   のどが痛くて食べたくても食べようがない。

잠깐만요!

★直은 直(なお)す와 直(なお)る 두 가지로 읽습니다. 동음이의어도 알아두세요.

- **直(なお)す** 고치다, 수리하다
  治(なお)す 병을 고치다, 치료하다
- **直(なお)る** 고쳐지다, 수리되다
  治(なお)る (병이) 낫다, 치유되다

電話番号(でんわばんごう) 전화번호
連絡(れんらく) 연락
資料(しりょう) 자료
全(まった)**く~ない** 전혀 ~ 없다
部品(ぶひん) 부품
痛(いた)**い** 아프다

STEP 2

남자는 자칫 위협적인 라이벌이 될 수도 있는데도 자신이 자립할 수 있게 도와주겠다고 말하는 사장에게 놀라며 말합니다. リッチマン、プアウーマン

A とにかく、やってみます。그것보다 전 더 이상 달리 할 방법이 없거든요.

B 出資した分、早く返してくれ。5年後には僕を追い抜くんだろ?

A でも、驚いたな。会社を作れだなんて。

B これもひとつのゲームだ。知らない間にお前が育ったら、それはそれで面白い。

A 어쨌든 해보겠습니다. **ていうか、俺他にもうやりようがない。**
B 투자한 만큼 빨리 돌려줘. 5년 후에는 나를 추월하는 거겠지?
A 그래도 놀랐네요. 회사를 만들라고 하다니 ~.
B 이것도 하나의 게임이야. 어느 사이에 자네가 성장한다면, 그건 그것대로 재미있지.

出資(しゅっし) 출자
返(かえ)**す** 돌려주다, 반납하다
追(お)**い抜**(ぬ)**く** 추월하다, 앞서다
驚(おどろ)**く** 놀라다
育(そだ)**つ** 자라다, 성장하다
面白(おもしろ)**い** 재미있다

PATTERN 223

223.mp3

よりによってあんな男と…。

하필이면 저런 남자와 ….

よりによって는 '하필이면'이라는 뜻입니다. 選(よ)りに選(よ)る(꼼꼼히 고르다, 정선하다)에서 부사적 용법(일본어 문법 용어 連語)으로 쓰이는 말입니다.

STEP 1

1. 하필이면 저런 남자와 결혼하다니.
   よりによってあんな男と結婚するなんて。
2. 하필이면 감기에 걸렸다니.
   よりによって風邪を引いちゃって。
3. 하필이면 이 타이밍에 그가 들어왔어.
   よりによってこのタイミングで彼が入ってきてね。
4. 하필이면 오늘 부츠를 신고 왔어.
   よりによって今日ブーツを履いてきちゃったよ。
5. 하필이면 범인은 왜 이 장소를 선택했을까?
   よりによって犯人はなぜこの場所を選んだのだろう。

잠깐만요!

★ 結婚(けっこん) 관련 어휘

おしどり夫婦(ふうふ) 잉꼬부부
仮面夫婦(かめんふうふ) 쇼윈도 부부
亭主関白(ていしゅかんぱく) 남편이 실권을 잡고 있는 가정
かかあ天下(でんか) 아내가 실권을 잡고 있는 가정

男(おとこ) 남자
結婚(けっこん) 결혼
風邪(かぜ)**を引**(ひ)**く** 감기에 걸리다
入(はい)**る** 들어가다, 들어오다
履(は)**く** (구두 등을) 신다
犯人(はんにん) 범인
場所(ばしょ) 장소, 곳
選(えら)**ぶ** 선택하다, 고르다

STEP 2

남자아이가 폭행으로 경찰서에 잡혀가자, 고아원의 아이들은 그 아이 때문에 자기들에 대해서까지 나쁜 소문이 날까 걱정을 합니다. **明日、ママがいない**

A 一人がやっちゃうと、みんなひとくくりにそういうふうに見られるってこと。こっちの子はみんな乱暴じゃないかって。

B それって、学校の先生にも？

A 嫌な噂は早いよ？あることないこと。

B 하필이면 이런 때에 …. マズいよ！

A 한 사람이 한 일로 모두 싸잡아서 그렇게 볼 수도 있다는 거야. 여기 애들은 모두 난폭하다고.
B 그런 것, 학교 선생님한테도?
A 나쁜 소문은 빨라. 사실이든 아니든.
B **よりによってこんな時に…。** 안 돼!

잠깐만요!

★ 일본어로 '싫다'는 **嫌**(きら)**いだ**와 **嫌**(いや)**だ**가 있어요. **嫌いだ**는 **好**(す)**きだ**(좋아하다)의 반대말로 단지 대상을 어떻게 느끼는지 마음만을 나타내는데 비해 **嫌だ**는 상대의 행동에 대해 마음이 내키지 않을 때나 자신에게 영향이 있는 것에 대해서 부정적, 소극적인 마음을 나타냅니다.

今日(きょう)**も残業**(ざんぎょう)**かぁ。いやだなぁ。**
오늘도 야근이야. 싫다 ~.

一括(ひとくく)**り** 한데 묶음, 일괄함
乱暴(らんぼう) 난폭, 거칢
嫌(いや) 싫음, 바라지 않음
噂(うわさ) 소문
早(はや)**い** 빠르다

224.mp3

もう勘弁してよ。

진짜 좀 봐줘.

勘弁(かんべん)은 사전적으로 '용서함'이라는 뜻으로 용서를 구할 때도 쓰지만, 회화체에서 **もう勘弁してよ。**라고 하면 상대의 황당한 부탁이나 행동과 잔소리 등에 대해 '좀 봐줘, 좀 그러지 마, 정말 귀찮아 죽겠네'와 같은 뉘앙스로 많이 쓰입니다.

STEP 1

1. 진짜 좀 봐줘. 내일은 쉬는 날이잖아.
   もう勘弁してよ。**明日は休みじゃん。**
2. 진짜 좀 봐줘. 그건 악몽이야.
   もう勘弁してよ。**それは悪夢だよ。**
3. 진짜 좀 봐줘. 오늘은 내 생일인데.
   もう勘弁してよ。**今日は僕の誕生日なのに。**
4. 진짜 좀 봐줘. 아침부터 시끄럽네.
   もう勘弁してよ。**朝からうるさいな。**
5. 진짜 좀 봐줘. 지금 일도 산더미야.
   もう勘弁してよ。**今の仕事も山ほどあるぞ。**

잠깐만요!

★ 山(やま)의 관용구

山が当(あ)たる
예상이 적중하다
山を掛(か)ける
요행수를 노리다
山場(やまば)を迎(むか)える
절정에 다다르다, 고비에 이르다
一山(ひとやま)当(あ)てる
한밑천 잡다, 한밑천 벌다
山が見(み)える
앞날이 내다보이다

休(やす)**み** 휴식, 쉼
悪夢(あくむ) 악몽
誕生日(たんじょうび) 생일
朝(あさ) 아침
仕事(しごと) 일, 직업
山(やま)**ほど** 산더미 만큼, 매우 많이

STEP 2

살인자인 남자는 여자가 자신의 과거를 알고 본명을 부르며 빈정대자, 그녀를 협박합니다. **それでも、生きてゆく**

A 진짜 좀 봐줘. 明日だって朝早いんだから。
B 明日が来ると思っているんですか。
A あんたやっぱり人殺しだ！
B 僕の名前は？僕の名前を言ってみてください。

A **もう勘弁してよ。**내일도 빨리 일어나야 하니까.
B 내일이 올 거라고 생각하는 거예요?
A 당신은 역시 살인자야!
B 내 이름은? 내 이름을 말해 보세요.

早(はや)**い** 이르다, 빠르다
明日(あした) 내일
来(く)**る** 오다
思(おも)**う** 생각하다
人殺(ひとごろ)**し** 살인 또는 살인자
名前(なまえ) 이름, 성명
言(い)**う** 말하다

225.mp3

遊びがてら訪ねてくれ。

놀러 올 겸해서 찾아와.

[**동사 ます형, 명사+がてら**]는 '~하는 김에, ~을 겸하여'의 뜻으로 씁니다. 어떤 행동을 하는 동시에 다른 행동을 함께하는 경우를 나타냅니다. 이 표현은 ~ついでに(Pattern 125)와 뜻은 비슷하지만 ~ついでに처럼 문장 앞에 단독으로는 올 수 없습니다.

STEP 1

1. 놀러 올 겸해서 찾아와.
   遊びがてら訪ねてくれ。
2. 산책도 겸해서 커피라도 마시고 오자.
   散歩がてらコーヒーでも飲んで来よう。
3. 다이어트도 겸해서 출근은 역까지 걸어서 가기로 했어.
   ダイエットがてら出勤は駅まで歩いて行くことにしている。
4. 인사도 겸해서 한번 찾아뵐게요.
   ご挨拶がてら一度お伺いします。
5. 건강을 위해 저녁 바람도 쐴 겸해서 모두 함께 자전거를 타기로 했어.
   健康のために夕涼みがてらみんなで自転車に乗ることにした。

STEP 2

환경 파괴 문제로 대기업과 소송을 진행하러 시골 마을로 가야 할 남자가 다른 변호사에게 같이 가자고 말합니다. **リーガル・ハイ 2**

A そこで、ちょっとした裁判沙汰がありましてね。
だから先生、どうです？

B どうですとは？

A 관광도 겸해서 우리들과 공동 변호는 어떻습니까?

B 断る！

A 거기서 간단한 재판 건이 있어서요. 그러니까 선생님, 어떠세요?
B 어떠냐니요?
A **観光がてら、僕らと共同弁護はどうですか。**
B 거절합니다!

잠깐만요!

★ **伺**(うかが)**う**의 용법
聞(き)**く**(듣다), **問**(と)**う**(묻다), **訪**(おとず)**れる**(방문하다, 찾아뵙다)의 겸양 표현입니다.

ご意見(いけん)**をうかがいたいのですが…。**
의견을 듣고 싶습니다만 ….
ちょっとうかがいますが、駅(えき)**はどっちでしょうか。**
말씀 좀 묻겠습니다만, 역은 어느 쪽입니까?
明日(あした) **8時**(はちじ)**にうかがいます。**
내일 8시에 찾아뵙겠습니다.

遊(あそ)**ぶ** 놀다
訪(たず)**ねる** 방문하다
出勤(しゅっきん) 출근
駅(えき) 역
歩(ある)**く** 걷다
挨拶(あいさつ) 인사
健康(けんこう) 건강
夕涼(ゆうすず)**み** (여름철의) 저녁에 시원한 바람을 쐬어 더위를 식힘

裁判沙汰(さいばんざた) 재판 건
観光(かんこう) 관광
共同(きょうどう) 공동
弁護(べんご) 변호
断(ことわ)**る** 거절하다

PATTERN 226

226.mp3

冗談じゃない!

말도 안 돼!

冗談(じょうだん)은 원래 '농담'이라는 뜻이지만, **冗談じゃない**라고 말하면 '농담이라도 그런 말 하면 안 된다, 말도 안 된다, 웃기지 마라' 등 상대의 말이나 행동에 강한 비난을 나타내는 관용 표현입니다.

STEP 1

1. 말도 안 돼! 우리는 그대로 믿었단 말이야.
   冗談じゃない！**こっちはそのまま信じてたぞ。**
2. 말도 안 돼! 낡아빠진 가치관이라니.
   冗談じゃない！**古びた価値観なんて。**
3. 웃기지 마! 네가 도대체 뭘 알아?
   冗談じゃない！**お前にいったい何が分かるの？**
4. 웃기지 마! 나는 아직 포기하지 않았어!
   冗談じゃない！**私はまだ諦めてないのよ！**
5. 웃기지 마! 그런 건 딱 질색이라니까.
   冗談じゃない！**そんなのはまっぴらだって。**

잠깐만요!

★ '포기하다'의 다양한 표현

- **諦(あきら)める** 포기하다
- **自分(じぶん)に負(ま)ける** 직역해서 '자신에게 지다'라는 뜻에서 '포기하다'라는 뜻으로 씁니다.
- **匙(さじ)を投(な)げる** '환자가 치료 가망이 없어 의사가 **匙(さじ)**를 **投(な)げる**에서 유래되어 '포기하다, 단념하다'라는 뜻으로 씁니다.

信(しん)じる 믿다, 신뢰하다
古(ふる)びる 낡다
価値観(かちかん) 가치관
まっぴら 정말 싫음, 딱 질색임

STEP 2

휴가 사장이 이전 회사로 다시 돌아간다는 소식을 들은 사람들이 이야기하고 있습니다.

リッチマン、プアウーマン

A 日向は元の会社に戻る。

B 말도 안 돼! そんなバカな！

A 日向さんが、俺に出してくれた出資金をこっちへ回してくれって。

B 信じてついて来たのに！僕らはどうなるんだ？

A 휴가 씨는 원래 회사로 돌아가.
B **冗談じゃない！**그런 어처구니없는 일이!
A 휴가 씨가 나한테 내준 출자금을 그쪽으로 돌려달라고 했어.
B 믿고 따라왔는데. 우린 어떻게 되는 거야?

元(もと) 이전, 원래
会社(かいしゃ) 회사
戻(もど)る 되돌아가다, 되돌아오다
出資金(しゅっしきん) 출자금
回(まわ)す (필요한 장소로) 보내다, 옮기다

朝寝坊したものだから、遅刻したんです。

늦잠을 잤기 때문에 지각했어요.

~ものだから는 주로 변명이나 이유를 설명하거나 강조할 때 '~이기 때문에'라는 뜻으로 사용됩니다. 회화체에서는 ~もんだから로도 자주 쓰입니다.

STEP 1

1. 늦잠을 잤기 때문에 지각했어요.
   朝寝坊したものだから、遅刻したんです。
2. 이 옷은 점원이 너무 칭찬했기 때문에 나도 모르게 사버렸어.
   この服は店員さんがあまり褒めたものだから、つい買っちゃった。
3. 갑자기 친구가 왔기 때문에 시험공부를 할 수 없었다.
   突然友達が来たものだから、試験勉強ができなかった。
4. 너무나도 슬펐기 때문에 엉엉 울어 버렸다.
   あまりにも悲しかったものだから、号泣してしまった。
5. 전철이 늦게 왔기 때문에 늦어 버렸어요.
   電車が遅れたものだから、遅くなっちゃったんです。

잠깐만요!

★ **朝寝坊**(あさねぼう)는 아침에 늦게 일어난 늦잠을 뜻하며, 그냥 **寝坊**(ねぼう)만 쓸 경우는 때와 상관없이 약속 시간에 늦게 일어난 늦잠을 뜻합니다.

遅刻(ちこく) 지각
服(ふく) 옷
店員(てんいん) 점원
褒(ほ)**める** 칭찬하다
悲(かな)**しい** 슬프다
号泣(ごうきゅう) 소리 높여 욺
遅(おく)**れる** 보통(예정)보다 늦다
遅(おそ)**い** 늦다

STEP 2

새로 오게 된 가정 교사와 학생의 어머니가 대화를 나누고 있습니다.

家族ゲーム

A 그 선전 문구가 아주 매력적이었기 때문에 선생님께 부탁하기로 한 거예요.
B 分かりました。これまで、家庭教師の経験は？
A 先生で６人目ですよ。みんな辞めてった。
B 具体的に希望されていることはありますか。

A **そのキャッチコピーが、とっても魅力的だったものだから、先生にお願いすることにしたんです。**
B 알겠습니다. 지금까지 가정 교사가 왔던 경험은요?
A 선생님까지 6번째요. 모두 그만뒀어요.
B 구체적으로 희망하시는 건 있나요?

魅力的(みりょくてき) 매력적
家庭教師(かていきょうし) 가정 교사
経験(けいけん) 경험
辞(や)**める** 그만두다
具体的(ぐたいてき) 구체적
希望(きぼう) 희망

228.mp3

これは大変おいしゅうございます。

이것은 대단히 맛있습니다.

[い형용사+ございます]는 매우 공손한 뜻을 나타낼 때 씁니다. い형용사의 어미 い 바로 앞 소리에 따라 각각 활용 형태는 달라집니다. 또한 맨 앞에 お가 붙으면 더욱 공손한 표현이 됩니다.

STEP 1

1. 이것은 대단히 맛있습니다.
   これは大変おいしゅうございます。
2. 오늘은 춥습니다.
   今日はお寒うございます。
3. 선생님께서 문병을 와 주셔서 기쁩니다.
   先生にお見舞いに来ていただいて嬉しゅうございます。
4. 이쪽이 더 저렴합니다.
   こちらの方が安うございます。
5. 이것이 가장 큽니다.
   これが一番大きゅうございます。

잠깐만요!

★[い형용사+ございます]의 활용 형태

- 高(たか)い 비싸다
  → たこうございます 비쌉니다
- 大(おお)きい 크다
  → 大きゅうございます 큽니다
- 安(やす)い 싸다
  → 安うございます 저렴합니다
- 遠(とお)い 멀다
  → 遠うございます 멉니다

＊추가

- ありがたい 고맙다
  → ありがとうございます 감사합니다
- 早(はや)い 이르다
  → (お)はようございます (아침) 안녕하세요

大変(たいへん) 매우, 대단히
見舞(みま)い 문병
嬉(うれ)しい 기쁘다
一番(いちばん) 가장, 제일

STEP 2

오만하고 돈만 밝히는 남자는 여자의 충고를 무시하며 말합니다.

リーガル・ハイ 2

A それ以下では私の取り分でジェット機を購入できない。

B そんな物ばっか買ってどうするんですか。高所恐怖症のくせに。

A どうせ貧乏人家庭で育ったお前には高尚な趣味など理解できないよ。

B 미안하게 됐네요!

A 그 이하로는 내 몫으로 제트기를 살 수 없어.
B 그런 것만 잔뜩 사서 어떻게 해요. 고소공포증이면서.
A 어차피 가난한 가정에서 자란 너는 고상한 취미 따위 이해 못하겠지.
B **悪うございました！**

以下(いか) 이하
取(と)り分(ぶん) 차지할 몫
購入(こうにゅう) 구입
高所恐怖症(こうしょきょうふしょう) 고소공포증
貧乏人(びんぼうにん) 가난한 사람
家庭(かてい) 가정
育(そだ)つ 자라다
高尚(こうしょう) 고상함
趣味(しゅみ) 취미
理解(りかい) 이해

229.mp3

今更言うまでもない。

이제 와서 말할 필요도 없어.

[**동사 기본형+までもない**]는 '~할 필요도 없다, ~당연하다'의 의미로 '~하지 않아도 당연히 그럴 것이다, ~할 것까지도 없다'라는 뉘앙스를 나타냅니다.

STEP 1

1. 이제 와서 말할 필요도 없어.
   今更言うまでもない。
2. 기침이 조금 나오는 정도는 병원 갈 필요도 없어.
   咳が少し出るくらいで病院へ行くまでもない。
3. 원자력의 위험성은 설명할 필요도 없어.
   原子力の危険性は説明するまでもない。
4. 일부러 갈 필요도 없어.
   わざわざ行くまでもない。
5. 저 사람의 이야기는 들을 필요도 없어.
   あの人の話は聞くまでもない。

잠깐만요!

★ **せき**의 동음이의어

- **席**(せき) 자리, 좌석
  席を外(はず)**す** 자리를 뜨다
- **堰**(せき) 봇둑(보를 둘러쌓은 둑)
  堰を切(き)**ったよう**
  봇물 터지듯이
- **関**(せき) 관문, 가로막는 것
  関の山(やま) 고작, 기껏해야

今更(いまさら) 이제 와서, 이제 새삼
咳(せき) 기침
病院(びょういん) 병원
原子力(げんしりょく) 원자력
危険性(きけんせい) 위험성
説明(せつめい) 설명

STEP 2

아버지는 오만해 보이는 남자 밑에서 딸이 일하기를 바라지 않지만, 딸이 원하니 어쩔 수 없이 물러납니다. リーガル・ハイ 2

A この子は昔から、私が何と言おうと、こうと決めたら聞かないんだ。
B その点は私も痛いほど思い知っております。
A 今後とも、娘を、びしびし鍛えてやってください。
反面教師として。お願いします。
B 아버님이 부탁하실 필요도 없어요. 反面教師としてこき使います。

A 얘는 어릴 때부터 내가 뭐라 하던 한번 결정하면 듣질 않았지.
B 그 점은 저도 뼈저리게 느끼고 있습니다.
A 앞으로도 딸을 가차 없이 단련시켜 주십시오. 반면교사로서. 부탁드립니다.
B **お父さんにお願いされるまでもない**。반면교사로서 사정없이 부려먹겠습니다.

昔(むかし) 옛날, 예전
決(き)**める** 결정하다, 정하다
思(おも)**い知**(し)**る** 절실히 깨닫다
今後(こんご) 금후, 차후, 이후
娘(むすめ) 딸
びしびし 가차 없이, 엄하게, 호되게
鍛(きた)**える** 단련하다, 훈련하다
反面教師(はんめんきょうし)
반면교사, 나쁜 본보기
扱(こ)**き使**(つか)**う**
혹사하다, 사정없이 부려먹다

彼が起した事件は許し難いよ。

그가 일으킨 사건은 용서하기 어려워.

[동사 ます형+難(がた)い]는 '~하기 힘들다, ~하기 어렵다'는 뜻입니다. 비슷한 표현으로 ~にくい(Pattern 159)도 뜻은 같지만, 이때는 '물리적, 기술적'으로 어려운 경우를 나타냅니다.

STEP 1

1. 그가 일으킨 사건은 용서하기 어려워.
   彼が起した事件は許し難いよ。
2. 이것은 약간 말로는 표현하기 어려워.
   これはちょっと言葉では表し難いよ。
3. 구체적인 계획이 없으면 채용하기 어려워.
   具体的なプランがないと採用し難いよ。
4. 이 사실은 바꾸기 어려워.
   この事実は動かし難いよ。
5. 그가 회사 공금을 사용하다니 믿기 어려워.
   彼が会社のお金を使い込んだって信じ難いよ。

잠깐만요!

★ ~がたい와 ~にくい의 차이

- **~がたい** ~실현하기 곤란하다
  忘(わす)れがたい 잊기 어렵다
  捨(す)てがたい 버리기 어렵다
- **~にくい** ~하는 것이 어렵다
  使(つか)いにくい
  사용하기 어렵다
  食(た)べにくい 먹기 어렵다

起(おこ)す (사회 현상을) 일으키다
事件(じけん) 사건
許(ゆる)す 용서하다
言葉(ことば) 말, 언어
表(あらわ)す 나타내다, 드러내다
具体的(ぐたいてき) 구체적
採用(さいよう) 채용
事実(じじつ) 사실
動(うご)かす (사물의) 상태를 바꾸다
使(つか)い込(こ)む
공금 등을 사사롭게 쓰다, 사용하다
信(しん)じる 믿다

STEP 2

의뢰인은 남자 변호사에게 항상 같이 다니던 여자 변호사(유치원생이라고 부름)는 어디 갔는지 묻습니다. **リーガル・ハイ 2**

A 나보다 핫토리 씨에게 관심을 가지리라고는 이해할 수 없어.
B 幼稚園児はどうしたのよ。
A さ～あね。お遊戯でもしてるんじゃないのか。
B あの子に言われたわ。決めることから逃げてるって。

A **私より服部さんに興味を持つとは理解し難いよ。**
B 유치원생(여자 변호사)은 어디 간 거야?
A 글쎄. 학예회라도 하고 있지 않을까?
B 그 사람한테 들었어. 결정하는 것을 피하고 있다고.

興味(きょうみ) 흥미
理解(りかい) 이해
幼稚園児(ようちえんじ) 유치원 아동
遊戯(ゆうぎ) 유치원에서 아동이 즐기면서 하는 운동, 놀이
決(き)める 결정하다, 정하다
逃(に)げる 도망치다, 피하다

ただじゃ済まない。

그냥 넘어가지 않을 거야.

~ただじゃ済(す)まない에서 ただ는 '거저, 공짜, 그냥, 무료' 등의 뜻으로 済む(해결하다)와 함께 써서 '그냥 눈감아 주지 않다, 봐주는 일은 없다, 끝을 꼭 보겠다'는 강한 의지를 나타냅니다.

STEP 1

1. 그녀에게 무슨 일이 생기면 그냥 넘어가지 않을 거야.
   彼女に何かあったらただじゃ済まない。
2. 담장을 넘어가는 게 발각되면 그냥 넘어가지 않을 거야.
   フェンスを乗り越えるところを見られたら、ただじゃ済まない。
3. 이 이상 마시면 그냥 넘어가지 않을 거야.
   これ以上飲むとただじゃ済まない。
4. 보통 남성이라면 이런 일을 당하면 그냥 넘어가지 않을 거야.
   普通の男性であればこんな事をされたら、ただじゃ済まない。
5. 범인이 발각되면 그냥 넘어가지 않을 거야.
   犯人が見つかれば、ただじゃ済まない。

잠깐만요!

★ **乗(の)り越(こ)える**는 '극복하다, 헤쳐 나가다'라는 뜻도 있습니다. 이와 비슷한 단어를 알아보아요.

乗(の)り切(き)る
헤쳐 나가다, 뛰어넘다, 이겨내다
克服(こくふく)する 극복하다
打(う)ち勝(か)つ
(곤란, 괴로움 등을) 이겨내다

乗(の)り越(こ)える 타고 넘다
普通(ふつう) 보통
男性(だんせい) 남성
犯人(はんにん) 범인
見(み)つかる 찾게 되다, 발견되다

STEP 2

남자는 사업 계약을 따내기 위해 분야 전문가도 아닌 여자를 이용해 일을 추진하려고 합니다.

リッチマン、プアウーマン

A 후지카와 쪽에 들통나면 일은 그냥 넘어가지 않을 거야.

B じゃあ、何か私にできることをさせてください。

A また宿題要求か。ここは学校じゃない。

B でも何もしないでこんなお金なんて頂けません。

A **藤川サイドにバレたら事はただじゃ済まない。**
B 그럼 뭔가 제가 할 수 있는 일을 시켜 주세요.
A 또 숙제타령인가. 여기는 학교가 아니야.
B 그렇지만 아무것도 안 하고 이런 돈을 받을 수 없어요.

ばれる 들통나다, 탄로 나다
宿題(しゅくだい) 숙제
要求(ようきゅう) 요구
学校(がっこう) 학교
頂(いただ)く 받다, 얻다

ご迷惑を掛けて申し訳なかったね。

폐를 끼쳐서 미안했어.

申(もう)し訳(わけ)ない는 '미안하다, 변명할 여지가 없다, 면목 없다'의 의미로, **申し訳なかったね**라고 하면 과거 자신의 과오를 반성하며 말하는 뉘앙스가 됩니다.

STEP 1

1. 폐를 끼쳐서 미안했어.
   ご迷惑を掛けて申し訳なかったね。
2. 지난번 일은 미안했어. 두 번 다시 이런 일 없을 거야.
   この間のことは申し訳なかったね。**二度とこんなことないよ。**
3. 너한테 소리 지르며 화내서 미안했어.
   お前を怒鳴り付けて申し訳なかったね。
4. 당신에게는 지금까지 여러 가지로 미안했어.
   あなたには今までいろいろ申し訳なかったね。
5. 어제는 너무 기다리게 해서 미안했어.
   昨日は大変待たせて申し訳なかったね。

잠깐만요!

★ **大変**(たいへん)의 품사별 용법
- 명사 : 큰일, 큰 변고, 대사건
  その夜(よる)**の大変**
  그날 밤의 큰 변고, 대사건
- **な**형용사① : 대단함, 굉장함, 엄청남
  大変な人出(ひとで)**だ。**
  대단한 인파다.
- **な**형용사② : 힘듦, 고생스러움
  大変な目(め)**に合**(あ)**う。**
  아주 혼이 나다.
- 부사 : 매우, 몹시, 무척, 대단히
  大変喜(よろこ)**ぶ。**
  몹시 기뻐하다.

迷惑(めいわく)**を掛**(か)**ける**
폐를 끼치다
この間(あいだ) 지난번, 접때, 요전
二度(にど)**と～ない** 두 번 다시 ~ 않다
怒鳴(どな)**り付**(つ)**ける**
큰소리로 꾸짖다
待(ま)**つ** 기다리다

STEP 2

고아원 아이가 자주 찾아가던 집의 아저씨가 아이의 고아원에 한번 찾아가겠다고 말합니다.

明日、ママがいない

A 지난번에 모처럼 왔는데, 제대로 된 대접도 못해서 미안했어.
B いえ。私こそ…変なこと言っちゃって…。
A 変なことなんかじゃないよ。コガモの家っていったかな？
今度、君の家に行こうと思ってるんだ。
B えっ？本当ですか。

A **この前はせっかく来てくれたのに、ろくなおもてなしもできなくて申し訳なかったね。**
B 아니요, 저야말로 이상한 말을 해서 ….
A 이상한 말 아니야. '고가모의 집'이라고 했나? 다음에 너희 집에 가볼 생각이야.
B 네? 정말이요?

来(く)**る** 오다
持(も)**て成**(な)**し** 대접, 대우
変(へん) 이상함, 보통과 다름
行(い)**く** 가다
思(おも)**う** 생각하다
本当(ほんとう) 사실, 정말

なに大人ぶってんだよ。

뭘 어른인 척하고 그래!

접미사 **~ぶる**는 '~인 체하다'라는 뜻으로, 약간 비아냥거리는 뉘앙스가 있습니다. 여자는 なに~ぶってんのよ라고도 합니다. [형용사 어간+ぶる] [명사+ぶる] 형태로 씁니다.

STEP 1

1. 뭘 어른인 척하고 그래!
   なに**大人**ぶってんだよ。
2. 뭘 고상한 척하고 그래!
   なに**上品**ぶってんだよ。
3. 뭘 귀여운 척하고 그래!
   なに**可愛い子**ぶってんだよ。
4. 뭘 영리한 척하고 그래!
   なに**利口**ぶってんだよ。
5. 뭘 선배인 척하고 그래!
   なに**先輩**ぶってんだよ。

잠깐만요!

★ 흔히 '예쁜 척, 잘난 척'하는 사람을 '공주병, 왕자병'이라고 하는데, 일본어로는 **ナルシスト**라고 해요. 젊은이들은 **ナルちゃん**이나 **ナルシー**라고 귀엽게 부르기도 합니다.

大人(おとな) 어른, 성인
上品(じょうひん) 품위가 있음, 고상함
可愛(かわい)**い** 귀엽다, 사랑스럽다
利口(りこう) 영리함, 머리가 좋음
先輩(せんぱい) 선배

STEP 2

늘 모든 것을 자신의 탓으로 돌리며 자책하는 아이를 친구가 따뜻하게 위로합니다.

明日、ママがいない

A あの２人は悪くないよ。悪いのは、ウソをついた私！
B 뭘 착한 척하고 그래! お前はいつもそう言うね。悪いのは私！
A だって、実際そうだもん。
B かもしれないけど、時々は誰かのせいにしちゃってもいいんじゃない?

A 저 두 사람은 잘못 없어. 잘못한 건 거짓말한 나지.
B **なにいい子ぶってんだよ。** 너는 항상 그렇게 말해. 잘못한 건 나라고.
A 그렇지만 사실이 그렇잖아.
B 그럴지도 모르지만 가끔은 누군가의 탓으로 돌려도 되지 않을까?

悪(わる)**い** 나쁘다, 잘못이다
嘘(うそ)**をつく** 거짓말을 하다
実際(じっさい) 실제
時々(ときどき) 가끔, 때때로
誰(だれ)**か** 누군가

유하다요의
10시간 일본어 단어

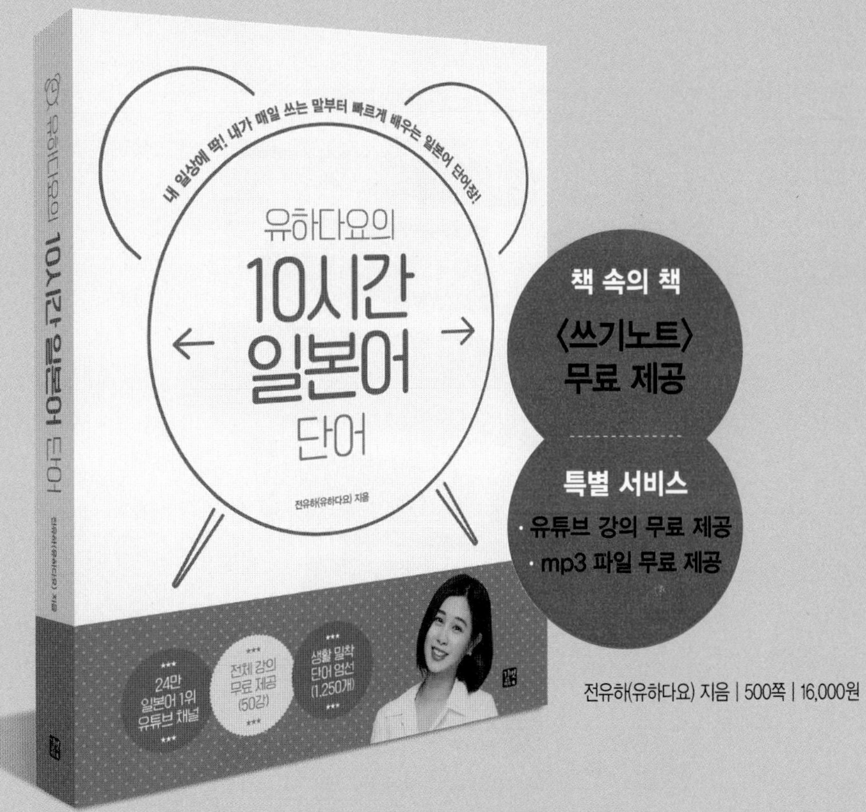

전유하(유하다요) 지음 | 500쪽 | 16,000원

내 일상에 딱! 내 생활에 꼭 필요한
일본어 단어를 10시간 만에 끝내는 방법!

'셀카', '읽씹', '복붙'… 내가 매일 쓰는 이 단어, 일본어로는 뭘까?
유하다요의 무료 유튜브 강의와 함께 쉽고 빠르게 끝내자!

난이도	첫걸음 / **초급** / **중급** / 고급
기간	10시간
대상	일본어 기초는 알지만 단어를 몰라서 회화가 늘지 않는 학습자
목표	실제 회화에서 많이 쓸 수 있는 단어들을 내 것으로 만들어 회화력 높이기

233개 패턴으로 나도 자막 없이 일드 본다!

우승희 지음

休みなんでどこか行こうか。

쉬니까 어디라도 갈까?

소책자듣기용 001_H.MP3

1 내일은 쉬니까 어디라도 갈까? 明日は休みなんでどこか行こうか。

2 무거워서 혼자서는 들 수 없어. 重いんで一人では持てない。

3 그녀는 몸살이어서 오늘은 안 온대. 彼女はひどい風邪なんで今日は来ないって。

4 벌써 어두워졌으니 가겠습니다. もう暗くなったんで帰ります。

5 여동생이랑 싸워서 말도 안 해요. 妹と喧嘩したんで口も利かないんです。

PATTERN 002

何時からだっけ。

몇 시부터였지?

소책자듣기용 002_H.MP3

1 내일 회의는 몇 시부터였지? 明日の会議は何時からだっけ。

2 자네 이름은 뭐였지? 君の名前は何だったっけ。

3 함께 갔던 거 아니었나? 一緒に行ったんじゃなかったっけ。

4 그가 저렇게 친절했었나요? 彼があんなに親切でしたっけ。

5 귀국하는 게 다음 주던가? 国へ帰るのは来週だっけ。

PATTERN 003

僕はそんなの知らん。

나는 그런 거 몰라.

소책자듣기용 003_H.MP3

1 나는 그런 거 몰라. 僕はそんなの知らん。

2 그러니까 내가 말했잖아. だから私が言ったじゃん。

3 그런 것도 모르냐. そんなことも分からんのか。

4 나는 절대로 안 갈 테니까. 私は絶対に行かんから。

5 그런 거 믿을 리가 없잖아. そんなもん信じるわけないじゃん。

やるっきゃないんです。
할 수밖에 없어요.

소책자듣기용 004_H.MP3

1 한다고 했으면 할 수밖에 없어요. やると言ったらやるっきゃないんです。

2 먹고 싶지 않지만 먹을 수밖에 없어요. 食べたくないけど、食べるっきゃないんです。

3 나는 이것밖에 없어요. 私はこれっきゃないんです。

4 싫어도 상사랑은 술을 마실 수밖에 없어요. 嫌だけど、上司とはお酒を飲むっきゃないんです。

5 몸에 안 좋으니까 담배를 끊을 수밖에 없어요. 体に悪いからタバコを止めるっきゃないんです。

PATTERN 005

一人でご飯食べてる。
혼자서 밥 먹고 있어.

소책자듣기용 005_H.MP3

1 지금 혼자서 밥 먹고 있어. 今、一人でご飯食べてる。

2 여자 친구랑 영화를 보고 있어. 彼女と映画を見てる。

3 내일 시험이라서 공부하고 있어. 明日試験だから勉強してる。

4 회사 동료랑 한잔하고 있어. 会社の同僚といっぱい飲んでる。

5 지금 네 이야기를 하고 있어. 今、あんたの話をしてる。

PATTERN 006

映画を見てらっしゃる。
영화를 보고 계셔.

소책자듣기용 006_H.MP3

1 방에서 영화를 보고 계셔. 部屋で映画を見てらっしゃる。

2 역시 신은 우리를 보고 계셔. やっぱり神様は僕たちを見てらっしゃる。

3 선생님은 지금 자고 계셔. 先生は今寝てらっしゃる。

4 그는 자신의 회사를 운영하고 계셔. 彼は自分の会社をやってらっしゃる。

5 현재 밖에 나가 계셔. 只今外に出てらっしゃる。

PATTERN 007 お茶でも飲んでく?

차라도 마시고 갈래?

소책자듣기용 007_H.MP3

1 한가하면 차라도 마시고 갈래?	暇ならお茶でも飲んでく？
2 이 가게 옷 멋있는데 보고 갈래?	この店の服かっこいいから見てく？
3 여기에서 점심 먹고 갈래?	ここで昼ごはん食べてく？
4 지나는 길이니깐 할머니 댁에 들렀다가 갈래?	通り道なんでおばあさんのとこに寄ってく？
5 슈퍼에서 수박이라도 사서 갈래?	スーパーですいかでも買ってく？

PATTERN 008 食える時に食っといて。

먹을 수 있을 때 먹어 둬.

소책자듣기용 008_H.MP3

1 먹을 수 있을 때 먹어 둬.	食える時に食っといて。
2 마실 거 다 떨어졌으니까 사 둬.	飲み物なくなったんだから、買っといて。
3 자료는 책상 위에 올려 둬.	資料は机の上に置いといて。
4 외출하기 전에 방 청소를 해 둬.	出かける前に部屋の掃除しといて。
5 잘 수 있을 때 자 둬.	寝れる時に寝といて。

PATTERN 009 早く食べると腹壊しちゃうでしょ?

빨리 먹으면 배탈 나잖아?

소책자듣기용 009_H.MP3

1 빨리 먹으면 배탈 나잖아?	早く食べると腹壊しちゃうでしょ？
2 그거 개한테 먹이면 죽어버리잖아?	それ、犬に食わせたら死んじゃうでしょ？
3 메모하지 않으면 잊어버리잖아?	メモ取らないと忘れちゃうでしょ？
4 그렇게 하면 옷이 젖어버리잖아?	そうしたら服が濡れちゃうでしょ？
5 지금 먹지 않으면 동생이 먹어버리잖아?	今食べないと妹に食べられちゃうでしょ？

諦めるにゃもう遅いぞ。

포기하기엔 이미 늦었어.

소책자듣기용 010_H.MP3

1 포기하기엔 이미 늦었어.	諦めるにゃもう遅いぞ。
2 너는 내 마음 따위 모를 거야.	お前にゃ私の気持ちなんか分かんないよ。
3 나는 매일 6시에는 일어나.	僕は毎日６時にゃ起きる。
4 여기엔 이제 두 번 다시 안 올 거야.	ここにゃもう二度と来ない。
5 거기까지 가기에는 너무 멀어.	あそこまで行くにゃ遠すぎる。

この部屋で食事をしちゃいけない。

이 방에서 식사를 하면 안 돼.

소책자듣기용 011_H.MP3

1 이 방에서 식사를 하면 안 돼.	この部屋で食事をしちゃいけない。
2 미성년자는 술을 마시면 안 돼.	未成年者は酒を飲んじゃいけない。
3 어두운 곳에서 책을 읽으면 안 돼.	暗いところで本を読んじゃいけない。
4 중요한 약속이라서 늦으면 안 돼.	大事な約束なんで遅れちゃいけない。
5 그 과자는 유통기한이 지나서 먹으면 안 돼.	そのお菓子は賞味期限切れだから食べちゃいけない。

PATTERN 012

私が貸したげる。

내가 빌려줄게.

소책자듣기용 012_H.MP3

1 그건 내가 빌려줄게.	それは私が貸したげる。
2 나중에 사줄게.	後で買ったげる。
3 일이 끝나고 나서 놀아 줄게.	仕事終わってから遊んだげる。
4 내 남자 친구 사진 보여 줄게.	私の彼氏の写真見せたげる。
5 내일부터 아이에게 책을 읽어 줄게.	明日から子供に本を読んだげる。

私が奢ったる。

내가 사줄게.

소책자듣기용 013_H.MP3

1 이번에는 내가 사줄게. 今度は私が奢ったる。

2 나중에 개 산책 시켜 줄게. 後で犬に散歩させたる。

3 이제는 진절머리 나. 이 회사 그만둬 준다. もううんざりなんだ。この会社辞めたる。

4 생일 선물 사줄게. 誕生日のプレゼント買ったる。

5 다음 주 이사, 도와줄게. 来週の引っ越し、手伝ったる。

PATTERN 014

お金がなきゃご飯を買えない。

돈이 없으면 밥을 살 수 없다.

소책자듣기용 014_H.MP3

1 돈이 없으면 밥을 살 수 없다. お金がなきゃご飯を買えない。

2 아플 때는 많이 먹지 않으면 낫지 않아. 病気の時は、たくさん食べなきゃ治らないよ。

3 지금 가지 않으면 전철 시간에 늦을지도 몰라. 今、行かなきゃ電車に間に合わないかも。

4 이 책, 빨리 반납하지 않으면 반납일이 지나고 말 거야. この本、早く返さなきゃ返却日過ぎてしまいますから。

5 열심히 연습하지 않으면 늘지 않아. 頑張って練習しなきゃ上達しない。

PATTERN 015

これからいくら頑張ったって無駄よ。

이제부터 아무리 애써도 쓸모없어.

소책자듣기용 015_H.MP3

1 이제부터 아무리 애써도 쓸모없어. これからいくら頑張ったって無駄よ。

2 무알코올이니까 아무리 마셔도 괜찮아요. ノンアルコールなんでいくら飲んだって大丈夫ですよ。

3 아무리 맛있어도 너무 먹잖아. いくらおいしくたって食べすぎだろう。

4 아무리 부자라도 모두 행복한 것은 아니다. いくらお金持ちだって、みんな幸せなわけではない。

5 그가 아무리 성실해도 나는 왠지 모르게 마음에 들지 않아. 彼がいくらまじめだって私はなんとなく気に入らない。

PATTERN 016 私だって日本に行きたいよ。

나도 일본에 가고 싶어.

소책자듣기용 016_H.MP3

1 나도 일본에 가고 싶어. 私だって日本に行きたいよ。

2 너도 모르잖아. お前だって知らないじゃない？

3 선생님이라도 모르는 것은 많이 있어. 先生だって知らないことはたくさんあるよ。

4 공부도 앞으로 더 노력하겠습니다. 勉強だってこれからもっと頑張ります。

5 이것도 네 것 아니야? これだってあんたの物じゃない？

PATTERN 017 こりゃ何年ぶりかね。

이게 몇 년 만인가.

소책자듣기용 017_H.MP3

1 이 사람아, 이게 몇 년 만인가. やあ君、こりゃ何年ぶりかね。

2 이건 정말 별꼴이야. こりゃ本当に見ちゃいられない。

3 이거 야단났군. こりゃ困ったな。

4 이거 큰일이야. こりゃ大変だよ。

5 이거 꼼짝없이 당했네. こりゃどうしようもなくやられたな。

PATTERN 018 私がどうすりゃいいんだよ。

내가 어떻게 하면 좋겠어?

소책자듣기용 018_H.MP3

1 내가 어떻게 하면 좋겠어? 私がどうすりゃいいんだよ。

2 할 수 있으면 혼자서 해 봐. できりゃ一人でやってみなさい。

3 보면 알잖아. 見りゃ分かるでしょう。

4 먹고 싶으면 먹으면 되잖아. 食べたきゃ、食べりゃいいじゃん。

5 니가 가면 나도 갈게. お前が行けりゃ私も行くよ。

PATTERN 019 私も行きたかない。

나도 가고 싶진 않아.

소책자듣기용 019_H.MP3

1 실은 나도 가고 싶진 않아. 実は私も行きたかない。

2 이 이상 살찌고 싶진 않아. これ以上、太りたかない。

3 그녀가 만든 요리는 맛있진 않아. 彼女の手料理はおいしかない。

4 나는 별로 춥진 않아. 私はあまり寒かない。

5 그를 두 번 다시 만나고 싶진 않아. 彼に二度と会いたかない。

PATTERN 020 あ、これうめぇ!

와, 이거 맛있다!

소책자듣기용 020_H.MP3

1 와, 이거 맛있다! あ、これうめぇ！

2 귀신의 집 같은 거나 무서워하고 약하네. お化け屋敷なんか怖がるなんてよえぇ。

3 벌써 귀에 못이 박힐 정도야. 시끄러워! もう耳にたこができるくらいだよ。うるせぇ！

4 만지지 마! 위험해. 触るな！あぶねぇ。

5 이 케이크 엄청 크다! このケーキ、でけぇ！

PATTERN 021 そんなのまったく興味がねえ。

그런 거 전혀 흥미 없어.

소책자듣기용 021_H.MP3

1 그런 거 전혀 흥미 없어. そんなのまったく興味がねえ。

2 더 이상 할 말이 없어. もう言うことはねえ。

3 나도 몰라. 俺も知らねえ。

4 오늘 하루 동안 아무것도 안 먹었어. 今日、一日中何にも食ってねえ。

5 지금은 가족 따위 만나고 싶지 않아. 今は家族なんか会いたくねえ。

PATTERN 022 これからどうすんの?

이제부터 어떻게 할 거야?

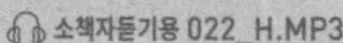

소책자듣기용 022_H.MP3

1 이제부터 어떻게 할 거야?	これからどうすんの?
2 여기에서 혼자서 뭐 하고 있어?	ここで一人で何やってんの?
3 싫어. 그런 사람으로 생각되는 거야?	いやだな。そんな人に思われんの?
4 감기인데 차가운 음료 마시는 거야?	ひどい風邪なのに冷たい飲み物飲んでんの?
5 이런 시간에 뭐하고 있어?	こんな時間に何してんの?

PATTERN 023 先に入んなさい。

먼저 들어가라.

소책자듣기용 023_H.MP3

1 먼저 들어가라.	先に入んなさい。
2 어서 빨리 들어와라.	どうぞ。早く上がんなさい。
3 마지막까지 포기하지 말고 뛰어라.	最後まで諦めないで走んなさい。
4 끝났으면 얼른 돌아가라.	終わったらさっさと帰んなさい。
5 저 선생님처럼 훌륭한 사람이 되렴.	あの先生みたいに立派な人になんなさい。

PATTERN 024 どこ見てんですか。

어딜 보고 있는 겁니까?

소책자듣기용 024_H.MP3

1 어딜 보고 있는 겁니까?	どこ見てんですか。
2 여기서 뭐 하는 겁니까?	ここで何すんですか。
3 자신이 한 짓을 지금 어떻게 생각하고 있는 겁니까?	自分がしたことを、今どう思ってんですか。
4 진심으로 그 범인을 찾고 있는 겁니까?	本気でその犯人を捜してんですか。
5 이걸 전부 혼자서 먹을 수 있는 겁니까?	これ全部一人で食べられんですか。

PATTERN 025 あんな人みたいにはなんない。

저런 사람처럼은 안 될 거야.

소책자듣기용 025_H.MP3

1 나는 절대 저런 사람처럼은 안 될 거야. 私は絶対、あんな人みたいにはなんない。

2 이렇게 큰 것은 안 들어가. こんな大きいのは入んない。

3 인간은 간단히 변하지 않아. 人間って簡単には変わんない。

4 이 문제는 전혀 모르겠어. この問題は全然分かんない。

5 교실에서는 뛰는 거 아니야. 教室では走んない。

PATTERN 026 ちょっと、これうまっ!

야, 이거 맛있어!

소책자듣기용 026_H.MP3

1 야, 이거 맛있어! ちょっと、これうまっ!

2 아, 깜빡했네. 큰일 났다! あ、忘れてた。やばっ!

3 아 더워! 땀난다. 몸이 끈적끈적해. 暑っ!汗かくね。体がべたべたする。

4 맛있는데 좀 맵다! おいしいけど、ちょっと辛っ!

5 아 춥다! 한겨울 같네. 寒っ!真冬みたいね。

PATTERN 027 一人でできるもんならやってみなさいよ。

혼자서 할 수 있다면 해 보세요.

소책자듣기용 027_H.MP3

1 혼자서 할 수 있다면 해 보세요. 一人でできるもんならやってみなさいよ。

2 전부 먹을 수 있다면 먹어 보세요. 全部食べれるもんなら食べてみなさいよ。

3 그에게 말할 수 있다면 말해 보세요. 彼に言えるもんなら言ってみなさいよ。

4 올 수 있다면 와 보세요. 来られるもんなら来てみなさいよ。

5 도망갈 수 있다면 도망가 보세요. 逃げられるもんなら逃げてみなさいよ。

早く食べろっつったんだろ?

빨리 먹으라고 말했잖아.

소책자듣기용 028_H.MP3

1 빨리 먹으라고 말했잖아. 早く食べろっつったんだろ?

2 지금 뭐라고 했어? 今なんっつった?

3 그럼, 알고 있는 사람에게 묻는 건 어때? じゃ、知ってる人に聞くっつうのはどう?

4 앉아 있으라고 말하잖아! 座ってろっつってんだよ!

5 아무래도 성가시달까. どうにも世話が焼けるっつうか。

また見やがってるんだ。

또 보고 자빠졌네.

소책자듣기용 029_H.MP3

1 또 보고 자빠졌네. また見やがってるんだ。

2 뭐하고 자빠졌냐. 何をしやがってるんだ。

3 내 걸 왜 마시고 지랄이야. 僕のやつ、何で飲みやがってるんだ。

4 이런 상황인데 잘도 처먹고 있네. こんな状況なのによくも食いやがってるんだ。

5 사람을 바보 취급하고 난리야. 人のことバカにしやがってるんだ。

失望、したっていうか。

실망했다고나 할까.

소책자듣기용 030_H.MP3

1 실망했다고나 할까. 失望、したっていうか。

2 지지하고 싶다고나 할까. 곁에 있고 싶어요. 支えたいっていうか。そばにいたいんです。

3 이 소설을 읽고 나서 팬이 되었다고나 할까. この小説を読んでからファンになったっていうか。

4 역시 일류기업은 다르다고 할까. さすが一流企業は違うなぁっていうか。

5 그러니까 여기에 계속 있을 거야. 그러니까 기다리지 마. っていうかここにずっといる。だから待たないで。

PATTERN 031 自分のことは自分でしな。

자기 일은 스스로 해라.

소책자듣기용 031_H.MP3

1 자기 일은 스스로 해라.	自分のことは自分でしな。
2 좋을 대로 해.	お好きなようにしな。
3 무슨 일이 생기거든 숨기지 말고 엄마에게 말하렴.	何かあったら隠さないで母に話しな。
4 채소도 잘 먹어야 해.	野菜もちゃんと食べな。
5 벌써 12시야. 얼른 자야지.	もう12時だよ。早く寝な。

PATTERN 032 彼は今日会社に来ないんだって。

그는 오늘 회사에 안 온대.

소책자듣기용 032_H.MP3

1 그는 오늘 회사에 안 온대.	彼は今日会社に来ないんだって。
2 하야시 씨는 결국 여자 친구랑 헤어졌대.	林さんは結局彼女と別れたって。
3 오늘 도쿄에서 지진이 났대.	今日東京で地震があったって。
4 다나카 씨, 지난달에 결혼했대.	田中さん、先月結婚したって。
5 그녀는 매일 일본어 공부를 한대.	彼女は毎日日本語の勉強をするって。

PATTERN 033 先に帰るってのは失礼かな。

먼저 집에 돌아간다는 것은 실례가 되려나?

소책자듣기용 033_H.MP3

1 먼저 집에 돌아간다는 것은 실례가 되려나?	先に帰るってのは失礼かな。
2 결혼이라는 것은 인생에 있어서 매우 중요한 것이다.	結婚ってのは人生にとってすごく大事なことだ。
3 시험에 한 번 떨어졌다고 해서 포기하지 마.	試験に一回落ちたからって諦めないで。
4 그게 새빨간 거짓말이라고 들통나면 어쩔 생각이야?	それが真っ赤な嘘だってばれたらどうするつもり？
5 도서관에 간다고 하고 나갔어요.	図書館に行くって出掛けましたよ。

PATTERN 034 で、どうだった?

그래서 어땠는데?

소책자듣기용 034_H.MP3

1 그래서 어땠는데? で、どうだった？

2 그래서 애타게 기다리고 있는 거군요. で、首を長くして待ってるんですね。

3 그래서 그는 못 온 거야. で、彼は来られなかったんだ。

4 그래서 앞으로 어떻게 할 생각이야? で、これからどうするつもり？

5 그래서 뒤돌아봤더니 없어졌어. で、振り返ったらいなくなったんだよ。

PATTERN 035 だってお金ないんだもん。

하지만 돈이 없는걸 뭐.

소책자듣기용 035_H.MP3

1 하지만 돈이 없는걸 뭐. だってお金ないんだもん。

2 그렇지만 당신이 그렇게 말했잖아. だってあんたがそう言ったじゃない。

3 하지만 졸려서 공부를 할 수가 없어. だって眠くて勉強なんかできないよ。

4 왜냐면 파업으로 전철이 오지 않는걸요. だってストライキで電車がこないんですもの。

5 그렇지만 전부터 갖고 싶었단 말이야. だって前から欲しかったんだよ。

PATTERN 036 今日は本当に暑いですね。

오늘은 정말로 덥네요.

소책자듣기용 036_H.MP3

1 오늘은 정말로 덥네요. 今日は本当に暑いですね。

2 내일 회의는 10시부터지요? 明日の会議は10時からですね。

3 이 영화는 진짜 재밌었지. この映画はすごくおもしろかったね。

4 여동생은 대학생이죠? 妹さんは大学生ですね。

5 저쪽에 도착하면 연락해. 向こうへ着いたら、連絡してね。

PATTERN 037 この店のケーキはおいしいですよ。

이 가게 케이크는 맛있어요.

소책자듣기용 037_H.MP3

1 이 가게 케이크는 맛있어요. この店のケーキはおいしいですよ。

2 조심해서 운전해. 気をつけて運転してよ。

3 시간은 확실히 지킵시다. 時間はきっちり守りましょうよ。

4 저기요, 표를 떨어뜨리셨어요. もしもし、切符を落とされましたよ。

5 아니요, 회의는 9시 반부터예요. いいえ、会議は９時半からですよ。

PATTERN 038 九九2の段までは言えるの。

구구단 2단까지는 말할 수 있어.

소책자듣기용 038_H.MP3

1 구구단 2단까지는 말할 수 있어. 九九２の段までは言えるの。

2 응석 부리는 것은 부끄러운 일이 아니야. 甘える事は恥ずかしいことじゃないの。

3 먹어봐. 이거 내가 만들어 본 거야. 食べて。これ私が作ってみたの。

4 학교에 가는 것은 공부 때문만이 아니야. 学校行くのは、お勉強だけじゃないの。

5 원하는 것을 손에 넣기 위한 방법을 생각하는 거야. 欲しいものを手に入れる方法を考えるの。

PATTERN 039 うまくいったぞ。

잘됐구나.

소책자듣기용 039_H.MP3

1 잘됐구나. うまくいったぞ。

2 오늘은 지지 않을 테야. 今日は負けないぞ。

3 이번에야말로 할 테야. 今度こそやるぞ。

4 열심히 공부해야 한단 말이야. しっかり勉強するんだぞ。

5 야, 벌써 시간 다됐어. おい、もう時間だぞ。

PATTERN 040 どうなっても知らないぜ。

어떻게 되든 난 몰라.

소책자듣기용 040_H.MP3

1 앞으로 어떻게 되든 (난) 몰라.	これからどうなっても知らないぜ。
2 내가 먼저 해볼 테다.	僕が先にやって見るぜ。
3 자, 모두 같이 가자.	さあ、みんなで行こうぜ。
4 우리 집에서 함께 먹자.	僕んちで一緒に食べようぜ。
5 정신 차려 하세.	しっかりやろうぜ。

PATTERN 041 そんな事、当たり前さ。

그런 일은 보통이지.

소책자듣기용 041_H.MP3

1 그런 일은 보통이지.	そんな事、当たり前さ。
2 나도 안단 말이야.	僕だって分かるさ。
3 이것이 사나이라는 거야.	これが男というものさ。
4 그걸로 됐어.	それでいいさ。
5 걱정할 건 없어.	心配する事はないさ。

PATTERN 042 英語よくやるわ。

영어 잘하네.

소책자듣기용 042_H.MP3

1 저 남자도 영어 잘하네.	あの男も英語よくやるわ。
2 최근에 정말 호된 꼴을 당했네.	最近、さんざんな目にあったわ。
3 걱정하지 마. 꼭 병 나을 거야.	心配しないで。きっと治りますわ。
4 이쪽이 좋다고 생각해요.	この方がいいと思うわ。
5 정말 즐거웠어요.	本当に楽しかったわ。

PATTERN 043 本当に来るのかしら。

정말로 오려나.

소책자듣기용 43_H.MP3

1 그 사람은 정말로 오려나.	あの人は本当に来るのかしら。
2 지금쯤 역에 도착했을까?	今頃、駅に着いたかしら。
3 이렇게 행복해도 되려나.	こんなに幸せでいいのかしら。
4 이렇게 많이 받아도 되려나.	こんなにたくさんいただいてもいいかしら。
5 그 사람 지금쯤 어떻게 하고 있으려나.	あの人、今ごろどうしているのかしら。

PATTERN 044 私は知らないんだもん。

나는 모른단 말이야.

소책자듣기용 044_H.MP3

1 나는 모른단 말이야.	私は知らないんだもん。
2 맥주는 이미 다 마셨는걸.	ビールはもう飲んじゃったもん。
3 나에게 다음 같은 건 없어. 이번이 마지막 이었단 말이야.	私に次なんかないよ。今度が最後だったもん。
4 그렇지만 이제 고등학생인걸.	だってもう高校生だもん。
5 나도 있는 힘껏 노력하고 있단 말야.	私だって精一杯頑張ってるもん。

PATTERN 045 明日からやり直すとか。

내일부터 다시 시작한다던가.

소책자듣기용 045_H.MP3

1 그러면 내일부터 다시 시작한다던가.	だったら明日からやり直すとか。
2 설마 말하는 건 아니겠지. 못 간다던가.	まさか言うんじゃないよね。行けないとか。
3 우선 정하기 전에 선생님에게 묻는다던가.	取りあえず、決める前に先生に聞くとか。
4 날씨도 좋고 어딘가 가자. 꽃구경이라던가.	天気もいいし、どっか行こうよ。花見とか。
5 점심 맛있는 거 먹고 싶네. 초밥이라던가.	昼ごはんおいしいもん食べたいね。寿司とか。

お父さんはどんな方なんだい？
아버지는 어떤 분인가?

소책자듣기용 046_H.MP3

1 자네 아버지는 어떤 분인가?	君のお父さんはどんな方なんだい？
2 제법 걸었는데 다리는 어떤가?	結構歩いたんだけど、足はどうだい？
3 이제 됐는가?	もういいかい？
4 도와주지 않겠는가?	手伝ってくれないかい？
5 그렇게 아픈가?	そんなに痛いかい？

PATTERN 047

さあ、来たまえ。
그럼, 오게.

소책자듣기용 047_H.MP3

1 그럼, 오게.	さあ、来たまえ。
2 이 책, 읽어 보게.	この本、読みたまえ。
3 먼저 가보게.	先に行きたまえ。
4 괜찮으니까 안심하게.	大丈夫だから安心したまえ。
5 거기 ~. 좀 돕게.	おーい。手伝いたまえ。

部屋の電気、確か消したよね。
방 전기, 확실히 껐죠?

소책자듣기용 048_H.MP3

1 방 전기, 아까 확실히 껐죠?	部屋の電気、さっき確か消したよね。
2 회의는 3시부터였지요?	会議は３時からでしたよね。
3 저 두 사람, 잘 어울리지?	あの二人、お似合いだよね。
4 오늘은 어제보다 덥죠?	今日は昨日より暑いですよね。
5 이 가게는 금연이지?	この店は禁煙だよね。

PATTERN 049 ほら、君もやればできるじゃん。

그것 봐, 너도 하면 되잖아.

소책자듣기용 049_H.MP3

1 그것 봐, 너도 하면 되잖아.	ほら、君もやればできるじゃん。
2 게임하고 있는데 말을 걸어서 집중할 수 없잖아.	ゲームしてるのに話しかけるから集中できないじゃん。
3 신입인데 계약을 따 오다니 잘해냈네.	新人なのに契約を取ってきたなんてうまくいったじゃん。
4 좋아하는 사람에게 고백하다니 해냈네.	好きな人にこくったってやったじゃん。
5 그런 비싼 것을 사다니 부모님이 힘들잖아.	そんな高いのを買うなんて親が大変じゃん。

PATTERN 050 早く行こうってば。

빨리 가자니까.

소책자듣기용 050_H.MP3

1 빨리 가자니까.	早く行こうってば。
2 진짜 아프다니까.	マジ、痛いってば。
3 조용히 하라니까.	静かにしろってば。
4 싫다니까.	いやだってば。
5 이제 알았다니까. (왜 자꾸 그래.)	もう分かってるってば。

PATTERN 051 お茶でも飲もうかな。

차라도 마실까.

소책자듣기용 051_H.MP3

1 차라도 마실까.	お茶でも飲もうかな。
2 그런 일도 있었던가.	そんなこともあったのかな。
3 빨리 오지 않으려나.	早く来ないかな。
4 내일도 비가 내리려나.	明日も雨が降るかな。
5 남자 친구랑 무슨 일이 있었나.	彼氏と何かあったのかな。

PATTERN 052 小説はめったに読みませんから。

소설은 거의 읽지 않으니까요.

소책자듣기용 052_H.MP3

1 소설은 거의 읽지 않으니까요. 小説はめったに読みませんから。

2 그녀는 거의 웃지 않으니까요. 彼女はめったに笑いませんから。

3 이런 건 어디서도 거의 볼 수 없으니까요. こんなのどこでもめったに見られませんから。

4 너무 바빠서 거의 휴식을 취할 수 없으니까요. 忙しすぎてめったに休みが取れませんから。

5 그가 울다니. 희한하네. 그는 좀처럼 울지 않거든요. 彼が泣くなんて。珍しいね。彼はめったに泣きませんから。

PATTERN 053 例の女だよ。

그 여자야.

소책자듣기용 053_H.MP3

1 그 여자야. 저 애. 例の女だよ。あの子。

2 그 이야기인데요, 어떻게 안 될까요? 例の話なんですが、どうにかなりませんか。

3 그 가게, 엄청 사람들 줄서 있대. 例の店、すごく人並んでるらしいよ。

4 그 장소에서 만납시다. 例の場所で会いましょうね。

5 그 커플 어떻게 됐어? 例のカップル、どうなったの？

PATTERN 054 夜ごとにどこに行くの?

밤마다 어딜 가는 거야?

소책자듣기용 054_H.MP3

1 밤마다 어딜 가는 거야? 夜ごとにどこに行くの？

2 집세는 매월 내고 있어. 家賃は月ごとに払ってる。

3 집집마다 국기를 내걸고 있어. 家ごとに国旗をかかげてるよ。

4 날마다 추위가 심해진다. 日ごとに寒さがひどくなる。

5 버스는 5분마다 도착해. バスは５分ごとに着く。

PATTERN 055 貧乏なんて気にしない。

가난 같은 건 신경 쓰지 않아.

소책자듣기용 055_H.MP3

1 가난 같은 거 신경 쓰지 않아.	貧乏なんて気にしない。
2 이제 와서 할 수 없다니 말도 안 돼.	今更できないなんてあり得ない。
3 성적 같은 건 아무래도 좋다.	成績なんてどうでもいい。
4 벌써 봄이라니.	もう春だなんて。
5 저 사람이 말하는 것은 분명 거짓말이야.	あの人の言うことなんて絶対うそだ。

PATTERN 056 仮に今の電車に間に合ってももう…。

설령 이번 전철에 늦지 않아도 이미 ….

소책자듣기용 056_H.MP3

1 설령 이번 전철에 늦지 않아도 이미 지각이야.	仮に今の電車に間に合ってももう遅刻だよ。
2 설령 당신이 부자가 아니어도 그런 거 상관없어.	仮にあなたがお金持ちじゃなくてもそんなの関係ないよ。
3 설령 그녀가 본국에 돌아간대도 절대 우리는 헤어지지 않아.	仮に彼女が国に帰っても絶対私たちは別れはしない。
4 설령 요리가 맛있어도 이런 곳까지 손님은 오지 않겠지.	仮に料理が美味しくてもこんな所までお客さんは来ないだろう。
5 설령 그녀가 동창회에 와도 아무도 환영하지 않을 거예요.	仮に彼女が同窓会に来ても誰も歓迎しないでしょう。

PATTERN 057 ひょっとして断られでもしたら。

혹시 거절이라도 당하면.

소책자듣기용 057_H.MP3

1 혹시 거절이라도 당하면.	ひょっとして断られでもしたら。
2 혹시 불이라도 나면 큰일이잖아.	ひょっとして火事にでもなったら大変でしょ。
3 혹시 그들은 아는 사이인가?	ひょっとして彼らは知り合いなのか。
4 혹시 올지도 모르니깐 기다리자.	ひょっとして来るかもしれないから待とうね。
5 혹시 나만 몰랐던 거야?	ひょっとして私だけが知らなかったってこと？

PATTERN 058 せっかく来てもらったのに…。

모처럼 왔는데 ….

소책자듣기용 058_H.MP3

1 모처럼 왔는데 비워서 미안해. せっかく来てもらったのに留守して悪いね。

2 모처럼 요리했는데 배가 부르다니. せっかく料理したのにお腹いっぱいなんて。

3 모처럼의 휴일인데 헛되이 쓰게 해서 미안해. せっかくの休日なのに無駄にしちゃってごめんね。

4 모처럼 사줬는데 잃어버려서 미안해. せっかく買ってくれたのに無くしちゃってすまない。

5 모처럼 만들어 주셨는데 남겨서 죄송합니다. せっかく作ってくださったのに残してすみません。

PATTERN 059 ただ、行きたくないだけじゃないですか。

단지 가고 싶지 않은 것뿐이잖아요.

소책자듣기용 059_H.MP3

1 단지 저랑 가고 싶지 않은 것뿐이잖아요. ただ、私と行きたくないだけじゃないですか。

2 단지 한 명이 그것에 반대한 것뿐이잖아요. ただ、ひとりがそれに反対しただけじゃないですか。

3 단지 대답을 피하고 싶은 것뿐이잖아요. ただ、返事を避けたいだけじゃないですか。

4 단지 그것은 자신을 위한 것뿐이잖아요. ただ、それは自分のためだけじゃないですか。

5 단지 빨리 집에 가고 싶은 것뿐이잖아요. ただ、早く帰りたいだけじゃないですか。

PATTERN 060 どうせ三日坊主だろう。

어차피 작심삼일이겠지.

소책자듣기용 060_H.MP3

1 어차피 작심삼일이겠지. どうせ三日坊主だろう。

2 어차피 오늘 한가하잖아. どうせ今日、暇だろう。

3 어차피 인간은 모두 죽겠지. どうせ人間はみんな死ぬだろう。

4 어차피 우리가 간단히 이기겠지. どうせうちらが簡単に勝つだろう。

5 이왕에 할 바에는 득이 되는 일을 하겠지. どうせやるなら得になることをするだろう。

PATTERN 061 映画館で寝たことはありません。

영화관에서 잔 적은 없어요.

소책자듣기용 061_H.MP3

1 영화관에서 잔 적은 없어요. 映画館で寝たことはありません。

2 실제로 그를 만나본 적은 없어요. 実際に彼に会ったことはありません。

3 이 드라마 한 번도 본 적은 없어요. このドラマ一度も見たことはありません。

4 아빠는 제 앞에서 눈물을 보인 적은 없어요. 父は私の前で涙を見せたことはありません。

5 손님에게 불평이 나온 적은 없어요. お客さんから苦情が出たことはありません。

PATTERN 062 食べてみましょうか。

먹어 볼까요?

소책자듣기용 062_H.MP3

1 이 케이크 조금 먹어 볼까요? このケーキ、すこし食べてみましょうか。

2 가는 방법을 잘 모르니까 다른 사람에게 물어볼까요? 行き方がよく分からないんで人に聞いてみましょうか。

3 링거를 맞고 상태를 지켜볼까요? 点滴を打って様子を見てみましょうか。

4 새로 생긴 레스토랑에 가볼까요? 新しくできたレストラン、行ってみましょうか。

5 저 사람과 이야기해 볼까요? あの人と話してみましょうか。

PATTERN 063 掃除をしてから出かけます。

청소를 하고 나서 나가겠습니다.

소책자듣기용 063_H.MP3

1 우선 방 청소를 하고 나서 나가겠습니다. まず部屋の掃除をしてから出かけます。

2 손을 씻고 나서 밥을 먹으세요. 手を洗ってからご飯を食べてください。

3 이 약은 밥을 먹고 나서 드세요. この薬はご飯を食べてから飲んでください。

4 우선 학교 숙제를 하고 나서 놀아라. 取りあえず学校の宿題をしてから遊びなさい。

5 다나카 씨가 오고 나서 야마다 씨가 왔습니다. 田中さんが来てから山田さんが来ました。

雨が止んだ後で出かけましょう。

비가 그친 후에 나갑시다.

소책자듣기용 064_H.MP3

1 비가 그친 후에 나갑시다. 雨が止んだ後で出かけましょう。

2 엄마가 들어온 후에 아빠가 왔어. 母が帰った後で父が来たよ。

3 우리 집을 나간 후에 그는 사고를 당했어. 私の家を出た後で彼は事故にあった。

4 충분히 준비 운동을 한 다음에 뛰세요. 十分準備運動をした後で走って下さい。

5 채용할지 어떨지는 면접을 한 후에 결정합시다. 採用するかどうかは面接をした後で決めましょう。

PATTERN 065

私も今来たところです。

저도 지금 막 왔어요.

소책자듣기용 065_H.MP3

1 저도 지금 막 왔어요. 私も今来たところです。

2 지난달에 막 귀국했어요. 先月帰国したところです。

3 지금 일을 막 끝냈어요. 今仕事を終えたところです。

4 식사가 막 끝났어요. 食事が終わったところです。

5 사고에 대해 지금 막 들었어요. 事故のことを今聞いたところです。

PATTERN 066

本を読んでいるところなんだ。

책을 읽고 있는 중이야.

소책자듣기용 066_H.MP3

1 나는 책을 읽고 있는 중이야. 私は本を読んでいるところなんだ。

2 회사에 가고 있는 중이야. 会社に行っているところなんだ。

3 아빠는 지금 목욕을 하고 있는 중이야. 父は今お風呂に入っているところなんだ。

4 지금 점심을 먹고 있는 중이야. 今、昼ご飯を食べているところなんだ。

5 세탁기를 수리하고 있는 중이야. 洗濯機を修理しているところなんだ。

PATTERN 067 危うく衝突するところでした。

하마터면 충돌할 뻔했어요.

소책자듣기용 067_H.MP3

1 하마터면 충돌할 뻔했어요.	危うく衝突するところでした。
2 하마터면 죽을 뻔했어요.	危うく死ぬところでした。
3 하마터면 들킬 뻔했어요.	危うくばれちゃうところでした。
4 하마터면 기차 출발 시간에 늦을 뻔했어요.	危うく汽車の出発時間に遅れるところでした。
5 하마터면 중요한 회의에 늦을 뻔했어요.	危うく重要な会議に遅くなるところでした。

PATTERN 068 雨が降ってきましたよ。

비가 내리기 시작했어요.

소책자듣기용 068_H.MP3

1 비가 내리기 시작했어요.	雨が降ってきましたよ。
2 그녀는 왠지 최근 상당히 예뻐졌어요.	彼女はなんか最近結構きれいになってきましたよ。
3 절에서 종소리가 들려 왔어요.	お寺から鐘の音が聞こえてきましたよ。
4 옆집에서 이상한 냄새가 나기 시작했어요.	隣の家から変なにおいがしてきましたよ。
5 생일 선물로 와인을 가지고 왔어요.	誕生日のプレゼントでワインを持ってきましたよ。

PATTERN 069 ぱくぱくと食べていきました。

덥석덥석 먹었습니다.

소책자듣기용 069_H.MP3

1 그는 케이크를 덥석덥석 먹었습니다.	彼はケーキをぱくぱくと食べていきました。
2 이 마을의 인구는 폭발적으로 늘어갔습니다.	この町の人口は爆発的に増えていきました。
3 그녀는 다이어트를 시작하고 나서 예뻐졌습니다.	彼女はダイエットを始めてからきれいになっていきました。
4 친구 집에 와인을 사 갔습니다.	友達の家にワインを買っていきました。
5 급했기 때문에 역까지 뛰어갔습니다.	急いでいたんで駅まで走っていきました。

一時間も話し続けているよ。

한 시간이나 계속 이야기하고 있어.

소책자듣기용 070_H.MP3

1 저 사람은 한 시간이나 계속 이야기하고 있어. あの人は一時間も話し続けているよ。

2 개는 계속 구멍을 파고 있어. 犬はずっと穴を掘り続けているよ。

3 전화벨이 계속 울리고 있어. 電話のベルが鳴り続けているよ。

4 그는 자신을 계속 탓하고 있어. 彼は自分を責め続けているよ。

5 헤어졌는데 계속 그를 생각하고 있어. 別れたのにずっと彼のことを思い続けているよ。

夏休みの間に日本に行ってきた。

여름 방학 동안에 일본에 다녀왔어.

소책자듣기용 071_H.MP3

1 여름 방학 동안에 일본에 다녀왔어. 夏休みの間に日本に行ってきた。

2 어젯밤 자고 있는 동안에 지진이 나서 깜짝 놀랐어. 昨夜寝てる間に地震があってびっくりした。

3 알았어. 사흘 동안에 완성할게. 分かったよ。三日の間に完成するから。

4 그녀를 기다리고 있는 동안에 해가 저물었다. 彼女を待ってる間に日が暮れた。

5 네가 나가 있는 동안에 그녀에게 전화가 왔었어. あんたが出かけてる間に彼女から電話があったよ。

PATTERN 072

雨が降らないうちに帰ろう。

비가 내리기 전에 돌아가자.

소책자듣기용 072_H.MP3

1 비가 내리기 전에 집에 돌아가자. 雨が降らないうちに家に帰ろう。

2 식기 전에 드세요. 冷めないうちに召し上がってください。

3 잊기 전에 메모해 둬. 忘れないうちにメモして置いてね。

4 어두워지기 전에 갑시다. 暗くならないうちに帰りましょう。

5 선생님이 오기 전에 도시락을 먹어 버리자. 先生が来ないうちにお弁当を食べてしまおう。

PATTERN 073 食べる前に手を洗いなさい。

먹기 전에 손을 씻어라.

소책자듣기용 073_H.MP3

1 먹기 전에 손을 씻어라. 食べる前に手を洗いなさい。

2 그가 방에 돌아오기 전에 그녀는 갔어. 彼が部屋に戻る前に彼女は帰ったよ。

3 저 녀석이 오기 전에 딸기를 먹어 버리자. あいつが来る前にいちごを食べてしまおう。

4 어두워지기 전에 들어와라. 暗くなる前に帰ってきなさい。

5 자기 전에 이를 닦아야지. 寝る前に歯を磨かなきゃね。

PATTERN 074 本を読みながらご飯を食べる。

책을 읽으면서 밥을 먹는다.

소책자듣기용 074_H.MP3

1 나는 항상 책을 읽으면서 밥을 먹는다. 私はいつも本を読みながらご飯を食べる。

2 엄마는 다림질을 하면서 TV를 보고 있어. 母はアイロンをかけながらテレビを見てる。

3 사전을 찾으면서 영어를 읽는 것은 피곤하네. 辞書を引きながら英語を読むのは疲れるね。

4 주말은 맥주를 마시면서 푹 쉬고 싶어. 週末はビールを飲みながらゆっくり休みたい。

5 길에서 휴대폰을 하면서 걷는 것은 하면 안 돼. 道でケータイをしながら歩くのはやめなさい。

PATTERN 075 もうすっかり春になってますね。

벌써 완전히 봄이 되었네요.

소책자듣기용 075_H.MP3

1 벌써 완전히 봄이 되었네요. もうすっかり春になってますね。

2 아드님이 훌륭한 의사가 되었네요. 息子さんが立派な医者になってますね。

3 방이 깨끗해졌네요. 部屋がきれいになってますね。

4 아까보다 가게가 조용해졌네요. さっきより店が静かになってますね。

5 이 마을은 전보다 번화해졌네요. この町は前よりにぎやかになってますね。

会議室で行うことになります。

회의실에서 하게 될 거예요.

소책자듣기용 076_H.MP3

1 회의는 6층 회의실에서 하게 될 거예요. 会議は６階の会議室で行うことになります。

2 다음 주에 출장으로 오사카에 가게 될 거예요. 来週、出張で大阪に行くことになります。

3 4월부터 일본 회사에서 일하게 될 거예요. 四月から日本の会社で働くことになります。

4 다음 달부터 도쿄 본사에 가게 될 거예요. 来月から東京本社に行くことになります。

5 앞으로 이 맨션에서 애완동물을 기를 수 없게 될 거예요. これからこのマンションでペットを飼えないことになります。

水泳ができるようになりたいです。

수영을 배우고 싶어요.

소책자듣기용 077_H.MP3

1 수영을 배우고 싶어요. 水泳ができるようになりたいです。

2 요리를 배우고 싶어요. 料理ができるようになりたいです。

3 운전을 배우고 싶어요. 運転ができるようになりたいです。

4 공부를 잘하고 싶어요. 勉強ができるようになりたいです。

5 일본어를 잘할 수 있게 되고 싶어요. 日本語ができるようになりたいです。

PATTERN 078

辛い料理が食べれないですか。

매운 요리를 먹을 수 없나요?

소책자듣기용 078_H.MP3

1 매운 요리를 먹을 수 없나요? 辛い料理が食べれないですか。

2 회사가 바빠서 올 수 없나요? 会社が忙しくて来れないですか。

3 이 영화는 미성년자는 볼 수 없나요? この映画は未成年者は見れないですか。

4 아침 일찍 일어날 수 없나요? 朝早く起きれないですか。

5 이 나무 열매는 먹을 수 없나요? この木の実は食べれないですか。

PATTERN 079 3か国語を話すことができる。

3개 국어를 말할 수 있어.

소책자듣기용 079_H.MP3

1 다나카 씨는 3개 국어를 말할 수 있어. 田中さんは３か国語を話すことができる。

2 그는 영어로 편지를 쓸 수 있어. 彼は英語で手紙を書くことができる。

3 나는 자전거를 탈 수 있어. 私は自転車に乗ることができる。

4 스무 살이 되었으니까 앞으로는 술을 마실 수 있어. 二十歳になったんでこれからはお酒を飲むことができる。

5 이제는 혼자서 갈 수 있어. もう一人で行くことができる。

PATTERN 080 早く返事してあげなきゃ。

빨리 대답해 줘야 해.

소책자듣기용 080_H.MP3

1 빨리 그녀에게 대답해 줘야 해. 早く彼女に返事してあげなきゃ。

2 아이를 칭찬해 줘야지. 子供を誉めてあげなきゃ。

3 그에게 밸런타인데이에 초콜릿을 사줘야지. 彼にバレンタインデーにチョコを買ってあげなきゃ。

4 남동생의 숙제를 봐줘야지. 弟の宿題を見てあげなきゃ。

5 이 책을 빌려줘야지. この本を貸してあげなきゃ。

PATTERN 081 空港に着いたら連絡してくんない?

공항에 도착하면 연락해 줄래?

소책자듣기용 081_H.MP3

1 공항에 도착하면 나에게 연락해 줄래? 空港に着いたら私に連絡してくんない？

2 일이 끝나면 그녀를 한번 만나 줄래? 仕事が終わったら彼女に一度会ってくんない？

3 지금 시간이 있으면 내 이야기를 들어줄래? 今、時間があったら私の話を聞いてくんない？

4 집에 도착하면 바로 전화해 줄래? 家に着いたらすぐ電話してくんない？

5 서류가 도착하면 먼저 체크해 줄래? 書類が届いたら先にチェックしてくんない？

PATTERN 082 取り替えていただけませんか。

바꿔 주실 수 있나요?

소책자듣기용 082_H.MP3

1 사이즈를 바꿔 주실 수 있나요?	サイズを取り替えていただけませんか。
2 부장님에게 이 열쇠를 건네주실 수 있나요?	部長にこの鍵を渡していただけませんか。
3 좀 추운데 난방을 켜주실 수 있나요?	ちょっと寒いので、暖房をつけていただけませんか。
4 뒷문을 닫아 주실 수 있나요?	後ろのドアを閉めていただけませんか。
5 그녀에게 회의에 늦지 않도록 말해 주실 수 있나요?	彼女に会議に遅れないように言っていただけませんか。

PATTERN 083 座らせてもらいましたよ。

앉게 해주셨어요.

소책자듣기용 083_H.MP3

1 여기에 앉게 해주셨어요.	ここに座らせてもらいましたよ。
2 조금 쉬게 해주셨어요.	すこし休ませてもらいましたよ。
3 협력하게 해주셨어요.	協力させてもらいましたよ。
4 먼저 귀가하게 해주셨어요.	先に帰らせてもらいましたよ。
5 저를 여기에서 일하게 해주셨어요.	私をここで働かせてもらいましたよ。

PATTERN 084 手を貸してくれませんか。

거들어 주지 않겠습니까?

소책자듣기용 084_H.MP3

1 좀 거들어 주지 않겠습니까?	ちょっと手を貸してくれませんか。
2 혹시 가능하면 다음 주 제 콘서트에 와 주지 않겠습니까?	もしできれば、来週私のコンサートに来てくれませんか。
3 미안한데, 나중에 다시 한 번 전화해 주지 않겠습니까?	悪いけど、後でもう一度電話してくれませんか。
4 금방 끝나니까 조금만 기다려 주지 않을래요?	すぐ終わるからちょっと待ってくれませんか。
5 메뉴를 보여 주시겠어요?	メニューを見せてくれませんか。

PATTERN 085 たぶん君だってそう思うだろう。

아마 너라도 그렇게 생각하겠지.

소책자듣기용 085_H.MP3

1 아마 너라도 그렇게 생각하겠지.	たぶん君だってそう思うだろう。
2 아마 그는 오늘도 오지 않겠지.	たぶん彼は今日も来ないだろう。
3 아마 아내는 걱정하고 있겠지.	たぶん妻は心配しているだろう。
4 아마 아들은 3시에 돌아오겠지.	たぶん息子は３時に帰ってくるだろう。
5 아마 저 아이는 12살이거나 그 안팎이겠지.	たぶんあの子は12歳かそこらだろう。

PATTERN 086 変だと思ってたんだよ。

이상하다고 생각했었어.

소책자듣기용 086_H.MP3

1 어쩐지 이상하다고 생각했었어.	なんとなく変だと思ってたんだよ。
2 그도 와줄 거라고 생각했었어.	彼も来てくれると思ってたんだよ。
3 꼭 기뻐해 줄 거라고 생각했었어.	きっと喜んでくれると思ってたんだよ。
4 어제까지 다 끝낼 거라고 생각했었어.	昨日までに間に合うと思ってたんだよ。
5 그녀는 항상 명품만 입고 다녀서 부자라고 생각했었어.	彼女はブランド品ばかり身につけてるのでお金持ちだと思ってたんだよ。

PATTERN 087 全部嘘かもしれない。

전부 거짓말일지도 몰라.

소책자듣기용 087_H.MP3

1 그 이야기는 전부 거짓말일지도 몰라.	その話は全部嘘かもしれない。
2 오늘은 비가 많이 와서 전철이 늦을지도 몰라.	今日は大雨なんで電車が遅れるかもしれない。
3 저 건물이 그녀의 회사일지도 몰라.	あのビルが彼女の会社かもしれない。
4 그는 어쩌면 뭔가 걱정거리가 있는지도 몰라.	彼はひょっとすると何か心配なことがあるかもしれない。
5 저 사람은 어쩌면 선생님의 남편일지도 몰라.	あの人はもしかすると先生のご主人かもしれない。

PATTERN 088 今夏休みのはずなんだけど。

지금 분명 여름 방학일 텐데.

소책자듣기용 088_H.MP3

1 학교는 지금 분명 여름 방학일 텐데.	学校は今夏休みのはずなんだけど。
2 그녀는 본국에 돌아가서 분명 오지 않을 텐데.	彼女は国に帰ったんで来ないはずなんだけど。
3 오늘은 금요일이라 은행은 분명 열려 있을 텐데.	今日は金曜日だから、銀行は開いてるはずなんだけど。
4 그는 지금쯤 집에서 분명 텔레비전에 열중하고 있을 텐데.	彼は今頃家でテレビに熱中してるはずなんだけど。
5 방 열쇠는 분명 남동생이 가지고 있을 텐데.	部屋のかぎは弟が持ってるはずなんだけど。

PATTERN 089 留守に違いないでしょう。

부재중인 게 틀림없겠지요.

소책자듣기용 089_H.MP3

1 그녀는 분명 부재중인 게 틀림없겠지요.	彼女はきっと留守に違いないでしょう。
2 저건 거짓말인 게 틀림없겠지요.	あれは嘘に違いないでしょう。
3 그 계획은 분명 성공할 게 틀림없겠지요.	その計画はきっと成功するに違いないでしょう。
4 그는 지금쯤 집에서 TV에 빠져 있는 게 틀림없겠지요.	彼は今ごろ家でテレビに夢中になっているに違いないでしょう。
5 야마다 씨는 집에 있는 게 틀림없겠지요.	山田さんは家にいるに違いないでしょう。

PATTERN 090 このケーキはおいしそうですね。

이 케이크는 맛있을 것 같네요.

소책자듣기용 090_H.MP3

1 이 케이크는 맛있을 것 같네요.	このケーキはおいしそうですね。
2 이것은 조작이 매우 간단할 것 같네요.	これは操作がとても簡単そうですね。
3 당장이라도 비가 내릴 것 같네요.	今にも雨が降りそうですね。
4 저 가게 옷은 비쌀 것 같네요.	あの店の服は高そうですね。
5 저 아이는 매우 건강할 것 같네요.	あの子はとても元気そうですね。

PATTERN 091 どうやら今日休みみたいだね。

아무래도 오늘 쉬는 것 같네.

소책자듣기용 091_H.MP3

1 아무래도 이 가게는 오늘 쉬는 것 같네. どうやらこの店は今日休みみたいだね。

2 아무래도 그는 아직 공부하고 있는 것 같네. どうやら彼はまだ勉強してるみたいだね。

3 아무래도 시험이 끝나지 않은 것 같네. どうやら試験が終わってないみたいだね。

4 아무래도 누군가의 생일인 것 같네. どうやら誰かの誕生日みたいだね。

5 아무래도 몸 상태가 안 좋은 것 같네. どうやら体調が悪いみたいだね。

PATTERN 092 まるで夢のような話ですね。

마치 꿈과 같은 이야기네요.

소책자듣기용 092_H.MP3

1 그것은 마치 꿈과 같은 이야기네요. それはまるで夢のような話ですね。

2 이것은 마치 사진과 같은 그림이네요. これはまるで写真のような絵ですね。

3 그녀는 마치 천사와 같은 사람입니다. 彼女はまるで天使のような人です。

4 선생님은 나에게 있어서 마치 부모와 같은 존재입니다. 先生は私にとってはまるで親のような存在です。

5 그는 화났을 때, 마치 도깨비와 같은 얼굴이었습니다. 彼は怒った時、まるで鬼のような顔でした。

PATTERN 093 母の話じゃ、スーパーができるらしい。

엄마 말로는 슈퍼가 생긴대.

소책자듣기용 093_H.MP3

1 엄마 말로는 이번에 역 앞에 새로운 슈퍼가 생긴대. 母の話じゃ、今度駅前に新しいスーパーができるらしい。

2 선배 말로는 월요일 세미나는 매우 도움이 된대. 先輩の話じゃ、月曜日のゼミはとても役に立つらしい。

3 친구 말로는 다나카 씨는 다음 달에 도쿄로 이사한대. 友達の話じゃ、田中さんは来月東京へ引っ越すらしい。

4 후배 말로는 여기 오늘의 정식은 이미 다 팔렸대. 後輩の話じゃ、ここの日替わり定食はもう売り切れたらしい。

5 경찰 말로는 어제 근처에서 강도 사건이 있었대. 警察の話じゃ、昨日近所で強盗事件があったらしい。

PATTERN 094 天気予報によると明日は雨が降るそうです。

일기 예보에 의하면 내일은 비가 내린다고 합니다.

소책자듣기용 094_H.MP3

1 일기 예보에 의하면 내일은 비가 내린다고 합니다.	天気予報によると明日は雨が降るそうです。
2 친구에 의하면 새로운 수학 선생님은 매우 무섭다고 합니다.	友達によると新しい数学の先生はとても怖いそうです。
3 선배에 의하면 역 앞에 전자오락실이 생긴다고 합니다.	先輩によると駅前にゲームセンターができるそうです。
4 선생님에 의하면 이번 일본어 시험은 별로 어렵지 않다고 합니다.	先生によると今度の日本語試験はあまり難しくないそうです。
5 인터넷에 의하면 그들은 속도위반으로 결혼했다고 합니다.	インターネットによると彼らはでき婚したそうです。

PATTERN 095 引き受けるつもりだったの?

맡을 생각이었어?

소책자듣기용 095_H.MP3

1 이번 작업 말이야, 맡을 생각이었어?	今度の仕事ね、引き受けるつもりだったの？
2 그와 만나서 이야기할 생각이었어?	彼と会って話すつもりだったの？
3 진짜로 그의 고백을 거절할 생각이었어?	マジで彼の告白を断るつもりだったの？
4 처음부터 이 가게의 체인점을 낼 생각이었어?	最初からこの店のチェーン店を出すつもりだったの？
5 네가 밥값을 낼 생각이었어?	お前が食事代を奢るつもりだったの？

PATTERN 096 この店にしようか。

이 가게로 할까?

소책자듣기용 096_H.MP3

1 오늘 점심은 이 가게로 할까?	今日の昼、この店にしようか。
2 회의는 다음 주로 할까?	会議は来週にしようか。
3 그럼 몇 시로 할까?	じゃあ、何時にしようか。
4 추우니깐 뜨거운 술로 할까?	寒いから熱燗にしようか。
5 피크닉은 어디로 할까?	ピクニックはどこにしようか。

PATTERN 097 食べたいものがあるなら教えてね。

먹고 싶은 것이 있으면 알려줘.

소책자듣기용 097_H.MP3

1 이번 생일에 먹고 싶은 것이 있으면 알려줘. 今度の誕生日に食べたいものがあるなら教えてね。

2 일본에서 가고 싶은 곳이 있으면 언제라도 말해 주세요. 日本で行きたいところがあるならいつでも言ってください。

3 사고 싶은 것이 있으면 메모해 두세요. 買いたいものがあるならメモしといてください。

4 읽고 싶은 책이 있으면 도서관에서 함께 찾아 봐요. 読みたい本があるなら図書館で一緒に探しましょう。

5 말하고 싶은 것이 있으면 이 종이에 써 주세요. 言いたいことがあるならこの紙に書いてください。

PATTERN 098 家族においしいものを食べてほしい。

가족이 맛있는 것을 먹었으면 좋겠어.

소책자듣기용 098_H.MP3

1 가족이 맛있는 것을 먹었으면 좋겠어. 家族においしいものを食べてほしい。

2 언니가 옆에 있었으면 좋겠어. お姉ちゃんにそばにいてほしい。

3 아이가 정직한 사람이 됐으면 좋겠어. 子供に正直な人間になってほしい。

4 아빠가 이거랑 똑같은 것을 사줬으면 좋겠어. 父にこれと同じものを買ってほしい。

5 이것을 그가 조사해 줬으면 좋겠어. これを彼に調べてほしい。

PATTERN 099 いい加減にしなさい。

적당히 해.

소책자듣기용 099_H.MP3

1 시끄러우니까 적당히 해. うるさいから、いい加減にしなさい。

2 사람들에게 거짓말하는 것도 작작해라. 人に嘘をつくのもいい加減にしなさい。

3 여자를 가지고 노는 것은 그만둬. 女をもてあそぶのはいい加減にしなさい。

4 지겨우니까 더 이상 그 이야기는 그만둬. うんざりなんでもうその話はいい加減にしなさい。

5 남이 보는 앞에서 한숨 쉬는 것은 그만해. 人の前でため息をつくのはいい加減にしなさい。

PATTERN 100

何もなかったことにして下さい。

아무것도 없었던 걸로 해주세요.

소책자듣기용 100_H.MP3

1 어제 이야기는 아무것도 없었던 걸로 해주세요. 昨日の話は何もなかったことにして下さい。

2 아무것도 안 본 걸로 해주세요. 何も見なかったことにして下さい。

3 아무것도 말하지 않은 걸로 해주세요. 何も言わなかったことにして下さい。

4 아무것도 먹지 않은 걸로 해주세요. 何も食べなかったことにして下さい。

5 아무것도 듣지 않은 걸로 해주세요. 何も聞かなかったことにして下さい。

PATTERN 101

そろそろ出発しましょうか。

슬슬 출발할까요?

소책자듣기용 101_H.MP3

1 슬슬 출발할까요? そろそろ出発しましょうか。

2 함께 식사하러 갈까요? 一緒に食事に行きましょうか。

3 그럼 수업을 시작해 볼까요? さあ、授業を始めましょうか。

4 한번 사귀어 볼까요? 一度付き合ってみましょうか。

5 뭔가 먹을까요? 何か食べましょうか。

PATTERN 102

俺に言い訳するな。

나에게 변명하지 마.

소책자듣기용 102_H.MP3

1 나에게 변명하지 마. 俺に言い訳するな。

2 괜찮으니까 그렇게 걱정하지 마. 大丈夫だからそんなに心配するな。

3 어린애도 아니고 장난하지 마. 子供じゃあるまいし、いたずらするな。

4 아직 모르니깐 흥분하지 마. まだ分からないから興奮するな。

5 지키지 못할 거라면 약속하지 마. 守れないんだったら約束するな。

PATTERN 103 だって仕方ないじゃないか。

그런데 방법이 없잖아.

소책자듣기용 103_H.MP3

1 그런데 방법이 없잖아.	だって仕方ないじゃないか。
2 나만 바보 같잖아.	僕だけがバカみたいじゃないか。
3 나는 남자잖아.	俺は男じゃないか。
4 당신은 지금 청춘이잖아.	あなたは今、青春じゃないか。
5 소중히 해. 부모에게 받은 생명이잖아.	大事にしろ。親にもらった命じゃないか。

PATTERN 104 傘を持っていったほうがいいですよ。

우산을 가져가는 편이 좋아요.

소책자듣기용 104_H.MP3

1 오늘은 우산을 가져가는 편이 좋아요.	今日は傘を持っていったほうがいいですよ。
2 열이 있을 때는 빨리 병원에 가는 편이 좋아요.	熱がある時は、早く病院に行ったほうがいいですよ。
3 외식보다 직접 요리를 만드는 편이 좋아요.	外食より自分で料理を作ったほうがいいですよ。
4 고기를 먹을 때는 채소도 함께 먹는 편이 좋아요.	肉を食べる時は野菜も一緒に食べたほうがいいですよ。
5 오늘은 매우 추우니까 옷을 많이 껴입는 편이 좋아요.	今日はとても寒いから厚着をしたほうがいいですよ。

PATTERN 105 電話を借りてもいいですか。

전화 좀 빌려도 될까요?

소책자듣기용 105_H.MP3

1 여기 전화 좀 빌려도 될까요?	ここの電話を借りてもいいですか。
2 구두를 신어 봐도 될까요?	靴を履いてみてもいいですか。
3 이 옷을 입어 봐도 될까요?	この服を着てみてもいいですか。
4 여기에서 사진을 찍어도 될까요?	ここで写真を撮ってもいいですか。
5 저기요, 안에 들어가도 될까요?	あのう、中に入ってもいいですか。

まだ行かなくて大丈夫よ。

아직 가지 않아도 괜찮아.

소책자듣기용 106_H.MP3

1 아직 가지 않아도 괜찮아.	まだ行かなくて大丈夫よ。
2 배고프지 않으면 먹지 않아도 괜찮아.	お腹空いてないなら食べなくて大丈夫よ。
3 사정이 안 좋으면 무리해서 오지 않아도 괜찮아.	都合が悪かったら、無理に来なくて大丈夫よ。
4 술을 싫어하면 마시지 않아도 괜찮아.	お酒が嫌いなら飲まなくて大丈夫よ。
5 바쁜 사람은 참가하지 않아도 괜찮아.	忙しい人は参加しなくて大丈夫よ。

明日までに返さなければならない。

내일까지 반납하지 않으면 안 돼.

소책자듣기용 107_H.MP3

1 이 책은 내일까지 반납하지 않으면 안 돼.	この本は明日までに返さなければならない。
2 나는 오늘 오후에 병원에 가지 않으면 안 돼.	私は今日の午後病院へ行かなければならない。
3 독한 약은 주의해서 먹어야 해.	強い薬は注意して飲まなければならない。
4 내일은 심리학 리포트를 써야 해.	明日は心理学のレポートを書かなければならない。
5 자기 전에 반드시 이를 닦아야 해.	寝る前に必ず歯を磨かなければならない。

PATTERN 108

傘を持っていったほうがいいと思いますよ。

우산을 가지고 가는 편이 좋겠어요.

소책자듣기용 108_H.MP3

1 오늘은 우산을 가지고 가는 편이 좋겠어요.	今日は傘を持っていったほうがいいと思いますよ。
2 길이 붐비니까 전철로 가는 편이 좋겠어요.	道は込んでいるから電車で行ったほうがいいと思いますよ。
3 추우니까 옷을 많이 껴입는 게 좋겠어요.	寒いから厚着をしたほうがいいと思いますよ。
4 시간이 늦었으니까 빨리 돌아가는 편이 좋겠어요.	時間が遅いから早く帰ったほうがいいと思いますよ。
5 외식하는 것보다 직접 요리를 만드는 편이 좋겠어요.	外食するより自分で料理を作ったほうがいいと思いますよ。

彼女は中でもとくに美しい。

그녀는 그 중에서도 특히 아름답다.

소책자듣기용 109_H.MP3

1 그녀는 그 중에서도 특히 아름답다.	彼女は中でもとくに美しい。
2 그 중에서도 가장 즐거웠던 추억은 이거야.	中でも一番楽しかった思い出はこれだ。
3 그는 그 중에서도 머리가 좋다.	彼は中でも頭がいい。
4 그 중에서도 이 무늬가 가장 맘에 들었어.	中でもこの柄が気に入った。
5 그 중에서도 가장 인기가 높은 가게에 가 봤어.	中でも一番人気の高いお店に行ってみたんだ。

おいしいからいつも人が並んでいるんだ。

맛있기 때문에 항상 사람들이 줄 서 있어.

소책자듣기용 110_H.MP3

1 이 가게는 맛있기 때문에 항상 사람들이 줄 서 있어.	この店はおいしいからいつも人が並んでいるんだ。
2 착실하게 공부하지 않았기 때문에 시험에 떨어진 거야.	真面目に勉強しなかったから試験に落ちたんだ。
3 당신이 바람피웠기 때문에 그녀에게 버림받은 거야.	あなたが浮気したから彼女に捨てられたんだ。
4 그의 방 불은 꺼져 있기 때문에 외출한 거야.	彼の部屋の明かりが消えているから出掛けたんだ。
5 이 아이는 혼자서 울고 있기 때문에 틀림없이 미아인 거야.	この子は一人で泣いてるからきっと迷子になったんだ。

彼女に会いたかったんです。

그녀를 만나고 싶었어요.

소책자듣기용 111_H.MP3

1 어제는 그녀를 만나고 싶었어요.	昨日は彼女に会いたかったんです。
2 나는 피자가 먹고 싶었어요.	私はピザが食べたかったんです。
3 나도 어제 파티에 가고 싶었어요.	私も昨日のパーティーに行きたかったんです。
4 공포 영화를 보고 싶었어요.	ホラー映画が見たかったんです。
5 어렸을 때 애완동물을 키우고 싶었어요.	子供の時、ペットを飼いたかったんです。

今、会いに行ってもいい？

지금 만나러 가도 돼?

소책자듣기용 112_H.MP3

1 지금 만나러 가도 돼?	今、会いに行ってもいい？
2 너희 집에 자러 가도 돼?	お前のうちに泊りに行ってもいい？
3 새로 산 컴퓨터 보러 가도 돼?	新しく買ったパソコン、見に行ってもいい？
4 그거 내일 반납하러 가도 돼?	それ、明日返しに行ってもいい？
5 빌려준 책 가지러 가도 돼?	貸した本、取りに行ってもいい？

パソコンを買うためにアルバイトをしてる。

컴퓨터를 사기 위해서 아르바이트를 하고 있어.

소책자듣기용 113_H.MP3

1 여동생은 컴퓨터를 사기 위해서 아르바이트를 하고 있어.	妹はパソコンを買うためにアルバイトをしてる。
2 나는 자동차 면허를 따기 위해서 수십만엔을 써버렸어.	私は車の免許を取るために数十万円を使っちゃったよ。
3 엄마는 우리들을 위해서 쿠키를 구워 주었다.	母は私たちのためにクッキーを焼いてくれた。
4 그는 회사를 위해 너무 지나치게 일을 해서 병에 걸렸대.	彼は会社のために働きすぎて病気になったんだって。
5 일본 여행을 가기 위해서 돈을 모으고 있어.	日本旅行に行くためにお金を貯めてるよ。

学校を休んだのは、熱があったからです。

학교를 쉰 것은 열이 났기 때문이에요.

소책자듣기용 114_H.MP3

1 어제 학교를 쉰 것은 감기로 열이 났기 때문이에요.	昨日学校を休んだのは、風邪で熱があったからです。
2 내가 일본으로 유학 간 것은 일본 기업에 취직하고 싶기 때문이에요.	私が日本に留学したのは、日本の企業に就職したいからです。
3 영화 보러 가지 않은 것은 갑자기 배가 아팠기 때문이에요.	映画に行かなかったのは、急にお腹が痛くなったからです。
4 빨리 집을 나오는 것은 만원 전철에 타고 싶지 않기 때문이에요.	早く家を出るのは、満員電車に乗りたくないからです。
5 학교에 가고 싶지 않은 것은 괴롭힘을 당하고 있기 때문이에요.	学校に行きたくないのは、いじめられてるからです。

犬に手を噛まれちゃいました。

개에게 손을 물렸어요.

소책자듣기용 115_H.MP3

1 개에게 손을 물렸어요. 犬に手を噛まれちゃいました。

2 공부를 하지 않아서 엄마에게 혼났어요. 勉強をしなくて母に叱られちゃいました。

3 회사에서 부장에게 야단맞았어요. 会社で部長に怒られちゃいました。

4 전철 안에서 도둑에게 지갑을 도난당했어요. 電車の中で泥棒に財布を盗まれちゃいました。

5 어렸을 때 친구들에게 왕따당했어요. 子供の時、友達にいじめられちゃいました。

よく弟をお使いに行かしてる。

자주 남동생에게 심부름을 시키고 있어.

소책자듣기용 116_H.MP3

1 자주 남동생에게 심부름을 시키고 있어. よく弟をお使いに行かしてる。

2 그녀는 남편에게 쓰레기를 버리게 하고 있어. 彼女は夫にごみを捨てさしてる。

3 나는 요리를 못해서 여동생에게 시키고 있어. 私は料理が下手だから妹にさしてる。

4 다나카 씨는 냉장고에 채소를 썩히고 있어. 田中さんは冷蔵庫で野菜を腐らしてる。

5 당신은 항상 나를 웃게 해. あなたはいつも私を笑わしてる。

母にお見合いをさせられたんです。

엄마가 시켜서 맞선을 봤어요.

소책자듣기용 117_H.MP3

1 지난주 엄마가 시켜서 맞선을 봤어요. 先週、母にお見合いをさせられたんです。

2 술자리에서 선배가 시켜서 억지로 소주를 마셨어요. 飲み会で先輩に焼酎を飲まされたんです。

3 노래방에서 부장님이 시켜서 억지로 노래를 불렀어요. カラオケで部長に歌を歌わされたんです。

4 어제 여자 친구 때문에 2시간이나 기다렸어요. 昨日彼女に二時間も待たされたんです。

5 아내가 시켜서 화장실 청소를 했어요. 妻にトイレの掃除をさせられたんです。

PATTERN 118 何だかご存じですか。

무엇인지 알고 계신가요?

소책자듣기용 118_H.MP3

1 일본의 국화는 무엇인지 알고 계신가요?	日本の国花は何だかご存じですか。
2 우 선생님을 아세요?	ウ先生をご存じですか。
3 그의 휴대폰 번호를 알고 계신가요?	彼の携帯番号をご存じですか。
4 선생님의 자택 주소를 아세요?	先生のお宅の住所をご存じですか。
5 빨간 옷을 입고 있는 남성을 아세요?	赤い服を着ている男性をご存じですか。

PATTERN 119 どうぞお入りください。

어서 들어오세요.

소책자듣기용 119_H.MP3

1 어서 들어오세요.	どうぞお入りください。
2 (역내 방송) 위험하니까 노란선 안쪽으로 물러나 주세요.	危ないですから、黄色の線の内側にお下がりください。
3 (공항에서) 여권과 항공권을 보여 주세요.	パスポートと航空券をお見せください。
4 여기에 앉아 주세요.	こちらにお座りください。
5 주문이 결정되시면 불러 주세요.	ご注文が決まりましたら、お呼びください。

PATTERN 120 お茶をお入れします。

차를 끓이겠습니다.

소책자듣기용 120_H.MP3

1 차를 끓이겠습니다.	お茶をお入れします。
2 점장님을 불러 드리겠습니다.	店長をお呼びします。
3 바쁠 것 같은데 제가 도와드리겠습니다.	忙しそうですが、お手伝いします。
4 선생님께 전해 드리겠습니다.	先生にお伝えします。
5 자료는 메일로 보내 드리겠습니다.	資料はメールでお送りします。

PATTERN 121 家を出たとたん雨が降ってきた。

집을 나서자마자 비가 내렸어.

소책자듣기용 121_H.MP3

1 집을 나서자마자 비가 내렸어.	家を出たとたん雨が降ってきた。
2 일어나자마자 현기증이 나서 깜짝 놀랐어.	立ち上がったとたん目眩がしてびっくりしたよ。
3 아이는 엄마의 얼굴을 보자마자 울기 시작했대.	子供はお母さんの顔を見たとたん泣き出したって。
4 솜사탕을 입에 넣자마자 바로 녹아 버렸어.	わたあめを口に入れたとたんすぐ溶けてしまった。
5 집에 돌아오자마자 전화벨이 울렸어.	家に帰ってきたとたん電話のベルが鳴った。

PATTERN 122 窓を開けたまま出かけちゃった。

창문을 열어둔 채로 외출해 버렸다.

소책자듣기용 122_H.MP3

1 창문을 열어둔 채로 외출해 버렸다.	窓を開けたまま出かけちゃった。
2 콘택트렌즈를 한 채로 자지 않는 게 좋아.	コンタクトをしたまま寝ないほうがいいよ。
3 에어컨을 켜 둔 채로 잠들어 버렸어.	クーラーをつけたまま眠ってしまった。
4 아들이 3일 전에 나간 채 돌아오지 않아.	息子が三日前に出かけたまま帰ってこない。
5 모자는 쓴 채로 괜찮아.	帽子は被ったままでいいよ。

PATTERN 123 よく考えた上で、お返事をください。

잘 생각하고 나서 답변 주세요.

소책자듣기용 123_H.MP3

1 잘 생각하고 나서 답변 주세요.	よく考えた上で、お返事をください。
2 가족과 상담하고 나서 취직을 결정했습니다.	家族と相談した上で、就職を決めました。
3 모두가 충분히 이야기 나누고 나서 내린 결론입니다.	みんなで十分話し合った上で、出した結論です。
4 필요 사항을 기입하고 나서 반송해 주세요.	必要事項をご記入した上で、ご返送ください。
5 결혼 상대는 충분히 사귀고 나서 결정하는 거야.	結婚相手は十分付き合った上で、決めるのよ。

PATTERN 124 入社して以来、一日も休んでいない。

입사한 이후 하루도 쉬지 않았어.

소책자듣기용 124_H.MP3

1 입사한 이후 하루도 쉬지 않았어. 入社して以来、一日も休んでいない。

2 그를 만난 이후 좋은 일만 있어서 행복합니다. 彼に出会って以来、いいことばかりで幸せです。

3 그녀와는 졸업한 이후 만난 적 없어. 彼女とは卒業して以来、会ったことない。

4 그 일이 있은 후에 그녀를 좋아하게 돼 버렸어. そのことがあって以来、彼女のことが好きになっちゃった。

5 일본에 온 이후 일본에 대한 생각이 바뀌었어. 日本に来て以来、日本に対する考えが変わったよ。

PATTERN 125 行くついでにこれもお願いします。

가는 김에 이것도 부탁해요.

소책자듣기용 125_H.MP3

1 가는 김에 이것도 부탁해요. 行くついでにこれもお願いします。

2 시내에 나간 김에 쇼핑도 했어. 町に出たついでに買い物をしたわ。

3 내친 김에 해버릴 거야. ついでにやってしまう。

4 말이 나온 김에 말하면 그건 네 쪽이 나빠. ついでに言えば、それは君の方が悪い。

5 편의점에 들르는 김에 공과금도 내고 오면 어때? コンビニに寄るついでに光熱費も払ってきたら？

PATTERN 126 読めば読むほど難しいな。

읽으면 읽을수록 어렵네.

소책자듣기용 126_H.MP3

1 이 책은 읽으면 읽을수록 어렵네. この本は読めば読むほど難しいな。

2 맥주를 마시면 마실수록 여자 친구가 점점 더 예뻐져요. ビールを飲めば飲むほど彼女がますますきれいになるんですよ。

3 천천히 씹으면 씹을수록 맛이 나. ゆっくり噛めば噛むほど味が出る。

4 배달은 빠르면 빠를수록 좋다. 出前は速ければ速いほどいい。

5 기계 조작은 간단하면 간단할수록 편리합니다. 機械の操作は簡単ならば簡単なほど便利です。

PATTERN 127 犯人じゃなくてよかったよ。

범인이 아니어서 다행이야.

소책자듣기용 127_H.MP3

1 그가 진범이 아니어서 다행이야.	彼が本当の犯人じゃなくてよかったよ。
2 내가 만든 요리를 싫어하지 않아서 다행이야.	私の作った料理が嫌いじゃなくてよかったよ。
3 새로 산 휴대폰 조작이 불편하지 않아서 다행이야.	新しく買ったケータイの操作が不便じゃなくてよかったよ。
4 그 여자의 이야기가 거짓말이 아니어서 다행이야.	あの女の話がうそじゃなくてよかったよ。
5 유럽은 지금 겨울이 아니어서 다행이야.	ヨーロッパは今が冬じゃなくてよかったよ。

PATTERN 128 これさえあればいい。

이것만 있으면 돼.

소책자듣기용 128_H.MP3

1 이것만 있으면 돼.	これさえあればいい。
2 돈만 있으면 뭐든지 할 수 있을 텐데.	お金さえあれば何だってできるのに。
3 그는 틈만 있으면 그림을 그려.	彼は暇さえあれば絵をかいてる。
4 가기만 하면 돼.	行きさえすればいい。
5 당신만 좋다면 함께 가자.	あなたさえよければ一緒に行こう。

PATTERN 129 ピンからキリまである。

최상급에서 최하급까지 있다.

소책자듣기용 129_H.MP3

1 가수라고 해도 최상급부터 최하급까지 있다.	歌手といってもピンからキリまである。
2 초보자부터 베테랑까지 기초부터 다시 검토해 보자.	初心者からベテランまで基礎から見直してみよう。
3 도쿄부터 오사카까지 신칸센으로 갈 수 있어요.	東京から大阪まで新幹線で行けますよ。
4 주문부터 배송까지의 경과는 다음과 같습니다.	ご注文から配送までの経過は以下のようになります。
5 회의는 오전 9시부터 10시 반까지 합니다.	会議は午前９時から10時半まで行います。

PATTERN 130 良かったら一緒に行きませんか。

괜찮다면 함께 가지 않을래요?

소책자듣기용 130_H.MP3

1 괜찮다면 함께 가지 않을래요? 良かったら一緒に行きませんか。

2 괜찮다면 저와 사귀어 주시지 않겠습니까? 良かったら僕と付き合ってくれませんか。

3 괜찮다면 들어 봐. 良かったら聞いてみてね。

4 괜찮다면 꼭 놀러 오세요. 良かったら是非遊びに来てください。

5 괜찮다면 다음 주 우리 집에 오지 않을래요? 良かったら来週、家に来ませんか。

PATTERN 131 何事も人次第なんだよ。

무슨 일이든 사람 나름이야.

소책자듣기용 131_H.MP3

1 무슨 일이든 사람 나름이야. 何事も人次第なんだよ。

2 가고 안 가고는 자네에게 달렸어. 行くも行かぬも君次第なんだよ。

3 행복해질지 어떨지는 생각하기 나름이야. 幸せになるかどうかは考え方次第なんだよ。

4 승진하는 것은 실력에 달렸어. 昇進するのは実力次第なんだよ。

5 할지 말지는 너 하기 나름이야. するかしないかはあなた次第なんだよ。

PATTERN 132 そのバカのおかげで負けちゃった。

저 바보 덕분에 졌어.

소책자듣기용 132_H.MP3

1 저 바보 덕분에 오늘 졌어. そのバカのおかげで今日、負けちゃった。

2 저 녀석 덕분에 어처구니없는 꼴을 당했어. あいつのおかげでばかを見た。

3 덕분에 오늘도 아침부터 졸았잖아. おかげで今日も朝からびびっちゃったじゃん。

4 어떠냐. 네 덕분에 팀워크가 깨졌어. どうだ。お前のおかげでチームワークを損なった。

5 별꼴이야. 너 덕분에 생각지도 못한 변을 당했어! やだ。君のおかげでとんだ目にあったよ。

PATTERN 133 悔しいことに花見の当日が雨でした。

분하게도 꽃구경 당일에 비가 왔어요.

소책자듣기용 133_H.MP3

1 분하게도 꽃구경 당일에 비가 왔어요.	悔しいことに花見の当日が雨でした。
2 유감스럽게도 이번 여행은 취소되었어.	残念なことに今度の旅行は中止になっちゃった。
3 난감하게도 일본어가 좀처럼 늘지 않아.	困ったことに日本語がなかなか上達しない。
4 슬프게도 친한 친구가 멀리 이사 간대.	悲しいことに親友が遠くに引っ越していくらしい。
5 놀랍게도 그는 나를 알고 있었어.	驚いたことに彼は私を知っていたよ。

PATTERN 134 あんたのせいでこうなっちゃった。

당신 때문에 이렇게 되고 말았어.

소책자듣기용 134_H.MP3

1 전부 당신 때문에 이렇게 되고 말았어.	全部あんたのせいでこうなっちゃった。
2 남동생 때문에 아빠한테 야단맞았어요.	弟のせいで父に叱られました。
3 너 때문에 물을 엎질러 버렸어.	お前のせいで水をこぼしちゃったよ。
4 그 사람 때문에 실패하고 말았어.	彼のせいで失敗してしまった。
5 태풍 때문에 요즘 채소 가격이 비싸졌어.	台風のせいでこの頃野菜の値段が高くなった。

PATTERN 135 お金がないばかりに行けなかった。

돈이 없는 탓에 가지 못했어.

소책자듣기용 135_H.MP3

1 돈이 없는 탓에 유학을 가지 못했어.	お金がないばかりに留学に行けなかった。
2 그의 이야기를 그대로 믿은 탓으로 심한 꼴을 당하고 말았어.	彼の話をそのまま信じたばかりにひどい目にあってしまったよ。
3 내가 실수한 탓으로 이번 기획은 쓸모없게 되었다.	私がミスしたばかりに今度の企画は台無しになった。
4 거짓말을 한 탓에 애인과 헤어지고 말았어.	うそをついたばかりに恋人と別れちゃった。
5 노래를 못하는 탓으로 노래 경연 대회에 못 나가.	歌が下手なばかりにカラオケ大会に出れないんだ。

PATTERN 136 触ってもかまわないよ。

만져도 상관없어.

소책자듣기용 136_H.MP3

1 이것들은 만져도 상관없어. これらは触ってもかまわないよ。

2 사정이 여의치 않으면 무리해서 오지 않아도 상관없어. 都合が悪かったら無理に来なくてもかまわないよ。

3 자네, 오늘은 먼저 집에 가도 상관없어. 君、今日は先に帰ってもかまわないよ。

4 배가 부르면 먹지 않아도 상관없어. お腹いっぱいなら食べなくてもかまわないよ。

5 이 컴퓨터는 자유롭게 사용해도 상관없어. このパソコンは自由に使ってもかまわないよ。

PATTERN 137 早く寝ればよかったじゃないですか。

빨리 잤으면 좋았잖아요.

소책자듣기용 137_H.MP3

1 어제 빨리 잤으면 좋았잖아요. 昨日、早く寝ればよかったじゃないですか。

2 청소해 뒀으면 좋았잖아요. 掃除して置けばよかったじゃないですか。

3 그런 거 말하지 않았으면 좋았잖아요. あんなこと言わなければよかったじゃないですか。

4 다른 영화를 봤으면 좋았잖아요. 違う映画を見ればよかったじゃないですか。

5 더 빨리 집에서 나왔으면 좋았잖아요. もっと早く家を出ればよかったじゃないですか。

PATTERN 138 今の私じゃダメなの。

지금의 나로는 안 돼.

소책자듣기용 138_H.MP3

1 지금의 나로는 안 돼. 今の私じゃダメなの。

2 그런 약한 마음으론 안 돼. そんな弱気じゃダメなの。

3 나쁜 애인 관계라면 안 돼. 悪い恋人じゃダメなの。

4 이것은 혼자서는 안 돼. これは一人じゃダメなの。

5 그 꽃으로는 안 돼. その花じゃダメなの。

授業をサボらないようにします。

수업을 빼먹지 않도록 하겠습니다.

소책자듣기용 139_H.MP3

1 수업을 빼먹지 않도록 하겠습니다.	授業をサボらないようにします。
2 두 번 다시 이런 일이 일어나지 않도록 하겠습니다.	二度とこんなことが起らないようにします。
3 밤에는 별로 먹지 않도록 하겠습니다.	夜はあんまり食べないようにします。
4 더 이상 그녀에게 접근하지 않도록 하겠습니다.	これ以上、彼女には近付かないようにします。
5 앞으로는 늦잠을 자지 않도록 하겠습니다.	これからは朝寝坊をしないようにします。

PATTERN 140

ちょっともうやめなさいよ。

이제 좀 그만둬.

소책자듣기용 140_H.MP3

1 이제 좀 핸드폰은 그만둬.	ちょっともうケータイはやめなさいよ。
2 좀 싸움은 그만둬.	ちょっと喧嘩はやめなさいよ。
3 좀 방에서 담배 피우는 건 그만둬.	ちょっと部屋でタバコを吸うのはやめなさいよ。
4 좀 그 이야기는 이제 그만둬.	ちょっとその話はもうやめなさいよ。
5 좀 꼬치꼬치 캐묻는 건 그만둬.	ちょっと根掘り葉掘り聞き出すのはやめなさいよ。

PATTERN 141

このままだと困るんです。

이대로라면 곤란해요.

소책자듣기용 141_H.MP3

1 이대로라면 곤란해요.	このままだと困るんです。
2 가뭄이 계속되면 곤란해요.	日照り続きだと困るんです。
3 대답이 늦어지면 곤란해요.	返事が遅くなると困るんです。
4 그날에 비가 내리면 곤란해요.	その日に雨が降ると困るんです。
5 남이 보게 되면 곤란해요.	人に見られると困るんです。

PATTERN 142 先生だからってみんな真面目なわけじゃないんです。

선생이라고 해서 모두 성실한 것은 아니에요.

소책자듣기용 142_H.MP3

1 선생이라고 해서 모두 성실한 것은 아니에요.	先生だからってみんな真面目なわけじゃないんです。
2 가난하다고 해서 불행한 것은 아니에요.	貧乏だからって不幸なわけじゃないんです。
3 여자아이라고 해서 모두 핑크색을 좋아하는 것은 아니에요.	女の子だからってみんなピンクが好きなわけじゃないんです。
4 부부라고 해서 서로 아무런 비밀도 없는 것은 아니에요.	夫婦だからってお互いに何の秘密もないわけじゃないんです。
5 일본인이라고 해서 모두 올바른 경어를 쓸 수 있는 것은 아니에요.	日本人だからってみんな正しい敬語が使えるわけじゃないんです。

PATTERN 143 約束したんだから行くしかないんだ。

약속했기 때문에 갈 수밖에 없어.

소책자듣기용 143_H.MP3

1 약속했기 때문에 갈 수밖에 없어.	約束したんだから行くしかないんだ。
2 대학에 들어가기 위해서는 열심히 노력할 수밖에 없어.	大学に入るためには熱心に頑張るしかないんだ。
3 내가 가지고 있는 것은 그것밖에 없어.	私が持ってるのはそれしかないんだ。
4 아무것도 먹을 게 없으니 직접 만들 수밖에 없어.	何も食べるものがないんで自分で作るしかないんだ。
5 시험까지는 나머지 일주일밖에 없어.	試験まではあと一週間しかないんだ。

PATTERN 144 タバコを吸ってはならないでしょう。

담배를 피우면 안 돼요.

소책자듣기용 144_H.MP3

1 담배를 피우면 안 돼요.	タバコを吸ってはならないでしょう。
2 이것은 알려지면 안 돼요.	これは知らせてはならないでしょう。
3 이제 두 번 다시 전쟁을 일으켜서는 안 돼요.	もう二度と戦争を起してはならないでしょう。
4 어떤 경우라도 폭력은 용서해서는 안 돼요.	どんな場合でも暴力は許してはならないでしょう。
5 재차 이런 사건이 일어나서는 안 돼요.	再びこんな事件があってはならないでしょう。

PATTERN 145 普通の人は考え得ないだろう。

보통 사람은 생각할 수 없겠지.

소책자듣기용 145_H.MP3

1 그런 거 보통 사람은 생각할 수 없겠지. そんなの普通の人は考え得ないだろう。

2 이건 그의 재력으로는 이뤄낼 수 없겠지. これは彼の財力では成し得ないだろう。

3 지금 단계에서는 공표할 수 없겠지. 今の段階では公表し得ないだろう。

4 복권에 당첨되는 것은 누구에게나 일어날 수 없겠지. 宝くじに当たるのは誰にでも起り得ないだろう。

5 이렇게 어려운 문제는 다빈치조차 풀 수 없겠지. このような難問はダヴィンチすら解き得ないだろう。

PATTERN 146 なぜ形式にこだわるんですか。

왜 형식에 연연하는 건가요?

소책자듣기용 146_H.MP3

1 왜 형식에 연연하는 건가요? なぜ形式にこだわるんですか。

2 왜 그 이야기에 연연하는 건가요? なぜその話にこだわるんですか。

3 왜 질서에 연연하는 건가요? なぜ秩序にこだわるんですか。

4 왜 겉보기에 연연하는 건가요? なぜ見た目にこだわるんですか。

5 왜 무농약에 연연하는 건가요? なぜ無農薬にこだわるんですか。

PATTERN 147 見て見ないふりをする。

보고도 못 본 척하는 거야.

소책자듣기용 147_H.MP3

1 보고도 못 본 척하는 거야. 見て見ないふりをする。

2 부자인 척하는 거야. お金持ちのふりをする。

3 생각하고 있는 척하는 거야. 考えてるふりをする。

4 좋아도 싫은 척하는 거야. 好きでも嫌なふりをする。

5 겁쟁이 주제에 항상 강한 척하는 거야. 臆病のくせにいつも強いふりをする。

彼女は怒りっぽい人だね。

그녀는 자주 화내는 경향이 있어.

소책자듣기용 148_H.MP3

1 그녀는 자주 화내는 경향이 있어. 彼女は怒りっぽい人だね。

2 정말이지 너는 자주 깜빡하는 경향이 있어. まったく、あんたは忘れっぽい人なんだから。

3 요즘 날씨는 마치 가을 같네. 最近の天気はまるで秋っぽいね。

4 나는 뭘 해도 금방 질리는 경향이 있어. 私は何をしても飽きっぽい。

5 그의 성격은 여성스러워. 彼の性格は女っぽいね。

雨が降りそうな気がする。

비가 내릴 것 같은 느낌이 들어.

소책자듣기용 149_H.MP3

1 비가 내릴 것 같은 느낌이 들어. 雨が降りそうな気がする。

2 지갑을 집에 두고 온 것 같은 느낌이 들어. 財布を家に置いてきたような気がする。

3 그녀의 계산은 틀린 느낌이 들어. 彼女の計算、間違ってる気がする。

4 이 된장국, 좀 싱거운 느낌이 들어. この味噌汁、ちょっと味が薄いような気がする。

5 어쩐지 불쌍한 느낌이 들어. 何だかかわいそうな気がする。

PATTERN 150

なるほど。君の言う通りだ。

그렇군. 네 말이 맞아.

소책자듣기용 150_H.MP3

1 그렇군. 네 말이 맞아. なるほど。君の言う通りだ。

2 그렇군요. 잘 알았습니다. なるほど。よく分かりました。

3 역시 이 책은 재미있어. なるほどこの本はおもしろいよ。

4 역시 훌륭한 사람이네. なるほど立派な人だね。

5 역시나. 그 사진에 있던 건 너가 아니었구나. なるほど。あの写真に写っていたのは君じゃなかったね。

PATTERN 151 私は気にしないでください。

저는 신경 쓰지 마세요.

소책자듣기용 151_H.MP3

1 저는 신경 쓰지 마세요. 私は気にしないでください。

2 이런 거 신경 쓰지 마세요. こんなの、気にしないでください。

3 지난번 일은 신경 쓰지 마세요. この前のことは気にしないでください。

4 혼잣말이니까 신경 쓰지 마세요. 独り言なので気にしないでください。

5 큰일 아니니깐 신경 쓰지 마세요. 大したことないから気にしないでください。

PATTERN 152 彼女はもっと話したがってる。

그녀는 더 이야기하고 싶어 한다.

소책자듣기용 152_H.MP3

1 그녀는 더 가족과 이야기하고 싶어 한다. 彼女はもっと家族と話したがってる。

2 요즘 젊은이들은 모두 연예인이 되고 싶어 한다. 最近の若者はみんな芸能人になりたがってる。

3 결혼하고 싶어 하는 사람이 내 주변에는 별로 없다. 結婚したがってる人が私の周りにはあんまりいない。

4 그는 또 같은 물건을 사고 싶어 한다. 彼はまた同じものを買いたがってる。

5 그곳에 가고 싶어 하는 사람은 아무도 없다. あそこに行きたがってる人は誰もいない。

PATTERN 153 僕は小さい頃から病気がちでした。

저는 어렸을 적부터 병이 잦았어요.

소책자듣기용 153_H.MP3

1 저는 어렸을 적부터 병이 잦았어요. 僕は小さい頃から病気がちでした。

2 아빠는 출장이나 휴일 근무가 많아서 자주 집을 비우곤 했어요. 父は出張や休日出勤が多くて不在がちでした。

3 우리 딸도 학교를 땡땡이 칠 때가 많았어요. うちの娘も学校をサボりがちでした。

4 학창 시절에 숙제를 자주 까먹는 편이었어요. 学生時代、宿題を忘れがちでした。

5 이전에는 무슨 일이든 깊이 고심하는 경향이 있었어요. 以前は何ごとにも遠慮がちでした。

PATTERN 154 ついてないなぁ。

재수가 없네.

소책자듣기용 154_H.MP3

1 지갑 잃어버렸어. 재수가 없네. 財布落しちゃった。ついてないなぁ。

2 오늘은 왠지 재수가 없네. 今日はなんだかついてないなぁ。

3 애써 빨래했는데 비가 오다니. 재수가 없네. せっかく洗濯したのに雨だなんて。ついてないなぁ。

4 뭐야? 벌써 문 닫은 거야? 재수가 없네. 何だ？もう閉店か。ついてないなぁ。

5 일부러 사러 갔는데 매진이지 뭐야. 재수가 없네. わざわざ買いに行ったのに売り切れでね。ついてないなぁ。

PATTERN 155 私なりに片付けておいたのよ。

내 나름대로 정리해 둔 거야.

소책자듣기용 155_H.MP3

1 내 나름대로 정리해 둔 거야. 私なりに片付けておいたのよ。

2 아이는 아이 나름대로 생각하고 있는 거야. 子供は子供なりに考えてるんだよ。

3 그건 그거 나름대로 가치가 있으니까. それはそれなりに価値があるから。

4 저는 제 나름대로 열심히 공부했다고 생각해요. 私は自分なりに一生懸命勉強したと思います。

5 내 나름대로 열심히 케이크를 만들었는데, 어때? 私なりに頑張ってケーキを作ったんだけど、どう？

PATTERN 156 夏休みにいい思いをした。

여름 방학에 좋은 경험을 했어.

소책자듣기용 156_H.MP3

1 여름 방학에 좋은 경험을 했어. 夏休みにいい思いをした。

2 어제 무서운 경험을 했어. 昨日、怖い思いをした。

3 지난달 아픈 경험을 했어. 先月、痛い思いをした。

4 최근 쓸쓸한 경험을 했어. 最近、寂しい思いをした。

5 요전에 운 좋은 경험을 했어. こないだ、おいしい思いをした。

PATTERN 157 一緒に行ったほうが良かったかなぁ。

함께 가는 편이 좋았으려나.

소책자듣기용 157_H.MP3

1 함께 가는 편이 좋았으려나.	一緒に行ったほうが良かったかなぁ。
2 무슨 일인지 물어보는 편이 좋았으려나.	どういうことか聞いてみたほうが良かったかなぁ。
3 사주는 편이 좋았으려나.	買ってあげたほうが良かったかなぁ。
4 먼저 전화하는 편이 좋았으려나.	先に電話したほうが良かったかなぁ。
5 약을 먹고 자는 편이 좋았으려나.	薬を飲んで寝たほうが良かったかなぁ。

PATTERN 158 この焼酎は飲みやすいね。

이 소주는 마시기 쉽네.

소책자듣기용 158_H.MP3

1 이 소주는 마시기 쉽네.	この焼酎は飲みやすいね。
2 매실 장아찌 도시락은 만들기 쉽네.	日の丸弁当は作りやすいね。
3 소설보다는 에세이 쪽이 읽기 쉽네.	小説よりはエッセーの方が読みやすいね。
4 이 고기는 부드러워서 먹기 쉽네.	この肉は柔らかくて食べやすいね。
5 요즘 스마트폰은 조작이 간단해서 사용하기 쉽네.	最近のスマホは操作が簡単で使いやすいね。

PATTERN 159 これは発音しにくいでしょう。

이것은 발음하기 어렵죠?

소책자듣기용 159_H.MP3

1 이것은 발음하기 어렵죠?	これは発音しにくいでしょう。
2 좀 의미를 이해하기 어렵죠?	ちょっと意味が分かりにくいでしょう。
3 이 책은 글자가 작아서 읽기 어렵죠?	この本は字が小さくて読みにくいでしょう。
4 이 펜은 쓰기 어렵죠?	このぺんは書きにくいでしょう。
5 고기가 질겨서 먹기 어렵죠?	肉がかたくて食べにくいでしょう。

困っている人がいたら手伝うべきだと思うよ。

곤란에 처한 사람이 있으면 도와줘야 한다고 생각해.

소책자듣기용 160_H.MP3

1 곤란에 처한 사람이 있으면 도와줘야 한다고 생각해.	困っている人がいたら手伝うべきだと思うよ。
2 앞으로의 시대는 여성도 직업을 가져야 한다고 생각해.	これからの時代は女性も仕事を持つべきだと思うよ。
3 너는 노래에 재능이 있으니까 가수를 목표로 삼아야 한다고 생각해.	君は歌に才能があるから歌手を目指すべきだと思うよ。
4 젊을 때 여러 가지 경험을 해야 한다고 생각해.	若いうちにいろいろな経験をするべきだと思うよ。
5 죄를 지었으면 어떤 짓을 해서라도 속죄해야 한다고 생각해.	罪を犯したらどんなことをしても償うべきだと思うよ。

そんなの無理に決ってんじゃん。

그런 건 당연히 무리지.

소책자듣기용 161_H.MP3

1 그런 건 당연히 무리지.	そんなの無理に決ってんじゃん。
2 이런 멍청한 짓을 한 것은 당연히 그녀석이지.	こんなバカなことしたのはあいつに決ってんじゃん。
3 이런 가게는 당연히 비싸지.	こんな店は高いに決ってんじゃん。
4 그의 이야기라면 당연히 거짓말이지.	彼の話だったら嘘に決ってんじゃん。
5 같은 가격이라면 맛있는 쪽이 당연히 많이 팔리겠지.	同じ値段ならおいしい方がたくさん売れるに決ってんじゃん。

こんなものでもないよりましだ。

이런 것이라도 없는 것보다 낫다.

소책자듣기용162_H.MP3

1 이런 것이라도 없는 것보다 낫다.	こんなものでもないよりましだ。
2 그런 일은 그만두는 편이 낫다.	そんな仕事は止めたほうがましだ。
3 이렇게 괴롭다면 죽는 편이 낫다.	こんなにつらいんだったら死んだほうがましだ。
4 지금은 백엔이라도 없는 것보다 낫다.	今は百円でもないよりましだ。
5 이런 맛없는 것을 먹을 거라면 안 먹는 편이 낫다.	こんなまずいものを食べるんだったら食べないほうがましだ。

PATTERN 163 お金持ちが幸福だとは限らない。

부자가 행복하다고는 할 수 없다.

소책자듣기용 163_H.MP3

1 부자가 행복하다고는 할 수 없다.	お金持ちが幸福だとは限らない。
2 반드시 성공한다고는 할 수 없다.	必ずしも成功するとは限らない。
3 카메라가 오래됐다는 것만으로 값이 나간다고는 할 수 없다.	カメラが古いからといって高価だとは限らない。
4 어떤 법칙에도 예외가 없다고는 할 수 없다.	どんな法則にも例外がないとは限らない。
5 급히 준비했다고 해서 음식이 맛없다고는 할 수 없다.	手早く作ったからといって料理がまずいとは限らない。

PATTERN 164 魚が嫌いなわけではないんです。

생선을 싫어하는 것은 아니에요.

소책자듣기용 164_H.MP3

1 생선을 싫어하는 것은 아니에요.	魚が嫌いなわけではないんです。
2 명선수가 누구나 좋은 감독이 될 수 있는 것은 아니에요.	名選手が誰でもいい監督になれるわけではないんです。
3 특별히 친구가 없는 것은 아니에요.	別に友達がいないわけではないんです。
4 채소를 전혀 먹지 않는 것은 아니에요.	野菜を全然食べないわけではないんです。
5 바쁘다고 해도 일 년 내내 바쁜 것은 아니에요.	忙しいと言っても一年中忙しいわけではないんです。

PATTERN 165 ぐずぐずしてる場合じゃないんですよ。

꾸물거리고 있을 때가 아니에요.

소책자듣기용 165_H.MP3

1 꾸물거리고 있을 때가 아니에요.	ぐずぐずしてる場合じゃないんですよ。
2 그렇게 웃고 있을 때가 아니에요.	そんな笑ってる場合じゃないんですよ。
3 지금은 화내고 있을 때가 아니에요.	今は怒ってる場合じゃないんですよ。
4 내일이 시험이라서 놀고 있을 때가 아니에요.	明日が試験なんで遊んでる場合じゃないんですよ。
5 당신, 지금 자고 있을 때가 아니에요.	あんた、今寝てる場合じゃないんですよ。

PATTERN 166 その話はただ噂にすぎない。

그 이야기는 단지 소문에 불과해.

소책자듣기용 166_H.MP3

1 그 이야기는 단지 소문에 불과해. その話はただ噂にすぎない。

2 나는 당연한 일을 한 것에 불과해. 私は当然のことをしたにすぎない。

3 이것은 빙산의 일각에 불과해. これは氷山の一角にすぎない。

4 상당히 올라왔지만 아직 전체의 3분의 1에 불과해. 結構登ったけど、まだ全体の三分の一にすぎない。

5 그의 이야기는 변명에 불과해. 彼の話は言い訳にすぎない。

PATTERN 167 うまくいくかどうか分からない。

잘될지 어떨지 몰라.

소책자듣기용 167_H.MP3

1 잘될지 어떨지 몰라. うまくいくかどうか分からない。

2 다이어트 중이라 먹을지 어떨지 고민되네. ダイエット中だから食べるかどうか迷っちゃうな。

3 그녀도 갈지 어떨지 물어봐. 彼女も行くかどうか聞いてみて。

4 그게 사실인지 어떨지 조사할 필요가 있어요. それが事実かどうか調査する必要がありますよ。

5 그가 범인인지 어떨지 모르겠어. 彼が犯人かどうか分からない。

PATTERN 168 どんな人間にしたって長所はあるよ。

어떤 인간이라도 장점은 있어.

소책자듣기용 168_H.MP3

1 어떤 나쁜 인간이라도 장점은 있어. どんな悪い人間にしたって長所はあるよ。

2 바쁘다고 해도 식사는 제대로 해야 해. 忙しいにしたって食事はちゃんとしないと。

3 중고 집을 산다고 해도 빚을 져야 해. 中古の家を買うにしたって借金しなきゃいけない。

4 아무리 한가하다고 해도 하루 종일 자고만 있을 순 없어. いくら暇にしたって一日中寝てばかりはいられない。

5 대기업이라고 해도 이런 불경기에 보너스는 무리겠지. 大企業にしたってこんな不景気でボーナスは無理だろう。

地球温暖化についてどう考えてますか。

지구 온난화에 대해서 어떻게 생각하세요?

소책자듣기용 169_H.MP3

1 지구 온난화에 대해서 어떻게 생각하세요?	地球温暖化についてどう考えてますか。
2 저출산에 대해서 어떻게 생각하세요?	少子化についてどう考えてますか。
3 이 문제에 대해서 어떻게 생각하세요?	この問題についてどう考えてますか。
4 심각한 고령화 사회에 대해서 어떻게 생각하세요?	深刻な高齢化社会についてどう考えてますか。
5 사내에서의 남녀 차별에 대해서 어떻게 생각하세요?	社内での男女差別についてどう考えてますか。

PATTERN 170

忘れるわけないじゃないですか。

잊을 리가 없잖아요.

소책자듣기용 170_H.MP3

1 미팅 약속을 잊을 리가 없잖아요.	合コンの約束、忘れるわけないじゃないですか。
2 이렇게 많은 숙제를 할 수 있을 리가 없잖아요.	こんなに大量の宿題がやれるわけないじゃないですか。
3 3일 전에 산 생선이 신선할 리가 없잖아요.	三日前に買った魚が新鮮なわけないじゃないですか。
4 그녀가 그런 일을 할 리가 없잖아요.	彼女がそんなこと、するわけないじゃないですか。
5 나에게 남자 친구 같은 게 있을 리가 없잖아요.	私に彼氏なんか、いるわけないじゃないですか。

彼はもう着いているはずです。

그는 벌써 도착했을 겁니다.

소책자듣기용 171_H.MP3

1 그는 벌써 도착했을 겁니다.	彼はもう着いているはずです。
2 방 열쇠는 아마 남동생이 가지고 있을 겁니다.	部屋のかぎはたぶん弟が持ってるはずです。
3 월요일이니까 은행은 열려 있을 겁니다.	月曜日だから銀行は開いてるはずです。
4 그녀는 분명 부재중일 겁니다.	彼女はきっと留守のはずです。
5 점심까지는 입금할 겁니다.	お昼までには入金するはずです。

PATTERN 172 あれほど注意しておいたのにね。

그토록 주의를 해 두었는데.

소책자듣기용 172_H.MP3

1 그토록 주의를 해 두었는데.	あれほど注意しておいたのにね。
2 겨우 생활에 여유가 생기기 시작했는데.	ようやく生活が楽になってきたのにね。
3 그 일은 그만두면 좋을 텐데.	その仕事はよせばいいのにね。
4 조금 더 기뻐해 주면 좋을 텐데.	もっと喜んでくれればいいのにね。
5 먼저 말해 주면 좋을 텐데.	先に言ってくれればいいのにね。

PATTERN 173 何も知らないくせによく言いますね。

아무것도 모르면서 잘도 말하네요.

소책자듣기용 173_H.MP3

1 아무것도 모르면서 잘도 말하네요.	何も知らないくせによく言いますね。
2 그는 노래를 못하는 주제에 마이크를 잡으면 놓으려고 하지 않는다.	彼は歌が下手なくせにマイクを握ったら離そうとしない。
3 사정도 모르면서 다른 사람 일에 말참견하지 마.	事情も知らないくせに、他人のことに口を出すな。
4 어린애인데도 별의별 것을 다 알고 있다.	子供のくせにいろんなことを知っている。
5 나가! 아무것도 못하면서.	出ていけ！何もできないくせに。

PATTERN 174 1000円どころか100円もない。

1000엔은커녕 100엔도 없어.

소책자듣기용 174_H.MP3

1 돈이 1000엔은커녕 100엔도 없어.	お金が1000円どころか100円もない。
2 감기가 1주일은커녕 1개월이 지나도 낫지 않는다.	風邪が一週間どころか一ヶ月経っても治らない。
3 여동생은 저금은커녕 빚투성이다.	妹は貯金するどころか借金だらけだ。
4 가을인데 시원하기는커녕 추울 정도다.	秋なのに涼しいどころか寒いくらいだ。
5 그는 일본어는커녕 한국어도 제대로 읽지 못한다.	彼は日本語どころか韓国語もろくに読めない。

勉強はしないで遊んでばかりいる。

공부는 하지 않고 놀기만 하고 있어.

소책자듣기용 175_H.MP3

1 시험공부는 하지 않고 놀기만 하고 있어. 試験の勉強はしないで遊んでばかりいる。

2 최근 그는 먼 곳만 보고 있어. 最近、彼は遠くを見てばかりいる。

3 그녀는 다이어트 중이라고 말했으면서 먹기만 하고 있어. 彼女はダイエット中だと言ったくせに食べてばかりいる。

4 저 녀석은 사람 말은 안 듣고 혼자만 말하고 있어. あいつは人の話を聞かないで一人で話してばかりいる。

5 아들은 취직도 안 하고 집에서 자고만 있어. 息子は就職もしないで家で寝てばかりいる。

PATTERN 176

この人はお酒をまったく飲まない。

이 사람은 술을 전혀 마시지 않아.

소책자듣기용 176_H.MP3

1 이 사람은 술을 전혀 마시지 않아. この人はお酒をまったく飲まない。

2 이건 전혀 사실과 관계없어. それはまったく事実と関係ない。

3 나는 거기에 대해서는 전혀 몰라. 私はそこについてはまったく知らない。

4 전혀 전망이 서지 않아. まったく見込みが立たない。

5 나는 수학은 전혀 하지 못해. 俺は数学はまったくできない。

甘いものを食べ過ぎるんじゃない？

단것을 너무 먹는 거 아니야?

소책자듣기용 177_H.MP3

1 너는 단것을 너무 먹는 거 아니야? あんたは甘いものを食べ過ぎるんじゃない？

2 다이어트 중이라고 말해 놓고 너무 먹는 거 아냐? ダイエット中って言っといて、食べ過ぎるんじゃない？

3 저 사람은 술을 너무 마시는 거 아냐? あの人はお酒を飲み過ぎるんじゃない？

4 그 반지는 너에게 너무 사치스러운 거 아니야? その指輪はあなたには贅沢過ぎるんじゃない？

5 일본은 교통비가 너무 비싼 거 아냐? 日本は交通費が高過ぎるんじゃない？

PATTERN 178 余計なこと言うなよ。

쓸데없는 소리 하지 마.

소책자듣기용 178_H.MP3

1 쓸데없는 소리 하지 마.	余計なこと言うなよ。
2 바보 같은 소리 하지 마.	ばかなこと言うなよ。
3 허튼 소리 하지 마.	無駄なこと言うなよ。
4 당치도 않은 소리 하지 마.	無茶なこと言うなよ。
5 버릇없는 소리 하지 마.	わがままなこと言うなよ。

PATTERN 179 30分間笑いっぱなしだったよ。

30분 동안 계속 웃어댔어.

소책자듣기용 179_H.MP3

1 그들은 30분 동안 계속 웃어댔어.	彼らは30分間笑いっぱなしだったよ。
2 당신 또 에어컨을 계속 켜 둔 채로 잤어.	あなた、またエアコンを付けっぱなしにして寝てたわよ。
3 창문을 그대로 계속 열어 둬.	窓をそのまま開けっぱなしにしといて。
4 난로를 계속 켜 두면 위험해.	ストーブを付けっぱなしじゃ危ないよ。
5 아이는 장난감을 늘어놓은 채 정리하지 않는다.	子供はおもちゃを出しっぱなしで片付けない。

PATTERN 180 もう待ちきれないよ。

더 이상 기다릴 수 없어.

소책자듣기용 180_H.MP3

1 더 이상 기다릴 수 없어.	もう待ちきれないよ。
2 이렇게 많이는 다 먹을 수 없어.	こんなにたくさんは食べきれないよ。
3 단어가 너무 많아서 다 외울 수 없어.	単語が多すぎて覚えきれないよ。
4 이 책은 두꺼워서 다 읽을 수 없어.	この本は厚くて読みきれないよ。
5 밤하늘의 별은 다 셀 수 없어.	夜空の星は数えきれないよ。

PATTERN 181 緊張のあまり眠れなかった。

너무 긴장한 나머지 잘 수 없었다.

소책자듣기용 181_H.MP3

1. 너무 긴장한 나머지 잘 수 없었다. 緊張のあまり眠れなかった。
2. 너무 흥분한 나머지 그녀에게 소리쳐 버렸어. 興奮のあまり彼女に怒鳴ってしまったんだ。
3. 너무 슬픈 나머지 울어버렸어. 悲しさのあまり泣いちゃったよ。
4. 너무 기쁜 나머지 펄쩍 뛰었다. 喜びのあまり踊り上がった。
5. 너무 더운 나머지 길에서 쓰러져 버렸다. 暑さのあまり道で倒れてしまった。

PATTERN 182 処置に困ったあげく捨てちゃった。

처치 곤란해져서 버려 버렸어.

소책자듣기용 182_H.MP3

1. 처치 곤란해져서 버려 버렸어. 処置に困ったあげく捨てちゃった。
2. 여러 가지 생각한 끝에 그와 헤어지기로 했어. 色々考えたあげく彼と別れるようにしたんだ。
3. 오랫동안 망설인 끝에 아빠에게 말하기로 했어. 長い間迷ったあげく父に言うことにした。
4. 돈에 궁해져서 친구 돈을 훔쳤다. お金に困ったあげく友達のお金を盗んだ。
5. 엄마와 심하게 싸운 끝에 가출을 했다. 母とさんざんけんかしたあげく家出をした。

PATTERN 183 熱があるのに、外出するのはだめよ。

열이 있는데 외출하면 안 돼.

소책자듣기용 183_H.MP3

1. 열이 있는데 외출하면 안 돼. 熱があるのに、外出するのはだめよ。
2. 3개월간 다이어트 했는데 거의 살이 빠지지 않았어요. ３ヶ月間ダイエットをしたのに、ほとんどやせませんでした。
3. 이 멜론은 비싸게 샀는데 전혀 달지 않아. このメロンは高かったのに、全然甘くない。
4. 이 아이는 아직 5살인데 구구단을 할 수 있대. この子はまだ５歳なのに、九九を言えるんだって。
5. 감기에 걸렸는데 그런 차림으로 나가지 마. 風邪を引いているのに、そんな格好で出かけるな。

PATTERN 184 何度も告白したけど断られ続けた。

몇 번이나 고백했지만 계속 거절당했어.

소책자듣기용 184_H.MP3

1 몇 번이나 고백했지만 계속 거절당했어.	何度も告白したけど断られ続けた。
2 글쎄. 나는 그런 꿈꾼 적 없는데요. 한 번도!	さあ、私はそんな夢見たことありませんけど。一度も！
3 알고 계시겠지만, 이 재판은 우리의 승리입니다.	お分かりでしょうけど、この裁判はこちらの勝ちです。
4 기쁘지만 마음만 받을게. 그럼 또 봐.	うれしいけど、お気持ちだけで。じゃあ、また。
5 여기 우리 자리인데.	ここ俺たちの場所なんだけど。

PATTERN 185 遠いにもかかわらず、行った。

먼데도 불구하고 갔어.

소책자듣기용 185_H.MP3

1 먼데도 불구하고 갔어.	遠いにもかかわらず、行った。
2 다망하신데도 불구하고 참석해 주셔서 감사합니다.	ご多忙にもかかわらず、ご出席くださってありがとうございます。
3 할 수 있는데도 불구하고 그는 해주지 않는다.	できるにもかかわらず、彼はやってくれない。
4 평일에도 불구하고 발길을 옮겨 주셔서 대단히 황송합니다.	平日にもかかわらず、足をお運びいただき、誠に恐縮でございます。
5 열심히 공부했는데도 불구하고 불합격이었다.	一生懸命勉強したにもかかわらず、不合格だった。

PATTERN 186 おいしいからといって食べ過ぎは良くないよ。

맛있다고 해서 너무 먹는 건 좋지 않아.

소책자듣기용 186_H.MP3

1 맛있다고 해서 너무 먹는 건 좋지 않아.	おいしいからといって食べ過ぎは良くないよ。
2 대학을 나왔다고 해서 반드시 취직되는 건 아니야.	大学を出たからといって必ずしも就職できるもんじゃない。
3 돈이 있다고 해서 훌륭한 것은 아니다.	お金があるからといって偉いわけではない。
4 돈에 궁하다고 해서 다른 사람의 돈을 훔치다니.	お金に困ってるからといって人の金を盗むなんて。
5 아무리 싸다고 해서 그 정도는 필요 없잖아.	いくら安いからといってそんなに要らないでしょ。

痩せてるわりによく食べるね。

마른 거에 비해서 잘 먹네.

소책자듣기용 187_H.MP3

1 마른 거에 비해서 잘 먹네.	痩せてるわりによく食べるね。
2 이 와인은 비싼 거에 비해서는 별로 맛이 없어.	このワインは高いわりにはあんまりおいしくない。
3 저 아이는 연령에 비해서 체격이 작다.	あの子は年齢のわりに体が小さい。
4 나는 공부하는 거에 비해서 성적이 안 올라.	私はよく勉強してるわりに成績が上がらないよ。
5 이 맨션은 넓이에 비해서 저렴할지도 (몰라).	このマンションは広さのわりに安いかもね。

PATTERN 188

たとえ本当だとしても君が悪い。

비록 정말이라고 해도 네가 나빠.

소책자듣기용 188_H.MP3

1 비록 정말이라고 해도 역시 네가 나빠.	たとえ本当だとしてもやはり君が悪い。
2 비록 이번 시험에 실패한대도 절대로 포기하지 않아.	たとえ今度の試験に失敗しても絶対に諦めないよ。
3 비록 겉치레라도 칭찬을 받으면 좋은걸.	たとえお世辞だとしても誉められたら嬉しいもん。
4 가령 힘들더라도 보람이 있는 일을 하고 싶어.	たとえきつくてもやりがいがある仕事がしたい。
5 가령 비가 내려도 만나러 가겠습니다.	たとえ雨が降っても会いに行きます。

PATTERN 189

だからって、そんなの間違ってるよ。

그렇다고 해도 그런 건 잘못된 거야.

소책자듣기용 189_H.MP3

1 그렇다고 해도 그런 건 잘못된 거야.	だからって、そんなの間違ってるよ。
2 그렇다고 해도 계속 방치해 둘 건가요?	だからって、ずっとほったらかしですか。
3 그렇다고 해도 그렇게 단언할 수 있을까요?	だからって、そんな言い切れるでしょうか。
4 그렇다고 해도 모두가 사람의 죽음에 익숙해져 있진 않아요.	だからって、全員が人の死に慣れてるわけじゃないんです。
5 그렇다고 해도 너를 탓하거나 하진 않아.	だからって、あんたを責めたりはしないわよ。

速さの点においては最高だよ。

속도에 있어서는 최고야.

소책자듣기용 190_H.MP3

1 이 여객기는 속도에 있어서는 최고야.	この旅客機は速さの点においては最高だよ。
2 메이지 시대에 있어서는 아직 여성의 지위가 낮았었대.	明治時代においてはまだまだ女性の地位が低かったって。
3 용의자는 대략에 있어서 범행을 시인했다.	容疑者は大筋において犯行を認めている。
4 복권으로 대금을 손에 넣은 사람은 어떤 의미에 있어서 불행할지도.	宝くじで大金を手にした人はある意味において不幸かもよ。
5 졸업식은 10시부터 대강당에서 진행됩니다.	卒業式は10時から大ホールにおいて行われます。

君にとって大切な思い出は何?

너에게 있어서 소중한 추억은 뭐야?

소책자듣기용 191_H.MP3

1 너에게 있어서 가장 소중한 추억은 뭐야?	君にとって一番大切な思い出は何？
2 아이에게 있어서 부모의 존재는 가장 클지도 몰라.	子供にとって親の存在は一番大きいかもね。
3 사원에 있어서(는) 급료가 높은 쪽이 좋지.	社員にとって(は)給料は高いほうがいいね。
4 우리들에게 있어서 행복이란 것은 뭘까?	我らにとって幸せというのは何だろう。
5 그것은 나에게 있어서 처음 해본 경험이었어.	それは私にとって初めての経験だった。

PATTERN 192

私こそ失礼しました。

저야말로 실례했습니다.

소책자듣기용 192_H.MP3

1 저야말로 실례했습니다.	私こそ失礼しました。
2 이것이야말로 내가 찾고 있던 거야.	これこそ僕が求めてたもんだよ。
3 이 문제야말로 중요한 거야.	この問題こそ重要なんだ。
4 당신을 생각하고 있기 때문에 따끔하게 말하는 겁니다.	あなたを思っているからこそ厳しく言うんです。
5 올해야말로 합격할 테다.	今年こそ必ず合格するぜ。

PATTERN 193 だったらその証に、ここで見せてよ。
그렇다면 그 증거로 여기에서 보여줘.

소책자듣기용 193_H.MP3

1 그렇다면 그 증거로 여기에서 보여줘. だったらその証に、ここで見せてよ。

2 그렇다면 그거 내가 해볼게. だったらそれ、私にやらせて。

3 그렇다면 더 먹을걸 그랬어. だったらもっと食べればよかった。

4 그렇다면 더 부모다운 행동을 해! だったらもっと親らしいことしてよ！

5 그렇다면 내 기분도 상상해 봐라. だったら俺の気持ちも想像してみろ。

PATTERN 194 タバコを止める気はない？
담배를 끊을 생각은 없어?

소책자듣기용 194_H.MP3

1 담배를 끊을 생각은 없어? タバコを止める気はない？

2 결국 그와 사귈 생각은 없어? 結局、彼と付き合う気はない？

3 네가 양보해 줄 생각은 없어? お前が譲ったげる気はない？

4 한국어를 공부해 볼 생각은 없어? 韓国語を勉強してみる気はない？

5 이 일 함께할 생각은 없어? この仕事、一緒にやる気はない？

PATTERN 195 昼夜練習したかいがあります。
밤낮으로 연습한 보람이 있어요.

소책자듣기용 195_H.MP3

1 밤낮으로 연습한 보람이 있어요. 昼夜練習したかいがあります。

2 다 먹어주는 것은 만드는 보람이 있어요. 完食してくれるのは作りがいがあります。

3 많은 고객에게 감사 받기 때문에 하는 보람이 있어요. 多くのお客様から感謝されるのでやりがいがあります。

4 일본에서 유학한 보람이 있어요. 日本で留学したかいがあります。

5 멋진 그림도 많아서 매우 보는 보람이 있어요. 素敵な絵も多くてとても見がいがあります。

PATTERN 196 アンコールに応えてもう一曲歌った。

앙코르에 부응하여 한 곡 더 불렀어.

소책자듣기용 196_H.MP3

1 그는 앙코르에 부응하여 한 곡 더 불렀어. 彼はアンコールに応えてもう一曲歌った。

2 학교는 학생의 희망에 부응하여 교칙을 바꾸기로 했대. 学校は学生の希望に応えて校則を変えることにしたって。

3 가족의 기대에 부응하여 시합에서 우승했다. 家族の期待に応えて試合で優勝をした。

4 여러분의 요청에 부응하여 멋진 연주를 할 수 있었습니다. 皆さんのリクエストに応えて素敵な演奏ができました。

5 그녀는 국민의 뜨거운 응원에 부응하여 올림픽에서 금메달을 땄다. 彼女は国民の熱い応援に応えてオリンピックで金メダルを取った。

PATTERN 197 合格して、うれしくてしょうがねえ。

합격하여 너무 기뻐서 참을 수 없어.

소책자듣기용 197_H.MP3

1 대학에 합격하여 너무 기뻐서 참을 수 없어. 大学に合格して、うれしくてしょうがねえ。

2 노래 연습에서 몇 번이나 틀려 너무 부끄러워서 참을 수 없어. 歌の練習で何度も間違えて、恥ずかしくてしょうがねえ。

3 오늘은 너무 더워서 참을 수 없어. 今日は暑くてしょうがねえ。

4 좋아하는 그녀가 너무 보고 싶어서 참을 수 없어. 好きな彼女に会いたくてしょうがねえ。

5 비싼 시계를 너무 갖고 싶어서 참을 수 없어. 高い時計が欲しくてしょうがねえ。

PATTERN 198 そういうことはあり得ないよ。

그런 건 말도 안 돼.

소책자듣기용 198_H.MP3

1 그런 건 말도 안 돼. そういうことはあり得ないよ。

2 그런 바보 같은 이야기를, 말도 안 돼. そんな馬鹿な話を、あり得ないよ。

3 그들이 헤어지다니 말도 안 돼. 彼らが別れるなんて、あり得ないよ。

4 기다리는 시간이 이렇게 길어지는 것은 말도 안 돼. 待ち時間がこんなに遅くなるのはあり得ないよ。

5 그녀가 차였다니. 말도 안 돼. 彼女が振られたなんて。あり得ないよ。

PATTERN 199 日曜日はどこにも行かずに家にいた。

일요일은 아무 데도 가지 않고 집에 있었어.

소책자듣기용 199_H.MP3

1 일요일은 아무 데도 가지 않고 집에 있었어. 日曜日はどこにも行かずに家にいた。

2 그는 그녀에게 아무것도 말하지 못하고 돌아갔다. 彼は彼女に何も言えずに帰った。

3 칼을 사용하지 않고 요리를 했다. 包丁を使わずに料理をした。

4 아들은 인사도 하지 않고 학교에 가버렸다. 息子は挨拶もせずに学校に行っちゃった。

5 오늘은 너무 바빠서 점심도 먹지 않고 일했어. 今日は忙しすぎて昼ごはんも食べずに仕事をした。

PATTERN 200 もらった酒はまだ飲んでない。

받은 술은 아직 마시지 않았어.

소책자듣기용 200_H.MP3

1 받은 술은 아직 마시지 않았어. もらった酒はまだ飲んでない。

2 취직하고 나서 아직 1년이 채 안 됐어. 就職してからまだ一年になってない。

3 숙제가 너무 많아서 아직 끝나지 않았어. 宿題が多すぎてまだ終わってない。

4 점심밥은 아직 먹지 않았어. 昼ごはんはまだ食べてないよ。

5 그 영화는 아직 보지 않았어. その映画はまだ見てない。

PATTERN 201 部長に言われて書き直したんです。

부장님에게 말을 듣고 다시 썼어요.

소책자듣기용 201_H.MP3

1 부장님에게 말을 듣고 다시 썼어요. 部長に言われて書き直したんです。

2 이번 계기로 그녀를 다시 보게 됐어요. このきっかけで彼女のこと、見直したんです。

3 이 책은 어려워서 한 번 더 읽었어요. この本は難しくてもう一回読み直したんです。

4 방 청소를 다시 했어요. 部屋の掃除をやり直したんです。

5 신발 끈을 다시 묶었어요. 靴のひもを結び直したんです。

PATTERN 202 あなたの言った通りだよ。

당신이 말한 대로야.

소책자듣기용 202_H.MP3

1 당신이 말한 대로야.	あなたの言った通りだよ。
2 그건 예상대로야.	それは予想通りだよ。
3 잘 알고 있네. 그대로야.	よく分かってんじゃん。その通りだよ。
4 아무것도 변하지 않았어. 평소대로야.	何も変わってないよ。いつも通りだよ。
5 역시 내가 생각한 대로야.	やっぱし僕の思った通りだよ。

PATTERN 203 私は決して夢を諦めない。

나는 결코 꿈을 포기하지 않아.

소책자듣기용 203_H.MP3

1 나는 결코 꿈을 포기하지 않아.	私は決して夢を諦めない。
2 사람들 앞에서 창피를 당한 것은 절대 잊을 수 없어.	人前で恥をかかされたのは決して忘れられない。
3 그녀는 결코 가난한 사람과 사귀지 않아.	彼女は決して貧乏人とは付き合わない。
4 나는 결코 사람들에게 거짓말을 하지 않아.	私は決して人に嘘をつかない。
5 이 공장은 결코 오수를 강에 흘려보내지 않아.	この工場は決して汚水を川に流さない。

PATTERN 204 お寿司とか刺身とか生物が好きです。

초밥이라든가 회라든가 날것을 좋아해요.

소책자듣기용 204_H.MP3

1 초밥이라든가 회라든가 날것을 좋아해요.	お寿司とか刺身とか生物が好きです。
2 도쿄라든가 오사카라든가 큰 시내는 집세가 비싸.	東京とか大阪とか大きな町は家賃が高いんだよ。
3 한가할 때는 산책이라든가 독서라든가 하며 지내고 있어.	暇なときは散歩とか読書とかで過ごしてる。
4 이 방은 오래된 기계라든가 잡지라든가로 어수선하네.	この部屋は古い機械とか雑誌とかでごちゃごちゃだね。
5 일본이라든가 중국이라든가 외국에서 살아 보고 싶어.	日本とか中国とか外国に住んでみたい。

PATTERN 205 先週買ったのはこの本です。

지난주에 산 것은 이 책입니다.

소책자듣기용 205_H.MP3

1. 제가 지난주에 산 것은 이 책입니다. 私が先週買ったのはこの本です。
2. 그가 이 카메라를 산 것은 저 가게입니다. 彼がこのカメラを買ったのはあの店です。
3. 이 정기권을 사용할 수 있는 것은 6월 30일까지입니다. この定期券が使えるのは6月30日までです。
4. 아니요, 어제 간 것은 도쿄돔입니다. いいえ、昨日行ったのは東京ドームです。
5. 제가 먹은 것은 이 상품입니다. 私が食べたのはこの商品です。

PATTERN 206 言い出したらきりがないだろ?

말을 꺼내면 끝이 없겠지!

소책자듣기용 206_H.MP3

1. 말을 꺼내면 끝이 없겠지! 言い出したらきりがないだろ？
2. 계속 위를 쳐다보면 끝이 없겠지! ずっと上を見たらきりがないだろ？
3. 사람을 의심하기 시작하면 끝이 없겠지! 人を疑いだしたらきりがないだろ？
4. 돈에 욕심내면 끝이 없겠지! お金に欲張ったらきりがないだろ？
5. 만족할 때까지 하려면 끝이 없겠지! 満足できるまでやるんだったらきりがないだろ？

PATTERN 207 ゆっくりとご覧ください。

천천히 봐주세요.

소책자듣기용 207_H.MP3

1. 천천히 봐주세요. ゆっくりとご覧ください。
2. 앞에 놓인 자료를 봐주세요. お手元の資料をご覧ください。
3. 이것을 꼭 봐주세요. こちらを是非ご覧ください。
4. 희망하시는 분은 홈페이지에서 봐주세요. ご希望の方はホームページからご覧ください。
5. 꼭 회장에서 직접 봐주세요. 是非、会場で直接ご覧ください。

PATTERN 208

この店はろくなものがない。

이 가게는 변변한 물건이 없어.

소책자듣기용 208_H.MP3

1. 이 가게는 변변한 물건이 없어. この店はろくなものがない。
2. 이 레스토랑은 변변한 음식이 없어. このレストランはろくな食べ物がない。
3. 그는 최근 바빠서 변변한 휴식이 없어. 彼は最近忙しくてろくな休みがない。
4. 이 안에는 변변한 녀석이 없어. この中にはろくなやつがいない。
5. 취직하고 싶은데 변변한 일이 없어. 就職したいけれど、ろくな仕事がない。

PATTERN 209

ビールなりジュースなり…。

맥주든 주스든 ….

소책자듣기용 209_H.MP3

1. 맥주든 주스든 뭐든지 좋아하는 것을 마시세요. ビールなりジュースなりなんでも好きなものを飲んでください。
2. 참고서가 필요하면 사든 빌리든 해서 준비해 주세요. 参考書が必要なら買うなり借りるなりして用意してください。
3. 만약 모르는 것이 있으면 선배나 선생님에게 물어보세요. もし分からないことがあれば、先輩なり先生なりに聞いてください。
4. 육아로 고민할 때는 이웃이나 시의 육아상담실에 상담하는 편이 좋아요. 子育てで悩んでいる時は、近所の人なり市の育児相談室なりに相談したほうがいいですよ。
5. 겨울 방학이 되면 여행을 가거나 시골에 내려가거나 해서 기분 전환하고 싶다. 冬休みになったら旅行に行くなり田舎に帰るなりしてリフレッシュしたい。

PATTERN 210

社長は今、会議の最中なんです。

사장님은 지금 한창 회의하는 중입니다.

소책자듣기용 210_H.MP3

1. 사장님은 지금 한창 회의하는 중입니다. 社長は今、会議の最中なんです。
2. TV에서는 한창 올림픽 중계를 하는 중입니다. テレビではオリンピックの中継の最中なんです。
3. 그는 가족과 한창 식사를 하는 중입니다. 彼は家族と食事の最中なんです。
4. 엄마는 부엌에서 한창 요리를 하는 중입니다. 母は台所で料理の最中なんです。
5. 그 사건에 대해서는 지금 한창 조사 중입니다. その事件については今調査の最中なんです。

PATTERN 211 まだひらがなさえ書けないんです。

아직 히라가나조차 쓰지 못해요.

소책자듣기용 211_H.MP3

1 남동생은 아직 유치원생이라서 히라가나조차 쓰지 못해요.	弟はまだ幼稚園生なんでひらがなさえ書けないんです。
2 열이 높아서 물조차 목에 넘어가지 않아요.	熱が高くて水さえ喉を通らないんです。
3 지갑을 깜빡해서 캔 주스조차 살 수 없어요.	財布を忘れたんで缶ジュースさえ買えないんです。
4 술이 약한 그는 맥주 한모금조차 마시지 못해요.	お酒に弱い彼はビール一口さえ飲めないんです。
5 합격 소식을 아직 부모님에게조차 전하지 않았어요.	合格の知らせをまだ両親にさえ伝えていないんです。

PATTERN 212 それが何であれ私は構わない。

그것이 무엇이든지 나는 상관없어.

소책자듣기용 212_H.MP3

1 그것이 무엇이든지 나는 상관없어.	それが何であれ私は構わない。
2 누구든지 가면 된다.	誰であれ行けばいいんだ。
3 비록 어린애라도 나쁜 것은 나쁜 것이다.	たとえ子供であれ悪いことは悪いのだ。
4 아무리 훌륭한 선생님이라도 대답할 수 없는 경우도 있다.	どんなに偉い先生であれ答えられないこともある。
5 무엇이든지 필요하다면 사야 한다.	何であれ必要ならば買わなければならない。

PATTERN 213 さぞあそこは寒かっただろう。

틀림없이 거기는 춥겠지.

소책자듣기용 213_H.MP3

1 틀림없이 거기는 춥겠지.	さぞあそこは寒かっただろう。
2 틀림없이 어머니를 만나고 싶겠지.	さぞお母さんに会いたいだろう。
3 틀림없이 여행은 즐거웠겠지.	さぞ旅行は楽しかっただろう。
4 틀림없이 기뻐하고 있겠지.	さぞ喜んでいるだろう。
5 틀림없이 한숨만 쉬고 있겠지.	さぞため息ばかりついているだろう。

PATTERN 214 お金がなくて買おうにも買えないじゃない。

돈이 없어서 사려고 해도 살 수 없잖아.

소책자듣기용 214_H.MP3

1 돈이 없어서 사려고 해도 살 수 없잖아. お金がなくて買おうにも買えないじゃない。

2 영어를 못하니까 이야기하려고 해도 할 수 없잖아. 英語が下手で話そうにも話せないじゃない。

3 시끄러워서 자려고 해도 잘 수 없잖아. うるさくて寝ようにも寝れないじゃない。

4 새 구두를 신었는데 발이 아파서 걸으려고 해도 걸을 수 없잖아. 新しい靴を履いたが足が痛くて歩こうにも歩けないじゃない。

5 샤워 중이라서 나가려고 해도 나갈 수 없잖아. シャワー中なんで出ようにも出られないじゃない。

PATTERN 215 その話なら承知しています。

그 이야기라면 알고 있습니다.

소책자듣기용 215_H.MP3

1 그 이야기라면 알고 있습니다. その話なら承知しています。

2 그런 것은 충분히 알고 있습니다. そんな事は百も承知しています。

3 그러한 현실을 충분히 잘 알고 있습니다. そうした現実を重々承知しています。

4 그에 대해서 실례라는 것을 알고 있습니다. 彼に対して失礼だと承知しています。

5 그 이야기, 저도 TV를 통해서 알고 있습니다. その話、私もテレビなどで承知しています。

PATTERN 216 要するに何が言いたいのか。

요컨대 뭘 말하고 싶은 건가?

소책자듣기용 216_H.MP3

1 요컨대 뭘 말하고 싶은 건가? 要するに何が言いたいのか。

2 요컨대 그는 기회주의자이다. 要するに彼は日和見主義者だ。

3 요컨대 자네가 양보하면 되는 것이다. 要するに君が譲歩すればいいのだ。

4 요컨대 실력이 부족했다는 거겠지. 要するに実力が足りなかったということだろう。

5 요컨대 공부하라는 거야. 要するに勉強をしろということなんだ。

彼は大学に合格しっこないよ。

그는 대학에 합격할 리가 없어.

소책자듣기용 217_H.MP3

1 그는 대학에 합격할 리가 없어. 彼は大学に合格しっこないよ。

2 그런 비싼 차를 살 수 있을 리가 없어. そんな高い車が買えっこないよ。

3 설마 복권 같은 거 당첨될 리가 없어. まさか宝くじなんて当たりっこないよ。

4 지금의 우리로서는 우승 같은 거 할 수 없어. 今のうちじゃ、優勝なんかできっこないよ。

5 이런 심한 비에는 정상까지 올라갈 수 없어. こんなひどい雨では頂上まで登れっこないよ。

PATTERN 218

お気の毒に、会社が倒産するなんて。

가엾게도 회사가 도산하다니.

소책자듣기용 218_H.MP3

1 가엾게도 갑자기 회사가 도산하다니. お気の毒に、いきなり会社が倒産するなんて。

2 가엾게도 생일 전날에 교통사고를 당했대. お気の毒に、誕生日の前日に交通事故にあったんだって。

3 가엾게도 버려진 개는 건강한데도 안락사 시키고 있어. お気の毒に、捨てられた犬は健康なのに安楽死させてる。

4 가엾게도 부모님 두 분 다 병으로 돌아가셨대. お気の毒に、両親とも病気で亡くなっちゃったんだって。

5 가엾게도 저 아이는 자신을 버린 엄마를 그리워 하고 있어. お気の毒に、あの子は自分を捨てた母親のことを恋しがってる。

PATTERN 219

この期に及んで何を言う。

이 마당에 이르러 무슨 소릴 하는 거야.

소책자듣기용 219_H.MP3

1 이 마당에 이르러 무슨 소릴 하는 거야. この期に及んで何を言う。

2 이 마당에 이르러 안 간다고 말하진 않겠지. この期に及んで行かないなんて言わないよな。

3 이 마당에 이르러 변명은 그만두자. この期に及んで言い訳は止そう。

4 이 마당에 이르러 왜 마음이 약해져 있는 거야. この期に及んで何を弱気になっているんだ。

5 이 마당에 이르러 또 거짓말을 하다니. この期に及んでまた嘘をつくなんて。

PATTERN 220 今更急いだところでもう無理だよ。

이제 와서 서둘러 봤자 이미 무리야.

소책자듣기용 220_H.MP3

1 이제 와서 서둘러 봤자 이미 무리야.	今更急いだところでもう無理だよ。
2 아무리 사과해 봤자 용서해 주지 않는다니까!	いくら謝ったところで許してもらえないって！
3 이제부터 가봤자 아무도 없겠지요.	今から行ったところで誰もいないでしょう。
4 아무리 서둘러 봤자 막차 시간에는 맞추지 못해.	どんなに急いだところで終電には間に合わないよ。
5 자지 않고 공부해 봤자 시험은 내일이잖아.	寝ないで勉強したところで試験は明日だろう。

PATTERN 221 あの子はうそを言いかねませんよ。

저 아이는 거짓말할지도 몰라요.

소책자듣기용 221_H.MP3

1 저 아이는 거짓말할지도 몰라요.	あの子はうそを言いかねませんよ。
2 그라면 할 법도 해요(할지도 몰라요).	彼ならやりかねませんよ。
3 그런 말투로는 오해를 살지도 몰라요.	そんな言い方じゃ誤解を招きかねませんよ。
4 내버려 두면 큰 병에 걸릴지도 몰라요.	放っておくと大きい病気になりかねませんよ。
5 심하게 혼내면 회사를 그만둔다는 말을 꺼낼지도 몰라요.	ひどく叱ると会社を辞めると言い出しかねませんよ。

PATTERN 222 連絡しようがない。

연락할 방법이 없어.

소책자듣기용 222_H.MP3

1 전화번호를 모르니까 연락할 방법이 없어.	電話番号が分からないんで連絡しようがない。
2 자료가 너무 없어서 할 방법이 없어.	資料が全くなくてやりようがない。
3 부품이 없어서 고칠 방법이 없어.	部品がないから直しようがない。
4 가는 방법도 모르고 혼자서는 갈 수가 없어.	行き方も分からないし、一人では行きようがない。
5 목이 아파서 먹고 싶어도 먹을 수가 없어.	のどが痛くて食べたくても食べようがない。

よりによってあんな男と…。

하필이면 저런 남자와 ….

소책자듣기용 223_H.MP3

1 하필이면 저런 남자와 결혼하다니.	よりによってあんな男と結婚するなんて。
2 하필이면 감기에 걸렸다니.	よりによって風邪を引いちゃって。
3 하필이면 이 타이밍에 그가 들어왔어.	よりによってこのタイミングで彼が入ってきてね。
4 하필이면 오늘 부츠를 신고 왔어.	よりによって今日ブーツを履いてきちゃったよ。
5 하필이면 범인은 왜 이 장소를 선택했을까?	よりによって犯人はなぜこの場所を選んだのだろう。

PATTERN 224

もう勘弁してよ。

진짜 좀 봐줘.

소책자듣기용 224_H.MP3

1 진짜 좀 봐줘. 내일은 쉬는 날이잖아.	もう勘弁してよ。明日は休みじゃん。
2 진짜 좀 봐줘. 그건 악몽이야.	もう勘弁してよ。それは悪夢だよ。
3 진짜 좀 봐줘. 오늘은 내 생일인데.	もう勘弁してよ。今日は僕の誕生日なのに。
4 진짜 좀 봐줘. 아침부터 시끄럽네.	もう勘弁してよ。朝からうるさいな。
5 진짜 좀 봐줘. 지금 일도 산더미야.	もう勘弁してよ。今の仕事も山ほどあるぞ。

PATTERN 225

遊びがてら訪ねてくれ。

놀러 올 겸해서 찾아와.

소책자듣기용 225_H.MP3

1 놀러 올 겸해서 찾아와.	遊びがてら訪ねてくれ。
2 산책도 겸해서 커피라도 마시고 오자.	散歩がてらコーヒーでも飲んで来よう。
3 다이어트도 겸해서 출근은 역까지 걸어서 가기로 했어.	ダイエットがてら出勤は駅まで歩いて行くことにしている。
4 인사도 겸해서 한번 찾아뵐게요.	ご挨拶がてら一度お伺いします。
5 건강을 위해 저녁 바람도 쐴 겸해서 모두 함께 자전거를 타기로 했어.	健康のために夕涼みがてらみんなで自転車に乗ることにした。

PATTERN 226 冗談じゃない!

말도 안 돼!

소책자듣기용 226_H.MP3

1 말도 안 돼! 우리는 그대로 믿었단 말이야.	冗談じゃない！こっちはそのまま信じてたぞ。
2 말도 안 돼! 낡아빠진 가치관이라니.	冗談じゃない！古びた価値観なんて。
3 웃기지 마! 네가 대체 뭘 알아?	冗談じゃない！お前にいったい何が分かるの？
4 웃기지 마! 나는 아직 포기하지 않았어!	冗談じゃない！私はまだ諦めてないのよ！
5 웃기지 마! 그런 건 딱 질색이라니까.	冗談じゃない！そんなのはまっぴらだって。

PATTERN 227 朝寝坊したものだから、遅刻したんです。

늦잠을 잤기 때문에 지각했어요.

소책자듣기용 227_H.MP3

1 늦잠을 잤기 때문에 지각했어요.	朝寝坊したものだから、遅刻したんです。
2 이 옷은 점원이 너무 칭찬했기 때문에 나도 모르게 사버렸어.	この服は店員さんがあまり褒めたものだから、つい買っちゃった。
3 갑자기 친구가 왔기 때문에 시험공부를 할 수 없었다.	突然友達が来たものだから、試験勉強ができなかった。
4 너무나도 슬펐기 때문에 엉엉 울어 버렸다.	あまりにも悲しかったものだから、号泣してしまった。
5 전철이 늦게 왔기 때문에 늦어 버렸어요.	電車が遅れたものだから、遅くなっちゃったんです。

PATTERN 228 これは大変おいしゅうございます。

이것은 대단히 맛있습니다.

소책자듣기용 228_H.MP3

1 이것은 대단히 맛있습니다.	これは大変おいしゅうございます。
2 오늘은 춥습니다.	今日はお寒うございます。
3 선생님께서 문병을 와 주셔서 기쁩니다.	先生にお見舞いに来ていただいて嬉しゅうございます。
4 이쪽이 더 저렴합니다.	こちらの方が安うございます。
5 이것이 가장 큽니다.	これが一番大きゅうございます。

PATTERN 229 今更言うまでもない。

이제 와서 말할 필요도 없어.

소책자듣기용 229_H.MP3

1 이제 와서 말할 필요도 없어.	今更言うまでもない。
2 기침이 조금 나오는 정도는 병원 갈 필요도 없어.	咳が少し出るくらいで病院へ行くまでもない。
3 원자력의 위험성은 설명할 필요도 없어.	原子力の危険性は説明するまでもない。
4 일부러 갈 필요도 없어.	わざわざ行くまでもない。
5 저 사람의 이야기는 들을 필요도 없어.	あの人の話は聞くまでもない。

PATTERN 230 彼が起した事件は許し難いよ。

그가 일으킨 사건은 용서하기 어려워.

소책자듣기용 230_H.MP3

1 그가 일으킨 사건은 용서하기 어려워.	彼が起した事件は許し難いよ。
2 이것은 약간 말로는 표현하기 어려워.	これはちょっと言葉では表し難いよ。
3 구체적인 계획이 없으면 채용하기 어려워.	具体的なプランがないと採用し難いよ。
4 이 사실은 바꾸기 어려워.	この事実は動かし難いよ。
5 그가 회사 공금을 사용하다니 믿기 어려워.	彼が会社のお金を使い込んだって信じ難いよ。

PATTERN 231 ただじゃ済まない。

그냥 넘어가지 않을 거야.

소책자듣기용 231_H.MP3

1 그녀에게 무슨 일이 생기면 그냥 넘어가지 않을 거야.	彼女に何かあったらただじゃ済まない。
2 담장을 넘어가는 게 발각되면 그냥 넘어가지 않을 거야.	フェンスを乗り越えるところを見られたら、ただじゃ済まない。
3 이 이상 마시면 그냥 넘어가지 않을 거야.	これ以上飲むとただじゃ済まない。
4 보통 남성이라면 이런 일을 당하면 그냥 넘어가지 않을 거야.	普通の男性であればこんな事をされたら、ただじゃ済まない。
5 범인이 발각되면 그냥 넘어가지 않을 거야.	犯人が見つかれば、ただじゃ済まない。

PATTERN 232 ご迷惑を掛けて申し訳なかったね。

폐를 끼쳐서 미안했어.

소책자듣기용 232_H.MP3

1 폐를 끼쳐서 미안했어.	ご迷惑を掛けて申し訳なかったね。
2 지난번 일은 미안했어. 두 번 다시 이런 일 없을 거야.	この間のことは申し訳なかったね。二度とこんなことないよ。
3 너한테 소리 지르며 화내서 미안했어.	お前を怒鳴り付けて申し訳なかったね。
4 당신에게는 지금까지 여러 가지로 미안했어.	あなたには今までいろいろ申し訳なかったね。
5 어제는 너무 기다리게 해서 미안했어.	昨日は大変待たせて申し訳なかったね。

PATTERN 233 なに大人ぶってんだよ。

뭘 어른인 척하고 그래!

소책자듣기용 233_H.MP3

1 뭘 어른인 척하고 그래!	なに大人ぶってんだよ。
2 뭘 고상한 척하고 그래!	なに上品ぶってんだよ。
3 뭘 귀여운 척하고 그래!	なに可愛い子ぶってんだよ。
4 뭘 영리한 척하고 그래!	なに利口ぶってんだよ。
5 뭘 선배인 척하고 그래!	なに先輩ぶってんだよ。

네이티브는 쉬운 일본어로 말한다
1000문장 편

최대현 지음 | 592쪽 | 16,000원

일본인이 항상 입에 달고 살고, 일드에 꼭 나오는 1000문장을 모았다!

200여 편의 일드에서 엄선한 꿀표현 1000문장! 네이티브가 밥 먹듯이 쓰는 살아 있는 일본어를 익힌다. 드라마보다 재미있는 mp3 파일 제공.

난이도 첫걸음 | **초급** | 중급 | 고급

대상 반말, 회화체를 배우고 싶은 학습자
일드로 일본어를 공부하는 초중급자

목표 교과서 같은 딱딱한 일본어에서 탈출하여
네이티브처럼 자연스러운 일본어 회화 구사하기

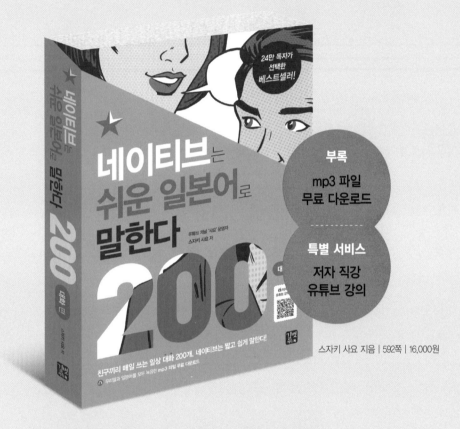

mp3 파일 구성과 활용법

음성강의

저자 우센세의 해설 강의입니다. Unit별로 총 30강의 음성강의를 제공합니다. Unit당 3개의 패턴을 뽑아 사용법, 뉘앙스, 활용 예문을 중심으로 설명했습니다. 재미있게 들으면서 공부하세요!
(본 책에 수록된 QR코드로도 간편하게 들으실 수 있습니다.)

OT 강의

예문 mp3 파일

용도에 맞게 골라 들을 수 있도록 3가지 버전의 mp3 파일을 제공합니다.

1. 일본어만 듣기용 mp3

책을 보면서 듣는 파일입니다. 〈STEP 1〉은 2번, 〈STEP 2〉는 1번 읽었습니다. 한 문장이 끝날 때마다 따라 읽으며 학습하세요.
(본 책에 수록된 QR코드로도 간편하게 들으실 수 있습니다.)

2. 짬짬이 듣기용 mp3

책 없이 공부할 수 있게 구성했습니다. 〈STEP 1〉은 우리말 해석 1번, 일본어 2번씩 읽고, 〈STEP 2〉는 일본어만 1번 읽었습니다.

3. 소책자 듣기용 mp3

〈STEP 1〉의 예문을 우리말 해석 1번, 일본어 2번으로 구성했습니다. 틈틈이 반복해서 듣다 보면 핵심 패턴이 저절로 기억됩니다.

mp3 파일 무료 다운로드

길벗 홈페이지(www.gilbut.co.kr) 로 오시면 mp3 파일 및 관련 자료를 다양하게 이용할 수 있습니다.

1단계	도서명 ▼ [　　　] 검색 에 찾고자 하는 책 이름을 입력하세요.
2단계	검색한 도서로 이동하여 〈자료실〉 탭을 클릭하세요.
3단계	mp3 및 다양한 자료를 받으세요.